国家社会科学基金项目"银行业高管人员薪酬激励、风险承担与监管改革研究"
（项目编号：15BJL024）研究成果
陕西师范大学优秀学术著作出版基金资助
国际商学院一流学科学术著作出版基金资助

银行业高管人员薪酬激励、风险承担与监管改革研究

刘孟飞 ◎ 著

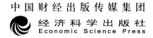

中国财经出版传媒集团

经济科学出版社

Economic Science Press

图书在版编目（CIP）数据

银行业高管人员薪酬激励、风险承担与监管改革研究／
刘孟飞著 . —北京：经济科学出版社，2021.5
ISBN 978 - 7 - 5218 - 2583 - 1

Ⅰ. ①银⋯ Ⅱ. ①刘⋯ Ⅲ. ①银行业 - 管理人员 - 工
资管理 - 研究 ②银行业 - 管理人员 - 风险管理 - 研究
Ⅳ. ①F830.3

中国版本图书馆 CIP 数据核字（2021）第 098009 号

责任编辑：张　燕
责任校对：蒋子明
责任印制：王世伟

银行业高管人员薪酬激励、风险承担与监管改革研究
刘孟飞　著
经济科学出版社出版、发行　新华书店经销
社址：北京市海淀区阜成路甲 28 号　邮编：100142
总编部电话：010 - 88191217　发行部电话：010 - 88191522
网址：www. esp. com. cn
电子邮箱：esp@ esp. com. cn
天猫网店：经济科学出版社旗舰店
网址：http://jjkxcbs. tmall. com
固安华明印业有限公司印装
710 × 1000　16 开　20.75 印张　360000 字
2021 年 8 月第 1 版　2021 年 8 月第 1 次印刷
ISBN 978 - 7 - 5218 - 2583 - 1　定价：108.00 元
（图书出现印装问题，本社负责调换。电话：010 - 88191510）
（版权所有　侵权必究　打击盗版　举报热线：010 - 88191661
QQ：2242791300　营销中心电话：010 - 88191537
电子邮箱：dbts@ esp. com. cn）

前　　言

　　2008 年，肇始于美国次级抵押债券市场的危机迅速蔓延至其他国家，最终演变成一场全球性的金融灾难，许多经济体纷纷步入衰退，零利率甚至负利率政策虽得到广泛实施，但收效甚微。大量研究表明，金融机构公司治理和风险管理的失败是此次金融危机的关键性因素，尤其金融高管薪酬激励机制的失衡是危机爆发的微观根源。优化金融机构高管薪酬机制设计，加强高管薪酬监管，防范系统性风险成为政策制定者和学术界关注的重点。

　　自 2010 年起，我国中央政府工作报告中多次提出"严格规范金融机构高管薪酬管理，提高风险管控能力"。党的十九大报告也强调，"要深化金融体制改革，健全金融监管体系，守住不发生系统性金融风险的底线"，将防范化解重大金融风险提到了前所未有的高度。当前，全球范围内的单边主义和贸易保护主义情绪加剧，全球动荡源和风险点增多，我国经济发展面临的形势更加复杂严峻，经济下行压力加大。突如其来的新冠肺炎疫情，又必然对我国经济运行造成冲击。虽然我国金融体系的风险总体可控，但由于多种原因，仍然处于风险易发多发期，各种不利因素与风险隐患威胁着我国的金融稳定。

　　具体到中国的银行业，经过近年来的改革发展，我国商业银行内部的公司治理机制、风险管理能力取得了长足的进步，外部监管体系也不断得到完善。但也必须客观地认识到，我国银行业的商业化、市场化改革时间尚短，政策性银行、农村金融机构等的股份制改造尚未彻底完成，大多数商业银行的行长、董事长仍然来自行政指派，在高管薪酬制度、董事会规模结构、高管权力制衡机制等公司治理结构层面以及风险管控机制、能力等方面还存在不少缺陷。对此，周小川曾深刻地指出，我国一些公司、银行及金融机构的公司治理架构形同虚设，内部制衡机制基本是零，与国际实践、2016 年我国赞成的《二十国集团/经合组织公司治理原则》相去甚远，甚至距离我国《公司法》对金融机构、上市公司要求的公司治理准则都差得很远。

尽管学术界有关高管薪酬的研究已有多年历史，很多学者从不同角度对此进行了积极探索，但有关结论仍然众说纷纭，备受争议。加之经济制度基础环境的差异性，中国的金融市场与其他国家存在很多不同之处，照搬西方国家的薪酬制度可能出现不相容的问题。中国的银行业资产规模占金融资产总量的比例接近90%，是一个典型的以银行业为主导的金融体系，商业银行在我国社会经济发展过程中的地位举足轻重。因此，立足中国实际，对银行高管薪酬激励与风险承担、系统性风险之间的关联机制进行进一步系统的研究具有重要的理论与现实意义。

本书为国家社会科学基金项目"银行业高管人员薪酬激励、风险承担与监管改革研究"（15BJL024）的最终成果。在总体研究思路上，采用理论分析与实证研究相结合的方法，以既有文献为基础，以中国现有36家上市银行为对象，尝试将高管薪酬、风险承担和系统性风险三者纳入统一分析框架。在具体研究过程中，首先，对高管薪酬决定的相关理论进行系统地梳理，从不同层面对银行高管薪酬水平、薪酬差距的决定及其激励效应进行理论诠释；其次，对样本银行排名前3位、前5位高管的薪酬数据进行统计，选取不良贷款率、破产 Z 指数、骆驼评级指数作为银行风险承担变量，采用基于边际期望损失的短期静态 MES、基于 DCC－GARCH 模型与非参数核估计的短期动态 MES、长期动态 MES 和系统性风险指数（SRISK）等不同方法测度系统性风险；再次，通过建立多元回归模型，采用多种估计方法，从银行高管绝对薪酬、相对薪酬、薪酬结构、薪酬差距等多个维度，对高管人员薪酬激励与银行风险承担、系统性风险之间的关联进行实证检验，并在此基础上，进一步就高管薪酬激励对不同类型商业银行风险承担的异质性影响，以及管理者权力在高管薪酬与银行风险承担之间可能存在的调节效应进行探讨；最后，从完善公司治理运行机制、优化高管薪酬制度、强化宏观审慎监管等方面提出对策方案体系。

本书的主要研究发现如下所述。

第一，在绝对薪酬激励效应方面。高管短期薪酬与我国商业银行风险承担之间存在明显的负相关关系，即短期薪酬的提高，有助于降低银行的风险承担水平。而高管总薪酬与银行风险承担之间不存在明显关联。高管总薪酬与银行风险承担之间的关系并不确定，即银行高管整体的薪酬机制对银行风险承担的影响不明确。其中的原因在于，受政策限制的影响，我国商业银行较少实施股票、期权等长期薪酬激励方式，长期薪酬机制的不完善，削弱了短期薪酬对银行风险承担的抑制作用，导致最终整体的薪酬机制与风险承担的负相关关系不再成立。

第二，在薪酬差距激励效果方面。不论是行长（CEO）薪酬占比，还是高管团队内部薪酬差距，不论是绝对薪酬差距，还是相对薪酬差距，所有采用的高管内部薪酬差距指标与我国商业银行风险承担之间均存在显著的正相关关系，即高管团队内部薪酬差距的扩大，对银行的风险承担水平存在明显的促进作用。

第三，在高管薪酬与银行系统性风险的关联机制方面。理论分析表明，在相对绩效评价（RPE）薪酬制度下，以货币奖金为主的绩效薪酬的增加，会提高银行系统性风险。实证分析表明，高管短期薪酬水平、薪酬差距与银行系统性风险存在显著的正相关关系，即随着高管短期薪酬激励强度的提高，以及高管团队相对其他员工薪酬差距的扩大，银行的系统性风险贡献值会增加。

第四，管理者权力的调节效应回归结果显示，行长兼职情况、行长来源渠道在高管薪酬激励与银行风险承担之间存在明显的调节效应，而董事会规模与独立董事人数的调节作用不显著。

第五，影响异质性检验结果证实，薪酬激励对我国不同类型商业银行风险承担的影响效应存在明显差异。相对而言，高管短期薪酬对小型银行风险承担的影响要明显大于大中型银行，即小型银行的风险承担倾向对高管薪酬激励更敏感。高管内部薪酬差距与银行风险承担的关系在国有商业银行与非国有商业银行之间也存在明显差异，其中，非国有商业银行的风险承担水平与高管薪酬差距之间的正相关关系更为明显。薪酬激励对系统重要性银行的影响程度要小于非系统重要性银行，但并不显著。

本书的启示意义在于：面对复杂多变的国内外经济金融环境，在我国银行业市场竞争程度逐渐提高，以及长期积累的风险隐患不断暴露的现实背景下，我国商业银行的薪酬机制还有待进一步完善，特别是股票、期权、延付薪酬、跟投计划等长期薪酬激励方式亟待建立。银行高管薪酬激励的关键不在于总薪酬的高低，更重要的是薪酬结构的合理性。应当借鉴国外经验，同时，结合中国银行业金融机构改革发展实践，尽快建立健全与风险挂钩的银行高管薪酬制度。应坚持短期货币薪酬与中长期激励措施相结合，适当增加银行机构高管薪酬结构中的长期激励部分，可采用股票期权和限制性股票授予的形式，形成多元化的薪酬激励机制，促使高管与股东目标相一致，减少代理冲突。从高管团队内部薪酬差距来看，商业银行应适当降低对行长（CEO）的短期薪酬激励强度，缩小高管团队内部的薪酬差距水平，从而抑制银行的风险承担倾向。非国有商业银行应进一步加强薪酬机制改革，应适当强化对行长、CEO等核心高级管理人员的薪酬监管力度，从而促进其稳健经营。出于防范化解系统性风险的目的，对于高级管理人员，应采取固定收入为主、相对绩效薪酬为辅的制度。另外，还要从完善银行公司治理机制、限制行长兼职数量、增加行长来源渠道、优化董事会规模与结构等多方面入手，完善公司治理机制，限制管理者权力的过度膨胀，从而提高高管团队的决策效率，强化风险管理能力，降低银行业的系统性风险。本书有助于厘清高管薪酬机制的激励效应，可以为党的十九大报告所提出的"深化金融体制改革"和"守住不发生系统性金融风险的底线"提供理论与经验证据支撑。

本书的边际贡献包括以下六个方面。

第一，从高管薪酬激励视角建立了中国商业银行风险承担、系统性风险评价及其相互关联的整合性研究分析框架。在该研究框架中，薪酬激励通过降低代理成本、锦标赛竞争等途径作用于高管人员的行为活动与经营策略，进而对银行风险承担与系统性风险造成影响。此框架将高管薪酬、银行风险承担与系统性风险相结合，从理论层面对其中的关联机制进行深入解读，并采用多种方法对三者的作用关系进行实证检验，弥补了国际上金融风险相关研究中较少考虑微观基础及其来源机制的缺陷，为国内商业银行高管薪酬机制设计及其风险激励效应的理论分析和改革实践提供了新的思路。

第二，在委托代理理论、最优契约理论、管理者权力理论、锦标赛与行为理论等主流研究范式的基础上，通过引入相对绩效评价（RPE）薪酬的银行高管—股东两阶段博弈模型，对高管薪酬激励与银行系统性风险的关联机制进行理论分析，为系统性金融风险的微观根源提供了理论逻辑依据。各理论从不同侧面对公司高管薪酬的决定及其激励效果进行了丰富的理论解读，也为本书的实证研究提供了坚实的理论基础。

第三，对高管薪酬激励强度的衡量，既考虑了高管的总薪酬水平，又考虑了短期薪酬、长期薪酬等薪酬结构指标，还从高管团队内部薪酬差距、高管人员与其他员工之间的薪酬差距等多个维度对银行高管薪酬差距状况进行评价，并同时计算其绝对数与相对指标，与以往研究相比更为全面、系统。在风险承担指标的选取上，同时考虑了不良贷款率、破产Z指数、骆驼评级指数（CAMELS）等多方面的风险承担指标。在银行系统性风险的衡量上，同时采用了边际期望损失静态 MES、基于 TAGARCH 和 DCC-GARCH 模型与非参数核估计的短期动态 MES 以及长期动态 MES 和系统性风险指数（SRISK）等不同的方法。这些风险指标既有共性，又各有侧重。多种指标的综合使用，一方面保证了研究过程的可靠性，另一方面也使得研究结论更为丰富。

第四，在实证研究方案设计上，从中国特殊的经济金融环境出发，构建引入考虑高管兼职、高管晋升来源、董事会规模、独立董事人数等管理者权力因素的调节效应模型，推演了"管理者权力→薪酬水平/薪酬差距→银行风险承担/系统性风险"的内在机制，从而使得本书更具有中国特色的微观基础。通过采用分组回归的识别策略，以及在基础回归模型中引入系统重要性虚拟变量交叉项的做法，证实了薪酬激励对不同类型商业银行风险承担与系统性风险的异质性影响。在控制变量的选取上，改变了以往文献变量选取较为片面的缺陷，本书结合中国银行业改革发展实际及其所处国内、国外经济环境现实背景，从自身微观特质、行业结构特征以及宏观经济环境等多维度综合考虑，从而使得研究更加契合实际。

第五，较为系统地论证了高管薪酬水平、薪酬结构、薪酬差距对中国商业银行风险承担、系统性风险的影响途径和作用程度，为有效研判中国商业银行薪酬机制现状及其激励效应提供了经验证据。同时，基于本书研究的理论分析与实证研究结论，并结合我国商业银行改革发展与金融监管实际，从完善公司治理运行机制、改革高管薪酬制度、强化宏观审慎监管等角度提出相应的政策方案体系，为银行机构与有关监管部门进行高管薪酬激励与公司治理机制优化改革、防范化解系统性金融风险提供了理论依据和决策参考。

第六，较为系统地给出了我国商业银行高管薪酬机制与监管改革对策体系。基于理论分析与实证研究结论，并结合我国商业银行改革发展与金融监管实际，从公司治理机制改革、高管薪酬制度建设、强化宏观审慎监管等方面，提出了系统的优化改革对策建议。本书的研究成果在一定程度上可以丰富和拓展商业银行高管薪酬设计策略的内容和方向，并为银行机构与有关监管部门进行高管薪酬激励与公司治理机制优化改革，防范化解系统性金融风险提供理论依据和决策参考。

总之，本书力求在理论分析与微观经验证据的基础上，通过理论逻辑、数理建模与统计推断等方法，对高管人员薪酬激励与银行风险承担、系统性风险之间的关联机制与影响效应做出科学的回答，并在此基础上，为有关部门就银行业高管薪酬机制优化改革、防范化解系统性风险提供可操作性的对策体系。

此外，本书也存在一些不足之处。在薪酬指标的测算上，由于金融机构高管薪酬信息较为敏感，除了年报披露的数据以外，难以获取全面的数据资料。且年报披露的公开数据也十分有限，例如，微观薪酬结构数据是缺失的，高管在职消费与隐性收入也并无披露，因而不可避免地对最终的实证分析结论造成影响。在研究样本的选取上，由于薪酬数据来源以及系统性风险指标测算的局限，本书仅收集到了 36 家已上市商业银行的样本数据，还有大量的中小银行并未涵盖在内。不同类型银行，在经营风格、管理机制、风险防控能力等方面可能存在较大差异，样本选择的偏差也会对本书的研究结论造成影响。未来研究将在拥有更多追踪年份微观数据与某些典型个案的基础上，丰富研究方法，将目前大多尚未上市的城市商业银行、农村商业银行纳入研究视野，扩大样本空间，考察高管薪酬激励影响与银行风险承担行为的更多丰富而动态的规律特征。由于本人能力所限，书中的不足与疏漏之处还请学界同仁批评指正。

刘孟飞

2021 年 5 月于西安

目　　录

第1章 绪论

1.1 研究背景与意义

1.1.1 研究背景

1.1.1.1 国际背景

2008 年，肇始于美国次级抵押债券市场的危机迅速蔓延至其他国家，最终演变成一场全球性的金融灾难，许多经济体纷纷步入衰退，零利率甚至负利率政策虽得到广泛实施，但收效甚微。据国际货币基金组织（IMF）估算，全球金融机构资产损失高达 4.1 万亿美元。金融危机过后，各国政府和学者对此次金融危机进行了深刻反思，诸如宏观审慎金融监管的缺失、货币政策的过度扩张以及新自由主义的泛滥等都被认为对这场世界金融风暴起到了推波助澜的作用（Avgouleas，2009；Edgar，2009；Levine，2012；Admati and Hellwig，2014；罗培新，2009）。

然而，越来越多的研究表明，金融机构公司治理和风险管理的失败是此次金融危机的关键性因素，尤其金融高管薪酬激励机制的失衡是危机爆发的微观根源（Bebchuk et al，2010；Bhagat and Bolton，2014）。高管薪酬机制是缔造华尔街辉煌的重要动因，但过度强调短期回报的薪酬激励容易引发道德风险，加之金融衍生产品的高杠杆效应致使债权人承担更大的风险。特别是在金融危机期间，债权人面临巨大损失无法获得赔偿时，金融机构高管的薪酬却不降反涨引发了社会各界的广泛关注。2008 年第四季度，美国国际集团（AIG）在亏损高达 617 亿美元，创造美国企业季度亏损历史记录，并获得1800 多亿美元公共援助资金之际，其高管仍然被授予 1.65 亿美元的巨额奖金（Li，2010）。这种倒挂的薪酬现象凸显了不公平的社会现象，引发大众不满情绪，受到舆论广泛质疑。其不合理之处在于：一是重心在于短期业绩，倡导了高管短视行为，易引发过度投机；二是高管以浮盈获得高额奖金，却不以浮亏而遭受奖金追回惩罚，薪酬制度无法保证与风险相匹配。因此，优化金融机构高管薪酬机制设计，加强高管薪酬监管成为政策制定者和学术界关注的重点。很多学者认为，金融机构应建立有助于长期稳健经营的薪酬激励授予、奖励薪酬追回和递延薪酬制度，促使高管审慎经营（Bhagat and Bolton，2014；Stein and Wiedemann，2016）。

针对金融高管薪酬机制的缺陷，金融危机后世界各国监管部门及有关国际组织纷纷展开研究，从改革薪酬制度、完善公司治理、加强宏观审慎监管等方面，制定了一系列的政策法规，具体见表1-1。

表1-1 欧美部分国家薪酬监管有关政策法规

时间	政策名称	颁布机构	相关内容
2008年10月	金融救助计划	德国政府	对参与救助的金融机构高管人员工资限定为50万欧元，同时禁止对他们发放奖金
2009年2月	"华尔街限薪令"	美国财政部	接受政府《问题资产救助计划》（TARP）救援的金融企业高管年薪不超过50万美元
2009年4月	《稳健薪酬实践原则》	金融稳定论坛	将薪酬与风险承担相匹配，采取根据风险动态调整的薪酬制度
2009年7月	《银行业薪酬政策改革方案》	欧盟委员会	欧盟首次赋予监管者监督高管薪酬政策的权利，要求信贷机构健全公司治理结构、实行稳健的管理和有利于风险管理的薪酬政策
2009年7月	《公司与金融机构薪酬公平法》	美国众议院	从公司治理层面强化股东对高管薪酬激励制度的话语权，包括强化信息披露、保持薪酬委员会与薪酬顾问独立性、授权股东监督高管薪酬等
2009年8月	《高层管理规定、制度及监控：2009薪酬法案》	英国金融服务局	管理完善银行业薪酬制度，防范金融风险
2009年9月	《稳健薪酬做法原则实施标准》	金融稳定理事会	对建立薪酬委员会、披露薪酬信息与改革薪酬制度进行全面规范，督促建立薪酬结构与风险挂钩的薪酬管理体系
2009年10月	《关于稳健薪酬政策的指引》	美联储	提出平衡风险与激励、契合有限内控和风险管理、良好的公司治理三大原则，将薪酬政策及实践的"水平测试"纳入常规风险监察程序

续表

时间	政策名称	颁布机构	相关内容
2009 年 12 月	《对主要银行综合监管原则的部分修正案》	日本金融厅	制定薪酬体系和风险管理薪酬体系，同时设立完善薪酬委员会
2009 年 12 月	《金融业达成薪酬限制协议》	德国联邦金融监管局	金融机构的高管分红将被递延数年发放，同时限制担保分红的使用
2010 年 3 月	《高层管理人员薪酬报告监管规定》	英国金融服务局	要求大型银行披露薪酬体系，并对年薪大于 100 万英镑的高管的薪酬进行延期支付
2010 年 6 月	《多德—弗兰克法案》	美国国会	扩大监管机构权力，全面保护消费者合法权益，落实对高管薪酬制度的监管
2010 年 10 月	《薪酬政策及实施指引》	欧洲银行业监督委员会	从薪酬管理、信息披露、风险调整等方面指导金融机构薪酬政策的制定，制定薪酬激励政策时强调均衡原则
2010 年 12 月	《加强银行业薪酬管理的立法草案》	欧洲议会	鼓励成员国效仿美国"限薪令"，规定以现金形式发放的红利不得超过总额的 30%，奖金中至少有 40% 必须分 3～5 年支付
2012 年 6 月	《薪酬框架管理政策》	法国政府	国有企业高管薪酬最高为每年 45 万欧元，不超过普通员工平均工资的 20 倍
2014 年 10 月	《金融企业薪酬政策法案》	荷兰众议院	金融机构奖金最多为固定薪酬的 1/5
2015 年 8 月	《薪金比率披露最终规则》	美国证券交易委员会	要求上市公司披露首席执行官（CEO）薪酬与员工薪酬中位数的比率
2017 年 9 月	《薪酬比率规则》解释性指导	美国证券交易委员会	上市公司须在 2018 年初开始进行薪酬比率披露

资料来源：笔者整理。

　　作为最有影响力的银行监管国际组织，在高管薪酬机制方面，巴塞尔银行委员会也采取了一系列措施。例如，2009 年 10 月公布的《薪酬原则和标准评估方法》，用于指导各国金融监管当局检查金融机构薪酬改革实践，明确提出在对银行薪酬体系进行检查时可以采取相应的监管措施。2010 年 2 月发布的《稳健薪酬实践执行标准》《稳健薪酬实践原则》，强调评估是否符合金融稳定理事会（FSB）的稳健薪酬准则及执行标准，评估方法主要涉及重大金融机构，特别是系统重要性机构；对银行风险有实质影响的雇员、担任重要风险管理职能与共同承担重要风险的雇员团体。2010 年 10 月颁布的

《强化公司治理指导原则》，明晰了监管部门对银行公司治理的监管责任，提出了银行实现稳健公司治理的 14 条基本原则，并阐释了其他利益相关者对于强化银行业金融机构公司治理的作用。强调银行机构员工的现金、股权等不同形式薪酬应与其风险承担行为有效挂钩，薪酬结果应与风险结果保持对称，并随具体风险类型做出相应调整，同时支付时间表应敏感地反映风险的期限范围。2011 年 5 月制定的《薪酬制度与风险、业绩挂钩的方法》，分析并讨论了高管薪酬对业绩和风险的调整方法，强调健全的薪酬激励机制应包括薪酬制度设计、业绩考核制度、事前事后调整以及延期支付和奖励方式等。提出两方面的要求：薪酬制度设计与风险挂钩；衡量业绩时需要凭借经济效率指标。2011 年 7 月发布的《第三支柱薪酬信息披露要求》，将薪酬纳入第三支柱披露信息要求，并明确规定了新要求的应用范围、薪酬信息披露策略和频率等薪酬信息披露关键事项。2014 年制定的《银行业公司治理原则——征求意见稿》，要求银行强化三大公司治理理念，强调薪酬体系是治理结构的重要组成部分，董事会和高管层之间形成的激励结构对有效传递恰当的风险承担行为具有重要意义。

综上所述，加强银行高管薪酬监管、防范系统性风险已成为危机后国际监管组织和世界各国监管当局的共识。学术界也对此展开了广泛的探讨，从而为本书研究的开展提供了很多有益的启示。

1.1.1.2　国内背景

银行高管薪酬畸高、薪酬结构失衡、激励机制过度注重短期业绩等问题在我国也同样广泛存在，由此导致的区域性、系统性风险累积问题已引起各级部门的高度重视。自 2010 年起，我国中央政府工作报告中多次提出"严格规范金融机构高管薪酬管理，提高风险管控能力"。党的十九大报告也强调，"要深化金融体制改革，健全金融监管体系，守住不发生系统性金融风险的底线"，将防范化解重大金融风险提到了前所未有的高度。

中国的银行业资产规模占金融资产总量的比例接近 90%，是一个典型的以银行业为主导的金融体系，商业银行在我国社会经济发展过程中的地位举足轻重。进入 21 世纪以来，虽然通过大力推进资本市场的建设使得直接融资的作用有所增强，但银行业的主导地位并未发生改变，企业最主要的融资渠道仍然是银行贷款，而居民最主要的投资方式仍然是储蓄存款。银行业的风险防控能力与经营状况对整个国民经济和社会稳定都起着至关重要的作用。

从全社会角度来讲，难以承担银行机构特别是大型商业银行风险集中爆发所带来的冲击。从公司治理角度来看，从 2005 年 5 月交通银行 H 股上市伊始，到 2019 年 12 月中国邮政储蓄银行 A 股成功上市为止，我国商业银行发展取得了长足的进步。这期间，国有大型商业银行实力得到加强，民营银行、农村商业银行等商业银行类型更为齐全，金融业竞争愈发激烈，经营模式逐渐从分业经营向综合经营演变，银行监管不断向市场化方向迈进。但也必须客观地认识到，中国商业银行改革发展时间尚短，内资银行在经营管理现代化程度、公司治理完善程度以及风险管理能力等方面与国际先进银行还存在很大差距。2008 年全球金融危机的爆发使得商业银行公司治理的重要性更为凸显，在国际金融监管改革的大背景下，为了进一步完善商业银行公司治理，规范金融机构高管薪酬制定，防范系统性风险，维护金融稳定，我国相关部门接连发布相关政策法规，具体见表 1 - 2。

表 1 - 2 　　　　　　　　　　中国薪酬监管有关政策法规

时间	政策名称	颁布机构	相关内容
2009 年 1 月	《金融类国有及国有控股企业负责人薪酬管理办法》	财政部	国有（控股）金融企业负责人基本年薪最大值为 70 万元，年薪总额（不包括中长期激励收益）不应大于基本年薪的 4 倍
2009 年 4 月	《董事会试点中央企业高级管理人员薪酬管理指导意见》	国资委	薪酬制度应坚持激励与约束相统一，薪酬水平与企业竞争力相适应
2009 年 9 月	《关于进一步规范中央企业负责人薪酬管理的指导意见》	人社部等	首次对所有行业央企发出高管"限薪令"，要严格核定企业负责人薪酬调节系数，合理确定负责人基本年薪与职工工资的比例
2010 年 3 月	《商业银行稳健薪酬监管指引》	银监会	商业银行应设计统一的薪酬管理体系，将风险控制指标纳入绩效考核，建立薪酬与风险有效挂钩的机制
2011 年 3 月	《商业银行表外业务风险管理指引》	银监会	增加新兴表外业务类型，构建全面、统一的表外业务管理和风险控制体系
2013 年 7 月	《商业银行公司治理指引》	银监会	良好的银行公司治理应包括：清晰的职责边界、有效的风险管理与内部控制、合理的激励约束机制、完善的信息披露制度等
2014 年 8 月	《中央管理企业负责人薪酬制度改革方案》	中共中央政治局	负责人薪酬调整为由基本年薪、绩效年薪、任期激励收入三部分构成，总体薪酬水平不超过央企在岗职工平均工资的 7 ~ 8 倍

续表

时间	政策名称	颁布机构	相关内容
2016 年 5 月	《中央企业负责人经营业绩考核办法》	国资委	坚持"业绩升、薪酬升，业绩降、薪酬降"的原则，强化业绩考核与激励约束的紧密衔接
2016 年 7 月	《上市公司股权激励管理办法》	证监会	完善股权激励的实施条件，明确激励对象的范围

资料来源：笔者整理。

　　这一系列政策的出台，彰显了我国对完善商业银行公司治理、规范高管人员薪酬制度、防范系统性金融风险的高度重视，同时也为本书研究提供了方向指引。

　　国际金融危机之后，全球经济金融格局持续深度调整，为加快我国银行业的改革发展提供了难得的历史机遇。从国际看，金融危机改变了世界经济金融格局，中国等新兴市场国家在国际经济、金融事务中发挥越来越大的作用。危机促使全球主要国家对金融监管机制不断进行改进，强化宏观审慎管理、防范系统性风险已成国际共识，这为我国借鉴国际经验、推进银行业改革提供了新动能。从国内看，我国宏观经济发展取得巨大成就，成为仅次于美国的全球第二大经济体，在工业化、信息化、国际化、城镇化、市场化等方面深入发展，经济结构转型加快，国民收入稳步增加，新经济、新业态不断涌现，为商业银行发展提供了坚实基础。

　　与此同时，加快我国银行业改革发展也面临诸多挑战。从国际看，国际金融危机影响深远，货币、金融政策的国际协调难度增大。当前，我国经济发展面临的国内外形势更加复杂严峻，全球范围内的单边主义和贸易保护主义情绪加剧，国际上的各种不利因素可能对我国经济形成冲击，经济运行面临下行压力。从国内看，一方面，相当多金融机构的内控机制尚不健全，违法违规金融行为还时有发生，银行不良资产反弹压力较大。另一方面，经济运行周期性、结构性问题仍然存在。特别是随着人口老龄化逐步显现，生产要素成本上升，金融风险正呈现出一些新的特点。一些重点领域的风险不断累积，地方政府债务存量规模大，并可能传导至金融机构，房地产市场风险可能在某些区域显现，个别金融机构的风险隐患也威胁着金融体系的稳定。

　　基于上述国际与国内背景，我们提出以下问题：第一，我国主要商业银行的风险承担与系统性风险处于什么水平，又具有什么样的变化趋势？第二，高管薪酬激励究竟如何影响银行的风险承担倾向？第三，公司治理结构特征在其中起到什么作用，是否符合相关理论的预期？第四，高管薪酬与银行风险承担、系统性风险之间又存在何种关联机制？国内外有关金融高管薪酬的研究已有多年历史，很多学者从委托—代理关系、最优契约理论、锦标赛与行为理论等不同视角进行了积极探索，取得了十分丰富的研究成果，但尚未形成一致的结论。基于银行业在我国金融体系中的主导地位，同时考虑到近年来我国商业银行微观公司治理、行业内外结构环境，以及宏观监管政策显著变化的现实，对高管薪酬激励与银行风险承担、系统性风险之间的关联机制进行进一步系统、深入的研究具有重要的理论与实践价值。

1.1.2 研究意义

1.1.2.1 理论意义

银行高管薪酬被广泛认为是全球金融危机的罪魁祸首，而银行家薪酬改革也在公共政策议程上占据重要位置（Bebchuk et al，2010；Fahlenbrach and Stulz，2011；Vemala et al，2014；Deyoung and Huang，2016）。根据经典的委托代理理论，将高管薪酬与公司业绩挂钩的激励机制有利于协调股东与管理者之间的利益冲突，降低代理成本。该理论期望通过建立适当的薪酬激励机制，诱导代理人采取正确的行动，从而与委托人利益保持一致，最大化企业价值。根据锦标赛理论，薪酬差距越大，非 CEO 人员有越强的动机去承担风险，以增加他们成为下一任 CEO 的可能性。该理论主张通过晋升来提高员工积极性，从而提高公司绩效（Lazear and Rosen，1981）。根据社会比较理论，过大的薪酬差距会导致员工感到不公平，从而使员工之间的凝聚力下降甚至使员工之间产生猜忌的心理，导致团队协作力下降，影响企业绩效。同时，薪酬差距也可能会带来政治阴谋，使高管之间产生政治竞争，给企业带来风险。管理层权力理论认为，在现代两权分离的公司治理中，强势的管理层会影响董事会职能，高管有能力设计自己的薪酬，更多地选择利己的投资项目，从而使得企业风险水平增高。相关理论从不同侧面对公司高管薪酬的决定及其激励效果进行了多方面解读，然而有关理论逻辑与实证结论仍然充满争议。从实践效果来看，尽管国际上的高管薪酬改革主要针对银行家基于股权的薪酬机制，但实证研究未能有效表明，银行 CEO 的股权激励与银行在金融危机中的业绩之间存在必然的联系（Tung and Wang，2012）。

具体到中国的银行业，我国主要商业银行的风险承担与系统性风险处于什么水平，又具有什么样的变化趋势？高管薪酬激励究竟如何影响银行的风险承担倾向？管理者权力因素在其中起到什么作用，是否符合相关理论的预期？高管薪酬与银行风险承担、系统性风险之间又存在何种关联机制？这些问题都有待进一步的理论解答与实证检验。本书尝试建立符合中国情境的商业银行高管薪酬决定与激励效应整合分析框架，此框架将高管薪酬、银行风险承担与系统性风险相结合，从理论层面对其中的关联机制进行深入解读，并采用多种方法对三者的作用关系进行实证检验，弥补了国际上金融高管薪酬相关研究中较少考虑系统性风险及其来源机制的缺陷，为学术界有效研判我国商业银行薪酬机制现状，深入探究商业银行风险承担与系统性风险演变的微观理论基础提供了新的思路。

1.1.2.2 现实意义

近年来，随着外资银行的进入、民营银行的建立、农村商业银行等区域性小型银行的兴起，以及互联网金融与金融科技等非银行金融业态的蓬勃发展，中国银行业竞争愈演愈烈。截至 2017 年底，我国银行业金融机构包括 5 家大型商业银行、12 家股份制商业银行、17 家民营银行、134 家城市商业银行（以下简称城商行）、1262 家农村商业银行（以下简称农商行）、965 家农村信用社、33 家农村合作银行、68 家信托公司、247 家企业集团财务公司、25 家汽车金融公司、66 家金融租赁公司、5 家货币经纪公司、4 家资产管理公司、22 家消费金融公司、39 家外资金融机构、1625 家其他机构。[①] 银行业金融机构境内本外币资产总额 252.40 万亿元，比 2013 年增加 101.05 万亿元，增长幅度达 66.76%，银行业资产总额占我国全部金融机构资产的 89.93%。[②]

目前，面对复杂多变的国内、国际经济金融环境的挑战，我国商业银行处于进一步改革、转型发展的关键时期，商业银行改革的成败关键在于其经营管理与风险防控能力是否能够得到显著提高，并直接影响到中国社会经济的发展。同时，由于互联网金融、金融科技等新型非银行金融业态的冲击，商业银行所处的技术基础与运营环境不断变化升级，业务转型创新的压力使得银行业竞争愈演愈烈，银行利差空间不断缩窄。中国的商业银行面临"内

---

① 其他机构包括新型农村金融机构、中德住房储蓄银行和中国邮政储蓄银行。
② 资料来源：《中国金融年鉴 2018》。

忧外患",迫使其逐渐转变以往赚取利差收益为主的盈利模式,扩大中间业务规模,向业务多元化方向转型以获取更大的利润空间,由此造成其隐藏的多种风险开始显现,突出表现为风险性资产增加、不良贷款居高不下。从表1-3可以看出,我国商业银行不良贷款率自2014年开始出现反弹,2015年进一步上升至1.7%,此后的年份也都维持在该水平。

表1-3 商业银行不良贷款、拨备覆盖率及准备金统计(2011~2017年)

项目	2011年	2012年	2013年	2014年	2015年	2016年	2017年
不良贷款率(%)	1.0	1.0	1.0	1.2	1.7	1.7	1.7
次级类(%)	0.4	0.4	0.4	0.6	0.8	0.7	0.6
可疑类(%)	0.4	0.4	0.4	0.5	0.7	0.8	0.8
损失类(%)	0.2	0.1	0.1	0.1	0.2	0.3	0.3
不良贷款余额(亿元)	4278.7	4928.5	5921.3	8425.6	12744.2	15122.5	17057.0
次级类(亿元)	1725.2	2176.2	2537.8	4031.0	5922.8	6091.4	6250.5
可疑类(亿元)	1883.5	2122.4	2574.1	3403.0	5282.7	6640.1	7964.6
损失类(亿元)	670.1	630.0	809.4	991.6	1538.6	2391.1	2841.9
各项资产减值准备(亿元)	12677.1	15307.9	1755.1	20686.5	24680.0	28780.5	33971.3
拨备覆盖率(%)	278.1	295.5	282.7	232.1	181.2	176.4	181.4

资料来源:2012~2018年《中国金融年鉴》。

分机构类型看,城商行和农商行的情况尤其不容乐观(见表1-4)。2019年,我国城商行和农商行的不良贷款率分别高达2.32%和3.90%。

表1-4 2019年商业银行分机构主要监管指标情况

指标	大型商业银行	股份制银行	城商行	民营银行	农商行	外资银行
不良贷款率(%)	1.38	1.64	2.32	1.00	3.90	0.67
资产利润率(%)	0.94	0.86	0.70	1.05	0.82	0.63
拨备覆盖率(%)	234.33	192.97	153.96	391.12	128.16	313.90
资本充足率(%)	16.31	13.42	12.70	15.15	13.13	18.40
流动性比例(%)	54.49	61.63	63.51	68.29	63.15	69.81
不良贷款余额(亿元)	8959	4805	4074	48	6155	94
次级类(亿元)	3651	2097	1946	21	2390	35

续表

指标	大型商业银行	股份制银行	城商行	民营银行	农商行	外资银行
可疑类（亿元）	3807	1657	1270	15	3313	40
损失类（亿元）	1502	1052	858	12	451	20
净利润（亿元）	10606	4233	2509	82	2287	216
净息差（%）	2.12	2.125	2.09	3.74	2.81	1.78

注：外资银行资本充足率不含外国银行分行。自2019年起，中国邮政储蓄银行纳入"大型商业银行"汇总口径。

资料来源：中国银行保险监督管理委员会官网。

2020年第一季度，受贸易摩擦、新冠肺炎疫情等因素影响，我国商业银行的不良贷款率、资本充足率等主要监管指标进一步出现恶化的迹象。尤其是地区性的城商行和农商行，其不良贷款率分别进一步上升到了2.45%和4.09%的水平。而资本充足率分别为12.70%和13.13%，在所有银行机构类型中居最低水平。[①]

从行业监管角度看，有关部门通过借鉴国外的经验教训，研究风险管理的最新理念，制定相应政策措施，创新监管手段和工具，"三会一层"的公司治理机制得以基本确立，银行风险管理与内部控制的监控指标体系以及监管制度不断健全，为促进我国银行业的良性稳健发展提供了有效的外部监管环境和制度保障。然而，受分业监管的制度性约束，我国的金融监管仍然存在协调困难、效率低下、手段有限等诸多弊端。

总的来看，当前世界经济仍然处于国际金融危机后的深度调整期，全球动荡源和风险点增多。虽然国内经济运行总体平稳，但同时经济下行压力加大，突如其来的新冠肺炎疫情又不可避免地对我国经济运行造成冲击。经过近年来的改革发展，我国商业银行内部的公司治理机制、风险管理能力取得了长足的进步，外部监管体系也不断得到完善。但也必须客观地认识到，中国银行业的商业化、市场化改革时间尚短，政策性银行、农村金融机构等的股份制改造尚未彻底完成，大多数商业银行的行长、董事长仍然来自行政指派，在高管薪酬制度、董事会规模结构、高管权力制衡机制、独立董事制度等公司治理结构层面以及风险管控机制、能力等方面还存在不少缺陷。加之

---

① 资料来源：国家金融与发展实验室. 银行业运行报告（2020年一季度）［R/OL］. http：// www. nifd. cn/Research.

经济制度基础环境的差异性，中国的金融市场与其他国家存在很多不同之处，照搬欧美等发达国家的薪酬制度可能出现不相容的问题。中国是典型的以银行业为主导的金融体系，商业银行在整个社会经济发展过程中的地位举足轻重，深化收入分配改革与守住不发生系统性金融风险的底线是当前我国经济社会发展的两大现实议题。因此，立足中国实际，研究高管薪酬与银行风险承担、系统性风险之间的关联机制，对银行机构本身以及相关监管部门进行高管薪酬激励与公司治理机制优化改革，防范化解系统性金融风险具有突出的现实意义。

1.1.2.3　政策意义

加快完善我国商业银行高管人员薪酬机制设计，提高银行风险管理水平，不仅事关收入分配的公平与效率，还关系到我国金融体系的安全与稳定，对促进我国金融经济的平稳、可持续发展具有重要意义。目前，我国商业银行高管薪酬存在总体水平偏高、长期薪酬缺失、过度注重短期业绩等问题，在一定程度上导致了系统性金融风险的累积，已引起党中央和各级政府部门的高度重视。本书可为银行机构与有关监管部门优化高管人员薪酬制度改革、防范化解系统性金融风险提供决策参考。

1.2　研究样本与方法

1.2.1　研究样本

1.2.1.1　样本期间的选择

研究期间选定为 2005～2019 年，是基于以下两方面的考虑：第一，2005年前后，在中国银行业占主导地位的国有大型银行才开始真正实行市场化、股份制改造，以往研究虽然时间跨度较长，但早期的中国银行业并不具有明显的商业化特征，与近期样本不具可比性，这种混合对比分析可能降低研究结论的可信度，因此，将 2005 年作为研究期间的起点。第二，2005～2019年全面覆盖了中国银行业的几次重大变革，比如，从 2006 年 6 月中国银行 H股在香港联合交易所挂牌上市，开启大型国有银行股份制改造的新起点，2009 年底中国农业银行股份有限公司成立，到 2019 年 12 月中国邮政储蓄银行在上海证券交易所成功上市为止，六大国有银行全部完成市场化改革历程。2006 年 12 月，开始实行新的外资银行管理条例，中国正式对外资银行开放人民币业务；2010 年 1 月，财政部颁布《金融类国有及国有控股企业负责人薪酬管理办法（征求意见稿）》，开始加强对金融类国有及国有控股企业高管人员的薪酬监管；2010 年 3 月，中国银监会发布实施《商业银行稳健薪酬监管指引》，进一步对银行高管的薪酬与薪酬结构做出了原则性的规定；2014 年 8 月，中共中央政治局会议审议通过《关于合理确定并严格规范中央企业负责人履职待遇、业务支出的意见》《中央管理企业负责人薪酬制度改革方案》，标志着中国版的企业高管"限薪令"正式开始实行；等等。

1.2.1.2 样本空间的选择

中国是典型的银行业主导型金融体系，虽然银行业金融机构包括政策性银行、商业银行、城市信用社、农村信用社、货币经纪公司、汽车金融公司、村镇银行、农村资金互助社、信托公司、金融租赁公司、金融资产管理公司、企业集团财务公司等众多不同类型，但其中以商业银行占绝对主导地位，同时考虑到商业银行与其他银行机构在业务性质与经营管理机制等方面差异较大，因此，选取主要的商业银行作为研究样本，包括大型商业银行、股份制银行、城市商业银行以及农村商业银行等。目前，通过国泰安、ORBIS Bank Focus 等数据库可以获得大约 290 家中国商业银行的年度财务数据，然而大部分银行的数据并不齐全，尤其银行高管薪酬数据大多是缺失的。另外，由于边际期望损失（MES）等系统性风险变量的测度以及基于市场法的风险承担指数计算需要以市场收益率数据为基础，因此，最终选取截至 2019 年 12 月 31 日已上市的 36 家商业银行为研究样本（见表 1 – 5）。

表 1 – 5　　　　　　　　研究样本银行基本信息

证券代码	证券简称	成立日期	上市日期	银行类型	注册资本（亿元）
000001	平安银行	1987 年 12 月 22 日	1991 年 4 月 3 日	股份制银行	194.06
600000	浦发银行	1992 年 10 月 19 日	1999 年 11 月 10 日	股份制银行	293.52
600016	民生银行	1996 年 2 月 7 日	2000 年 12 月 19 日	股份制银行	437.82
600036	招商银行	1987 年 3 月 31 日	2002 年 4 月 9 日	股份制银行	252.20
600015	华夏银行	1992 年 10 月 14 日	2003 年 9 月 12 日	股份制银行	153.87

续表

证券代码	证券简称	成立日期	上市日期	银行类型	注册资本（亿元）
601988	中国银行	1983 年 10 月 31 日	2006 年 7 月 5 日	国有商业银行	2943.88
601398	工商银行	1985 年 11 月 22 日	2006 年 10 月 27 日	国有商业银行	3564.06
601166	兴业银行	1988 年 8 月 22 日	2007 年 2 月 5 日	股份制银行	207.74
601998	中信银行	1987 年 4 月 20 日	2007 年 4 月 27 日	股份制银行	489.35
601328	交通银行	1987 年 3 月 30 日	2007 年 5 月 15 日	国有商业银行	742.63
002142	宁波银行	1997 年 4 月 10 日	2007 年 7 月 19 日	城商行	60.08
601009	南京银行	1996 年 2 月 6 日	2007 年 7 月 19 日	城商行	100.07
601169	北京银行	1996 年 1 月 29 日	2007 年 9 月 19 日	城商行	211.43
601939	建设银行	2004 年 9 月 17 日	2007 年 9 月 25 日	国有商业银行	2500.11
601288	农业银行	1986 年 12 月 18 日	2010 年 7 月 15 日	国有商业银行	3499.83
601818	光大银行	1992 年 6 月 18 日	2010 年 8 月 18 日	股份制银行	524.89
600919	江苏银行	2007 年 1 月 22 日	2016 年 8 月 2 日	城商行	115.45
601997	贵阳银行	1997 年 4 月 9 日	2016 年 8 月 16 日	城商行	32.18
002807	江阴银行	2001 年 12 月 3 日	2016 年 9 月 2 日	农商行	21.72
600908	无锡银行	2005 年 6 月 21 日	2016 年 9 月 23 日	农商行	18.48
601128	常熟银行	2001 年 12 月 3 日	2016 年 9 月 30 日	农商行	27.41
600926	杭州银行	1996 年 9 月 25 日	2016 年 10 月 27 日	城商行	59.30
601229	上海银行	1996 年 1 月 30 日	2016 年 11 月 16 日	城商行	142.07
603323	苏农银行	2004 年 8 月 25 日	2016 年 11 月 29 日	农商行	18.03
002839	张家港行	2001 年 11 月 27 日	2017 年 1 月 24 日	农商行	18.08
601838	成都银行	1997 年 5 月 8 日	2018 年 1 月 31 日	城商行	36.12
002936	郑州银行	1996 年 11 月 16 日	2018 年 9 月 19 日	城商行	59.22
601577	长沙银行	1997 年 8 月 18 日	2018 年 9 月 26 日	城商行	34.22
601860	紫金银行	2011 年 3 月 25 日	2019 年 1 月 3 日	农商行	36.61
002948	青岛银行	1996 年 11 月 15 日	2019 年 1 月 16 日	城商行	45.10

证券代码	证券简称	成立日期	上市日期	银行类型	注册资本（亿元）
600928	西安银行	1997 年 6 月 6 日	2019 年 3 月 1 日	城商行	44.44
002958	青农商行	2012 年 6 月 26 日	2019 年 3 月 26 日	农商行	55.56
002966	苏州银行	2004 年 12 月 24 日	2019 年 8 月 2 日	城商行	33.33
601077	渝农商行	2008 年 6 月 27 日	2019 年 10 月 29 日	农商行	113.57
601916	浙商银行	1993 年 4 月 16 日	2019 年 11 月 26 日	股份制银行	212.69
601658	邮储银行	2007 年 3 月 6 日	2019 年 12 月 10 日	国有商业银行	869.79

本书研究样本涵盖了除外资银行以外的所有商业银行类型，根据我们的统计，其总资产与存贷款规模占全国银行业金融机构总资产的80%以上，基本能反映中国商业银行业的全貌，具有较好的代表性。

1.2.2 研究方法

本书研究主要采用规范分析与实证分析、定性分析与定量分析相结合的研究方法。高管薪酬与商业银行风险承担、系统性风险的相关性研究不仅是一个理论问题，更是一个实践问题。本书在研究过程中除了一定的规范分析之外，还特别注重通过理论逻辑和经验证据来支持课题提出的命题。

本书采用的研究方法主要有以下三个方面。

（1）规范分析与实证分析相结合。

规范分析是指从概念出发，经过判断和推理从而认识事物的本质和规律的思维方法，主要解决"应该是什么"的问题，规范研究的主要特点是在对研究对象进行研究之前，首先要确定相应的准则，然后依据这些准则来判断研究结论是否符合这些准则。而实证分析则是回答"是什么"的问题，着重对理论分析的结论进行经验支持检验。本书研究主要侧重于实证分析，运用大量关于我国商业银行高管薪酬与风险相关的统计数据，建立了中国商业银行风险承担与系统性风险的测度模型，借助统计学、数理经济学、计量经济学以及专业的计量分析工具对中国商业银行高管薪酬与风险承担、系统性风险之间的关联机制与影响效应进行了深入的研究，发现其具有的

内在规律性。实证研究优势在于量化证据可以使得研究结论更具有严谨性
与一般性，在实证研究过程中，本书研究综合运用了多种经济计量方法，
如描述性统计、相关性分析、标准化处理、分位数回归、TAGARCH 模型、
DCC-GARCH 模型、非参数核估计、Hausman 检验、面板单位根检验、固定
效应（FE）模型、系统广义矩（GMM）估计、调节效应模型、工具变量
（Ⅳ）法、两阶段最小二乘（2SLS）估计等。

（2）定性分析与定量分析相结合。

定性分析是指关于事物之间因果逻辑关系的质的分析。本书研究在对相
关文献进行评述的基础上，基于委托代理理论、最优契约理论、管理权力理
论、锦标赛与行为理论等主流研究范式，以及其他高管薪酬相关理论，定性
分析了银行高管薪酬水平、薪酬差距的决定机制及其影响效应。通过构建引
入相对绩效评价（RPE）薪酬的银行高管—股东两阶段博弈模型，从理论层
面定性分析了薪酬机制对银行系统性风险的影响机制。定量分析是对因果逻
辑联系的量的分析。在定性分析的基础上，本书研究采用 2005 ~ 2019 年 36
家上市银行的非平衡面板数据，进行了计量经济学的定量分析。在定量分析
中，我们借助了经济学研究中常用的 Excel 2016、Eviwes 8.0 以及 Stata 15.0
等统计分析软件。采用的统计分析方法主要有均值分析、比较分析、趋势分
析、相关分析、面板多元回归分析和稳健性检验等。

（3）归纳、演绎与比较分析相结合。

归纳和演绎是经济学中基本的逻辑思维方法。在银行高管薪酬与风险相
关研究中，从商业银行经营管理过程的个别或特殊的事物中找出其具有的共
同特点或基本规律，同时借助理论思维，以有关的经济学、金融学、产业组
织学、公司治理理论、激励理论、最优契约理论、管理者权力理论、锦标赛
与行为理论、博弈论以及宏观经济理论等作为指导，演绎揭示出商业银行薪
酬激励与风险管理中存在的深层次问题。在具体的研究过程中，本书研究还
结合了比较分析方法，一是对基于不同方法得到的风险承担与系统性风险测
算结果进行比较；二是对短期薪酬、长期薪酬、总薪酬以及薪酬差距等不同
薪酬机制的激励效果进行比较；三是对国有大型商业银行与中小银行的高管
薪酬机制及其激励效应的差异进行比较；四是对系统重要性与非系统重要性
银行的差异性研究结论进行比较。通过不同情形下的对比研究，形成相对全
面的研究内容，在此基础上形成相应问题的分析依据，使得研究结论更具说
服力。

1.3　研究内容与框架

1.3.1　研究内容

本书以委托代理理论、最优契约理论、管理者权力理论、锦标赛与行为理论、博弈论、产业组织理论、公司治理理论、金融经济学、风险管理理论、金融监管理论等为依据，在对相关文献与理论进行梳理与总结的基础上，从银行高管薪酬水平、薪酬结构与薪酬差距等多个维度，对高管薪酬与银行风险承担、系统性风险之间的关联机制进行了系统的理论解读与实证检验。并根据理论分析与实证研究结论，从完善公司治理运行机制、改革高管薪酬制度、强化宏观审慎监管等方面，提出相应的政策方案体系。

本书共包括 8 部分的内容，从整体框架来看，可概括为"问题提出—理论分析—实证研究—研究总结—对策建议"的逻辑关系。具体内容安排如下。

第 1 章为绪论。主要介绍本书的研究背景、研究意义、研究内容、研究方法及技术路线等内容。

第 2 章为相关文献综述。本章对商业银行高管薪酬、风险承担、系统性风险相关概念的内涵进行深度剖析，对高管薪酬与风险承担、系统性风险之间关系的理论与实证研究文献进行回顾，并就现有研究存在的不足进行评述。

第 3 章为高管薪酬决定及其激励效应的理论研究。通过对高管薪酬决定的相关理论进行系统梳理，从不同层面对银行高管薪酬水平、薪酬差距的决定及其影响效应进行理论诠释，为本书的实证研究提供了坚实的理论基础。

第 4 章为商业银行风险承担与系统性风险的计量原理介绍与结果分析。先采用破产风险指数（Z-score）、CAMELS 模型等方法对我国 36 家上市银行的风险承担水平进行评价，然后基于边际期望损失（静态 MES）、动态 MES 与系统性风险指数（SRISK）对样本银行的系统性风险贡献值进行多维度测算，并就测度结果进行对比分析。从而有效研判我国商业银行的风险状况及其演变规律，同时也为后续的实证研究提供数据基础。

第 5 章为银行高管薪酬水平、薪酬结构与风险承担的实证研究。本章基于 2005～2019 年中国 36 家上市银行的非平衡面板数据，先对样本银行排名前 3 位、前 5 位高管的薪酬数据进行统计，然后选取不良贷款率、Z 值以及骆驼评级指数（CAMELS）作为银行风险承担变量，通过建立多元回归模型，采用固定效应（FE）和系统 GMM 估计相结合的方法，从薪酬结构、总薪酬水平等方面对两者之间的关系进行了系统的实证分析，并在此基础上，进一步就高管薪酬激励对不同类型商业银行风险承担的异质性影响，以及管理者权力在高管薪酬与商业银行风险承担之间可能存在的调节效应进行探讨。

第 6 章为银行高管薪酬差距与风险承担的实证研究。基于 2005～2019 年中国 36 家上市银行的非平衡面板数据，先对样本银行的行长薪酬占比、高管团队与其他员工薪酬差额、高管团队内部绝对薪酬差距以及高管团队内部相对薪酬差距等多方面的薪酬差距指标进行计算，然后选取不良贷款率、破产 Z 指数以及骆驼评级指数作为银行风险承担变量，通过建立多元回归模型，采用固定效应（FE）和系统 GMM 估计相结合的方法，对银行高管薪酬差距与银行风险承担之间的关系进行了系统的研究，并在此基础上，进一步就高管薪酬差距对不同类型商业银行风险承担的异质性影响，以及管理者权力在高管薪酬差距与商业银行风险承担之间可能存在的调节效应进行分析。

第 7 章为银行高管薪酬与系统性风险的实证研究。本章先通过构建引入相对绩效评价（RPE）薪酬的银行高管—股东两阶段博弈分析框架，对高管薪酬激励与商业银行系统性风险的关联机制及其异质性影响进行了多维度的理论分析，提出相应假设。然后采用 2005～2019 年中国 33 家上市银行的非平衡面板数据，通过建立多元回归模型，采用固定效应（FE）和系统 GMM 估计相结合的方法，对高管薪酬激励与银行系统性风险之间的关系进行了实证分析，并在此基础上，进一步就高管薪酬激励对不同类型商业银行系统性风险的异质性影响进行了探讨。

第 8 章为研究结论与政策建议。本章先对本书的主要结论进行了归纳总结，然后根据前文理论分析与实证研究结果，并结合我国银行业改革发展实际，针对中国商业银行高管薪酬机制与风险管理当中存在的问题，从完善公司治理运行机制、改革高管薪酬制度以及强化宏观审慎监管等方面提出相应的政策建议。

1.3.2 研究框架

本书在具体研究和写作过程中，主要遵循的是从文献评述到理论分析再到实证研究的研究思路。本书的技术路线如图 1 - 1 所示。

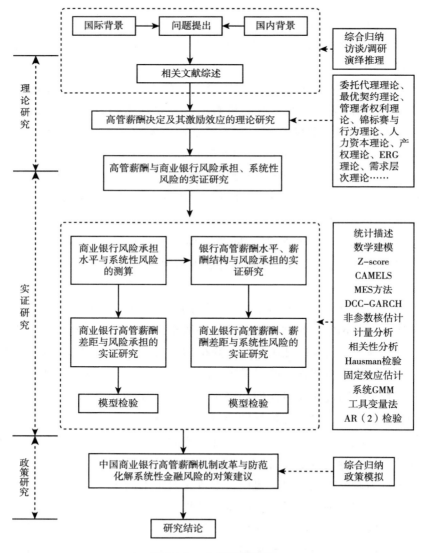

图 1 - 1　本书技术路线

1.4　研究的创新、不足与展望

1.4.1　研究的创新之处

本书研究采用规范分析与实证分析相结合的方法，在既有文献的基础上，尝试将高管薪酬、风险承担和系统性风险三者纳入统一的分析框架，以中国现有 36 家上市银行为对象，从银行高管薪酬水平、薪酬结构与薪酬差距等多个维度，并根据理论分析与实证结论提出完善中国商业银行高管薪酬机制与系统性风险防范的对策建议。研究的创新之处主要有以下四个方面。

第一，研究框架思路创新。从高管薪酬的视角建立了中国商业银行风险承担、系统性风险评价及其相互关联的整合性研究分析框架。在该研究框架中，薪酬激励通过降低代理成本、锦标赛竞争等途径作用于高管人员的行为活动与经营策略，进而对银行风险承担与系统性风险造成影响。此框架将高管薪酬、银行风险承担与系统性风险相结合，从理论层面对其中的关联机制进行深入解读，并采用多种方法对三者的作用关系进行实证检验，弥补了国际上金融风险相关研究中较少考虑微观基础的缺陷，为国内商业银行高管薪酬机制设计及其风险激励效应的理论分析和改革实践提供了新的思路。

第二，理论研究创新。将委托代理理论、最优契约理论、管理者权力理论、锦标赛与行为理论等主流研究范式相结合，通过引入相对绩效评价（RPE）薪酬的银行高管—股东两阶段博弈过程分析，通过理论逻辑与数学建模，探讨不同的薪酬水平、薪酬结构、绩效评估方式在不同市场情形下对商业银行高管风险承担行为继而对系统性风险贡献值的影响，揭示了在中国特殊的经济制度环境下高管薪酬激励对银行风险承担与系统性风险的作用机制和路径。本书研究成果有助于丰富商业银行微观治理与宏观监管的理论和方法，具有较强的理论创新意义。

第三，银行高管薪酬激励效应实证估测创新。在实证研究过程中，以2005 ~ 2019 年中国 36 家上市银行为样本，首先对高管的薪酬水平、薪酬结构、薪酬差距等多方面的薪酬激励强度指标进行计算，选取不良贷款率、破产 Z 指数以及骆驼评级指数（CAMELS）作为银行风险承担变量，采用基于边际期望损失的短期静态 MES、基于 DCC-GARCH 模型与非参数核估计的短期动态 MES、长期动态 MES 和系统性风险指数（SRISK）等不同方法测度系统性风险，然后通过建立多元回归模型，采用多种估计方法，对银行高管内部薪酬差距与风险承担之间的关系进行实证分析。对于实证结论的检验，尽可能剔除了模型内生性、高管"限薪令"、股权激励等因素的干扰，通过替换关键解释变量与被解释变量，确保研究结论的稳健性。本书研究较为系统地论证了高管薪酬水平、薪酬结构、薪酬差距对中国商业银行风险承担、系统性风险的影响途径和作用程度，为有效研判中国商业银行薪酬机制现状及其激励效应提供了经验证据。

第四，薪酬机制设计与监管对策创新。与风险挂钩的银行高管薪酬激励机制设计应充分考虑薪酬结构、薪酬差距、薪酬—风险敏感度等要素对于银行高管顺周期风险承担行为的影响，要让银行高管真正为其风险承担负责，实现从"绩效薪酬"向"风险薪酬"原则上的转变。在薪酬监管方面，尽管早已为实践所证实，但当前对于商业银行高管薪酬与风险承担及与之相关的可操作金融监管对策研究还不多。本书研究成果在一定程度上可以弥补以往研究的不足，丰富和拓展商业银行高管薪酬设计策略的内容和方向，并为政府部门就优化银行业高管薪酬机制、防范化解系统性风险提供宏观政策制定依据。

1.4.2　研究的不足之处

本书研究的不足之处主要有以下四点。

第一，在薪酬指标的测算上，由于金融机构高管薪酬信息较为敏感，除了年报披露的数据以外，难以获取全面的数据资料。而且年报披露的公开数据也十分有限，例如，固定薪酬与绩效薪酬的相对比例等薪酬结构数据是缺失的，办公、接待、国外参访等在职消费与隐性收入也并无披露，因而不可避免地对最终的实证分析结论造成影响。

第二，在研究样本的选取上，由于薪酬数据来源以及系统性风险指标测算的局限，本书仅收集到了 6 家国有大型商业银行、9 家股份制银行、13 家城市商业银行、8 家农村商业银行等共 36 家已上市商业银行的样本数据，还有大量的中小银行以及外资银行并未涵盖在内。不同类型银行，在经营风格、管理机制、风险防控能力等方面可能存在较大差异，样本选择的偏差也会对本书的研究结论造成影响。

第三，在银行风险承担、系统性风险等关键指标的测算上，虽然本书尝试了多种方法，但由于银行的风险因素内涵丰富，涉及面十分广泛，一些风险因素难以量化，还有一些风险因素受银行信息披露不足的影响，数据质量较差，因而这些银行风险因素并未纳入本书的研究范围，需要我们在今后的研究中进一步深入探讨。

第四，在实证模型变量的选取上，虽然本书从微观、中观、宏观等多个维度进行了综合考虑，选取了银行微观特质、行业结构特征、管理层权力以及国内、国际宏观经济环境因素等诸多变量，但是由于一些变量难以量化或数据质量不高，因而可能存在遗漏变量问题。

1.4.3　研究展望

本书仅仅是在高管薪酬与银行风险研究"丛林"中进行的一次有益的探索和尝试。在该领域还有很多有待进一步深入研究的问题，这些问题主要有以下三个方面。

第一，关于银行风险承担、系统性风险的概念内涵与测度方法还有待进一步的探讨。本书采用了破产 Z 指数、骆驼评级模型（CAMELS）、基于边际期望损失的静态 MES，以及基于 DCC-GARCH 模型与非参数核估计的短期动态 MES、长期动态 MES 和系统性风险指数（SRISK）等多种方法，对中国上市银行的风险承担与系统性风险进行了测度。这些方法各有优缺点，相关研究仍在不断拓展，究竟哪一种方法更适用于中国的银行业，还有待未来的持续关注。目前，有关衡量方法繁杂不一，适应性与结果各异，究竟如何构建出一套更符合中国情境、更具有效度的银行风险承担与系统性风险的衡量指标体系，对于中国商业银行风险管理有关研究是一项长期的基础性工作。

第二，实证研究的一个关键方面在于数据的获取。随着上市银行数量的增加，以及监管部门对金融机构高管人员信息披露要求的提高，银行高管薪酬数据将不断完善，本书的研究结论将更具有说服力。

第三，在研究样本的选取上，今后若能进一步收集有关银行薪酬和风险数据，扩大研究样本空间，并对中国境内内、外资银行的高管薪酬与风险承担进行比较分析，或对国际上部分国家的银行业进行对比研究，则研究结论将更加丰富。

第2章 相关文献综述

2.1 相关概念界定

2.1.1 高管

高管，也就是企业的高级管理人员，全面负责整个企业的总体战略、经营决策和绩效评价的高层次人才，为企业中最核心也是最关键的人物。目前，对高管概念的界定在理论与实践中都尚未达成一致。就国外研究而言，由于国外的企业大多股权较为分散，首席执行官（CEO）拥有较大的权力，对企业的日常经营决策有着深远的影响，成为企业实际的控制者，所以国外文献大多将 CEO 或以 CEO 为核心的管理团队定义为企业高管，但也有研究将高管的范围扩大到董事会或监事会成员以及公司章程规定的其他人员。

在国内，先后出台的各类制度规范对高管的概念和范畴进行了界定（见表 2 - 1）。

表 2 - 1   国内高管有关概念界定

年份	文件	界定
1995	《国务院关于股份有限公司境外募集股份及上市的特别规定》	董事、监事、经理、财务负责人和公司章程规定的其他人员
1997	《企业会计准则——关联方关系及其交易的披露》	董事长、董事、总经理、总会计师、财务总监、副总经理
2005	《上市公司高级管理人员培训工作指引》	上市公司董事长、董事、监事、独立董事、总经理、财务总监、董事会秘书
2005	《中华人民共和国公司法》	经理、副经理、财务负责人、上市公司董事会秘书和公司章程规定的其他人员

年份	文件	界定
2006	《上市公司股权激励办法》	上市公司经理、副经理、财务负责人、董事会秘书和公司章程规定的其他人员
2006	《上市公司信息披露管理办法》	在年报中披露的高管（包括董事会、监事会成员以及高级管理人员）

　　表 2 - 1 中的经理、副经理实际就是企业的总经理与副总经理。总经理由董事会负责其聘任、解聘以及报酬事项，副总经理由总经理向董事会提名并由董事会决定是否聘任或者解聘，财务负责人也是由总经理向董事会提名并由董事会决定是否聘任或者解聘。除应由董事会决定聘任或者解聘以外的管理人员由总经理决定其聘任和解聘。上市公司董事会秘书是《中华人民共和国公司法》（以下简称《公司法》）规定的上市公司必设机构，《公司法》第一百二十三条规定，董事会秘书主要负责公司股东大会和董事会会议的筹备、文件保管，公司股东资料的管理，以及办理信息披露事务等事宜。"公司章程规定的其他人员"则是使公司拥有自治权，自行决定聘任的其他高级管理人员，但聘任的人员与职位必须在公司章程中明文加以披露和说明。

　　尽管国内学术界研究中对高管概念的界定也不尽相同，各学者根据各自研究的不同情境对高管范围进行了不同的划分，但大致来说可分为两个层次。首先是范围较小的高管界定，仅包含董事长和总经理（李增泉，2000；湛新民和刘善敏，2003；徐向艺等，2007；吴文锋等，2008）；其次是将 CEO、总经理、副总经理、董事会秘书和年报公布的其他管理人员（即不包含董事会和监事会的其他管理人员）都纳入高管范畴（林浚清等，2003；张必武和石金涛，2005；王克敏和王志超，2007；吕长江和赵宇恒，2008；缪毅和胡奕明，2014）。后一种高管范围界定实际上未对高管做任何区分，直接将年报中披露的董事会成员、监事会成员、高级管理团队都纳入高管范畴。

　　从以上概念界定来看，高管范围并未在学术研究与实践中形成统一。一般情况下，高管主要是指董事长或总经理。但在实际的研究过程中，有关学者根据各自具体问题的需要，灵活地对高管范畴的界定相应有所扩大或缩小。上市银行主要根据证监会所颁布的《上市公司信息披露管理办法》的规定，在年报中披露董事会成员（包括董事长、副董事长、独立董事、董事）、监事会成员（监事长、股东监事、外部监事、职工监事）以及高级管理团队成员（包括行长、董事会秘书、副行长、首席财务官、首席风险官、行长助理、业务总监等）的薪酬情况。本书认为，尽管董事长或者总经理在公司战略、发展方向、重大的投资决策等方面具有决定性作用，但公司的高级管理团队作为企业人力资本的核心资源，同样对公司具体的经营管理活动存在较大影响。如果仅仅将薪酬研究局限于公司的董事长或总经理，会存在一定的片面性。因此，本书将研究视角拓宽至整个银行高级管理层，结合相关数据的可得数据，本书所涉及的高管是指年报披露的薪酬最高的前五位高管成员，包括董事长、总经理、副总经理、执行董事以及董事会秘书等。

2.1.2　高管薪酬

在委托代理关系中，企业股东与高管之间利益不一致、信息不对称以及对高管监督困难，高管薪酬是股东为激励高管尽责勤勉工作，消除其与高管的利益矛盾，最大化企业价值而采取的一种激励手段。薪酬通常指员工为企业提供劳务后所获得的各种形式的酬劳。薪酬实际上是由"薪"和"酬"构成的，其中，"薪"是指薪水，也就是从企业获得的酬劳中能够用现金和物质衡量的部分，这代表着"薪"是能够数据化的，通常酬劳中的工资、奖金、提成、保险、实物福利等都属于"薪"的范畴；而"酬"意味着酬谢和报答，主要着重精神层面的酬劳，如参与感、归属感、成就感与晋升机会等。如果在企业和员工之间没有精神回报作桥梁，那么两者之间只剩下单纯金钱的交换关系，这对企业和个人成长都是不利的。可以看出，薪酬形式是多样的，包括各种直接的、间接的，内在的、外在的，货币的、可以转化为货币的以及非货币的酬劳。本书从货币薪酬、总薪酬与薪酬结构和薪酬差距三个方面对高管薪酬进行研究。

2.1.2.1　货币薪酬与短期薪酬

根据《企业会计准则第9号——职工薪酬》规定，短期薪酬是指企业在职工提供相关服务的年度报告期间结束后十二个月内需要全部予以支付的薪酬。主要包括：工资、奖金、津贴、补贴、社会保险费、住房公积金、工会经费和职工教育经费、短期带薪缺勤、短期利润分享计划，以及其他规定的短期薪酬。货币薪酬是指各种货币形式的收入，主要包括基本年薪、年终绩效奖金、各种福利性收入、津贴等。

中国商业银行高管的短期薪酬以货币薪酬为主，同时差旅费、办公费、接待费、国外参访费、学习培训费、住房补贴、通信补贴、公车补贴等隐性收入构成了薪酬的重要组成部分。此外,银行高管往往还存在在职消费,即将公款用于高管个人支出或用于与经营管理无关的消费行为,这也属于短期薪酬的范畴。但是,由于薪酬监管不力,中国商业银行高管薪酬信息披露并不充分,难以获得有关在职消费与隐性收入的全面数据。因此,本书考虑的短期薪酬主要是货币薪酬,具体是指商业银行年度报告中披露的薪酬排名前五位的高管人员年度货币报酬情况,包括高管从银行获得的工资、奖金、津贴、补贴,以及银行为高管缴纳的各种社会保险金、住房公积金等。

2.1.2.2 股权薪酬与长期薪酬

股权薪酬是指以股票形式支付或与股票相关联的薪酬收入。股权激励是企业拿出部分股权用来激励高级管理人员或优秀员工的一种方法。目前,中国商业银行市场化的水平越来越高,对高管的激励已经不单单停留在货币激励,众多上市银行采用多种方式对高管进行激励,从而实现更好的效果。例如,交通银行董事长 2016 年持股市值合计 1211700 元,薪酬为 646200 元[①];宁波银行副行长 2016 年持股市值 31016960 元,薪酬为 2252500 元[②];杭州银行行长 2016 年持股市值合计 10056000 元,薪酬为 1242900 元[③]。可见,持股收益已是上市商业银行高管薪酬的关键组成内容。但股权薪酬一般情况下都会有附带条件,如员工须在企业工作满多少年,或完成特定的目标才予以激励,因此,股权薪酬属于长期薪酬的范畴。

股权薪酬在实践过程中有业绩股票、股票期权、虚拟股票、股票增值权、限制性股票、延期支付、员工持股、管理层收购等不同形式。上述长期薪酬在德勤发布的《2017~2018 年度中国 A 股上市公司高管薪酬及股权调研报告》中被视作规范性的长期激励方法,实际上现在还有一些创新型长期激励方法,如薪酬延付计划、收益权转让、跟投计划、合伙人计划、资产管理计划等。由于大多数上市银行只公布了持股数据,因此本书把银行高管所持有股票的市场价值作为长期薪酬评价指标。

2.1.2.3 总薪酬与薪酬结构

总薪酬是指短期薪酬、长期薪酬和其他薪酬的总和,即高管人员在任期

---

① 资料来源:交通银行 2016 年年度报告。
② 资料来源:宁波银行 2016 年年度报告。
③ 资料来源:杭州银行 2016 年年度报告。

内所获得的所有货币和非货币形式的收入或收益总额。而薪酬结构用来刻画高管总薪酬的构成情况。由于中国商业银行高管的构成越来越多样化，因此将银行高管薪酬划分为短期薪酬、长期薪酬以及薪酬结构来进行系统研究是十分必要的。

广义的高管薪酬通常由短期薪酬、长期薪酬和其他薪酬三部分构成。而狭义的薪酬结构由货币薪酬与股权薪酬两部分构成（货币与股权薪酬占比情况）。短期薪酬主要包含固定年薪与年度绩效奖金；长期薪酬则包含股票期权、限制性股票增值权等长期激励；其他薪酬主要由一些非货币性的回报构成，如在职消费、其他非货币性激励等。

狭义的高管薪酬主要是指短期薪酬和长期薪酬的部分，也就是货币的或者可以转化为货币的薪酬。在 2014 年 8 月出台的《中央管理企业主要负责人薪酬制度改革方案》中，明确规定中央企业负责人薪酬包括基本年薪、绩效年薪和任期激励收入三部分。在北京师范大学公司治理与企业发展研究中心发布的《中国上市公司高管薪酬指数报告》中，披露的管理层薪酬应包含两个部分：各种货币形式收入与股权和股票期权收入，也就是货币薪酬与股权薪酬。国内研究高管薪酬也是主要着眼于货币薪酬和股权薪酬两部分，虽然当前股权薪酬激励推行受到国家利好政策扶持，其实施情况在我国 A 股上市公司中呈上升趋势，但其实高管薪酬激励大部分还是使用的货币薪酬。我国规定，上市公司有义务披露高管薪酬，包括基本工资、奖金、福利、津贴和各项保险费、公积金及其他，但是仅仅只需要披露薪酬总额即可，并不需要就各项明细进行详尽说明。在实际研究中，国内文献普遍使用银行前三名或前五名高管货币薪酬以及持股市值之和的自然对数作为总薪酬的衡量指标，而薪酬结构指标通常采用短期薪酬与长期薪酬占总薪酬比重或用虚拟变量代替。

2.1.2.4 薪酬差距

薪酬差距是企业薪酬机制设计中不容忽视的部分。在传统计划经济体制下，企业内部薪酬分配倾向于公平主义，薪酬分配的不公平严重阻碍企业管理者与员工的工作积极性，一定程度上使得企业发展相对滞后。但随着改革的不断深化，企业间薪酬差距不断增大，在不同行业、不同企业之间产生了不同程度的薪酬差距现象，这也成为外界媒体、政府重点关注的话题。

　　通常来说，薪酬差距有企业外部差距和企业内部差距两种衡量方法。企业外部薪酬差距是企业高管薪酬与同行业的平均高管薪酬之间的差距。也有文献考虑到不同产权性质企业高管薪酬制度有别，为减小比较偏差，分别计算国有企业平均高管薪酬和非国有企业平均高管薪酬来进行薪酬差距比较（黎文靖等，2014）。企业内部薪酬差距主要研究高管内部之间、高管与员工之间的差距，根据具体计算方法的不同，内部薪酬差距又分为绝对数和相对数两种指标。绝对数通常是指银行 CEO 的薪酬与其余非 CEO 成员平均薪酬之间的差值，或高管人员平均薪酬与其他员工平均薪酬之间的差值，即绝对薪酬差距。相对数为无量纲指标，是指上述薪酬之间的比值，用来衡量高管薪酬差距的倍数或相对关系，该指标更能反映银行自身的一些异质性特点。

　　在既有研究文献中，各学者根据具体需要，对薪酬差距的定义与计算方法有所变化。林浚清等（2003）在衡量高管团队内部差距时，直接计算 CEO 薪酬与其他非 CEO 平均薪酬之间的绝对差距和相对差距。张正堂（2007）将高管薪酬差距分为两类，一是总经理和管理团队平均薪酬差距，二是总经理和另外两位核心高管的薪酬差距，并将两类绝对薪酬差距取对数处理。张正堂（2008）在研究企业内部薪酬差距对企业绩效的影响时，仅将高管之间的薪酬定义为总经理薪酬与管理团队平均薪酬之间的差距，但在计算绝对差值的对数基础之上，考虑了两者比值（相对薪酬差距）。缪毅和胡奕明（2014）将高管薪酬差距同样划分为两种，将总经理与副总经理级别、副总经理与其他高管人员的薪酬比值定义为高管薪酬差距。同样的，高管与员工薪酬差距的计算也不尽相同。刘春和孙亮（2010）、黎文靖和胡玉明（2012）所考虑的高管与员工的薪酬差距是前三名高管薪酬与员工平均薪酬的差距，并分为三种情况定义高管与员工的薪酬差距。首先最基础的定义是，前三名高管平均薪酬与"支付给职工以及为职工所支付的现金"除去董事、监事和高管薪酬部分的员工平均薪酬的绝对差距；其次是在员工薪酬中扣除支付给职工的社会基本保障费用；最后是考虑管理层持股的情况，将管理层持股的薪酬加入了高管薪酬。张正堂（2008）则直接将其定义为高管团队平均薪酬与员工平均薪酬的差距。

　　本书从高管团队内部薪酬差距、高管人员与其他员工之间的薪酬差距等多个方面评价银行高管薪酬差距，并同时计算其绝对数与相对指标，以便全面研究高管薪酬差距与银行风险承担、系统性风险之间的关系。

2.1.3 风险承担

"风险承担"最早被用来形容企业家勇于冒险、敢于创新的特质。企业风险承担是指企业为获得更有前景的市场发展机会和追求高收益而愿意承担的风险水平。风险承担行为一般具有以下特征：（1）风险较大但收益也较高；（2）短期成本高，且成功概率较低；（3）注重投资的长期价值，且回收期长。风险承担水平更高意味着高管更具冒险精神，更倾向于投资那些风险高但净现值为正的项目。

在理论上，最早提及"风险承担"概念的是弗兰克（Frank，1921）和唐纳森（Donaldson，1934），他们认为，企业家是利用未来不确定机会以获取利润和创造价值的开拓者。企业家具有敢于冒险和善于创新的特征，企业家要善于捕捉和把握机会，是勇于创新的变革者（刘怡君，2018）。布罗米利（Bromiley，1991）在此基础上，给出了风险承担的正式定义——风险承担是企业面对未来收益不确定性的一种选择。较高的风险承担意味着管理者更加具有冒险精神。风险承担反映了企业在进行投资决策时的风险偏好，企业的风险承担水平越高，越倾向于选择高风险项目。风险承担对于企业的成功至关重要，为了获取更高回报，只能选择投资更多高风险的项目。企业通过风险承担获取更高的盈利和更好的市场机会是其发展的基石，也是一国经济持续增长的根本动力（John et al，2008）。从本质上讲，高收益也是对风险的补偿（Li and Tang，2010）。通过承担风险抓住赚取超额利润的机会，从而推动企业价值的提升和社会经济的增长。

对于风险承担水平的衡量，大致可分为四类。一是破产风险法，侧重于银行可能存在的破产风险的衡量。采用的主要指标有盈利能力波动性（李小荣和张瑞君，2014；Faccio et al，2011；Boubakri et al，2013；周泽将等，2018）、股票收益波动性（Guay，1999；Coles et al，2006；王栋和吴德胜，2016；Gormley et al，2013；Armstrong and Vashishtha，2012；Hayes et al，2012）、破产 Z 指数（Blaško and Sinkey，2006；黄隽和章艳红，2010；张健华和王鹏，2012；Shim，2019）或破产 Z 指数的自然对数（Laeven and Levine，2009；Bai and Elyasiani，2013；宋献中和禹天寒，2018）、预期违约概率（覃邑龙和梁晓钟，2014；Dorobantu，2003；黄建仁等，2010）、默顿违约距离 DD（Hagendorff and Vallascas，2011；Gropp et al，2006）等。

二是资本充足法。该方法是从资本充足率公式出发，将该公式的分母或分子部分单独列出作为银行风险承担的替代变量，主要指标有加权风险资产比率（温博慧和唐熙，2016）、资本资产比率（Shrieves and Dahl，1992；Jacques and Nigro，1997）和不良贷款率（曹艳华和牛筱颖，2009；曹廷求和王营，2010；位华，2012；李亚微，2015；吴成颂等，2016）等。

三是市场法。该方法沿用资本资产定价模型并考虑银行特有的利率风险，侧重于投资者关注的收益—风险视角，将市场中的总风险、系统风险和非系统风险作为银行风险承担指标，代表性的文献有桑德斯等（Saunders et al，1990）、陈等（Chen et al，2006）、安德森和弗雷泽（Anderson and Fraser，2000）、帕坦（Pathan，2009）等。

四是综合法。典型的是 CAMELS 模型，即骆驼模型，综合考虑了银行资本充足率、资产质量、管理水平、收益状况、流动性与敏感性等，从多个方面来测度银行风险。

综合来看，国内学者较多使用不良贷款率、破产 Z 指数或者破产 Z 指数的自然对数作为风险承担衡量指标，而国外则比较青睐于采用衡量资本市场化程度较高的股票回报波动性和市场法来度量。本书结合国内外学者的常见做法，同时采用破产 Z 指数、CAMELS 指数法和市场法作为商业银行的风险承担变量。

2.1.4　系统性风险

系统性风险（systemic risk）是一个应用广泛、含义模糊的概念。这一概念与"系统风险"（systematic risk）不同。"系统风险"是指总风险中无法分散的部分，这种风险即使通过资产多样化组合也无法避免。根据威廉·夏普（William Sharp）的定义，系统风险主要针对投资领域而言，是指由普遍性或共同因素造成的资产波动性，又可称为市场风险（market risk）或不可分散风险（un-diversifiable risk），与之相对应的是可分散风险（diversifiable risk）或非系统风险。

系统性风险一般指金融风险，其范畴涵盖整个金融体系，经常用来表示对其他部门或经济主体存在传染效应的风险，至今尚未形成一致的定义。任何系统性金融风险的概念都应该包括由此导致的银行和金融部门以及支付和结算系统中的广泛事件与影响（De Bandt and Hartmann，2000）。"传染效应"

是这一概念的核心，它还包括在总体冲击之后同时出现的金融不稳定情况。

关于系统性风险，学者们一般是从外部经济影响与内部作用路径两方面加以界定。强调外部经济影响的观点如下。突发事件引发金融市场信息中断，从而导致金融功能丧失的或然性，主要以米什金（Mishkin，1995）为代表。系统性风险会导致金融体系重要部分受到经济价值或信心的损害，并随着不确定性的上升对实体经济造成负面影响（Eijffinger，2011）。威胁整个金融体系以及宏观经济而非一两个金融机构稳定性的事件，主要以美联储主席伯南克等为代表①。系统性风险是普遍存在的、损害整个金融体系功能的风险（欧洲中央银行，2010）。或指某一事件的发生导致一定数量的金融机构同时破产的可能性（Lehar，2005）。系统性风险是带来负面冲击的风险，会严重影响整个金融体系和实体经济。这种冲击可以有不同的原因和触发因素，如宏观经济冲击、由于系统内部紧密联系而导致的单个市场参与者的失败而影响整个系统的冲击，或金融市场中的信息中断所造成的冲击（Abdymomunov，2013）。

强调内部作用路径的观点如下。系统性风险是指一个机构的经济困境通过金融交易扩散到与其有联系的其他机构的风险（Rochet and Tirole，1996）；一家机构的倒闭引起系统内其他机构的倒闭，进而对实体经济产生影响的风险（Hart and Zingales，2009）；单个事件通过影响一连串的机构和市场，引起多米诺骨牌效应使损失扩散的可能性（Kaufman，1995；Kaufman，1999；Kaufman and Scott，2003）。

我国学者包永全（2005）将系统性风险区分为狭义与广义的概念。狭义的系统性风险是指系统中个别单位遭受不利冲击时，给系统中的其他单位带来的负外部性，甚至给不相关的第三方也带来损失的风险，即给一般经济系统带来溢出效应。当这种负外部性累积到一定程度，整个系统的基本功能可能完全丧失。广义的系统性风险指整个金融系统丧失其基本功能的可能性。

在众多研究中，关于系统性风险较为权威的是 2009 年金融稳定理事会（FSB）、国际货币基金组织（IMF）和国际清算银行（BIS）在联合发布的《系统重要性金融机构、市场和工具评估指引：初步考虑》中给出的定义：系统性风险是指金融体系整体或局部受到破坏导致的大范围金融服务中断，

---

① Bernanke, B. Financial reform to address systemic risk. Speech at the Council on Foreign Relations, October 2009.

并给实体经济造成严重影响的风险。

综合以上关于系统性风险的概念界定来看，冲击、传染与溢出和经济后果是系统性风险的三大核心要素。因而本书将银行系统性风险定义为，银行系统中的个别银行受到宏观经济冲击或自身经营失败而导致破产，其风险在其他银行间传染，进而导致多家银行亏损或倒闭，最终影响整个银行系统的金融功能。对其内涵具体可从宏观和微观两个方面理解，从宏观上来讲，系统性风险是指整个银行系统的风险，即当发生系统性事件时，整个银行系统所遭受的损失；从微观上来讲，系统性风险是单个银行的风险，即当发生系统性事件时，个别银行所遭受的损失及其对宏观系统性风险的贡献。理论上，微观系统性风险的加总等于宏观系统性风险。如无特别说明，本书所提及的系统性风险是指微观系统性风险，也可理解为个别银行对整个银行体系系统性风险的贡献度。

2.2　高管薪酬与风险承担的相关研究

2.2.1　高管薪酬相关研究

高管薪酬作为公司治理的一项重要因素，其相关研究由来已久。在现代公司普遍存在的委托代理关系中，高管努力程度的难以监督和股东同高管人员之间利益不一致以及信息不对称导致代理问题难以避免，薪酬激励作为缓解代理问题的重要手段备受关注。自 2007 年美国次贷危机以来，高管薪酬俨然成为社会热点、监管热点与学术热点，相关研究也已经取得丰硕成果。

梳理既有文献发现，当前的研究主要集中在以下四个方面：一是高管薪酬激励机制分析（陈学彬，2005）；二是薪酬的影响因素，包括管理者权力（Bebchuk et al，2002；卢锐等，2008；权小锋等，2010）、企业业绩（Murphy，1985；Lambert and Larcker，1987；杜兴强和王丽华，2007；辛清泉和谭伟强，2009）、高管个人特征（张龙和刘洪，2009）、公司治理的有效性（董事会和监事会特征、独立董事、股权集中度、国有股权）（张必武和石金涛，2005），以及媒体报道（罗进辉，2018）等；三是薪酬业绩之间是否具有敏感性（张栋等，2016），或者高管薪酬差距与企业业绩（林浚清等，

2003；张正堂，2008；黎文靖和胡玉明，2012；缪毅和胡奕明，2014；张栋和杨兴全，2015）；四是高管薪酬的激励效果或经济后果，包括企业业绩（O'Connor and Rafferty，2010；周仁俊等，2011；Bennett et al，2017）、盈余管理（Cheng and Warfield，2005；Bergstresser and Philippon，2006；王克敏和王志超，2007；陈胜蓝和卢锐，2012）、虚假报告（Burns and Kedia，2006）、在职消费（张敏等，2013）、企业债务融资（张兴亮和夏成才，2015）、企业创新（徐悦等，2018；Ederer and Manso，2013）、企业信息透明度（Gaver et al，1995）、风险承担（Guay，1999）。

2.2.2　风险承担相关研究

风险承担水平衡量了高管人员的冒险精神，适度的风险承担水平有利于企业价值的提升。从既有文献来看，与高管人员风险承担行为相关的研究主要集中于影响因素的分析与经济后果的探讨，但有关经济后果的研究少于其影响因素的研究（Hoskisson et al，2017）。高管人员风险承担的影响因素主要包括以下四类：一是文化因素，包括国家文化（Li et al，2013）、和谐主义与个人主义（赵龙凯等，2014）等。二是制度因素，主要有投资者和产权保护（John et al，2008；余明桂等，2013）、债权人保护（Acharya et al，2011）。三是宏观经济环境因素，如财政政策（Mamuneas and Nadiri，1996）、货币政策（Jiménez et al，2014）、实际利率（Dell'Ariccia et al，2014）、行业竞争程度（Raith，2003）等。四是公司治理层面因素，如董事会规模、独立董事、董事会多元化程度、所有权结构、产权性质、高管薪酬制度（曹艳华和牛筱颖，2009；曹廷求和王营，2010；蒋海和刘雅晨，2018）。

此外，还有一些文献研究了管理者个人因素对高管风险承担的影响，例如，管理者年龄与受教育程度（吕文栋等，2015）、CEO 性别（Faccio et al，2016）、管理者过度自信（余明桂等，2013）、CEO 任期（李培功和肖珉，2012）等。

风险承担主要的经济后果涉及：对管理者个人的影响，包括 CEO Vega（Coles et al，2006）、工作业绩满意度（Simon and Houghton，2003）等；资本配置效率（Faccio et al，2016；余明桂等，2012；苏坤，2015；王栋和吴德胜，2016）、融资行为（Dong et al，2010）、多元化经营（Hoskisson et al，1991）、成长性（Kim and Lu，2011）、企业价值（李文贵和余明桂，2012）。

综观以上研究，我们发现，管理者风险承担的影响因素研究相对较为丰富，但其经济后果研究相对较少，且有关经济后果的研究也主要集中于微观经济层面，而较少涉及其风险管理的宏观含义。

2.2.3　高管薪酬与风险承担之间关系的理论研究

高管薪酬与风险承担理论关系的研究大多基于委托代理理论和行为理论视角。委托代理理论是现代公司治理研究中运用最广泛的理论，它强调了公司因所有权和控制权分离而长期存在的问题（Jensen and Meckling，1976）。两权分离下，高管可能会在风险偏好方面与股东发生代理冲突。一般来说，股东（所有者）的投资更加多元化，可以分散公司特定的风险，而高管（代理人）的大部分个人财富以及人力资本投资于所在公司，这些高度专用性的资产很难被分散化，表现为典型的非多元化特性（Smith and Stulz，1985）。同时，出于职业生涯、声誉和个人私利的考虑，高管不愿意承担风险。如果高管被要求承担显著的剩余风险，他们将寻求更高的金钱回报，或做出风险较小的决策（Hoskisson et al，2009）。

经典的代理理论隐含地借鉴了资本资产定价模型（CPAM）的基本逻辑，认为基于风险与回报呈现的正相关关系的假设，事前风险应当得到鼓励（Hölmstrom，1979；Jensen and Murphy，1990a）。那么代理理论主流观点则认为，通过权益激励机制将 CEO 的风险偏好与股东的风险偏好结合起来，抑制高管的风险厌恶情绪，降低代理成本。一些实证研究也表明，权益薪酬提高了高管的风险承担水平（Carpenter et al，2003；Sanders and Hambrick，2007；Devers et al，2008），降低了道德风险问题（O'Connor et al，2006）。此外，激励机制还可能通过减少对失业的恐惧来鼓励风险承担（Rau and Jin，2013；Cowen et al，2016）。虽然在一定范围内实施薪酬激励是有效的，但过多强调风险承担激励可能导致"坏"的风险行为（Sanders and Hambrick，2007；Dong et al，2010）。例如，霍斯基森等（Hoskisson et al，1993）发现，某些类型的基于股权的薪酬，如限制性股票期权和短期激励，会降低风险承担水平。尽管权益薪酬旨在使高管利益与股东的利益保持一致，但它也可能给高管带来过度的风险承担，加剧风险厌恶（Coles et al，2006；Low，2009），高管也会根据自身的风险敞口来调节风险承担水平（Eisenhardt，1989）。

委托代理理论的关注点在于追求既定约束下的个人效用最大化，而行为理论则注重个体心理感知因素的影响，认为高管是厌恶损失的，追求个人损失最小化，他们宁愿采取保护当前财富的行动，也不愿意拿这些财富去冒险，追求新的收益。高管的薪酬计划创造了一个感知参照点并形成了一个预期框架，这个框架决定了其风险承担行为（Wiseman and Gomez-Mejia，1998；Devers et al，2007）。具体表现为，在既定的薪酬激励机制下，高管表现为风险规避还是风险追逐取决于风险行为带来的结果相对于感知参照点的得失。如果风险行为导致高管财富遭受损失，高管便会表现为风险规避，反之，风险行为增加了预期效用，高管便会表现为风险追逐。许多关于高管薪酬的研究都使用了行为理论解释高管的风险承担行为，着重阐述了高管感知的收益或损失情况是如何影响高管风险承担与创造风险规避行为的（Martin et al，2013）。例如，拉拉萨-金塔纳等（Larraza-Kintana et al，2007）发现，高管寻求保护个人财富（例如，来自未行使实值期权）免受潜在损失，会承担更少的风险，但在面临雇用风险和薪酬变动时，也可能承担更多的风险。德沃斯等（Devers et al，2007）提供了限制性股票期权价值与企业风险负相关的实证证据。高管将对当前财富的感知视作限制性股票价值，这创造了下行风险，从而产生了风险规避，但这也受到现金薪酬、董事会行动和股价波动的影响。此外，马塔和比米什（Matta and Beamish，2008）发现，接近退休的CEO如果拥有大量未行使的实值期权和股票持有量，他们会避免进行有风险的收购，因为这可能会损害他们感知到的收益。同样地，索德和沙沃（Souder and Shaver，2010）发现，当管理者持有高水平的可执行股票期权时，公司进行高风险长期投资的可能性更小。

正是由于框架效应的存在，薪酬激励对高管风险承担的影响具有权变性。对于期权薪酬来说，期权的凸性财富效应通常会激励高管追逐风险（Smith and Stulz，1985），但不少理论研究表明期权并不严格导致更大的风险寻求（Lambert et al，1991；Carpenter，2000；Ross，2004）。期权会带来丰厚的收益，但它也包含公司股权的杠杆头寸，这会放大经理的风险敞口，从而降低风险承担意愿（Lambert et al，1991）。如果公司经理人员持有大量的可行权但行权价远低于市价的股票期权，那么，在禀赋效应的作用下，经理会把股票期权的公允价值看作自己预期收益的一部分（Larraza-Kintana et al，2007），为了规避股价下跌带来的损失而不会轻易去冒险（Carpenter，2000；Lewellen，2006）。同时，随着期权财富的逐期积累，高管需承担更大的企业风险，为规避个人财富损失，高管往往会更加关注个人效用，而非创造企业价值。

也就意味着，高管的最佳风险承担水平是在权衡收益与风险后确定的（Gormley et al，2013）。

洪正和郭培俊（2012）构建了一个基于努力水平和资产选择相互影响的双重道德风险模型，研究了金融高管薪酬激励的内在特点，得出两个重要特征：（1）资产泡沫的存在容易诱发高管的过度冒险行为；（2）由于资产选择对努力水平存在替代效应，线性激励会导致激励强度与努力水平无关，即无关性结果，从而造成努力不足，即使存在良好治理的董事会也是如此。因而监管政策与薪酬改革措施需要同时解决过度冒险和努力不足这两个问题。

2.2.4 高管薪酬与风险承担之间关系的实证研究

不管是从委托代理理论出发过度强调风险激励，还是基于行为代理理论的权变性观点，都表明高管薪酬并不会绝对地导致风险规避或风险追逐。同样地，各学者的实证研究也得出了不同的结论，主要结论有高管薪酬与风险承担的正相关、负相关与非线性关系。阿格瓦尔和萨姆威克（Aggarwal and Samwick，1999）假定风险是影响薪酬—绩效敏感性的唯一影响因素，得出高管薪酬与企业风险承担之间存在负向关系的结论。达塔等（Datta et al，2005）发现，管理层持股与公司债务期限之间表现为显著且稳健的负相关关系。明尼克等（Minnick et al，2010）证实，拥有高 delta 薪酬的银行经理进行的并购更有可能提升价值。罗（Low，2009）、阿克雷等（Acrey et al，2010）、法伦布拉赫和施图尔兹（Fahlenbrach and Stulz，2011）等研究也证实了负相关关系。而阿格拉沃尔和曼德尔克（Agrawal and Mandelker，1987）检验发现，股票和期权占总薪酬比率较高的经理会增加负债权益比，倾向于总资产回报波动性大的投资。桑德斯等（Saunders et al，1990）认为，经理持股较高的银行具有更大的风险。科尔和盖伊（Core and Guay，2002）、拉杰戈帕尔和舍甫林（Rajgopal and Shevlin，2002）、科尔斯等（Coles et al，2006）、陈等（Chen et al，2006）、查瓦和波南南（Chava and Purnanandam，2010）、齐斯蒂等（Tchistyi et al，2011）、伯克和以利亚尼（Bai and Elyasiani，2013）、程等（Cheng et al，2015）等文献也同样支持正相关的结论。然而，也有研究证实了非线性关系的可能性，哈克等（Haq et al，2011）的研究结果显示，银行高管厌恶风险，股东偏爱风险，高管薪酬与风险承担呈现正

"U"形关系。宋清华和曲良波（2011）、李小荣和张瑞君（2014）、洪正等（2014）、温博慧和唐熙（2016）等实证检验发现，高管货币薪酬激励和股权激励与风险承担呈倒"U"形关系。

2.3　银行高管薪酬与系统性风险的相关研究

2.3.1　高管薪酬与系统性风险之间关系的理论研究

金融高管薪酬激励不仅与单个机构的风险承担相关，而且与系统性风险有着密切联系。脆弱的金融体系会因公司治理的失败而导致（Battilossi，2009），高管薪酬是公司治理的重要组成部分，金融机构 CEO 高激励性股票期权薪酬被认为是导致金融危机的主要原因，它促使 CEO 成为一个冒险家，CEO 们群策群力从事高风险的业务活动，加剧了系统性风险（Bebchuk et al，2010；Fahlenbrach and Stulz，2011；Bhagat and Bolton，2014）。格雷和坎尼拉（Gray and Cannella，1997）、布卢姆和米尔科维奇（Bloom and Milkovich，1998）均发现系统性风险与更高水平的股权激励有关。

高管薪酬激励 CEO 进行冒险性商业行为，企业过多的风险承担一定程度上会引发系统性风险。在非银行企业中，已有研究证实，高风险激励的薪酬会导致高风险的政策选择（Knopf et al，2002；Rogers，2002）。科尔斯等（Coles et al，2006）的研究提供了高管人员报酬与投资政策、债务政策和企业风险之间强因果关系的证据。CEO 财富与股票波动性的高敏感性（vega）伴随高风险的政策选择，包括增加研发投资、减少 PPE 投资和高的杠杆率等。风险较大的政策选择通常会导致薪酬结构具有较高的 vega 和较低的 delta，且股票收益波动率对 vega 和 delta 均有正向影响。纳姆等（Nam et al，2003）利用经理人投资组合对股票回报波动率和股价的敏感性估计来检验管理层承担风险激励与公司重要决策之间的关系。当经理人的股票期权组合对股票回报波动的敏感性增加时，企业倾向于选择更高的负债率和更高的研发投资水平，管理层承担风险的激励在决定杠杆率和研发投资方面发挥着特别关键的作用。王栋和吴德胜（2016）证实了中国股票期权的激励效果，在企业的政策选择方面，vega 提高了企业的经营集中度和资产负债率。

薪酬结构是金融机构过度冒险的原因（Murphy，2009）。在银行系统中，高管风险激励会促使银行短期债务融资增加（Chava and Purnanandam，2010），投资债务抵押证券（银行非利息收入业务）（DeYoung et al，2013），导致违约风险与破产风险增加（Inderst and Pfeil，2012；Bolton et al，2015；郝项超，2015）。银行系统作为金融系统的主体，其特有的危机风险和崩溃风险是系统性风险和金融危机的根源。高管风险行为加强了银行之间的业务相似性、资产共性和契约互连性，增强了相关银行之间的传染性，银行间风险溢出加剧，银行更易遭受抱团危机，实质上造成银行系统性风险上升（Armstrong and Vashishtha，2012）。

阿格劳瓦尔和曼德尔克（Agrawal and Mandelker，1987）探讨了公司在投融资决策上的选择以及经理人持股与选择权的关系。史密斯和斯图兹（Smith and Stulz，1985）把公司的套期保值作为融资决策的一部分，研究了税收、合同成本和对冲政策对公司投资决策的影响。经理人的股票和股票期权组合对股价的敏感性上升，公司往往会进行更多的对冲；经理人的股票期权组合对股票回报波动的敏感性增加，公司倾向于减少对冲（Knopf et al，2002）。为了控制与风险相关的激励问题，股东需要同时管理公司绩效与经理人财富之间的凸性和线性关系。股票期权会显著地增加 CEO 财富对公司股价风险的敏感性，公司凸性激励方案影响投资和融资决策（Guay，1999）。拉杰戈帕尔和舍甫林（Rajgopal and Shevlin，2002）研究了高管股票期权（ESOs）是否为经理人提供了投资高风险项目的激励问题，发现 ESOs 为管理者提供激励以减轻风险。查瓦和波南南（Chava and Purnanandam，2010）发现，首席执行官（CEO）和首席财务官（CFO）的风险承担激励对公司的财务政策有显著的影响。CEO 降低（增加）风险的动机与较低（较高）杠杆率和较高（较低）现金余额相关。CFO 降低（增加）风险的动机与更安全（风险更大）的债务期限选择以及更高（更低）的盈利平滑相关。墨守成规的 CEO 寻求减少债务，当 CEO 没有面临来自股东和薪酬激励的压力时，他们选择的杠杆水平会较低，出现对管理层安全的冲击（包括不成功的收购要约、非自愿的 CEO 替换和大股东董事的增加）之后，杠杆率会上升（Berger et al，1997）。格姆利等（Gormley et al，2013）基于自然实验探讨了管理者报酬与企业风险之间的双向关系。结果表明，在左尾风险增加后，董事会减少了经理人对股价波动的敞口，基于期权的薪酬不确定性降低了风险降低的程度。具体来说，薪酬较低的经理人倾向于削减杠杆和研发支出，囤积现金，并进行更多样化的收购。

2.3.2　高管薪酬与系统性风险之间关系的实证研究

对于高管薪酬与系统性风险之间关系的实证研究仅散见于国内外既有文献中。金等（Kim et al，2016）的研究证明，股票期权薪酬所引发的 CEO 冒险激励，增加了银行对系统性困境风险和系统性崩盘风险的贡献，这种关系是通过参与有关的非利息收入活动和与短期债务融资期限错配的渠道来运作的。进一步的分析表明，基于 CEO 选择的风险承担激励机制增加了对创新金融产品的投资，这些产品形成了自然相互联系的网络，从而增加了系统风险。在银行间存在相关投资机会的情况下，银行股东和银行经理之间的风险分担会导致包括相对绩效评估在内的薪酬契约，以及偏向于此类相关机会的投资决策，从而产生系统性风险（Albuquerque et al，2016）。德扬和黄（Deyoung and Huang，2016）通过建立一个概念框架模型将高管薪酬与其产生的外部性影响（积极的流动性创造和消极的系统性风险）联系起来。检验结果表明：高 CEO delta 会降低系统性风险，而高 CEO vega 将加大系统性风险，其传导渠道为财务杠杆与对负面冲击的敏感性。当面对增加的冒险动机时，管理者通过提高银行杠杆（财务风险）来应对，以及让银行面对行业波动（商业风险）。类似地，当面临由 delta 引起的风险厌恶和股东结盟动机增加时，经理人的反应是降低财务杠杆和尾部风险。阿尔伯克基等（Albuquerque et al，2019）在霍姆斯特伦（Holmstrom，1982）行业模型扩展的基础上论述了相对绩效评估（RPE）对企业投资决策和系统风险的影响。RPE 可以使股东和经理之间的利益更加完美地契合，从而降低代理成本并提高银行的生产率。但是，这也会导致经理不成比例地选择跨银行关联的投资，从而增加了系统性风险。

国内方面，张雪兰等（2014）将高管薪酬分解为权力薪酬、激励薪酬以及操作薪酬三种结构进行研究，发现只有与公司真实业绩相挂钩的激励薪酬会显著增大银行系统性风险，传导渠道主要为期限错配，金融衍生品交易表现不显著。吴成颂等（2018）则将高管薪酬分解为货币薪酬和股权薪酬，以中国 14 家上市银行面板数据为样本，考察两种类型高管薪酬、银行业务与系统性风险之间的关系。结果表明：货币薪酬有助于增强银行系统性风险，股权薪酬有助于抑制银行系统性风险，其传导渠道为活期存款业务和贷款业务。黄秀路和葛鹏飞（2018）则通过构建非观测效应面板模型从债权激励（也称内部债务，主要包含激励性质的养老金和延期支付的薪酬）角度来分析，实证检验发现，通过缓解期限错配、提高非利息收入（尤其是手续费及佣金收入）占比能有效抑制银行系统性风险，但衍生金融工具表现不显著。

2.4 对现有研究的评价

综合来看，自 2006 年美国次贷危机以来，金融机构高管薪酬机制问题逐渐成为学术界的热点，已有文献极大地丰富了高管薪酬与风险承担、系统性风险的相关研究，高管薪酬对金融风险的影响也得到了广泛的认同。国内外学者试图利用不同方法、不同模型从不同角度对此进行理论诠释与实证检验，得出了很多有益的结论，为我们的进一步研究提供了诸多启示，但也存在一些不足，主要表现在以下五个方面。

第一，在研究内容上，对高管薪酬的决定及其与银行风险承担、系统性风险的关系缺少系统的理论分析。这样做的后果表现在两个方面：首先，无法解释各机构高管薪酬出现差异的影响因素与理论根源，更无法对高管薪酬与银行风险承担、系统性风险之间的关联机制进行理论解读；其次，无法对银行业的薪酬水平、薪酬差距以及风险承担进行合理的界定，从而影响到研究的完整性与一致性。

第二，在对高管薪酬的研究视角上，大多基于银行高管总体薪酬水平或货币薪酬指标的单一视角，而对高管薪酬结构、薪酬差距的研究不足，从而影响到研究的系统性与严谨性。

第三，在风险承担指标的选取上，大多使用不良贷款率、资本充足率或破产 Z 指数作为风险承担的替代变量，并没有考虑到不同的风险承担指标各有侧重，从而影响到研究的客观性与全面性。

第四，在银行系统性风险的衡量上，大多采用基于条件在险价值（Co-VaR）的测度方法，而缺少基于不同方法的对比研究。然而，到目前为止，没有确切的证据表明哪种方法具有绝对的优势，现有的众多衡量方法各有优缺点，因此有必要结合多种方法来测算我国商业银行的系统性风险并进行对比分析。

第五，在研究框架上，既有文献一般注重高管薪酬对银行风险承担的影响分析，或者是对高管薪酬与银行系统性风险之间的关系进行简单的实证检验，而鲜有将高管薪酬与金融机构风险承担、系统性风险三者纳入统一分析框架的整合研究，从而存在一定的片面性与局限性。

与已有研究相比，本书做了以下七个方面的拓展。

第一，在总体框架思路上。本书从高管薪酬的视角建立了中国商业银行风险承担、系统性风险评价及其相互关联的整合性研究分析框架。在该研究框架中，薪酬激励通过降低代理成本、锦标赛竞争等途径作用于高管人员的行为活动与经营策略，进而对银行风险承担与系统性风险造成影响。此框架将高管薪酬、银行风险承担与系统性风险相结合，从理论层面对其中的关联机制进行深入解读，并采用多种方法对三者的作用关系进行实证检验，弥补了国际上金融风险相关研究中较少考虑微观基础及其来源机制的缺陷。

第二，在理论逻辑分析上。本书对委托代理理论、最优契约理论、管理者权力理论、锦标赛与行为理论等高管薪酬决定的主流研究范式，以及其他高管薪酬理论进行了系统的梳理。并通过构建引入相对绩效评价（RPE）薪酬的银行高管—股东两阶段博弈分析框架，对银行系统性风险的来源机制进行理论诠释。各个理论从不同侧面对公司高管薪酬的决定及其激励效果进行了丰富的理论解读，也为本书的实证研究提供了坚实的理论基础。

第三，在高管薪酬激励强度指标的衡量上。既考虑了高管的总薪酬水平，又考虑了短期薪酬、长期薪酬等薪酬结构指标，还从高管团队内部薪酬差距、高管人员与其他员工之间的薪酬差距等多个维度对银行高管薪酬差距状况进行评价，并同时计算其绝对数与相对指标，与以往研究相比更为全面、系统。

第四，在风险承担指标的选取上。同时考虑了不良贷款率、破产 Z 指数以及骆驼评级指数（CAMELS），这些风险承担指标既有共性，又各有侧重。其中，不良贷款率（NPL）是银行风险决策的直观反映；破产 Z 指数（Z-score）主要衡量银行破产风险；而骆驼评级指数（CAMELS）考虑了多方面的因素，能较为全面地反映银行综合风险状况。多个银行风险承担的使用，一方面保证了研究过程的可靠性，另一方面也使得研究结论更为丰富。

第五，在银行系统性风险的测度上。同时采用了基于边际期望损失的静态 MES，以及基于 DCC-GARCH 模型与非参数核估计的短期动态 MES、长期动态 MES 和系统性风险指数（SRISK）等不同的测算方法。与以往研究相比，本书通过多种系统性风险测算方法与结果的对比分析，使得研究结论更为客观、可靠。

第六，在实证研究方案设计上。从中国特殊的经济金融环境出发，构建引入考虑高管兼职、高管晋升来源、董事会规模、独立董事人数等管理者权力因素的调节效应模型，推演了"管理者权力→薪酬水平/薪酬差距→银行风险承担"的内在机制。通过采用分组回归的识别策略，以及在基础回归模型中引入系统重要性虚拟变量交叉项的做法，证实了薪酬激励对不同类型商业银行风险承担与系统性风险的异质性影响。较为系统地论证了高管薪酬水平、薪酬结构、薪酬差距对中国商业银行风险承担、系统性风险的影响途径和作用程度，为有效研判中国商业银行薪酬机制现状及其激励效应提供了经验证据。

第七，在监管改革优化对策建议上。基于理论分析与实证研究结论，并结合我国商业银行改革发展与金融监管实际，从公司治理机制改革、高管薪酬制度建设、强化宏观审慎监管等方面，提出了系统的优化改革政策建议，为银行机构与有关监管部门进行高管薪酬激励与公司治理机制优化改革，防范化解系统性金融风险提供理论依据和决策参考。

2.5　本章小结

商业银行在我国金融体系中居主导地位，是深化金融体制改革、防范化解系统性金融风险的关键。商业银行作为存款人与借款人之间的媒介以及信贷资源的配置者角色，为政府、企业、个人等各部门提供流动性服务，在整个社会经济生活中发挥着无可替代的重要作用。商业银行的风险承担以及系统性风险状况不仅影响商业银行自身的发展，同时也会影响整个金融体系的功能发挥和社会经济的发展。本章通过对商业银行高管薪酬、风险承担、系统性风险相关概念内涵的深度剖析，对高管薪酬与风险承担、系统性风险之间关系理论与实证研究文献进行回顾，并就现有文献进行简要评述，揭示了现有理论分析和实证研究中存在的不足。

综观既有文献，高管薪酬作为公司治理的一项重要因素，其相关研究由来已久。在现代公司普遍存在的委托代理关系中，高管努力程度的难以监督和股东同高管人员之间利益不一致以及信息不对称导致代理问题难以避免，薪酬激励作为缓解代理问题的重要手段备受关注。特别是 2007 年美国次贷危机以来，金融机构高管薪酬俨然成为社会舆论、监管关注和学术研究的热点。然而，由于研究视角的不同和相关技术手段的缺陷，同时国内、国外经济金融发展所处阶段和经济制度环境存在差异，目前相关结论仍然众说纷纭，备受争议。

综合来看，首先，高管薪酬与风险承担的相关研究无论是在理论上，还是在实证上，都具有权变性。高管薪酬对于风险承担水平的影响作用取决于薪酬激励中利益共享与风险共担机制的协调效应。不管是从委托代理理论出发过度强调风险激励，还是基于行为代理理论的权变性观点，都表明高管薪酬并不会绝对地导致风险规避或风险追逐。相对而言，国内外关于银行企业高管薪酬与风险承担的研究远不如非银行企业的研究成果丰富。在商业银行高管薪酬的相关研究中，国内研究与国外研究相比，在理论深度与实证方法上又相对不足。其次，对于风险承担与系统性风险研究的理论文献较为丰富，尤其是 2008 年金融危机以来，出现了较多关于银行间关系与金融网络的成果，基本思路大多是通过建立银行间市场网络模型，模拟个体风险的传染、溢出与风险扩大效应，并最终导致系统性风险的演变机理。或者是研究连通度、银行间风险敞口与系统集中程度等网络结构特性对于风险传染效应的影响作用，但是对于理论模拟的实证检验研究较为缺乏。再次，关于系统性风险衡量指标的研究仍在不断拓展，并且目前衡量方法繁杂，适应性与结果各异，那么如何构建出更符合中国情境、更具有效度的系统性风险衡量指标以及针对各种系统性风险衡量方法的适用情境与衡量精度的综合对比分析还有待深入，这对于系统性风险领域的实证研究而言是一个基础的建设性工作。最后，对于高管薪酬与系统性风险的相关性研究仅散见于国内外文献中，特别是关于两者的关联机制与作用渠道的研究不够。

本书在既有文献的基础上，尝试将高管薪酬、风险承担和系统性风险三者纳入统一的分析框架，以中国现有 36 家上市银行为对象，从银行高管薪酬水平、薪酬结构和薪酬差距多个维度，对高管薪酬与银行风险承担、系统性风险之间的关联机制进行了系统的理论解读与实证检验，以期为我国商业银行的高管薪酬激励机制设计与监管改革提供一定的理论依据与经验证据，同时为促进我国金融体系平稳、健康发展，防范化解系统性金融风险提供借鉴。

第 3 章　高管薪酬决定及其激励效应的理论研究

3.1　委托代理理论对高管薪酬激励的解释

在高管薪酬激励机制研究领域里，经典的委托代理理论（principal-agent theory）占据着不可撼动的地位。委托代理理论主要发展于 20 世纪 70 年代后，它是契约理论最重要的发展之一，经由一些经济学家深入探索企业内部信息不对称问题和激励制度发展而来。委托代理理论是现代公司治理的逻辑起点，也是高管薪酬激励的理论基础。委托代理理论认为，现代企业制度控制权与所有权的分离导致委托代理关系的产生，而由于代理关系的存在以及委托人、代理人目标函数不同以及两者之间的信息不对称，代理问题难以避免，但代理成本可以通过适当的机制降低。委托代理理论期望通过有效的激励机制，减少委托人与代理人之间的冲突，最大化企业价值并尽可能地降低代理成本。

3.1.1　委托代理关系

委托代理关系的产生，根源于现代企业制度下的所有权与控制权的分离。在古典模型框架下，企业的所有者同样也是企业的管理者，他们被统称为企业家。而在这个时期，企业家的最终目标被普遍认为仅仅是追求企业利润的最大化。随着社会分工不断细化、社会生产力大规模化、企业组织形式更加灵活与复杂，所有者与经营者角色分离日渐显现。一方面，企业经营规模不断扩大、科学技术发展日新月异以及经济市场环境竞争越发激烈，企业面临的运营管理环境极其复杂并且难以捉摸，这对管理者素质与才能提出了极高的要求，企业的所有者可能就会受制于个人能力与学识的不足，无法独立承担企业日常管理运营工作，不能兼顾所有者与管理者的双重身份。另一方面，社会分工进一步细化，一大批具有专业知识与经营管理才能的职业经理人应运而生，这些经理人有精力、有能力在日臻动荡的企业运营环境中进行有效的管理决策工作。此时，职业经理人便代替企业所有者进行公司经营管理决策，经营职能也就逐步从所有者职能中剥离。伯利和米恩斯（Berle and Means，1932）率先在其专著《现代公司与私有财产》中提出了"公司所有权与控制权分离"的论点。他们研究分析了美国最大的 200 家公司的股权结构，结果发现，个人或集团控股的公司仅仅占据 11%，少数股东主导公司控制权的比例为 44%，其余 45% 的公司股权却非常分散，而分散的股东控制权也就意味着经理人拥有实质的对公司的控制权。此时，公司的所有权与控制权实质性分离，这是现代组织的普遍形态。

企业的两权分离使得所有者赋予经理人决策权，即经营者（代理人）一方代表所有者（委托人）一方的利益行使经营决策权，那么代理关系随之产生（Ross，1973）。此时，委托人是拥有企业资源的一方，将其无形资产和有形资产投资于企业，拥有对企业资产的所有权，享有对企业剩余价值的索取权。委托人赋予经理人使用和控制企业资源的权利，经理人将其人力资本注入企业经营决策并获得相应报酬，这便是现代公司运营的基本委托代理关系。詹森和麦克林（Jensen and Meckling，1976）将代理关系定义为一个契约，在这个契约下，一个或多个人（委托人）雇用另外的人员（代理人），将决策权利赋予代理人，去代表他们履行某些服务。在契约关系视角下，企业是一组契约的结合，涉及如何将投入组织起来创造产出，以及产出如何在投入间分配，那么两权分离的企业制度可以被认为是一种有效的组织形式（Fama，1980）。在复杂的组织中，剩余索取权分散，所有者全部参与决策的成本是昂贵的，所有权与控制权分离的组织形式导致了企业决策管理（制定与实施）与决策控制（批准和监督）的分离，决策管理与决策控制的分离使得决策权被赋予具有专业知识的代理人，经营决策更加专业与高效，这带来的好处通常大于需要支付的代理成本，包括分离决策管理和控制机制的成本（Fama and Jensen，1983）。虽然所有权与控制权分离的组织形式是有效的，但是如果代理人决策不能得到有效的监督，当委托人与代理人存在利益冲突时，就很可能会导致代理问题的产生。

3.1.2　委托代理问题

代理问题是代理理论的核心内容。20 世纪 70 年代，众多经济学家尝试突破企业黑箱（black box）的约束，着手分析企业内部组织结构，运用数理模型与实证方法深入研究企业中普遍存在的委托代理关系，意图寻求在利益冲突与信息不对称的情境里委托代理关系的契约设置机制（Spence and Zeck-hauser，1971；Ross，1973；Jensen and Meckling，1976；Hölmstrom，1979；Fama and Jensen，1983），委托代理理论得以不断发展与完善。在代理契约中，委托人与代理人签订合约，代理人按照合约要求为委托人提供服务并得到相应报酬（Jensen and Meckling，1976）。在委托代理关系中，具备两个基本的前提条件。首先，契约双方均为完全"理性人"，具有追逐自身效用最大化的天然属性；其次，契约双方存在信息不对称，代理人具有天然的信息优势，拥有委托人难以观察到的私人信息。完全"理性人"与信息不对称的属性是代理问题产生的根源。

根据委托代理关系，经济资源所有者是委托人一方，使用和控制企业资源的经理人是代理人一方，经理人代表资源所有者行使权力。显然，当经理人本身是经济资源的拥有者，即企业的所有者，那么他一定会非常努力地工作去争取企业利益的最大化，因为此时他是在为自己工作，不会存在疏忽与浪费，当然也根本不会存在代理问题。但所有权与控制权分离制度下的委托人和代理人是两个独立的理性人，两者拥有不同的目标函数，我们没有理由去期待代理人能够像经营自己的企业那般去谨慎管理委托人的资产。在这种情境里，无论委托人还是代理人都期待以最小的成本换取最大的利益，这很可能会导致利益冲突。委托人拥有资金资本，期望代理人付出最优努力水平去实现企业利润最大化；而代理人拥有人力资本，期望获得个人的最大化收益，平衡工作与闲暇，取得权势与地位，甚至通过增加在职消费或者侵害委托人利益来达到增加自身效用的目的。同时，双方之间的信息不对称导致了管理问题的持续存在。在缔约事前，代理人掌握自己的私人信息，包括自身能力、素质、工作动机等，然而委托人无法真实观测到这些私人信息，只能凭借代理人自我陈述、学历背景和既有经验等来进行粗略判断，这存在一定程度的不确定性，因为代理人会倾向于自我包装，甚至提供虚假信息来获得委托人的认同，那么委托人可能会雇用到能力不足的代理人，产生逆向选择问题。而在缔约事后，代理人获得决策权，相比于委托人拥有更私密的企业信息，代理人可能凭借自身信息优势而隐藏重要信息或者恶意蒙蔽委托人，进行懈怠偷懒、利益侵占以及权力寻租等利己行为，而委托人无法观测与控制，导致道德风险问题出现。

3.1.3　委托代理成本

代理人大多不会完全依照事前签订的契约去遵循委托人意愿进行决策，时刻为股东利益最大化服务，委托代理关系必然伴随着代理成本的产生。代理成本可以被认为是为了解决代理人与委托人的利益冲突而支付的代价，抑或是为了企业价值增长而进行的投资。代理成本一般来说包括监督成本、担保成本与剩余损失（Jensen and Meckling，1976）。监督成本是委托人为了监督与控制代理人进行损害企业利益或者过度谋求自我利益的经济行为而支付的成本；担保成本是代理人为向所有者证明自己努力、尽责履行了代理职责，争取获得委托人的信任而发生的支出；而剩余损失是指由于委托代理双方目标利益不一致，代理人做出的决策并非基于委托人利益最大化考虑，也即不是最优决策时的损失。代理成本能够以多种方式支付，如股权激励、培训机会、带薪休假等。

委托代理理论的核心思想是，股东与管理层之间构成了委托代理关系，将管理层薪酬与公司业绩挂钩的激励机制能够协调股东与经理层之间的利益冲突，降低代理成本。该理论期望通过建立适当的薪酬激励机制，诱导代理人采取正确的行动，包括自觉地付出更高的努力水平、减少其信息隐藏倾向以及与委托人利益保持一致。即委托代理理论实质在于如何在契约双方信息不对称情境里有效激励代理人，最大化企业价值并降低代理成本。基于委托代理理论的研究基础，随着矛盾的出现以及学者们的深入探索，"最优契约理论"和"管理者权利理论"随之被提出。

3.2　最优契约理论对高管薪酬激励的拓展

委托代理理论致力于通过薪酬激励促使代理人采取与委托人利益相一致的经济行为，从而解决代理问题，降低代理成本。而最优薪酬契约理论认为，有效的契约安排能够将股东利益与经理人紧密联系起来，以激励经理人基于股东利益最大化行事。最优契约理论应用于高管薪酬激励是指为了协调管理者与所有者的利益冲突，提供一种最优薪酬激励契约，最大限度使代理人与委托人之间利益趋同。可见，相比于委托代理理论，最优契约理论更加强调管理者与股东利益的联系程度，激励管理者以提高企业价值为己任，追求股东利益最大化的同时也达到个人利益最大化，从而实现双赢。也就是最优契约理论认为，管理层薪酬与公司业绩挂钩能有效解决代理问题，因而薪酬契约的激励效应依赖于薪酬业绩敏感性。

3.2.1　最优契约理论的内涵

在经典的委托代理理论中，股东（委托人）雇用管理者（代理人）并将经营决策权赋予管理人员，如果双方都最大化自己的效用，没有理由会认为管理者将一直忠于股东的最优利益去进行经济活动，在信息不对称的情境中，会导致各种代理问题出现，产生相应的代理成本。为使股东和高管人员都获得最大化目标效用，股东主要选择采取监督和激励两种方式。对于监督措施而言，股东若意图监督高管的行为，控制并减少高管不合规行为或损害企业利益的行为，则需要雇用独立的第三方主体去规范高管的行为与经济决策并且支付相应的成本，这可能并没有直接对管理者进行激励那样有效，况且完全监督管理者的行为在一定程度上也是不现实的。薪酬激励作为一种重要的激励机制通常被认为是解决代理问题的最佳手段，它能够有效协调与缓解委托代理双方的关系，其核心在于将剩余索取权与剩余控制权在股东与高管人员之间进行合理且有效的分配，将高管薪酬与企业业绩进行最大程度的"捆绑"，增强薪酬业绩敏感性，企业业绩越好，则高管薪酬水平越高。所以最优契约理论思想理念不仅仅限于追求企业价值与股东利益的最大化，同时也强调管理者个人的效益最大化，此时管理者以提高企业价值为己任，实现双赢的局面。

在企业中，董事会作为全体股东的代表者，专门负责高管解任与聘请、薪酬谈判与制定，以及业绩的监督与考核等任务。最优契约理论假定董事会是企业股东忠诚的利益维护者，完全忠于股东意志去与管理者进行谈判。在与高管进行薪酬谈判时，立场坚定地维护股东利益，公正地履行自身权利与义务，争取一个最优的谈判结果。"参与约束"与"激励相容"是薪酬契约签订的两个重要前提条件，根据米尔里斯和霍姆斯特伦的最优契约模型，最优契约是同时满足"参与约束"和"激励相容"时的代理双方共同利益最大化的契约。参与约束是对于高管而言，接受契约比拒绝契约得到的期望效用更大，而激励相容是高管忠于股东意志时获得的期望效用将会优于从其他行为中获得的效用。那么应合理制定薪酬契约，最大限度地将高管薪酬激励与企业业绩相挂钩，争取达到一个参与约束与激励相容的平衡状态，尽量避免激励不足或激励过度导致的效用损耗，促成高管与全体股东之间的利益共融。

3.2.2 最优契约相关理论研究

在最优薪酬激励的理论分析层面，众多学者运用数理分析方法对薪酬激励模型进行了阐述（Lazear and Rosen，1981；Grossman and Hart，1983；Rogerson，1985）。其中，较有代表性的是米尔里斯（Mirrlees，1976）和霍姆斯特伦（Hölmstrom，1979）提出的静态博弈模型，其主要论述委托代理双方签约后，委托人如何根据代理人的行为表现制定奖惩机制。然而，当代理人行为难以观察时，基于短期静态博弈模型的薪酬激励机制便无法实施。与短期静态博弈模型相对应的重复博弈模型随之被提出，鲁宾斯坦（Rubinstein，1979）和拉德纳（Radner，1981）以动态的视角分析了长期委托代理关系中的重复博弈过程。重复博弈理论以一种正式的方式探索了另一种传统智慧，即当一个组织的成员有长期的关系时，他们可以通过发出惩罚非正式协议叛逃者的信号来鼓励和维持合作行为。在长期的契约关系中，随着时间的推移，同样的情况会不断重复出现，不确定性的影响会减少，私人自利的行为也会被更准确地揭示出来，从而会减轻道德风险的问题。在长期的动态博弈过程中，如果委托代理双方都有足够的信心与耐心，外生不确定因素的影响可以基本被排除，一方面，委托人可以相对准确观察并测量代理人所付出的努力水平，有效约束代理人的偷懒与自利行为；另一方面，长期契约关系为代理人提供了可靠的保障，代理人承担的风险水平相应被降低，更可能表现得忠于职守、勤勤恳恳，与委托人共同维护长期代理关系。另外，在长期的委托代理关系中，委托人和代理人出于"声誉效应"的考虑，也会各司其职，共同遵守契约。法玛（Fama，1980）提出，在有竞争的经理人市场上，管理者的薪酬水平与市场价值取决于其以往的经营业绩，这会促进管理者的自律水平。即在长期的契约关系中，为了提高自身的"声誉效应"，身为代理人的管理者将更加自律，对待工作尽心尽责，以积累和保持个人在经理人市场中的声誉来提高个人市场价值与未来收入。英格迈尔和瓦姆巴赫（Englmaier and Wambach，2005）通过建立理论模型，在代理人具有公平偏好的假设下，分析了最优薪酬契约的解。在代理人公平偏好的前提下，存在唯一的最优契约，且该最优契约是线性的，代理人获得较高的薪酬，有助于缓解其与委托人之间的利益冲突。

3.2.3　最优契约相关实证研究

有关高管薪酬最优契约理论的研究核心在于验证薪酬契约的有效性，即检验薪酬业绩敏感度。科夫兰和施密特（Coughlan and Schmidt，1985）、本斯顿（Benston，1985）、杨大光等（2008）等检验了高管薪酬与企业绩效之间的正相关关系，给最优契约理论提供了有力的实证支持。但有关实证研究结论并非完全与理论契合，有的甚至与理论相违背。

科夫兰和施密特（1985）利用《福布斯》公布的高管薪酬数据，研究了公司薪酬设置委员会的内部管理控制机制，假定最高管理层的薪酬变动由公司股价表现驱动，并利用 1977～1980 年的数据得出高管薪酬激励与股价表现同向变动的结论。公司董事会通过设定薪酬和遵循有利于股东的管理层变动政策，可创造与公司所有者一致的管理激励机制。墨菲（Murphy，1985）认为，以往研究忽略了重要的变量导致研究结果出现严重偏差，利用长期追踪的高管数据发现，高管薪酬与以股东回报或公司销售增长率衡量的公司业绩存在着强烈的正相关关系。兰伯特和拉克（Lambert and Larcker，1987）在研究 CEO 货币薪酬时以基本工资和奖金衡量，会计业绩以净资产收益率（ROE）衡量，权益业绩以股票回报率（RET）衡量，最后得出 CEO 货币薪酬与以 ROE 计量的会计业绩显著正相关。刘斌等（2003）运用逐步回归和路径分析方法得出，CEO 薪酬增长由营业利润率决定，CEO 薪酬下降由总资产净利率决定，并且 CEO 薪酬增加有利于企业规模的扩张与股东财富的增长，这表明高管薪酬激励制度一定程度上已经与企业业绩挂钩。杜兴强和王丽华（2007）从中国资本市场背景出发，以会计业绩指标（ROA、ROE）、市场业绩指标（Tobin'Q）以及股东财富指标（OF）构建企业业绩模型，重点研究上市公司业绩与高层管理人员现金薪酬之间的相关性，结果发现，高管薪酬与会计业绩、股东财富变化以及上期 Tobin'Q 之间均呈正相关关系，但与本期 Tobin'Q 呈负相关关系。辛清泉和谭伟强（2009）针对国有企业市场化改革的制度背景，对国有企业高管薪酬契约分别进行理论分析与实证检验，研究得出，市场化改革进程增强了国有企业高管薪酬与业绩之间的敏感程度，并且有迹象表明市场业绩对高管薪酬契约的影响正逐步加强。张栋和杨兴全（2015）以 2004~2013 年上市银行数据为研究样本，验证高管薪酬与银行业绩的关联程度，结论同样支持了上述学者的研究，得出高管薪酬与市场价值指标（Tobin'Q）关联紧密，呈现显著的正相关关系。戴璐和宋迪（2018）研究了 2008 年后政策强制披露股权激励合约中的业绩目标给内部控制带来的影响，发现这一强制政策有助于企业内部控制，并且进一步回应了高管股权激励制度究竟缓解了代理问题还是产生了新的代理问题，结论与最优契约理论相一致。

但也有研究发现，薪酬与业绩之间的关系并不完全符合理论预期，相关联程度低，或仅表现出弱相关关系。詹森和墨菲（Jensen and Murphy, 1990b）认为，最优契约理论并没有为我们明确指出高管薪酬与企业业绩在实际制定薪酬契约时的系数强度，两者实际验证的联系紧密程度并不能完全与理论契合。詹森和墨菲（1990a）对 CEO 薪酬绩效关系（包括基本薪酬、股票、期权和解雇）的研究显示，股东财富每增加 1000 美元，CEO 财富相应增加 3.25 美元，虽然股票薪酬相对于基本薪酬激励更大，但由于 CEO 持股比例在下降并且占据份额非常小，两者关联敏感度非常低，并不能够对 CEO 形成有效激励。阿格瓦尔和萨姆威克（Aggarwal and Samwick, 1999）对大公司 CEO 与其他高管薪酬数据进行了全面抽样，研究股价波动对薪酬绩效敏感性的关系，发现股价波动性增强时，薪酬绩效敏感性相关关系比较微弱。托西等（Tosi et al, 2000）对 CEO 薪酬决定因素进行了相关回顾与分析，测试绩效与 CEO 薪酬间的关系，发现存在薪酬业绩敏感度，但企业绩效表现只能解释 4% 的薪酬差异。苟开红（2004）对中美两国银行业的薪酬水平及构成进行了比较研究，发现中国商业银行高管薪酬结构还很不合理，中国上市股份制商业银行的高管薪酬与业绩挂钩程度低，在美国银行业高管薪酬构成中最重要的长期股权激励计划还没有被有效引入中国商业银行高管薪酬体系。乔海曙和王军华（2006）认为，我国股份制商业银行激励机制不完善，高管薪酬与业绩存在相关性，但是激励效果并不理想。具体原因有缺乏同业竞争、忽视长期行为激励、轻视普通员工激励、治理结构不完善、法规制度不健全等。宋增基和夏铭（2011）认为，以往研究忽视了银行业自身特性对治理结

构的影响，从银行的高负债比、外部监管等方面，深入考查了银行绩效与
CEO 报酬间的关系，同样得出上市银行绩效与行长薪酬关联度不强的结论。

此外，还有部分研究得出高管薪酬与企业业绩不相关，甚至负相关的论
断。李增泉（2000）将上市公司依据行业、资产规模、国家持股比例与区域
特征进行分组检验，发现上市公司高管人员持股比例较低，经理年度报酬与
企业绩效关系表现不相关，而是与企业规模紧密相关。魏刚（2000）同样以
上市公司为检验样本，发现上市公司高管人员年度报酬和持股数量都与公司
经营绩效不存在显著的正相关关系。宋增基等（2009）从银行治理的外部监
管、高负债比等特性深入考察 CEO 报酬与绩效的关系，实证发现银行 CEO
货币薪酬与绩效敏感性高于其他企业，但并没有发现 CEO 报酬与业绩之间存
在明显的联系。莱萨塔和戈梅拉（Raithatha and Komera，2016）研究印度公
司高管薪酬与公司业绩之间关系发现，在较小的公司和商业集团附属公司中
并没有发现薪酬与绩效的关联，对印度公司基于绩效的高管薪酬实践产生了
怀疑。科尔等（Core et al，1999）更是发现，在控制了标准的薪酬决定因素
后，公司治理结构效率较低时，CEO 获得更高的薪酬，但与随后的公司经营
与股票收益绩效在统计上呈现显著的负相关，公司表现更差。

3.3　管理者权力理论对高管薪酬激励的完善

3.3.1　贝布丘克（Bebchuk）和弗里德（Fried）的质疑

最优契约理论期望签订一个完美的激励约束相容的薪酬契约从而最大限
度实现管理者与股东利益的"捆绑"，提高高管薪酬绩效敏感性，谋求两者
共赢的局面。但以上相关实证研究并不能够使我们完全信服最优契约理论所
描述的双赢的状态，这随之引发了研究者的质疑与思考。最优契约理论假定
董事会是公司全体股东利益的坚定拥护者，全权负责高管人员的雇用、薪酬
契约签订与解雇。但这种假定引发了担忧，CEO 为谋求更高的薪酬水平，可
能会意图与董事会合谋或者利用自身权力俘获董事会去操纵薪酬契约的签订，
也就是存在自定薪酬的倾向（Crystal，1991）。芬克尔斯坦（Finkelstein，
1992）将这种倾向定义为"管理者权力"（managerial power），即管理者影响
薪酬委员会或董事会制定薪酬政策意愿的能力，包括所有者权力、组织结构

权力、声誉权力和专家权力，这一定程度上表明了最优薪酬契约的内在条件失控反而会导致新的代理问题出现。

贝布丘克等（Bebchuk et al，2002）、贝布丘克和弗里德（Bebchuk and Fried，2003、2004）对高管薪酬相关问题进行深入思考和一系列研究，在芬克尔斯坦（Finkelstein，1992）表述的基础上，针对最优契约理论的相关质疑，在委托代理理论的前提框架下总结提出了管理者权力理论（managerial power theory）。他们认为，管理者权力的存在会导致企业薪酬业绩敏感性降低。随后，贝布丘克和弗里德（Bebchuk and Fried，2005）全面分析了美国上市公司中管理者权力的存在对高管薪酬的作用机制，对上述相关管理者权力与高管薪酬的研究进行了总结梳理，概述了高管薪酬与公司治理的缺陷，并且从管理者权利的观点出发探讨了关于提高薪酬透明度、改善薪酬制度和加强董事会问责制度的建议。

贝布丘克和弗里德在深入分析最优契约理论的相关适用条件后，提出了三个基本的假设条件。第一，董事会能够公正客观地并且完全忠于全体股东的意志与管理者进行有效谈判；第二，外部市场能够有效发挥应有的约束效力；第三，股东能够充分行使权利去维护自身利益。但通常在实际经营过程中，以上假设是难以全部满足的，特别是外部市场机制薄弱，内部股权呈分散状态，小股东默认"用脚投票"时，管理层权力不断膨胀，成为公司内部实际控制人，可能威胁到董事会的独立性，欺瞒公司股东，那么此时最优契约理论理想的适用条件在现实中并不成立，实际激励结果就会跟理论大相径庭，理论指导意义遭到质疑（Bebchuk and Fried，2003；Bebchuk and Fried，2004）。

管理者权力理论认为，管理者权力在决定高管薪酬方面扮演着重要角色。管理者权力能够解释大部分影响薪酬的因素，并解释如何导致薪酬不透明甚至是扭曲的薪酬制度安排，从而揭示最优契约观点与薪酬业绩敏感度实证研究结果不尽一致的困惑。由于管理者权力的存在使管理者得到庇护，并拥有主动权，董事会在制定高管薪酬安排时，不会与最优契约理论期待的那样与管理层保持距离；相反，高管们以自己拥有的权力去塑造自身薪酬安排，并利用这种权力攫取租金，而掩盖租金攫取的愿望会驱动效率低下和激励效果不理想的薪酬设计（Bebchuk et al，2002）。此时，作为减缓代理问题机制的高管薪酬安排一定程度上又成为代理问题的新产物，并作为代理问题的另一种表现形式存在（Bebchuk and Fried，2003）。然而，这种有缺陷的薪酬制度是普遍、持续存在的，也是具有系统性的，它的缺陷根源于公司治理结构缺乏有效的独立性，这使得管理者能够对董事会施加相当大的影响，严重威胁董事会的客观独立性，董事会也就不可能与高管进行公正的薪酬谈判（Bebchuk and Fried，2004）。有缺陷甚至是扭曲的薪酬安排给投资者带来了成本，削弱了管理者为增加长期价值而付出的努力程度，创造了减少长期价值的动机，这种激励制度的稀释甚至扭曲可能会给股东带来比过度补偿本身更大的成本（Bebchuk and Fried，2005）。

对最优契约理论的第一个质疑是董事会实际上不能够与管理层就薪酬激励安排进行独立公正的谈判。贝布丘克和弗里德（2005）指出了最优契约理论的"官方观点"（official view）的缺陷，正如我们认为没有理由使得我们相信高管将始终践行公司股东信念、拥护股东利益一样，我们也不能够期望董事会会公正无私地坚守股东信念。

实际上，对董事会的激励机制研究表明，董事会与股东之间也存在代理问题，大多董事会不能够控制薪酬安排，并且出于各种因素考虑会更加倾向于对高管有利的薪酬安排。首先，公司董事会的成员拥有不错的薪酬水平，有较高的社会地位，并且从中建立更多有价值的商业与社会关系，这些显性或隐形的利益会驱动董事会成员产生保持职位的愿望，所以当高管对董事的提拔、任命和卸任有着举足轻重的发言权时，董事们为了上任或继续留任会附和（go alone with）和支持高管倾向的薪酬安排。其次，高管可能会与董事谋求合作以攫取利益，同时为合作的董事提供一些商业利益。内部董事往往会高度依赖于高管的职业发展，两者利益通常是一致的，虽说引入外部董事来保证董事会的独立性，但是实际上独立董事的提名往往由 CEO 控制，也丧失了增强独立性的初衷，更何况独立董事作为外部董事根本无法获取大量内部信息，很容易被 CEO 欺瞒和控制。再次，即使董事会保持无私，但考虑到董事们时间、精力、成本等限制因素，董事也难以对 CEO 进行严格的监督，在信息不对称的条件下更难以实现持续、有效的监管。最后，出于其他社会和心理因素，如 CEO 权威、团结和谐、友谊和忠诚、认知差距等，CEO 的决策和愿景决定着公司未来的方向，董事们往往尊重并且宽容对待 CEO，更加倾向于与其保持一致。因此，在薪酬博弈中，高管往往占据优势地位，使得薪酬谈判并非一贯有效与独立。

对最优契约理论的第二个质疑就是外部市场是否起到应有的约束作用。市场作用并没有达到预期，当公司股票价格大幅下滑时，公司若遭到恶意收购，高管便可能会被解雇。但高管权益是受到法律法规制度和薪酬契约安排的保护的，高管一旦被革职，公司会支付高额经济补偿，通常股东也不愿意选择解雇高管并会与其共同应对外部恶意收购，此时恶意收购根本不会对高管既定利益造成任何威胁，这一定程度上也纵容了高管的寻租行为（Bebchuk et al，2002）。在公司经营失败时，管理者的薪酬水平并没有降低，管理者仍然会意图攫取高额薪酬，外部市场只能对高管薪酬水平的大偏离起到一定控制作用，其约束力是不足的。

另外，管理者权力理论指出，股东行使权利是受到限制的，这使得管理者权利进一步膨胀。理论上，公司股东可以向法院申述以及向董事会提出抗议来限制高管薪酬，但实际执行却非常困难。首先，股东向法院提出申诉，但是法院并不熟悉薪酬契约签订背景，不拥有专业的知识背景，无法判断契约的合理性。其次，公司股东对董事会提出抗议的前提是有明显证据证明董事会违背公司章程，没有独立客观地履行职责，但是取证是非常困难的，并且高管较高的薪酬水平通常不会对股东个人利益造成直接影响，股东不能就高管获取高额薪酬直接对董事会提出诉讼，而是以损害公司利益为由，复杂烦琐的诉讼流程也成为公司股东行使权力的一大阻碍。所以在实际公司经营中，除非高管薪酬水平太不符合常理，股东一般不会提出反对意见或者提出诉讼。

需要指出的是，尽管董事会独立性受到质疑，市场约束力缺乏，以及股东有效行使权力受到阻碍，但是管理者权力的影响也是有限度的。若董事会批准的薪酬安排明显是扭曲的、受到影响的，那么公司股东可能并不情愿会给予敌意收购和代理收购相应的支持。此外，这种明显不会轻易被接受的薪酬安排是有成本的，不但会遭到公司利益相关者的强烈质疑与抱怨，也会受到外界媒体、同行以及社交圈的议论与嘲笑，这免不了会使得董事局促不安，陷入尴尬的境地，无论如何这都是董事们不愿意接受的后果，这些潜在的成本给董事们施加了压力。当高管薪酬安排越透明，公众越容易察觉、感知到时，扭曲的薪酬安排就会引发更大的公众愤怒，董事们的潜在成本也就越高。而为了使薪酬安排不被那么直接地察觉到，也避免引发"愤怒"，董事们会选择对薪酬安排进行"伪装"，那么与高管谈判达成的薪酬安排可能就会变得模糊、不明确，掩饰高管薪酬总额，并降低薪酬的透明度，也就是掩饰与秘密的薪酬安排（camouflage and stealth compensation）。这种模糊的、受到掩饰的甚至是秘密进行的薪酬安排，会使得高管薪酬激励更加无效与扭曲，薪酬业绩敏感度弱化，产生更多操纵的隐形薪酬。"愤怒成本"（outrage costs）和"伪装"（camouflage）被视作管理者权力理论的两大基石（Bebchuk et al，2002）。

3.3.2　詹森（Jensen）和墨菲（Murphy）的回应

管理者权力理论从管理者权力的角度出发对最优契约理论提出了质疑，否定了其关于董事会是股东利益的忠诚守护者的假定，认为原本为减缓代理问题的薪酬安排制度衍生了新的代理问题，开创性地研究了"受 CEO 影响的董事会"（CEO‑influenced boards），丰富了高管薪酬理论。财务经济学权威詹森和墨菲（Jensen and Murphy，2004）对高管薪酬相关历史研究进行了全面的回顾、梳理、分析与总结展望，作为对管理者权力理论质疑的回应。

詹森和墨菲（2004）的研究重塑了最优契约理论，首先，明确指出公司治理的终极目标是追求公司价值最大化，高管薪酬制度是为了吸引、奖励和激励高级管理人员，薪酬制度涉及薪酬水平、薪酬结构与薪酬业绩敏感性。其次，分析了高管与股东的代理问题和董事会与股东的代理问题，指出高管与股东之间的代理问题主要通过精心设计的薪酬方案来缓解，而董事会和股东之间的代理问题主要通过完善公司治理政策和流程来缓解。并且，强调以上方案的"缓解"作用并不是指完全消除这两类代理问题。最后，指出有缺陷的公司治理会破坏薪酬激励的价值，并将公司治理机制和薪酬设计共同纳入讨论范围。又指出最佳薪酬设计和管理需要充分考虑金融市场与公司的高管和董事会之间的强大关系与频繁互动的影响。

基于 1970 年以来美国高管薪酬的演变实践进程，詹森和墨菲（2004）解释了股票期权大量使用的诱因，并讨论了高估股权的代理成本。美国高管薪酬水平自 20 世纪 70 年代以来急剧提升，股票期权大量使用。出于会计和现金流的考虑，董事会误以为股票期权价格低廉，因此大都选择股票期权作为高管薪酬激励。而当高管大量持有股票或者期权时，与高估股权相关的代理问题会更加严重。因为当公司股价被过高估计以至于业绩无法支撑时，高管为了保证其持有的股票期权的既有价值，会选择并购方式来实现相应的增长，进行大量融资去透支公司未来的收益，甚至不惜进行盈余管理和欺诈，这也是近年来公司会计丑闻的来源。而高估股权的代理问题无法通过公司控制权市场和通常的薪酬激励制度来解决，只能依靠公司治理体系，这也表明薪酬制度虽然可以缓解代理问题，但也有可能诱发新的代理问题。

詹森和墨菲（2004）还探讨了薪酬制定和执行中的几个普遍问题。在薪酬契约制定时，由于董事们缺乏时间、精力与专业判断，通常会由公司人力资源部门或者聘请外部顾问去进行薪酬方案初步设计，经过 CEO 审批再送至薪酬委员会，此过程很容易受到 CEO 的干预与影响。因为董事往往希望与CEO 保持友好的关系。同时，外部董事提名受到 CEO 影响，导致其缺乏应有的客观性与独立性。这些因素都会导致薪酬安排容易倾向于 CEO。另外，高管还可能干预和操纵基于权益的薪酬安排与传统奖金计划的评价指标，如业绩的评价指标、评价标准和薪酬业绩关联度。传统奖金计划或驱使高管无视资本成本，破坏公司价值谋取个人利益，甚至采取欺骗投资者和资本市场的行动。由此可见，詹森和墨菲在回应贝布丘克和弗里德的质疑的同时，也接纳了对方的基本观点，并将其纳入整个高管薪酬理论的分析框架之中。

科尔等（Core et al，2005）对管理者权力理论的观点进行了梳理并提出一些反驳意见，赞同 CEO 权力对薪酬具有影响，但他认为这并不能够确切得出 CEO 薪酬与股东利益对立的结论。实际上，薪酬契约会在管理者权力存在时试图将其带来的成本最小化，这也是一种最优契约的体现，管理者权力与最优契约的观点不是相互竞争，而是互补的。总的来说，管理者权力理论和最优薪酬理论都是基于经典的委托代理理论范式下进行的延伸，两者的理论指导框架并不相矛盾，而是互补的。最优契约理论是对委托代理理论进行的进一步拓展，提出了将高管和股东利益最大限度"捆绑"起来，制定出一套激励高管并促成高管和股东双赢的基本薪酬制度安排。管理者权力理论虽然对最优契约理论提出了质疑，但它在一定程度上完善了最优契约理论的考虑不完全，从管理者权力、公司治理机制与外部市场约束等方面探讨最优契约能否有效实施，实质是对最优契约理论的进一步补充，这有助于股东更加全面系统地分析薪酬制定的决定因素，制定更有效的薪酬激励方案。它们共同完善和丰富了高管薪酬理论。

3.3.3 管理者权力理论相关研究

按照最优契约理论，董事会理应以提升股东利益和企业价值为使命，但可能事实并不是预想的这样。叶尔马克（Yermack，1996）发现，衡量市场价值的 Tobin'Q 与董事会规模表现为负相关。艾森伯格等（Eisenberg et al，

1998）的研究也支持上述结果，他们发现，企业收益与董事会规模之间也存在负相关关系。董事会也应充分监督公司的高管，以减轻因所有权和控制权分离而导致的代理冲突（Fama and Jensen，1983）。但是，监督通常是不完全或者不可行的，监督障碍可能导致治理机制的弱化甚至崩溃。公司治理机制的失败往往会导致薪酬制度失败，管理者可以肆意获得他们可以获得的任何利润（Blanchard et al，1994），公司治理机制的薄弱会导致许多私有化公司管理者大量转移资产（Boycko et al，1997）。

　　良好的公司治理机制能够让股东保持对薪酬流程的有效控制，薪酬委员会也会为满足股东利益最大化来制定薪酬方案，这能够约束高管的薪酬操纵行为，有利于促进薪酬与业绩联系的紧密性（Bertrand and Mullainathan，2000）。董事会的独立性同样能提高薪酬业绩敏感性。凯尼昂和佩克（Conyon and Peck，1998）利用 1991～1994 年英国大型上市公司面板数据研究了董事会控制和薪酬委员会对高管薪酬的影响，发现外部董事主导的董事会与薪酬委员会中高管薪酬与公司绩效表现更相一致，并且，若薪酬委员会的非执行董事比例高于平均水平，公司高管薪酬与业绩关系更加密切，薪酬契约更加有效。然而，事实是 CEO 能够对薪酬委员会起到一定影响作用，进而对薪酬制定产生影响。纽曼和莫兹（Newman and Mozes，1999）研究了薪酬委员会组成是否会影响 CEO 薪酬，结果表明，薪酬委员会中存在内部人员会使薪酬制定更加偏向 CEO，并且还发现，公司股价下跌后股票期权的增加更可能归因于高管的自我交易，这与最优契约理论设计背道而驰。

　　根据管理者权力理论，企业董事会的独立性是受到质疑的。董事会效力取决于其独立性，赫玛琳和魏斯巴赫（Hermalin and Weisbach，1998）发现，随着 CEO 对董事会权利的增加，董事会效力逐渐下降。在他们的模型中，董事会只会选择保留对其有价值的 CEO，那么，这无疑会增强 CEO 对董事会讨价还价的能力，CEO 更加有立场负责新董事的提名，董事会独立性削弱、效力减弱。施夫达撒尼和叶尔马克（Shivdasani and Yermack，1999）也发现，当 CEO 参与新董事提名时，公司会选择任命更少的外部董事、更多的灰色董事，也就是与公司有业务关系或者与 CEO 有关联关系的非内部人员。股票价格对独立董事任命的反应程度显著降低，这表明 CEO 意图减少监控压力。并且，随着 CEO 任期时间的增加，或者当内部人控制董事会时，董事会也会失去其独立性（Ryan and Wiggins，2004）。并且，如果公司的 CEO 同时兼任董事会主席，那么董事会并不能够客观监督身为董事会主席的 CEO，此时的董事会也就毫无独立性可言。担任董事会主席的 CEO 比不担任董事会主席的 CEO 获得更多的股票（Brickley et al，1997）。此外，公司高管与董事之间还可能存在密切勾结。布里克等（Brick et al，2006）发现，公司业绩不佳与高管和董事获得的超额薪酬存在关系，将其视作 CEO 与公司董事间任人唯亲的证据。CEO 薪酬水平与董事会特征具有一定的相关性，在董事会中内部董事比例较高时，CEO 薪酬水平较低；而当 CEO 控制外部董事提名时，外部董事比例越高，CEO 获得的薪酬水平越高（Core et al，1999）。

权力是领导者角色固有的、对有价值资源的不对称控制（Fiske，1993）。通常，领导者在组织中层次越高，那么他控制的资源也就越多（Tannenbaum，1968），控制资源越多可能就越容易对股东造成威胁。高管可能会凭借控制的资源与自身权力进行自我隐蔽交易，并以此获利。叶尔马克（Yermack，1997）将 CEO 获得股票期权奖励的时期来衡量公司高管对自身薪酬的影响，发现 CEO 获得股票期权授予时恰逢股票呈现利好消息公布前，在不利消息公布前则推迟期权授予。德豪和斯隆（Dechow and Sloan，1991）调查了一个进行重大研发活动的行业公司的研发支出行为，研究发现，CEO 在其最后几年的任职里会减少研发支出，CEO 持股可以缓和这种现象，也没有证据表明研发支出减少与公司业绩不佳或资本化的投资支出减少有关。CEO 这种行为是为了改善公司短期收益表现，增加个人收益。希利（Healy，1985）的研究结果证明，公司会计政策受到管理层薪酬激励的影响，也与管理层奖励计划的采用和修改相关，因为当公司营业收入超过最佳预期或者不能使管理层获得奖金时，公司更可能累积大量可自由支配的费用。管理者权力的存在一定程度上也会激发盈余管理行为的产生（林芳和冯丽丽，2012）。也有一些文献论述了管理者如何利用其控制权寻求有利于自身而非投资者的项目（Marris，1968；Williamson，1967）。随着管理者权力的增长，高管拥有更强的控制力去扩张投资以此进行寻租行为（赵纯祥和张敦力，2013）。当公司管理者倾向于进行非理性扩张时，更高的成本随之产生。

大量文献研究了管理者权力对高管薪酬与企业绩效的关系。吕长江等（2007）研究发现，负债融资并不能够有效抑制高管利用自身权力进行利益侵占，高管利益侵占对企业绩效表现有着显著的负向影响。王克敏和王志超（2007）的研究表明，当公司总经理是由控股股东公司指派或总经理兼任董事长时，高管控制权增加，高管薪酬随之提高。这表明，如果高管不能受到有效监督与制衡，会导致激励约束机制失去效力，高管寻租空间更大。卢锐等（2008）以股权分散、董事长 CEO 两职兼任与 CEO 长期任职三个视角构建管理者权力指标，发现管理者权力对企业薪酬激励与绩效表现有着重要影响。盛明泉和车鑫（2016）利用主成分分析法构建"管理层权力指标"，发现由于管理者权力的存在会影响高管的薪酬制定，也会提高在职消费等隐形报酬水平，此时薪酬激励效果受到管理层权力的抑制。吕长江和赵宇恒（2008）结合理论与实证研究发现，拥有极大权力的高管能够控制自身激励组合的设计，他们不仅获得了管理者权力代理的收益，同时实现了高货币性薪酬，此时并不需要迎合董事会激励要求而进行盈余管理行为。

还有部分文献分企业性质对此展开研究。权小锋等（2010）发现，权力越大的国有企业高管获取更高水平的私有收益，但在不同性质政府控制下的国有企业高管获取收益性质略有不同。中央政府控制的企业高管倾向于更隐秘的非货币性收益，而地方政府控制的企业高管倾向于显性的货币性收益。同时，权力越大的国企高管薪酬与操纵性业绩之间关系越敏感。陈震和丁忠明（2011）认为，垄断行业的显性权力薪酬并不受到抑制，垄断企业高管通常能够凭借其权力制定更有利于自身的薪酬制度，这为垄断企业的"天价"薪酬现象提供了合理解释。

还有一些学者研究了管理者权力与薪酬差距的关系。黎文靖和胡玉明（2012）研究表明，管理层权力与企业薪酬差距呈现正相关关系，内部薪酬差距一定程度上是管理层权力的体现，此时薪酬差距对高管激励效果不明显。陈德球和步丹璐（2015）发现，企业内部薪酬差距与高管自身能力和权力都有一定关系，但其作用方向是不一样的，其中，高管能力带来的内部薪酬差距对企业业绩具有显著正向影响，而高管权力带来的内部薪酬差距对企业业绩具有显著负向影响。

综合以上研究来看，管理者权力理论的核心思想是：在很大程度上，公司高管可以利用其掌握的权力影响甚至决定自己的薪酬。主要观点包括：第一，薪酬激励并不一定能够达到减轻委托代理问题的目的，甚至反而可能成为代理问题的一部分；第二，由于信息的不完全性和不对称性，管理层有能力和动机影响自己的薪酬，公司董事会不可能完全控制高管薪酬的制定；第三，管理层运用权力寻租的根本诱因是与公司业绩脱离的高管薪酬。

3.4 锦标赛理论与行为理论对高管薪酬差距的诠释

3.4.1 锦标赛理论

锦标赛理论基于员工薪酬水平因职位晋升呈现阶梯式跳跃的现实而提出。拉泽尔和罗森（Lazear and Rosen，1981）指出，当一位非 CEO 高管晋升为 CEO 时，其薪酬水平可能会在短时间内增加数倍，但是显然，该晋升者的职业技能是无法在同样短的时间之内成倍增加的。从传统经济理论视角来看，职位晋升带来的薪酬提升理应与实际的边际产出价值相等，薪酬差距现象则难以得到解释。同样地，不论是人力资本理论还是职业生涯理论，都无法支持离散的薪酬变动，除非学习是一个间断的过程。依照人力资本理论的字面意义，员工薪酬水平的提升应呈现平滑的增长。如若不是处于退休状态，薪酬水平在职业生涯激励理论中同样没有理由间断。于是，拉泽尔和罗森（1981）共同提出了锦标赛理论来解释现实中的薪酬差距现象，他们认为，将非 CEO 高管视作锦标赛中的参与者，职位晋升（晋升为 CEO）而带来的薪酬增长则可认为是参与者成为锦标赛优胜者而获得的奖励，那么该现象也就得到了合理的解释。依据锦标赛理论，公司中处于同一职位级别的员工都是职位锦标赛的竞争者，为获得更高级别的职位与更高的薪酬，他们互将对方视为竞争对手，都试图凭借自身优势和外界资源战胜对手（Huang，2016）。所有参与者都不愿接受失败，因为失败者将一无所获。于是，锦标赛理论认为，与既定职位晋升相关联的薪酬增长会激发位于该职位等级以下的员工的工作积极性，降低监控成本；只要职位晋升的结果并未明晰，员工会有源源不断的动力参与竞争，从而保证委托代理双方的目标相一致（Lazear and Rosen，1981；Sherwin，1985）。因此，该理论提倡企业以职位晋升来激励员工。

锦标赛理论虽能为委托代理双方的目标一致性提供强激励，但是该理论积极效应的发挥需要两个条件为前提：第一，薪酬激励对象需具备经营管理能力，只有激励对象具备相匹配的能力，其在企业中的具体实践行为才能有助于更高绩效目标的实现。显然，对于一个"能不配位"的 CEO 而言，无论采取何种形式的激励措施，都无法提高企业的绩效。第二，一定的薪酬差距能够促进被激励对象的积极性。即薪酬水平与激励对象的努力程度呈现正向关系，薪酬差距越大，激励对象会付出更高的努力程度，反之，努力程度越低。总的来说，最高代理人自身与职位相匹配的能力和工作努力程度共同决定了其在企业中的管理行为，与职位相匹配的能力决定了"能够"选择的行为，而工作努力程度决定了他们"愿意"选择的行为。只有当两个前提条件都予以满足时，锦标赛理论的激励效果才能得到发挥，此时薪酬差距的增加才能激发 CEO 的工作积极性，减少其偷懒和"搭便车"现象，提高企业绩效。

根据锦标赛理论，当企业监督成本低廉且结果真实可信时，基于锦标赛参与者的实际边际贡献决定薪酬机制与晋升决策才是较为客观科学的选择。此时，参与者也会为竞争的胜利而付出最大的努力。然而，现实中监督的难易因企业而异（Jensen and Meckling，1976），而管理工作多属于主观决策性质，对其实际边际产出价值进行客观衡量较难以实现，这导致了企业监督成本昂贵且无法保证可信度，由此产生了以下三类问题：第一，依据实际边际产出价值决定代理人薪酬水平的可行性较低；第二，代理人推诿责任现象时有发生；第三，职位晋升决策变得困难。相对于依据边际产出价值决定实际薪酬水平，锦标赛机制具有三个较为明显的优点：其一，代理人的薪酬水平基于其产出价值的排序，这相比于产出价值的具体衡量更简便也具有可行性，这能有效降低监督成本与难度；其二，锦标赛优胜者的薪酬奖金能够有效激发参赛者的晋升动力，给较高职位的管理者带来了压力，也避免了责任推诿现象，促进委托人和代理人目标的一致性，这降低了对较高职位管理者进行监督的必要性；其三，锦标赛的优胜者不断获得晋升，薪酬差距也会不断增大，进而带来连续的激励作用。

有不少研究者证实或检验了锦标赛理论的激励效应，如梅因等（Main et al，1993）、埃里克森（Eriksson，1999）、林浚清等（2003）、海曼（Heyman，2005）等。兰伯特等（Lambert et al，1993）研究发现，高级管理者排名提高的同时，排名间的薪酬差距也会增大，CEO 同排名第二的高管之间的薪酬差距就往往非常大。麦考（McCue，1996）的研究影响较大，她通过收入动态追踪对锦标赛理论进行了检验，发现晋升对于工资增长的解释而言非常重要。此外，不少的学者认为，高管虽对公司绩效影响重大，但是员工却是具体决策的实际执行者，于是进一步利用锦标赛理论研究了员工薪酬差距与企业绩效之间的关系。温特–埃伯默和茨威米尔（Winter-Ebmer and

Zweimüller，1999)、小希伯斯和洛克因（Hibbs Jr and Locking，2000）及拉勒曼德等（Lallemand et al，2004）分别以澳大利亚、瑞典和比利时的企业为样本，检验了内部薪酬差距与企业绩效之间的关系，研究结果均支持锦标赛理论。然而，针对锦标赛理论所存在的缺陷，部分学者提出了不同的意见，他们认为，职位晋升的渴望可能会导致贿赂和办公室政治等不利于内部合作的现象发生（Milgrow and Roberts，1988），或者管理者因自身能力的局限性而最终造成"能不配位"的局面。麦克劳克林（McLaughlin，1988）研究指出，企业若以锦标赛理论为依据来制定高管人员的薪酬机制，可能会引发竞争失败者的消极情绪，阻碍竞赛胜利者的工作与高管之间的合作。

总体来看，锦标赛理论认为，在任务相互依存和合作生产的团队活动条件下，随着监控难度的增加，大的薪酬差距将激发代理人在锦标赛竞争中的努力程度，降低监控成本与监控必要性，为代理人提供源源不断的内生动力去参与竞争，从而保证委托人与代理人的目标相一致，最终降低公司风险，提高公司业绩。

锦标赛理论的主要观点可概括为：第一，高管薪酬取决于其在锦标赛中的相对位次，即边际产出排序。相对于边际产出的大小，边际产出位次更能准确衡量高管人员的努力程度，降低监督成本。第二，高管薪酬并不取决于其边际产出，所以公司业绩与高管薪酬之间并没有密切联系。第三，薪酬差距随着公司外部环境不确定性的增大而增大，目的是激励候选者提高努力程度以克服不确定的环境。

3.4.2 行为理论

针对锦标赛理论所存在的缺陷，有关学者提出了与锦标赛理论完全相悖的行为理论。行为理论基于个体的心理感知，更多地关注过大的薪酬差距可能导致的负面影响，认为相对较小的薪酬差距才会带来良好的企业业绩。该理论强调，企业是一个有机的系统，实现其高效运作必须保证整个企业中的各个层级之间、各个员工之间的紧密合作。然而，拉大薪酬差距会让薪酬水平相对较低的员工感到不公平或者被剥削，影响其工作积极性，降低员工内部合作的有效性，阻碍企业运营效率。此外，过大的薪酬差距对想要成为锦标赛优胜者的员工具有极大的吸引力，为了获得胜利的奖金，他们同样可能会基于利己的考量，减少内部合作行为，甚至玩弄"政治阴谋"，对企业造成非常不利的影响。当企业内部合作意识缺乏，员工过多关注自身利益与需求时，企业的各项生产资源便无法得到充分利用与有效配置，造成资源浪费与效率低下，进而影响企业业绩与企业价值的增长。因此，过大的薪酬差距会阻碍企业内部合作行为，而较小的薪酬差距才能有助于创建公平、和谐的氛围，提高员工合作意识，促进企业业绩的增长。经过多年的发展，行为理论已演化为以下四个分支。

3.4.2.1　社会比较说

社会比较是一种普遍存在的社会现象。社会比较理论的构想最早由美国社会心理学家莱昂·费斯汀格（Leon Festinger，1954）提出，其基本观点是：社会中的每个个体都会意图了解自身的地位、能力与水平如何，但在缺乏个体客观标准的情况下，便会以他人作为比较尺度，来评价自我的价值，了解自己与他人的差距所在。由此可见，在社会脉络中与他人比较，能够帮助个人实现自我评价，影响人们的心理感知与行为动机。

在企业中，员工普遍比较关注自身收益，他们会通过与其他员工的比较来评价自身收入的合理性，从而做出是否得到了公平对待的判断。当他认为自身薪酬水平与同等级的员工相差无几时，他会感到被公平对待，若感到差距过大，便会感到分配不公，产生负面情绪，采取消极怠工、罢工等不良行为（Carpenter and Sanders，2004）。迈因和克里斯塔（Main and Cristal，1988）将社会比较理论引入了企业高管薪酬的研究，指出当 CEO 与其他董事会成员进行比较时，较大的薪酬差距会导致高管推诿责任，破坏合作，而较小的薪酬差距会鼓励高管之间进行更多的协作，提升企业业绩。

3.4.2.2　组织政治说

组织政治的思想由阿克洛夫和耶伦（Akerlof and Yellen，1990）提出，该理论在某种程度上认同薪酬差距能够有助于提升员工的竞争意愿与工作积极性的观点，但更多强调的是拉大薪酬差距会改变企业业绩的实现方式。当员工所处的企业薪酬差距较大时，为谋取自身最大利益，他们可能会采取各种不正当方式损害其他员工的切身利益，如阻止重要信息、恶意破坏或者操纵政治阴谋等（Milgrom and Robert，1988）。此时，薪酬差距所带来的员工努力程度提升，也仅仅是为了追逐自身利益。在这种情况下，员工之间的合作程度实质上是有所下降。米尔格罗姆和罗伯茨（Milgrom and Roberts，

1988）还指出，除 CEO 以外的高管人员主要通过权衡以下方面来确定最佳的努力水平：一是确定自身的总体努力水平；二是在合作与利己之间权衡自身总体努力的分配；三是权衡政治行为。高管团队的合作行为对于促进企业绩效提高至关重要，员工工作积极性的提高所带来的收益不足以弥补政治阴谋等不良行为给企业带来的额外成本。因此，组织政治理论认为，减小员工之间的薪酬差距能够避免政治阴谋操纵，促进高管团队的密切合作，提高企业业绩。

3.4.2.3 相对剥削说

相对剥削由卡赫得和莱文（Cowherd and Levine，1992）提出，该理论认为，职位处于低层级的员工极有可能会存在破坏心理。如果员工在努力工作后并未获得其期望的薪酬水平、福利与职业晋升，或者未能够较好地弥补其对企业做出的贡献，他们会陷入一种被剥削的心理状态，进而对工作产生抵触情绪，降低组织认同感，导致企业凝聚力下降（Greenberg，1987）。对于高管团队而言，较大的薪酬差距可以激励 CEO 用心努力工作，但其他低于CEO 层级的高管会感觉自己被剥削，进而产生强烈的不公平感，这可能会影响到高管之间的团结协作与高层决策的具体执行，对企业业绩带来负面影响。

3.4.2.4 分配偏好说

分配偏好理论以员工薪酬水平的设定不应当引发不满情绪为原则。在制定员工薪酬契约时，当维持企业内部的和谐很重要、过度竞争容易导致政治阴谋、个人边际产出价值难以衡量、企业内部合作比竞争更加重要时，即使员工的个体绩效存在显著差异，也应当设置相对平均的薪酬（Leventhal，1976；Leventhal et al，1980）。比如，在高科技行业中，高管团队的通力合作对于维持企业发展至关重要，企业中过大的薪酬差距就会减弱高管团队之间的团结合作倾向（Siegel and Hambrick，2005）。

概括来讲，行为理论的核心思想是：过大的薪酬差距会阻碍企业内部合作行为，而较小的薪酬差距才能有助于创建公平、和谐的氛围，提高员工合作意识，促进企业业绩的增长。主要观点包括：第一，公司员工会通过比较来评价自身收入的合理性，过大的薪酬差距会导致负面情绪；第二，减小薪酬差距能够促进高管团队的合作，进而降低公司风险，提高公司绩效；第三，较大的薪酬差距会影响到高管之间的团结协作，对公司业绩带来负面影响。

3.5　其他理论的解释

对薪酬激励理论的解释还存在经济学（人力资本理论、产权和超产权理论）、心理学（需要层次理论、短视理论与 ERG 理论）、管理学（公平理论与管家理论）等视角。

3.5.1　人力资本理论与产权理论：经济学视角

3.5.1.1　人力资本理论

人力资本理论并非严格意义上的激励理论，但它能帮助我们进一步理解高管薪酬激励问题。美国经济学家舒尔茨（Schultz，1960）较早意识到"人力资本"的存在。他认为经济增长的原因不全是自然资源，自然资源以外的资源也发挥了一定的作用。经济增长不仅与物质资本有关，也与人力资本有关，并且人力资本创造的收益高于物质资本创造的收益。人力资本理论更多关注的是个人的学识、才干、技能和经验等，指出人力资本是稀缺的资源，是经济增长的内生变量，推动着社会的进步。该理论认为人力资本的获得是有代价的，它需要消耗一定的稀缺资源，即是需要付出成本的，也需要对其进行专门的投资。人力资本是相对于物质资本或非人力资本而言的，是以人为载体，并被个人垄断拥有的资源，它可以为人力资本所有者提供未来收益，也能在经济活动中获得持续的增值。

周其仁（1996）指出，企业实质就是一个人力资本与非人力资本的特别合约，这个合约的特别之处在于各个要素及其所有者的权利和义务规定并不能够在事前完全制定，总需要保留相当不确定的部分，留待其在合约执行中具体调整。这是由于这个合约由人力资本产权参与其中。人力资本特性与非人力资本特性是大相径庭的，它天然属于个人，是不可分离的，并且只可激励而无法压榨，正是这种产权特点使得企业合约无法在事前被完全规定清楚，必须得保留合约中部分不确定的事项而由激励机制来调节，这种产权特性也让高管薪酬激励问题成为一个永恒的主题。

对于高管人力资本利用而言，想要在事前完全清楚地规定企业运营各个方面的细枝末节即使在技术上被允许，在经济上也是不可行的，我们能在合约中事前规定的只有高管被期望达到的目标以及在无法完全预测的情境中谨慎处理的责任。高管付出的个人人力资本产权的供给程度基本是由激励机制决定的，若激励不足，高管人力资本就会供给不足，管理不善的现象出现也就不足为奇，让人力资本所有者拥有部分企业所有权是现代企业的最佳制度安排。综上我们可以知道，人力资本产权是拥有者独占的，人力资本产权与所有者的不可分离性使得高管激励机制设计是一个重要的且持续的问题。

张维迎（1996）进一步探讨了人力资本与非人力资本之间的关系。人的健康状况、学识、技能、经验等是无法脱离人这一载体而独立存在的。由于人力资本产权与所有者的不可分离性，相对于非人力资本，人力资本不具有"抵押"性质；同时，人力资本载体可能会存在"偷懒"（shirk）的行为。首先，非人力资本与其所有者是可分离的，那么也就意味着非人力资本容易遭到"抵押"，成为"人质"（hostage），但人力资本却不会被"抵押"，更不会成为"人质"。这意味着，拥有非人力资本的所有者在不能履行承诺时，可能会遭到对方威胁，甚至夺走其非人力资本；但人力资本所有者违背承诺时，并不会对其人力资本造成任何实质性的威胁。其次，人力资本产权的这种特性使得人力资本所有者可能也更容易在执行合约时"偷懒"，那么非人力资本就可能因此受到"虐待"（abused）。也就意味着，拥有人力资本的高管可能会在工作中以懈怠、偷懒的方式来提高自身效用水平，也可能会损害非人力资本来攫取利益。非人力资本与人力资本所处的地位是不平等的，人力资本所有者是需要激励和监督的。

高管是企业中最重要的人力资本，与一般的管理人员相比，它是极为稀缺的资源，同时也具有极高的异质性。他们不仅拥有稀缺物质资本的独占性和专用性，同样拥有物质资本所不具备的不可替代性。高管是整个企业运营的核心，他们个人的学识、经验和能力等决定着其对企业贡献的边际产出水平，博闻强识、经验丰富与能力卓越的高管们通常会期望较高的薪酬水平（Gomez‐Mejia and Balkin, 1992）。高管的人力资本是天然依附于高管个体本身的，具有独占性、专用性、排他性与不可替代性，其利用程度完全取决于高管个人的意愿，高管人力资本价值的充分利用是需要通过激励机制来调节的，只有实现产权化，才能充分挖掘人力资本的价值。人力资本理论为拥有人力资本的高管参与企业利润分配、享有企业剩余索取权提供了理论基础。因此，赋予高管部分剩余索取权是一种有效的薪酬激励制度，它有利于最大限度使用高管稀缺的人力资本，减少"偷懒"与"虐待"，提高人力资本使用效率。

3.5.1.2　产权理论

产权理论是新制度经济学的重要分支，由科斯（R. Coase）、威廉姆森（O. Williamson）、张五常（Steven Cheung）等人提出，该理论主要研究经济运行背后的产权结构分布。运用产权理论对高管薪酬的决定进行解释具有一定典型意义。在现代公司中存在着两类主要的产权主体：一类是投入物质资本的产权主体，也就是企业的实际所有者；另一类是投入人力资本的产权主体，人力资本在知识经济时代是稀缺的，它也是一种产权，理应同物质资本产权一样拥有企业所有权，人力资本的所有权和控制权是天然属于拥有人力资本的个体本身的，这体现了产权的性质。

企业股东与高管这两个产权主体的目标效用函数是不一致的，股东和高管都天然追求个人效用最大化。而正是因为两者目标函数的差异，使得两类产权主体之间得以产生交易的基础，股东虽拥有物质资本但却并不一定拥有专业知识或管理能力，高管拥有专业知识和管理能力但却困于物质资本缺乏，两者之间随之产生产权交易的动机，双方各取所需，进行资源配置优化。股东以物质和经济资本交换高管的人力资本，交易后的双方各自履行其权利和义务。根据产权理论，企业股东与高管之间的关系本质上是两个产权主体所拥有产权的使用权的交易，双方经过多次博弈后商定交易价格，也就是有关利润和薪酬的内容。利润是高管使用股东投入的物质与经济资本而创造的价值，薪酬是高管人力资本产权的价格，是高管凭借自身人力资本产权为企业创造的价值而获得的相关回报。产权激励与其他激励方式不同，具有稳定性、预期性和持久性的特点，主张增加长期薪酬激励，减少短期固定薪酬激励，通过股权和期权等方式让企业高管拥有剩余索取权。

3.5.2　需求层次理论、短视理论与 ERG 理论：心理学视角

3.5.2.1　需求层次理论

需求层次理论是最经典，也是最著名的激励理论，被广泛运用于薪酬博弈中。1943 年，美国心理学家亚伯拉罕·马斯洛在其《人类激励理论》一文中首次提出，该理论认为人的需求推动人的行为，他将人类需求由低到高划分为五个层次，分别是生理需求（physiological needs）、安全需求（safety needs)、社交需求（social needs）、自尊需求（esteem needs）和自我实现（self‐actualization）。以上五种需求是逐级递增的，人们首先会追求较低层次的需求，当这个需求被满足的时候，便失去激励效果，此时没有被满足的需求才体现出激励作用，人们转而追求未被满足的、更高层次的需求。需求越是没有被满足，其激励效果越强。五种需求层次中的生理需求、安全需求和社交需求是属于基础的、相对低层次的需求，这些仅通过外在激励条件就能够满足；而自尊需求和自我实现则是相对高级的需求，它们是由个人内心驱动的、无止境的需求。一个人能够在同一时期拥有多种需求，但支配行动的决定性需求只有一种，已被满足的需求并不会消失，但激励作用相对减弱。那么按照马斯洛的需求层次理论，高管薪酬激励机制应立足于高管个人的需求层次结构，满足高管的多层次需求，在满足高管基本需求的基础上，以高层次需求为激励手段鼓励高管尽职工作从而实现个人价值。

3.5.2.2 短视理论

短视即目光短浅，通常是指投资者在进行项目投资和业务营运的过程中，过分考虑眼前利益而忽视长期利益，或者只为了赚取短期的收益而忽视长期的价值投资。在公司经营过程中，短视理论主要观点是市场的投资者过分强调短期的营运业绩，因而导致具有较长周期性的发展方案的价值被低估。

就上市银行而言，管理层的短视理论认为，上市银行的经理层为了避免股东遭受潜在的损失，他们不得不减少一些预测不够精准的长期投资，转而努力提高银行的利润率。在这种情况下，高级管理层通常倾向于能够在短期内获得回报的项目和投资，却避开了利于长期发展的投资项目。同时，这一行为导致对上市银行的经理层当期所获得薪酬无法与其承担的风险合理对应时，高管就有可能倾向于一些高风险投资项目而为自己谋取利益，因此也有可能进一步加大上市银行的风险。

很多媒体通过短视理论来诠释高管薪酬水平和银行风险水平的联系。2009年，英国一家调查委员会研究表明，银行机构的部分奖金机制长期来看，对银行机构的成长并无好处，主要由于该项计划使得银行的高管承担了较高的风险。陈等（Chen et al, 2006）认为，基于高管人员厌恶风险的考虑，他们更倾向于净现值非负且风险水平不高的项目。如果存在股票期权的鼓励方式，之前一些由于风险过高而被忽视的项目则会受到关注，以便取得高额回报。然而，银行高管层的短视行为则会导致银行将面临更大的风险，因此对长远的稳健经营而言具有不利影响。

短视行为是高层管理者非理性的表现之一，也是不合理的薪酬激励机制作用下的结果。事实上，在股东对高级管理者的薪酬激励中，短期薪酬、绩效薪酬占比过大，而缺失长期激励如股权激励、股票期权激励的话，高级管理者则会更偏好于短期见效快、易获得收益的项目。在这种情况下，高管难免会产生短视行为，而忽视对公司长期价值有利的投资，进而可能损害到公司长远的发展。

3.5.2.3　ERG 理论

ERG 理论（existence-relatedness-growth theory）是奥尔德弗（Alderfer，1969）在马斯洛需求层次理论基础上衍生而来的一种激励理论，它更加符合人们需求的实际。该理论认为，人有生存（existence）需求、关系（relatedness）需求和成长（growth）需求三类核心需求。生存需求是基本的物质保障，包含需求层次理论的生理需求和安全需求；关系需求是保持重要人际关系的愿望，这包含马斯洛的爱和尊重需求；成长需求则表示个人渴望自我发展与自我完善，这与马斯洛的自尊需求与自我实现需求相一致。奥尔德弗提出的三类核心需求并不像马斯洛的五个层次需求那般具有严格的界线，也并没有强调需求的次序，ERG 理论认为，当一种需求被满足时，人们可能不会去追求更高层次的需求。此外，与马斯洛需求层次理论还存在差异的是，ERG 理论认为，个体的需求不仅只会上升，它也有可能倒退，当较高级的需求满足受挫时，可能会退而求其次。那么根据该理论，我们应当根据高管自身需求的实际情况来设计高管薪酬激励机制，从而较好地达到激励的目的。

以上基于心理学视角的激励理论表明，高管薪酬激励机制的制定应充分考虑高管实际需求，以满足高管需求为前提，同时注意多种需求的并存，最大限度激发高管潜能。

3.5.3　公平理论与管家理论：管理学视角

激励问题一直是企业管理中的核心问题，管理与激励就像是一对"孪生姐妹"。基于管理学视角的激励问题重点聚焦于"人"，它关注人的不同个性、需求、动机与目标等个体行为，是企业激励的关键所在。从管理学的视角出发，高管薪酬激励问题也就成了：高管激励从满足高管需求这一基本出发，针对高管自身实际情况制定适宜的激励机制，最大限度激发高管潜能，提高股东财富与企业价值。

3.5.3.1 公平理论

公平理论由亚当斯（Adams，1965）提出，其研究重点在于薪酬分配的合理性、公平性及其对企业中员工工作积极性产生的影响。公平理论引入了相对这一概念，将原来局限于个体本身的激励研究拓展到了其他利益相关者的身上，也使得原本封闭的研究变得开放起来。

公平理论强调企业中的所有员工都期望得到公平的对待，员工的工作积极性与个人实际获得的薪酬有关，并且与薪酬分配是否公平的感知更加密切相关。员工会不自觉地与他人进行比较，将自己的付出（教育水平、经验、能力、精力、时间等）与回报（工资、奖金、成就感、精神回报等）与他人的付出和回报进行对比；也会将个人当前的付出与回报水平，也即工作投入与报酬水平，与历史某一时间的境况进行比较，员工会在比较后做出公平与否的判断。员工若感到公平，会心理平衡，继续认真投入工作；若感觉受到了不公平的对待，便会产生消极、不满的情绪，影响其工作投入程度，与他人的差距越大，不公平的感觉会更加强烈，会产生更加愤怒的情绪，甚至产生仇恨心理与破坏心理，这时员工会采取消极怠工、违反制度或制造内部矛盾等职场行为，这对于企业而言无疑是具有极大破坏力的。

适当的薪酬差距是能够激励员工努力工作的，但如果差距过大则会引发许多内部矛盾，从而导致薪酬激励作用无法发挥，因而一些学者基于公平理论对高管薪酬的公平性问题进行了探究。薪酬公平包括外部公平和内部公平两个方面。内部公平具体指企业内部的高管之间、高管与员工之间和员工之间的薪酬分配情况，而外部公平涉及的是薪酬分配对象获得的薪酬数量与社会资源配置情况的比较。高管的薪酬通常会受到社会公众的影响，具体表现为高管薪酬通常会在某一水平上被社会公众普遍接受，这一薪酬水平是由社会公众依照自身情况预先设定的。如果高管薪酬水平超出社会公众预设的薪酬水平，会引发公众的抵制情绪，高管薪酬水平提高会遭到公众限制。此外，高管的薪酬水平还会受到外部经理人市场的影响，企业内部的薪酬委员会将依据经理人的市场薪酬对其企业高管薪酬进行相应调整。在相互比较的过程中，员工与高管都可能会感到不公平，当内部或者外部公平不可能实现时，会影响到员工与高管的工作积极性，其工作投入程度降低，不利于企业绩效的提高。那么根据公平理论，企业的薪酬激励制度应当依照公平性原则来设计，只有公平的薪酬制度才能够较好发挥其激励作用，激发员工与高管的工作投入程度，进而提升企业绩效。

3.5.3.2　现代管家理论

自 20 世纪 90 年代起，现代管家理论（stewardship theory）迅速发展，该理论根源于代理理论的失灵。它是从与代理理论的"经济人"视角相对立的"社会人"视角来解释委托人与代理人之间的关系。管家理论主要关注的是经理人与企业董事长期的动态影响过程和内部长期人际关系的社会变化，一定程度上为代理理论提供了补充，也为公司治理问题开辟了新的理论路径。戴维斯和唐纳森（Davis and Donaldson，1991）认为，现实中的高管们并不都是完全理性的经济人，只为追逐个人利益最大化，会有一些高管的内心精神驱动较强，他们的终极目标是实现个人成就，他们更多关注的是自身精神世界的富足、他人的认同感以及完成工作目标的成就感与满足感，物质奖励反倒是其次。

管家理论认为，代理理论对代理人存在偷懒和机会主义的假定是不完全适用的，通常代理人会有自我要求，有着对自身素养、自尊和内心精神世界的追求，这会发自内心鞭策他们努力工作，尽责履行"管家义务"。也就是高管秉持自律态度时，高管与企业股东间的利益是一致的，也不存在什么冲突。代理理论建立在对代理人行为一系列的假设基础之上，支持经济学中的功利主义思想，认为人都是理性的、自私自利的、存在机会主义的经济人，个人会在成本和收益之间权衡并做出最大化个人收益的决定，这在涉及经济利益时尤其明显。而管理理论基于组织心理学和组织社会学的视角，认为代理人是有个人成就需要的，他们渴望在工作中获得同事、领导的认可，在工作中树立权威，在不断的挑战中获得成就与满足，使自身精神世界更加丰盈，他们也知道，即使自己并不拥有企业股权，但由于薪酬契约和雇佣关系，自己的未来成就是与企业和股东密切相关的。因此，现代管家理论中的代理人是"社会人"，有自身成就的需要，他们并不是自私的、偷懒的，而是工作勤奋的、有自尊、有信仰的，不断追求自我超越的，他们会出于对自我的要求用心做好一个"管家"。此时薪酬激励不应完全依赖于物质激励，还应协调精神奖励，激发代理人超越自我与个人价值的实现，发展一种合作与信任的良好关系。

现代管理理论主要侧重研究四个方面的内容。一是代理人（经理人）的人性假设，研究代理人是自私自利、机会主义的理性人，还是有个人精神追求、值得信任、组织至上的"管家"；二是建立 CEO 与董事会主席两职合一的相互信任的治理结构，还是建立独立的、对代理人加强监督和控制的治理结构；三是建立控制与物质激励为主的薪酬体系，还是建立非物质激励的薪酬体系；四是代理理论与管家理论究竟关系如何？是哪种理论具有绝对优势还是两者都仅仅有其具体的适用情形。现代管家理论与代理理论的对立立场，主要是由于经济学与管理学的研究方法有别。经济学将经理人视作整体人群中一个平常普通的人，这种高度抽象概括的方法易于看清问题的本质，但却无视了经理人这个个体的独特特征与内在需求。而管理学更加关注个体本身，关注其自身的不同个性和不同需求。因此，管家理论更加关注的是高管的个人精神需求，管家理论中的高管不是一个利益与金钱至上的机会主义者，而是一个追求卓越与自我实现，值得信赖的忠实"管家"，高管与企业股东之间没有利益冲突，高管会为实现企业价值最大化而努力工作，同时在工作中获得个人成就感与满足感来达到个人效用的最大化。此时，企业不能盲目提高物质激励，应针对高管具体特征与需求设定物质与精神激励相结合的薪酬激励体系。

3.6 本章小结

本章研究对高管薪酬决定的相关理论进行了系统的梳理，各理论从不同侧面对公司高管薪酬水平与薪酬差距的决定及其影响效应进行了诠释。经典的委托代理理论的基本逻辑是，股东与管理层之间构成了委托代理关系，将高管薪酬与公司业绩挂钩的激励机制有利于协调股东与管理者之间的利益冲突，降低代理成本。该理论期望通过建立适当的薪酬激励机制，诱导代理人采取正确的行动，从而与委托人利益保持一致，最大化企业价值。

管理者权力理论和最优契约理论都是基于经典的委托代理理论范式下进行的延伸，两者的理论指导环境并不相矛盾，而是互补的。最优契约理论对委托代理理论进行了进一步的拓展，提出了将高管和股东利益最大限度"捆绑"起来，制定出了一套激励高管并促成高管和股东双赢的基本薪酬制度。

管理者权力理论虽对最优契约理论提出了质疑，但实际上，管理者权力理论并不能够确切得出 CEO 薪酬没有为股东优化的结论。一定程度上来说，薪酬契约会在管理层权力存在时试图将其带来的成本最小化，实际也是一种最优契约的体现，管理者权力与最优契约的观点不是相互矛盾，而是相互补充的（Core et al，2005）。管理者权力理论实质上也是弥补最优契约理论的考虑不完全的缺憾，从管理者权力、公司治理机制与外部市场约束等方面探讨最优契约能否有效实施，本质而言是对最优契约理论的进一步补充与丰富。对于薪酬理论的不断质疑才能推进理论体系的完善与成熟，这都有助于股东更加全面系统地分析薪酬制定的影响因素，制定更有效率的薪酬激励方案。

锦标赛理论认为，在任务相互依存和合作生产的团队活动条件下，随着监控难度的增加，大的薪酬差距将激发代理人在锦标赛竞争中的努力程度，降低监控成本与监控必要性，为代理人提供源源不断的内生动力去参与竞争，从而保证委托人与代理人的目标相一致，最终降低公司风险，提高公司业绩。根据锦标赛理论，当企业监督成本低廉且结果真实可信时，基于锦标赛参与者的实际边际贡献的薪酬决定机制与晋升决策才是合理的选择。

总之，委托代理理论、最优契约理论、管理者权力理论以及锦标赛理论与行为理论等是目前高管薪酬相关研究的主流理论。其他的高管薪酬理论还有：基于经济学视角的人力资本理论与产权理论，基于管理学视角的公平理论与管家理论，基于心理学视角的需求层次论、短视理论与 ERG 理论等。以上理论从不同侧面对公司高管薪酬的决定及其激励效果进行了丰富的解读，也为本书的实证研究提供了坚实的理论基础。

第4章 商业银行风险承担与系统性风险的计量原理与结果分析

4.1 破产风险法(Z-score)

4.1.1 Z-score 的计量原理

自汉南和汉威克(Hannan and Hanweck,1988)首次提出破产风险指数(Z-score)以来,国内外学者在研究过程中,较多采用 Z-score 作为衡量银行风险承担水平的指标(Guo et al,2015;何靖,2016;冯玉梅和任仪佼,2019;郭品和沈悦,2019;王妍和王继红,2019;等等)。

在具体计算过程中,参考叶雅蒂和米科(Yeyati and Micco,2007)、莱佩蒂特和斯特罗贝尔(Lepetit and Strobel,2013)的做法,采用以下两种方式计算样本银行的破产风险:

$$Z\text{-score} = \frac{\text{ROA} + (\text{Equity}/\text{Asset})}{\sigma(\text{ROA})} \tag{4-1}$$

$$Z\text{-score} = (\text{ROA}_{i,t} + \text{CAP}_{i,t})/\sigma(\text{ROA}_{i,t}) \tag{4-2}$$

其中,$\text{ROA}_{i,t}$为单家银行的资产净利率;$\text{CAP}_{i,t}$指资产/资本比率(采用资本充足率);$\sigma(\text{ROA}_{i,t})$为资本净利率滚动 3 期(或 5 期)的标准差。Z-score 反映银行风险承担水平,Z-score 越大,银行离破产的距离就越远,银行风险承担也就越低。

还有一些学者,如马勇和李振(2019),则采用 Z-score 的对数形式作为风险代理指标,同样,ln(Z-score)越大,风险越低。为了便于解释并和其他风险承担变量保持一致,与郭品和沈悦(2019)、朱顺泉和赖少钺(2019)

等相同，我们考虑其逆形式（1/Z-score）作为风险承担代理变量，1/Z-score越大，银行风险承担越高。

4.1.2　数据说明与描述性统计

在计算 Z-Score 的过程中，本书收集了 2000 ~ 2018 年除刚上市的中国邮政储蓄银行以外的 35 家上市银行的相关数据。[①] 具体包括平安银行、浦发银行、民生银行、招商银行、华夏银行、中国银行、工商银行、兴业银行、中信银行、交通银行、宁波银行、南京银行、北京银行、建设银行、农业银行、光大银行、江苏银行、贵阳银行、江阴银行、无锡银行、常熟银行、杭州银行、上海银行、苏农银行、张家港行、成都银行、郑州银行、长沙银行、紫金银行、浙商银行、青岛银行、西安银行、青农商行、渝农商行、苏州银行。

在两个 Z-score 指标的具体运算中，涉及的原始数据共有三个变量：一是各银行的资产净利率（$ROA_{i,t}$）；二是各银行的权益资产比率（$ETA_{i,t}$）；三是各银行的资本充足率（$CAP_{i,t}$）。原始数据删选范围为 2000 ~ 2018 年，但由于 ROA 的标准差滚动 3 期和滚动 5 期的计算过程中会分别丢失 2 年和 4 年的数据，因此，最终采用的 $ROA_{i,t}$ 数据时间范围为 2000 ~ 2018 年，而 $CAP_{i,t}$ 和 $ETA_{i,t}$ 的时间范围则为 2002 ~ 2018 年。各变量的定义见表 4 - 1。

表 4 - 1　　　　　　　　　　　Z-score 相关变量及其定义

变量符号	变量名称	变量定义
$ROA_{i,t}$	资产净利率	银行 i 在第 t 时期的平均资产净利率
$ETA_{i,t}$	权益资产比	银行 i 在第 t 期时的总权益与总资产比率（$Equity_{it}$/$Assets_{it}$），即权益乘数的倒数
$CAP_{i,t}$	资本充足率	银行 i 在第 t 时期的资本充足率
$\sigma(ROA_{i,t}) - 3$	资本净利率标准差（滚动 3 期）	银行 i 在第 t 时期的资本净利率的标准差（滚动 3 期）
$\sigma(ROA_{i,t}) - 5$	资本净利率标准差（滚动 5 期）	银行 i 在第 t 时期的资本净利率的标准差（滚动 5 期）

各变量的描述性统计见表 4 - 2。变量的最大观测数为 438 个，数据主要

[①]　资料来源：Wind 数据库，各银行年度报告。

来自 Wind 数据库，对于少数缺失数据，通过查询各银行历年年报，或采用线性插值法补齐。

表 4 - 2 　　　　　　　　　　　　Z-score 原始数据的描述性统计

变量	均值	最大值	最小值	标准差	P 值	观测数
$ROA_{i,t}$	1. 06	2. 13	0. 03	0. 29	0. 00	438
$ETA_{i,t}$	6. 42	23. 53	1. 36	1. 86	0. 00	436
$CAP_{i,t}$	12. 72	30. 67	3. 71	2. 37	0. 00	395
$\sigma(ROA_{i,t}) - 3$	0. 14	0. 32	0. 00	4. 08	0. 08	407
$\sigma(ROA_{i,t}) - 5$	0. 21	0. 40	0. 01	4. 03	0. 13	361

资料来源：笔者整理。

4.1.3　Z-score 计量结果与分析

4.1.3.1　Z-score 计算结果

（1）基于权益负债比的 Z-score 计算结果。

基于式（4 - 1），对 ROA 分别滚动 3 期和滚动 5 期计算得到 35 家样本银行的破产风险指数 Z-score，计算结果见表 4 - 3 和表 4 - 4。

表 4 - 3 　　　　Z-score 计算结果（基于权益负债比，滚动 3 期）及排名

银行证券简称	2009 年	2010 年	2011 年	2012 年	2013 年	2014 年	2015 年	2016 年	2017 年	2018 年	平均	排名
南京银行	4. 4	5. 5	26. 7	15. 3	11. 4	10. 9	23. 2	19. 6	24. 3	36. 2	17. 8	1
贵阳银行	22. 0	33. 4	28. 4	73. 6	126. 5	116. 1	106. 2	30. 1	28. 1	144. 6	70. 9	2
郑州银行	76. 1	20. 4	29. 8	55. 2	97. 0	64. 4	177. 6	115. 0	61. 5	35. 8	73. 3	3
青农商行	—	—	—	—	29. 0	113. 5	89. 1	80. 1	72. 4	155. 2	89. 9	4
成都银行	36. 4	256. 7	75. 9	64. 8	59. 6	215. 8	47. 1	32. 1	71. 6	65. 7	92. 6	5

银行证券简称	2009 年	2010 年	2011 年	2012 年	2013 年	2014 年	2015 年	2016 年	2017 年	2018 年	平均	排名
江阴银行	70.6	73.3	130.5	72.5	78.6	45.3	50.3	83.2	98.8	243.4	94.6	6
紫金银行	—	—	—	190.8	91.6	77.7	99.9	72.1	70.8	89.6	98.9	7
长沙银行	16.8	69.2	76.0	67.0	99.3	91.8	135.6	77.5	83.2	304.4	102.1	8
民生银行	82.2	57.7	41.0	44.5	264.9	121.2	79.2	52.5	74.8	204.9	102.3	9
杭州银行	46.5	30.9	136.7	76.8	155.0	53.1	43.2	49.5	87.3	367.0	104.6	10
平安银行	12.4	14.7	156.4	135.1	94.3	164.6	178.7	126.8	100.7	201.9	118.6	11
招商银行	28.3	35.9	45.6	55.9	250.9	107.9	73.6	97.8	341.1	154.8	119.2	12
宁波银行	40.0	37.8	118.0	85.9	120.8	95.4	150.7	129.7	241.5	259.4	127.9	13
浙商银行	108.8	128.3	48.9	54.5	267.5	48.0	45.9	277.6	168.2	131.7	127.9	14
中信银行	62.5	75.2	65.4	104.0	103.9	127.6	57.9	57.2	109.7	593.7	135.7	15
华夏银行	129.8	51.9	44.1	48.3	83.0	185.3	339.3	149.2	116.3	213.3	136.0	16
苏农银行	49.9	82.1	64.2	215.3	350.7	67.0	35.3	61.8	291.1	214.1	143.1	17
张家港行	74.7	62.7	77.9	108.4	248.3	49.6	40.4	115.2	205.1	454.7	143.7	18
光大银行	59.6	70.7	43.1	65.1	335.5	338.4	131.3	62.4	88.6	296.3	149.1	19
交通银行	79.1	89.1	97.2	168.4	237.5	200.4	173.6	97.1	107.4	264.7	151.4	20
江苏银行	22.4	87.1	54.0	110.0	236.7	60.3	41.9	63.3	160.7	714.9	155.1	21

续表

银行证券简称	2009 年	2010 年	2011 年	2012 年	2013 年	2014 年	2015 年	2016 年	2017 年	2018 年	平均	排名
青岛银行	—	129.8	179.8	221.3	178.6	237.2	253.7	105.8	55.1	80.7	160.2	22
浦发银行	28.4	72.5	74.3	96.5	193.9	562.8	155.6	82.6	102.9	251.8	162.1	23
渝农商行	21.3	26.2	70.4	199.2	208.6	118.1	92.1	109.5	602.3	273.0	172.1	24
西安银行	14.5	52.1	152.0	113.4	197.3	676.4	99.5	61.4	106.8	348.1	182.2	25
北京银行	58.9	50.2	112.7	265.2	255.5	514.3	167.7	99.9	133.6	241.4	189.9	26
苏州银行	—	—	90.7	95.7	64.1	70.0	85.8	121.9	368.8	673.3	196.3	27
常熟银行	146.0	187.8	368.1	289.1	281.3	107.5	66.3	110.4	277.5	172.0	200.6	28
上海银行	82.3	143.3	141.2	210.0	171.2	545.0	264.7	115.1	165.6	267.6	210.6	29
农业银行	630.5	81.7	56.1	92.6	192.8	599.5	144.1	99.4	153.4	355.0	240.5	30
兴业银行	157.0	171.1	201.2	226.2	414.6	295.7	103.2	74.5	147.4	618.7	241.0	31
中国银行	179.3	135.1	220.0	411.7	305.8	494.4	182.3	137.3	164.2	202.7	243.3	32
无锡银行	—	—	—	—	98.9	52.8	39.0	70.9	807.2	759.7	304.8	33
建设银行	106.5	228.6	87.5	117.3	2303.9	382.1	134.2	89.6	127.0	387.1	396.4	34
工商银行	77.5	140.1	77.9	130.6	3950.5	405.5	154.7	119.1	149.1	247.5	545.3	35
平均	84.2	87.1	99.7	129.7	347.4	211.9	116.1	92.8	170.4	286.4	—	—

注：由于篇幅所限，这里仅报告了 2009～2018 年的计算结果。对于 2002～2008 年的计算结果，感兴趣的读者可以向笔者索取。下表同。

资料来源：笔者整理。

表 4 － 4　　　Z-score 计算结果（基于权益负债比，滚动 5 期）及排名

银行证券简称	2009 年	2010 年	2011 年	2012 年	2013 年	2014 年	2015 年	2016 年	2017 年	2018 年	平均	排名
南京银行	2.6	3.2	4.1	4.9	8.9	6.6	10.5	12.7	24.9	24.6	10.3	1
贵阳银行	—	22.2	22.0	29.2	29.1	79.5	108.8	36.2	25.7	28.7	42.4	2
郑州银行	—	21.1	25.8	21.1	22.7	52.9	89.1	58.0	59.6	32.4	42.5	3
江苏银行	10.0	20.1	26.3	60.3	69.3	66.1	36.5	32.4	42.7	75.3	43.9	4
民生银行	46.3	41.3	32.6	27.8	43.1	62.4	69.6	40.4	40.8	51.1	45.5	5
成都银行	—	15.3	30.4	71.5	74.3	80.1	41.7	34.8	36.5	44.5	47.7	6
无锡银行	—	—	—	—	—	30.3	34.2	42.6	84.3		47.8	7
杭州银行	51.7	37.3	40.7	40.1	101.8	64.0	37.4	26.1	33.4	53.8	48.6	8
江阴银行	36.1	47.2	78.7	55.0	58.4	34.6	33.9	34.0	39.5	70.1	48.7	9
青农商行	—	—	—	—	—	34.8	62.0	43.7	54.6		48.8	10
张家港行	38.0	31.6	34.7	45.2	73.6	47.9	37.6	34.1	37.4	109.0	48.9	11
长沙银行	16.9	22.0	21.4	49.3	82.3	83.0	69.9	48.6	52.7	70.4	51.6	12
苏农银行	—	47.3	74.2	80.0	79.3	78.5	36.7	33.3	32.2	52.9	57.1	13
紫金银行	—	—	—	—	—	60.2	58.8	76.8	48.8	43.7	57.7	14
浙商银行	32.8	101.7	58.2	40.6	38.8	46.8	42.2	41.8	55.1	120.8	57.9	15

续表

银行证券简称	2009 年	2010 年	2011 年	2012 年	2013 年	2014 年	2015 年	2016 年	2017 年	2018 年	平均	排名
招商银行	16.8	30.4	43.4	40.1	46.2	73.7	68.4	55.6	79.9	134.4	58.9	16
中信银行	28.1	32.3	63.5	80.0	76.7	100.1	56.2	46.0	44.6	66.7	59.4	17
光大银行	28.1	38.1	47.6	40.2	46.5	99.4	136.7	58.5	57.0	62.0	61.4	18
渝农商行	26.1	27.3	25.2	25.5	71.5	135.7	71.8	62.8	86.4	113.3	64.6	19
苏州银行	—	—	—	—	63.7	51.7	39.1	48.2	70.7	119.4	65.5	20
浦发银行	21.5	30.8	40.9	69.1	60.1	99.7	175.8	87.8	68.4	75.1	72.9	21
农业银行	12.6	20.3	57.7	48.9	50.6	101.6	170.1	97.7	78.9	91.8	73.0	22
西安银行	—	13.5	15.6	65.6	142.8	144.0	113.3	60.2	56.1	72.1	75.9	23
华夏银行	92.5	43.7	40.7	32.2	32.5	46.5	92.1	179.5	105.1	105.8	77.1	24
平安银行	13.0	17.9	21.5	18.7	121.5	123.7	128.8	147.0	96.7	83.5	77.2	25
宁波银行	49.0	42.3	49.9	48.8	84.1	94.7	80.7	63.4	93.5	175.9	78.2	26
工商银行	29.6	34.6	53.9	73.3	84.1	178.1	166.1	100.6	83.2	91.4	89.5	27
建设银行	53.4	53.3	77.5	90.0	89.2	154.7	143.2	78.4	70.9	85.2	89.6	28
交通银行	35.5	52.8	101.0	114.1	122.5	180.3	119.9	78.0	70.9	74.8	95.0	29
北京银行	35.9	37.9	48.1	60.0	156.1	330.3	173.9	94.9	85.0	83.0	110.5	30

续表

银行证券简称	2009 年	2010 年	2011 年	2012 年	2013 年	2014 年	2015 年	2016 年	2017 年	2018 年	平均	排名
兴业银行	21.7	32.0	196.1	171.0	185.3	293.9	106.2	64.3	67.1	84.0	122.2	31
上海银行	100.8	114.7	117.6	118.6	111.7	183.2	196.4	131.1	115.9	130.8	132.1	32
常熟银行	—	76.6	179.5	189.8	329.8	112.9	66.1	60.5	64.7	138.8	135.4	33
中国银行	53.8	104.1	134.5	120.2	167.2	275.0	230.5	137.6	95.4	93.2	141.2	34
青岛银行	—	—	—	177.2	131.9	196.6	290.0	126.6	63.7	53.3	148.5	35
平均	35.5	40.4	58.8	68.0	89.2	113.3	96.1	68.1	62.0	81.4	—	—

资料来源：笔者整理。

由表 4 - 3 可知，各观测点的 Z-score 分布于 [4.4，3950.5] 这一区间内，说明在研究期间各商业银行的破产风险程度差异较大。其中，破产风险最高的是南京银行，其在 2009～2018 年的 Z-score 平均值为 17.8；最低的是中国工商银行，其在 2009～2018 年的平均 Z-score 值为 545.3，是南京银行的 30.6 倍。在全部 35 家样本银行中，破产风险水平最高的 8 家银行中，有南京银行、贵阳银行、郑州银行、成都银行和长沙银行等 5 家是城市商业银行，排名分别为第 1、第 2、第 3、第 5、第 8 位。其余是青农商行、江阴银行和紫金银行等 3 家农村商业银行，排名分别为第 4、第 6、第 7 位。

破产风险最低的 6 家银行中，有中国工商银行、中国建设银行、中国银行和中国农业银行等 4 家国有大型商业银行，排名分别为第 35、第 34、第 32 和第 30 位。其他类型银行中，破产风险最低的是无锡银行，其 Z-score 值在所有 35 家银行中排名第 33 位，其次是兴业银行和上海银行，其 Z-score 值分列第 31 和第 29 位。股份制银行的破产风险程度相对处于中间水平，没有任何一家排名进入前 4 位，也没有任何一家处于后 4 位。

滚动 5 期与滚动 3 期的计算结果类似。表 4 - 4 显示，各观测点的 Z-score 分布于 [2.6，330.3] 这一区间内，说明在研究期间各商业银行的破产风险水平差异仍然明显，但比滚动 3 期时的波动性要小。在所有 35 家样本银行中，破产风险最高的仍然是南京银行，其次是贵阳银行。破产风险最低的是青岛银行，其次是中国银行。Z-score 值排名前 10 位中，除了民生银行以外，其余都是城市商业银行和农村商业银行。其中，南京银行、贵阳银行、郑州银行、江苏银行、成都银行和杭州银行等 6 家城市商业银行分别处于第 1、第 2、第 3、第 4、第 6、第 8 位。其余是无锡银行、江阴银行和青农商行等农村商业银行，分列第 7、第 9、第 10 位。滚动 5 期后，国有大型商业银行的 Z-score 值排名仍然相对靠后，在排名后 10 位的银行中，有 4 家是国有控股大型商业银行。分别是排名第 34、第 29、第 28、第 27 位的中国银行、交通银行、中国建设银行和中国工商银行。

（2）基于资本充足率的 Z-score 计算结果。

基于式（4-2），对 ROA 分别滚动 3 期和滚动 5 期计算得到 35 家样本银行的破产风险指数 Z-score，分别报告于表 4-5 和表 4-6。

表 4-5　　Z-score 计算结果（基于资本充足率，滚动 3 期）及排名

银行证券简称	2009 年	2010 年	2011 年	2012 年	2013 年	2014 年	2015 年	2016 年	2017 年	2018 年	平均	排名
贵阳银行	40.6	61.1	52.1	157.6	250.3	206.1	212.8	63.3	53.7	247.6	134.5	1
郑州银行	210.2	43.2	58.5	103.2	167.0	115.4	297.4	206.8	102.6	56.2	136.1	2
青农商行	—	—	—	—	43.3	163.7	135.3	129.4	121.4	255.9	141.5	3
江阴银行	128.1	125.5	203.2	142.7	128.0	76.2	81.2	131.9	158.4	388.7	156.4	4
民生银行	134.6	97.0	67.8	81.2	415.3	194.9	125.3	96.3	127.4	321.2	166.1	5
紫金银行	—	—	—	328.0	145.9	123.4	204.8	140.7	158.4	178.4	182.8	6
成都银行	66.1	512.1	168.9	156.3	120.9	411.1	110.0	66.1	155.5	134.7	190.2	7
平安银行	27.4	29.4	279.0	267.3	149.4	279.8	287.7	204.3	158.7	318.3	200.1	8

续表

银行证券简称	2009 年	2010 年	2011 年	2012 年	2013 年	2014 年	2015 年	2016 年	2017 年	2018 年	平均	排名
杭州银行	79.8	60.5	258.3	158.6	262.4	96.5	81.4	103.6	190.8	740.5	203.2	9
长沙银行	40.5	151.7	179.7	159.4	217.9	170.6	244.8	163.5	174.8	576.1	207.9	10
招商银行	58.9	67.3	80.9	103.5	392.3	185.6	130.3	179.0	642.6	281.7	212.2	11
苏农银行	96.1	133.6	106.4	326.3	482.8	88.8	50.0	88.2	426.5	375.8	217.4	12
中信银行	99.1	131.5	114.4	189.9	171.5	227.1	103.5	100.7	169.8	954.0	226.2	13
张家港行	97.0	110.9	145.3	199.0	398.8	77.0	67.4	180.8	315.5	778.5	237.0	14
光大银行	139.3	131.4	75.6	127.9	525.5	543.3	209.4	102.5	153.2	499.0	250.7	15
浙商银行	212.4	230.8	92.4	107.6	496.6	94.6	96.5	601.8	330.8	267.4	253.1	16
华夏银行	341.8	143.9	92.6	95.6	147.3	341.6	587.0	247.4	202.5	333.0	253.3	17
宁波银行	67.1	91.9	232.5	201.9	241.5	177.2	294.5	257.1	539.3	495.8	259.9	18
青岛银行	—	207.3	277.5	390.7	301.7	383.1	411.3	188.3	103.6	141.7	267.2	19
交通银行	172.2	177.6	186.4	305.1	383.0	350.9	295.3	172.2	191.8	489.8	272.4	20
浦发银行	62.6	142.4	153.4	190.8	345.3	943.3	280.8	141.9	167.6	431.1	285.9	21
江苏银行	47.7	176.5	114.3	227.7	406.4	124.4	87.9	129.0	302.5	1320.6	293.7	22

银行证券简称	2009 年	2010 年	2011 年	2012 年	2013 年	2014 年	2015 年	2016 年	2017 年	2018 年	平均	排名
渝农商行	43.7	51.3	122.3	327.0	364.2	199.8	156.4	194.4	1032.9	464.1	295.6	23
常熟银行	—	—	—	443.7	484.2	182.6	113.5	174.7	450.6	303.9	307.6	24
苏州银行	—	—	132.6	140.4	96.5	98.8	136.9	198.8	611.0	1065.5	310.1	25
北京银行	111.3	99.9	233.4	494.2	442.3	846.0	303.5	170.0	210.0	371.9	328.2	26
西安银行	36.6	138.1	368.0	250.4	359.6	1176.8	205.8	112.3	185.5	573.5	340.7	27
南京银行	78.7	73.9	1099.7	857.7	239.4	181.6	241.8	154.9	215.0	595.4	373.8	28
上海银行	167.4	270.8	276.3	481.0	326.6	1015.0	488.1	215.4	278.9	418.3	393.8	29
中国银行	299.5	243.8	411.6	764.2	512.9	831.0	301.1	227.6	274.3	356.2	422.2	30
兴业银行	332.9	345.3	409.0	464.0	747.9	519.1	179.5	142.6	257.2	1019.0	441.6	31
农业银行	1467.4	164.9	109.6	186.6	359.8	1098.2	264.5	180.1	291.2	683.5	480.6	32
无锡银行	—	—	—	180.1	103.8	75.4	120.8	1584.8	1705.5		628.4	33
建设银行	195.5	410.1	163.4	224.0	4032.5	699.4	244.1	164.8	228.4	730.6	709.3	34
工商银行	150.9	256.6	149.1	250.4	7015.4	729.2	271.8	200.1	259.5	426.5	971.0	35
平均	172.6	162.7	206.9	269.8	610.1	373.0	210.8	170.0	309.3	522.9	—	—

资料来源：笔者整理。

表 4 – 6　　　　**Z-score 计算结果（基于资本充足率，滚动 5 期）及排名**

银行证券简称	2009 年	2010 年	2011 年	2012 年	2013 年	2014 年	2015 年	2016 年	2017 年	2018 年	平均	排名
郑州银行	—	44.7	50.7	39.5	39.2	95.0	149.1	104.2	99.5	50.9	74.8	1
民生银行	75.9	69.4	53.9	50.8	67.6	100.3	110.1	74.1	69.4	80.1	75.2	2
青农商行	—	—	—	—	—	—	52.8	100.1	73.3	90.0	79.0	3
张家港行	49.4	55.9	64.7	83.0	118.2	74.5	62.8	53.5	57.5	186.7	80.6	4
江阴银行	65.6	80.7	122.6	108.2	95.1	58.2	54.8	53.9	63.4	111.9	81.4	5
贵阳银行	—	40.6	40.4	62.6	57.7	141.2	218.1	76.1	49.1	49.2	81.6	6
苏农银行	—	77.0	122.9	121.3	109.2	104.0	51.9	47.4	47.1	92.8	86.0	7
江苏银行	21.2	40.8	55.6	124.8	118.9	136.4	76.6	66.1	80.3	139.1	86.0	8
杭州银行	88.6	72.9	76.9	82.7	172.4	116.4	70.4	54.5	73.0	108.6	91.6	9
无锡银行	—	—	—	—	—	—	58.5	58.2	83.6	189.3	97.4	10
成都银行	—	30.5	67.6	172.4	150.6	152.5	97.3	71.6	79.3	91.2	101.4	11
中信银行	44.6	56.5	111.1	146.2	126.6	178.2	100.5	80.9	69.1	107.2	102.1	12
苏州银行	—	—	—	—	95.9	73.0	62.5	78.7	117.1	189.0	102.7	13
光大银行	65.7	70.8	83.4	79.0	72.9	159.6	217.9	96.1	98.6	104.5	104.8	14
招商银行	35.1	57.0	76.8	74.4	72.2	126.7	121.0	101.7	150.5	244.5	106.0	15

银行证券简称	2009 年	2010 年	2011 年	2012 年	2013 年	2014 年	2015 年	2016 年	2017 年	2018 年	平均	排名
渝农商行	53.4	53.4	43.8	41.8	124.9	229.6	121.9	111.4	148.2	192.6	112.1	16
紫金银行	—	—	—	—	—	95.7	120.6	149.8	109.2	86.9	112.4	17
浙商银行	64.0	182.9	110.1	80.1	72.1	92.2	88.8	90.6	108.4	245.3	113.5	18
长沙银行	—	48.1	50.6	117.3	180.7	154.2	126.1	102.5	110.8	133.3	113.7	19
平安银行	28.9	35.9	38.4	37.1	192.6	210.3	207.5	236.8	152.4	131.6	127.1	20
浦发银行	47.5	60.5	84.4	136.7	107.0	167.1	317.4	150.8	111.5	128.5	131.2	21
南京银行	53.0	78.5	93.5	91.9	303.7	194.0	139.6	108.6	120.4	154.6	133.8	22
农业银行	29.3	41.0	112.8	98.5	94.5	186.1	312.2	177.1	149.7	176.7	137.8	23
西安银行	—	35.7	37.6	144.8	260.3	250.6	234.3	110.1	97.5	118.7	143.3	24
华夏银行	243.7	121.1	85.4	63.8	57.6	85.7	159.3	297.7	182.9	165.2	146.2	25
宁波银行	82.3	102.8	98.4	114.8	168.1	175.9	157.7	125.6	208.7	336.2	157.1	26
工商银行	57.6	63.4	103.1	140.6	149.3	320.2	291.8	169.1	144.9	157.6	159.8	27
建设银行	98.0	95.5	144.6	171.8	156.1	283.2	260.4	144.1	127.5	160.8	164.2	28
交通银行	77.3	105.4	193.7	206.8	197.5	315.7	204.0	138.3	126.7	138.3	170.4	29
北京银行	67.8	75.4	99.8	111.8	270.1	543.4	314.6	161.5	133.7	127.9	190.6	30

续表

银行证券简称	2009 年	2010 年	2011 年	2012 年	2013 年	2014 年	2015 年	2016 年	2017 年	2018 年	平均	排名
兴业银行	46.0	64.6	398.8	350.6	334.2	515.9	184.8	123.1	117.2	138.3	227.3	31
常熟银行	—	—	—	291.3	567.7	191.8	113.2	95.8	105.0	245.3	230.0	32
中国银行	89.9	187.8	251.5	223.2	280.5	462.2	380.6	228.1	159.4	163.8	242.7	33
上海银行	205.1	216.7	230.0	271.6	213.2	341.1	362.2	245.3	195.3	204.4	248.5	34
青岛银行	—	—	—	312.7	222.9	317.5	470.1	225.5	119.7	93.5	251.7	35
平均	73.5	78.1	107.0	133.9	164.0	201.5	173.5	123.1	112.6	146.7	—	—

资料来源: 笔者整理。

　　由表 4 – 5 可知, 各观测点的 Z-score 分布于 [27.4, 7015.4] 的区间内, 说明基于资本充足率的 Z-score 值差异程度要大于基于权益负债比的计算结果。但在其他方面, 两种计算方法的计算结果保持良好的一致性。从各样本银行 Z-score 平均值的排名情况来看, 排名靠前的仍然以城商行和农商行为主。与此相对应, 国有大型商业银行则排名普遍靠后, 也即国有大型商业银行的破产风险程度相对处于较低水平。表 4 – 5 中, 风险排名前 10 位的银行中, 是分别处于第 1、第 2、第 7、第 9、第 10 位的贵阳银行、郑州银行、成都银行、杭州银行和长沙银行等 5 家城市商业银行, 和分列第 3、第 4、第 6 位的青农商行、江阴银行和紫金银行等 3 家农村商业银行, 以及民生银行、平安银行两家股份制银行。国有大型商业银行中, 除交通银行排名靠前, 处于第 20 位以外, 其余的中国工商银行、中国建设银行、中国农业银行和中国银行等 4 家都排名非常靠后, 分别处于第 35、第 34、第 32、第 30 位。

　　同样, 对比表 4 – 6 和表 4 – 4, 容易发现, 除了 Z-score 的差异程度以及少数银行的排名存在一定变动以外, 基于资本充足率 (滚动 5 期) 与基于权益负债比 (滚动 5 期) 的计算结果是基本类似的, 不再赘述。

　　图 4 – 1 和图 4 – 2 给出了 35 家样本银行的相关性散点图, 显然, 除了少数观测点以外, 两种方式下的 Z-score 呈明显的线性关系。这进一步表明, 资

本充足率法和权益负债比法的计算结果具有高度的一致性。

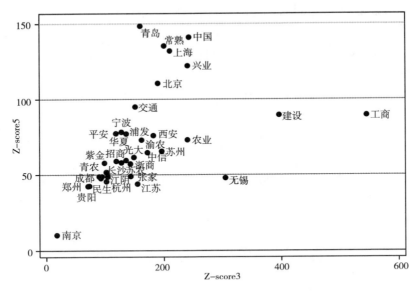

图 4 - 1　Z-score 的相关性散点图（基于权益负债比）

注：图中银行名称取各银行证券简称的前两个字，下图同。

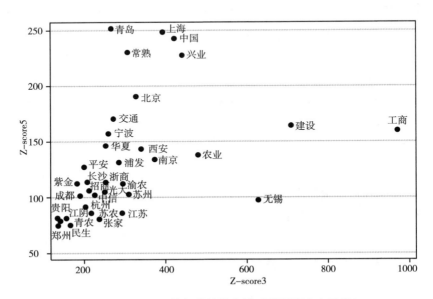

图 4 - 2　Z-score 的相关性散点图（基于资本充足率）

4.1.3.2　Z-score 变化趋势

为了更直观地显示中国银行业破产风险的动态演变过程，我们绘制了 2009 ~ 2018 年国有大型商业银行、城市商业银行、股份制银行以及农村商业银行等四种不同类型商业银行 Z-score（平均）的变动轨迹曲线，如图 4 - 3 和图 4 - 4 所示。

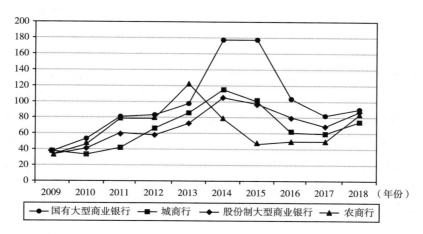

图 4 - 3　不同类型银行 Z-score（基于权益负债比，滚动 5 期）变化趋势

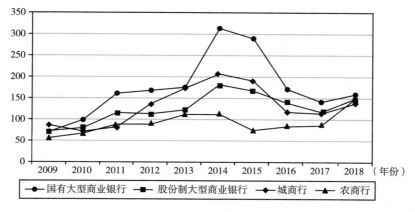

图 4 - 4　不同类型银行 Z-score（基于资本充足率，滚动 5 期）变化趋势

从纵向变化趋势来看，图 4 - 3 和图 4 - 4 显示，无论是基于权益负债比还是基于资本充足率的计算结果，我国商业银行的破产风险均表现出明显的

阶段性特征。在早期，Z-score 普遍较小，也即破产风险较高。但在相当长的一段时间里，各类银行的 Z-score 是不断上升的，这说明该阶段，我国银行业的破产风险是趋于降低的。大约在 2014～2015 年，我国银行业的 Z-score 达到高点，随后开始逐渐下降。同时我们也注意到，在研究末期，也即 2018 年，各类商业银行的 Z-score 又有所回升。

横向比较来看，国有大型控股商业银行的 Z-score 处于较高水平，且波动起伏较大。其中的原因可能在于：一方面，国有大型商业银行经营策略较为保守，风险管理经验相对丰富，决策行为也更加审慎（高智贤等，2015）；另一方面，国有大型商业银行在整个金融体系中居主导地位，其受到的信息披露与资本监管要求更为严格，而监管强度不同显然会导致银行破产风险水平的差异（Beltratti and Stulz，2012）。农村商业银行的 Z-score 处于较低水平，特别是基于资本充足率的计算结果（见图 4 - 4），在几乎所有年份，其 Z-score 均处于最低的水平。股份制银行和城市商业银行的 Z-score 较为接近且变化趋势基本保持一致。这与其经营模式，所受监管差异较小有关。例如，北京银行、上海银行等城市商业银行无论在资产规模、业务结构，还是公司治理机制、地域覆盖面上都已经与股份制银行差异不大。

4.2 CAMELS 模型法

4.2.1 CAMELS 计量原理

CAMELS 模型，是目前国际上经常采用的衡量和测度银行风险的重要工具。通常而言，CAMELS 模型是从六个方面来测度银行风险，分别是：资本充足率（capital adequacy），通常使用资本充足率指标进行衡量；资产质量（asset quality），通常使用不良贷款率进行衡量；管理水平（management），通常使用非利息收入占比、资本收益率等指标进行衡量；收益状况（earnings），通常使用总资产回报率、利润率等指标进行衡量；流动性状况（liquidity），通常使用流动性比率等指标进行衡量；敏感性，目前还未提出一个很好的定量指标对该项内容进行测定。1979 年，CAMELS 指标体系诞生，它是美国金融监管当局对商业银行及其他金融机构采用的综合等级评定制度，敏感性指标是在 1997 年体系修改后新增的指标。总体而言，该评价指标体系能够对商业银行的风险进行较为综合、多方位、多层次的全面反映，对测度银行风险承担水平具有重要作用，也对银行自身加强风险管理有很好的借鉴意义和指导作用。

遵循美国金融监管当局所采用 CAMELS 模型的基本思路，本书建立的银行综合风险评价指数在具体涵盖指标的选取上，主要是基于以下六个方面的考虑。

第一，银行系统稳定性指标。为了加强国际银行系统的稳定性，改善国际银行业务监管技术的有效性，消除因各国对资本充足率要求不同而产生的不平等竞争，保证商业银行能够及时化解风险，巴塞尔委员会对各国商业银行的资本充足率提出了最低标准要求，也即商业银行在一定规模下需要保证充足的资本数量。银行资本充足率具体通过银行的资本总额除以银行的风险加权资产计算。新《巴塞尔协议》的最新规定是，对于商业银行而言，其资本充足率至少应达到 8%，使银行对于风险具有高敏感性，从而使运作更加稳健。因此，选取资本充足率作为银行系统稳定性的衡量指标。

第二，银行资产质量指标。资产质量对于商业银行的运作而言也非常关键，能够把握银行对基本经营原则的落实情况。按照传统的银行贷款分类办法，不良贷款主要指次级贷款、可疑贷款以及损失贷款，不良贷款率对于度量单个银行的资产质量情况具有重要作用。

第三，银行经营管理能力指标。管理水平与银行的风险承担倾向也密切相关。通常而言，当银行的管理人员水平和素质越高，相关规章制度更加完善合理时，银行的管理水平就越高，相应地，一些指标的表现就会更好。例如，在银行管理水平出色的情形下，其非利息收入占比则会更高。得益于管理人员的有效运作，银行将在除传统业务之外获得更丰厚的利润。

第四，银行收益率指标。收益状况则直接反映出银行的盈利能力和盈利水平，与此同时，收益状况也往往与银行的风险承担情况有较强的相关性。当银行的收益状况越好时，说明银行有更多的盈利资本去面对风险和化解风险，因此银行的风险应对能力就更强。收益状况经常通过总资产回报率、利润率等指标进行衡量，总资产回报率、利润率越高，体现出银行的收益状况越好，那么银行抗风险能力更优，风险水平就相对较低。

第五，银行流动性指标。流动性状况主要说明银行资产的流动水平，往往通过流动性比率进行衡量。其中，现金、应收利息、存放同业款项等是商业银行主要的流动资产。流动性比率能够对商业银行资产的流动性水平进行直接反映。

第六，银行市场敏感性指标。敏感性（sensitivity to market risk）通常反映出金融机构面临的风险水平以及管理风险、做出反应的能力等，通常来讲，金融机构面临的市场风险主要是由利率、汇率等的波动而带给资产价格的影响。银行通常面临的是利率波动带来的风险，但国际上还未对此提出统一的衡量标准。因此，计算过程中未将该指标涵盖在内。

综上所述，本书在 CAMELS 指标选取时，主要采用了资本充足率（CAP）、不良贷款率（NPL）、非利息收入占比（NIIR）、总资产净利率（ROA）以及存贷款比率（LIQ）等 5 个方面的衡量指标。基于我国 2002 ~ 2018 年 36 家上市商业银行的相关指标数据，首先采用以下公式对 5 个指标的原始数据进行标准化处理。

$$x_i^s = (x_{i,t} - min_x)/(max_x - min_x) \qquad (4-3)$$

其中，$x_{i,t}$ 表示银行 i 在 t 时期的相关指标，包括资本充足率、不良贷款率、非利息收入占比、总资产净利率和流动性比率等；min_x、max_x 分别表示指标 x 的最小值和最大值；x_i^s 即指标 x 标准化计算后的结果。

标准化计算后的数值均处于 0 ~ 1，最后将 5 个标准化处理后的指标加总得到风险变量 CAMELS，作为测度所研究银行样本风险承担水平的综合指标。

$$CAMELS = \sum_{i=1}^{5} x_i^s \qquad (4-4)$$

4.2.2 数据说明与描述性统计

4.2.2.1 CAMELS 模型相关变量选取与定义

与 Z-score 的计算类似，本书收集了截至 2019 年 12 月 31 日，已上市的全部 36 家商业银行的相关数据①。在 CAMELS 指数的具体计算中，涉及资本充足率、不良贷款率、非利息收入占比、总资产净利率以及流动性比率等 5 个变量。原始数据删选范围为 2000 ~ 2018 年，但由于非利息收入占比（NIIR）缺少 2003 年以前的数据，因此，最终采用的数据时间范围为 2003 ~

---

① 数据来源：Wind 数据库，国泰安数据库，各银行年度报告。

2018 年。各变量的定义见表 4 – 7。

表 4 – 7　　　　　　　　　CAMELS 模型相关变量及其定义

变量符号	变量名称	变量定义
CAP	资本充足率	资本净额/加权资产期末总额
NPL	不良贷款率	不良贷款/各类贷款总额，其中不良贷款包括损失类贷款、可疑类贷款以及次级类贷款
NIIR	非利息收入占比	非利息净收入/营业收入，其中非利息净收入包括手续费与佣金净收入、投资收益、公允价值变动收益以及汇兑收益等
ROA	总资产净利率	银行净利润/平均资产总额
LIQ	流动性比率	银行年末贷款总额/存款总额，采用 Wind 数据库中的存贷款比率指标

各变量及其标准化处理后结果的描述性统计见表 4 – 8，数据主要来自 Wind 和国泰安数据库，对于个别缺失数据，通过查询相应银行历年年报，或采用线性插值法补齐。

表 4 – 8　　　　　　　　　CAMELS 模型原始数据的描述性统计

变量	均值	中位数	最大值	最小值	标准差	P 值	观测数
CAP	12. 270	12. 340	40. 303	2. 300	3. 032	0. 000	482
NPL	2. 222	1. 375	26. 170	0. 16	3. 322	0. 000	488
NIIR	15. 411	13. 476	51. 09	− 5. 344	10. 184	0. 000	458
ROA	0. 987	1. 003	2. 179	− 0. 482	0. 351	0. 000	512
LIQ	66. 693	67. 730	109. 984	26. 324	10. 628	0. 000	500

资料来源：笔者整理。

各变量及标准化处理后以及 CAMELS 计算结果的描述性统计见表 4 – 9。需要说明的是，流动性比率采用 Wind 数据库中的存贷比指标，即贷款除以存款。该指标越大，说明银行流动性越紧张，风险越高，其性质与资本充足率、资产回报率等指标恰好相反。类似地，不良贷款率越高，意味着银行风险承担水平越高。因此，在 CAMELS 指数的具体计算中，我们采用以下公式：

$$CAMELS = CAP_i^s - NPL_i^s + NIIR_i^s + ROA_i^s - LIQ_i^s \qquad (4-5)$$

该指标越大，意味着银行资本越充足，资产质量越高，盈利能力更强，银行综合风险承担水平越低。

表 4 - 9 各变量标准化处理后结果的描述性统计

变量	均值	中位数	最大值	最小值	标准差	P 值	观测数
CAP_i^s	0.525	0.559	1	0	0.313	0.000	472
NPL_i^s	0.337	0.210	1	0	0.339	0.000	478
$NIIR_i^s$	0.432	0.365	1	0	0.321	0.000	458
ROA_i^s	0.568	0.633	1	0	0.331	0.000	504
LIQ_i^s	0.404	0.327	1	0	0.315	0.000	490
CAMELS	0.887	1.064	2.606	-2.000	0.824	0.000	438

资料来源：笔者整理。

4.2.2.2 变量的相关性分析

为了验证变量选取的合理性，需要对各变量及最终 CAMELS 指数之间的相关性进行分析。相关性检验结果及相关性散点图分别如表 4 - 10 和图 4 - 5 所示。

表 4 - 10 风险变量的相关性分析

变量	CAP	NPL	NIIR	ROA	LIQ	RISK
CAP	1	—	—	—	—	—
NPL	-0.343 * (0.000)	1	—	—	—	—
NIIR	0.209 * (0.000)	-0.0058 (0.904)	1	—	—	—
ROA	0.371 * (0.000)	-0.510 * (0.000)	-0.112 * (0.000)	1	—	—
LIQ	0.176 * (0.000)	0.111 * (0.000)	0.367 * (0.000)	-0.133 * (0.000)	1	—
CAMELS	0.650 * (0.000)	-0.743 * (0.000)	0.287 * (0.000)	0.712 * (0.000)	-0.264 * (0.000)	1

注：*表示显著性超过5%，括号内表示 P 值。

资料来源：笔者整理。

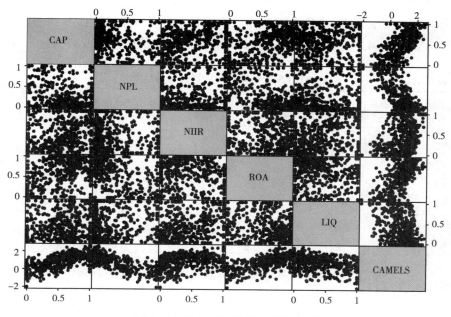

图 4 - 5　风险变量的相关性散点图

相关性矩阵和相关性散点图表明，CAMELS 模型所涵盖的 5 个具体指标与 CAMELS 指数的相关性均在 5% 的水平上通过了显著性检验。其中，不良贷款率（NPL）与 CAMELS 指数的相关性最强，达到了 - 0. 743，资产净利率（ROA）和资本充足率（CAP）与 CAMELS 指数的相关程度也较高，相关系数分别为 0. 712 和 0. 650。非利息收入占比（NIIR）和流动性比率（LIQ）与 CAMELS 指数的相关性相对较弱，相关系数分别为 0. 287 和 - 0. 264，其绝对值也都接近 0. 3。由此可见，CAMELS 指数作为合成的综合风险指标，能够对模型中各个具体指标进行全面、综合的衡量，概括性地反映出商业银行的综合风险承担水平。

4. 2. 3　CAMELS 计量结果与分析

4. 2. 3. 1　CAMELS 计算结果

基于式（4 - 4）和式（4 - 5），计算得到截至 2019 年 12 月 31 日 36 家上市银行的 CAMELS 综合风险评价指数。需要说明的是，CAMELS 指数需要资本充足率、不良贷款率、非利息收入占比、总资产净利率和流动性比率等 5 个指标同时具备的情况下才能计算。删除数据不全的观测点，最终共得到 2003～2018 年 438 个 CAMELS 风险评价指数的计算结果，见表 4－11。

表 4－11 CAMELS 综合风险评价指数计算结果

银行证券简称	2007年	2008年	2009年	2010年	2011年	2012年	2013年	2014年	2015年	2016年	2017年	2018年	平均	排名
宁波银行	1.267	0.203	－1.182	－0.362	－0.128	－0.324	－0.769	－0.915	－0.756	－0.103	0.160	－0.020	－0.244	1
江阴银行	—	—	—	0.965	0.168	0.620	－0.496	－0.884	－0.691	－0.434	－0.071	0.430	－0.044	2
苏农银行	—	—	—	1.538	0.661	0.665	－0.881	－1.157	－0.572	－0.615	0.354	－0.001	3
青农商行	—	—	—	—	0.310	0.396	－0.962	－0.703	0.344	0.267	0.555	0.030	4
苏州银行	—	—	—	1.693	1.247	1.549	0.481	－0.144	－0.814	－0.733	－1.086	－1.418	0.086	5
邮储银行	—	—	—	0.168	1.311	1.172	0.340	0.015	－0.290	0.465	0.847	0.326	0.484	6
常熟银行	—	—	—	—	0.944	0.914	0.687	0.222	－0.281	0.087	0.936	0.501	7
紫金银行	—	—	—	0.110	1.163	－0.325	－0.182	0.476	0.852	1.184	0.804	0.747	0.537	8
无锡银行	—	—	—	—	0.340	0.881	0.854	0.756	0.918	0.245	0.294	0.795	0.635	9
上海银行	－0.053	－0.409	－0.895	0.122	0.360	1.309	1.259	1.719	1.303	1.220	1.386	0.630	0.663	10
郑州银行	－0.575	－0.019	0.798	1.264	1.502	0.768	0.688	0.633	1.022	1.148	1.237	0.184	0.721	11
张家港行	1.313	1.415	0.986	1.518	1.239	0.698	0.650	0.292	0.467	0.394	－0.016	－0.026	0.744	12
杭州银行	0.726	1.248	0.975	0.595	0.960	0.860	0.140	0.658	0.136	0.827	1.134	1.015	0.773	13

银行证券简称	2007年	2008年	2009年	2010年	2011年	2012年	2013年	2014年	2015年	2016年	2017年	2018年	平均	排名
浙商银行	—	0.304	0.471	1.547	1.652	1.449	1.306	0.482	0.369	0.817	0.464	0.244	0.828	14
青岛银行	—	—	1.155	0.588	1.339	1.130	0.901	0.990	1.313	0.591	0.211	0.328	0.855	15
南京银行	0.823	1.557	0.305	0.622	0.601	0.897	0.698	1.258	1.165	1.124	0.842	0.458	0.862	16
长沙银行	−0.248	0.393	0.863	1.228	1.696	1.905	1.328	1.069	0.967	1.059	0.630	0.109	0.917	17
招商银行	0.489	0.783	0.484	0.751	1.176	1.402	0.998	1.391	0.933	0.871	1.242	1.453	0.998	18
民生银行	0.151	−0.199	1.192	1.324	1.992	1.997	1.848	1.512	1.320	0.942	0.297	0.382	1.063	19
渝农商行	−0.490	−0.105	−0.035	1.542	1.691	1.513	1.465	1.408	1.448	1.486	1.382	1.478	1.065	20
贵阳银行	−0.454	−0.126	0.380	1.449	1.350	1.743	1.242	1.624	1.779	1.864	1.176	0.975	1.084	21
华夏银行	0.209	0.984	0.119	0.616	1.307	1.333	1.319	1.617	1.524	1.363	1.527	1.382	1.108	22
浦发银行	−0.033	0.701	0.875	1.509	1.778	1.800	1.589	1.636	1.480	0.971	0.623	0.831	1.147	23
成都银行	−1.133	0.399	0.911	1.339	1.506	1.381	1.346	1.413	1.397	1.461	2.246	1.779	1.170	24
北京银行	1.374	2.120	1.482	1.295	1.192	1.309	1.232	1.149	1.073	0.923	0.718	0.256	1.177	25
光大银行	−0.202	0.556	0.730	1.288	1.471	1.652	1.637	1.861	1.696	0.963	1.208	1.277	1.178	26
西安银行	−0.477	1.542	2.606	2.207	1.367	1.450	1.302	1.170	1.197	0.994	0.752	0.555	1.222	27
交通银行	1.013	1.203	0.890	1.171	1.449	1.705	1.214	1.620	1.364	1.542	1.104	1.515	1.316	28

续表

银行证券简称	2007年	2008年	2009年	2010年	2011年	2012年	2013年	2014年	2015年	2016年	2017年	2018年	平均	排名
中信银行	1.417	1.814	0.772	1.416	1.787	1.706	1.580	1.616	1.386	1.310	0.931	0.874	1.384	29
中国银行	1.225	1.834	1.329	1.628	1.839	1.800	1.670	1.815	1.477	1.692	1.157	1.192	1.555	30
兴业银行	1.405	1.578	1.483	1.685	1.773	2.269	2.042	1.901	1.237	1.143	1.298	1.012	1.569	31
江苏银行	0.949	1.400	1.371	1.874	2.156	2.139	1.848	1.664	1.515	1.703	1.615	1.569	1.650	32
工商银行	1.203	1.558	1.598	1.598	1.902	1.871	1.802	1.819	1.717	1.698	1.599	1.507	1.656	33
平安银行	0.414	0.353	1.642	1.727	1.939	1.970	1.962	2.492	2.422	2.043	1.665	1.549	1.682	34
农业银行	—	0.503	1.217	1.508	1.716	1.879	1.661	1.539	1.550	2.410	2.148	2.438	1.688	35
建设银行	1.298	1.652	1.812	1.962	2.086	2.110	1.829	1.767	1.898	2.124	1.875	1.510	1.827	36
平均	0.464	0.861	0.869	1.186	1.367	1.320	1.077	1.007	0.909	0.967	0.865	0.811	—	—

资料来源：笔者整理。

由表 4 - 11 可知，各观测点的 CAMELS 综合风险评价指数均分布于 [-1.182, 2.606] 这一区间内，说明在研究期间各商业银行的综合风险承担水平波动较大。其中，CAMELS 指数最小、排名最前，也即综合风险承担水平最高的是宁波银行，在 2007~2018 年，其 CAMELS 指数平均值仅为 -0.244；排名最后，也即综合风险承担水平最低的是中国建设银行，其在 2007~2018 年的 CAMELS 指数平均值为 1.827。在全部 36 家样本银行中，综合风险水平最高的主要是农村商业银行和城市商业银行。CAMELS 指数计算结果为负的只有 3 家，分别是宁波银行、江阴银行和苏农银行。排名前 10 位的银行中，有江阴银行、苏农银行、青农商行、常熟银行、紫金银行和无锡银行等 6 家是农村商业银行，排名分别为第 2、第 3、第 4、第 7、第 8、第 9 位；还有宁波银行、苏州银行和上海银行等 3 家城市商业银行，排名分别为第 1、第 5、第 10 位。

除了中国邮政储蓄银行风险较高，在全部 36 家样本银行中排名第 6 位以外，其他国有大型商业银行的风险普遍较低。综合风险最低的 10 家银行中有 5 家为国有大型商业银行，分别是中国建设银行、中国农业银行、中国工商银行、中国银行和交通银行，排序分别为第 36、第 35、第 33、第 30 和第 28 位。其他类型银行中，综合风险最低的是平安银行，其 CAMELS 指数在所有 36 家银行中排名第 34 位，其次是江苏银行和兴业银行，其 CAMELS 指数分列第 32 和第 31 位。

4.2.3.2　CAMELS 变化趋势

为了更直观地显示中国银行业 CAMELS 综合风险评价指数的动态演变过程，我们绘制了不同类型国有控股大型商业银行、城市商业银行、股份制银行以及农村商业银行四种不同类型商业银行以及全部样本银行 CAMELS 指数（平均）的变动轨迹曲线，如图 4-6 所示。

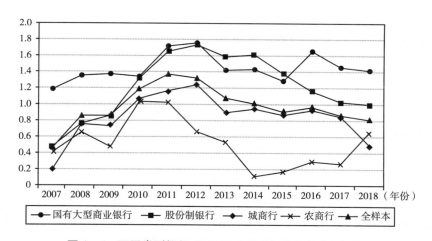

图 4-6　不同类型银行 CAMELS 风险评价指数变化趋势

从纵向变化趋势来看，图 4-6 显示，与破产风险 Z-score 的计算结果类似，我国商业银行的综合风险承担水平具有明显的阶段性特征。在早期，CAMELS 指数普遍较低，也即综合风险较高。但随后，各类银行的 CAMELS 指数开始不断上升，说明在该阶段，我国银行业的综合风险承担水平是趋于降低的。2011~2012 年，我国银行业的 CAMELS 指数达到高点，随后开始逐渐下降，即我国银行业的综合风险承担水平在近几年是不断上升的，这可能与最近几年国内宏观经济增长放缓，国际经济环境日趋复杂以及银行业本身竞争程度不断提高有关。同时我们也注意到，在研究末期，即 2018 年，各类商业银行的 CAMELS 指数下降趋势变缓，特别是农商行的 CAMELS 指数从 2014 年起又呈现出上升的趋势。

横向比较来看，国有大型商业银行的 CAMELS 指数处于较高水平，也即国有大型商业银行的综合风险承担倾向相对较低，其次是股份制银行。这与前文的 Z-score 的计算结果均保持一致。城商行的 CAMELS 指数略低于全行业的平均水平，且变动趋势和全行业平均情况基本保持一致。综合风险承担水平相对较高的是农村商业银行，其 CAMELS 指数在绝大多数年份都处于全行业最低水平。不同类型银行综合风险承担倾向的差异，可能主要仍然是受其经营模式、治理机制以及所受监管强度不同的影响。

4.3 边际期望损失（静态 MES）

4.3.1 静态 MES 计量原理

阿查里亚等（Acharya et al，2017）将衡量单个机构风险的期望损失（ES）进一步拓展提出了系统期望损失（SES）和边际期望损失（MES）。SES 捕捉的是存在系统性危机的状态下一个银行的风险贡献，即当整个金融系统处于资本不足状态（发生系统性危机时），单个机构出现资本短缺的预期数量。而 MES 的定义为：金融系统处于极端下跌状态（未发生系统性危机时），单个机构的预期损失。值得注意的是，SES 和 MES 反转了作用路径。不同于阿德里安和布伦纳迈（Adrian and Brunnermeier，2016）提出的条件在险价值（ΔCoVaR）方法，阿查里亚（2017）的 SES 和 MES 方法没有将关注点放在单个处于困境状态的特定银行对整个金融系统的风险溢出影响（由点及面），而是关注整个系统处于困境状态时单个银行的风险贡献（由面及点）。

我们接下来阐述 SES 和 MES 的理论关系。首先，以单个银行的期望损失（ES）为切入点，设定 w 为银行 i 在 t = 1 时刻的权益资本，则银行期望损失（ES）为：

$$ES^i = -E(w_1^i \mid w_1^i < 0) \qquad (4-6)$$

其次，设定整个银行系统中共有 N 家银行，α^i 为银行 i 的总资产，$W_1 = \sum_{i=1}^{N} a^i$ 为整个银行系统在 t = 1 时刻的总权益资本，$A = \sum_{i=1}^{N} w_1^i$ 为整个银行系统的总资本。那么银行 i 的系统期望损失 SES^i 表示整个银行系统资本不足时（$W_1 < zA$），银行 i 的权益资本 w_1^i 低于 "必需" 资本水平的数量（$za^i - w_1^i$），其中的比例 z 一般为《巴塞尔协议》规定的银行资本充足率要求。

$$SES^i = E(za^i - w_1^i \mid W_1 < zA) \qquad (4-7)$$

为控制银行初始规模，我们通过除以最初资本 w_0^i 来进行如下变换：

$$\frac{SES^i}{w_0^i} = \frac{za^i}{w_0^i} - 1 - E\left(\frac{w_1^i}{w_0^i} - 1 \mid W_1 < zA\right) \qquad (4-8)$$

从式（4-8）可以看出，当每家银行的资本 w_1^i 保持在其 "必需" 资本水平 za^i 之上时，整个银行系统出现资本短缺是可以避免的。如果出现 $za^i - w_1^i > 0$ 时，单个银行会对未来的系统性资本短缺做出正的贡献。因此，SES 能够成为衡量单个银行对系统性资本短缺预期贡献的关键指标，进而起到预先防范系统性金融危机事件发生的作用。

在实践中，金融监管者实际上需要在系统性危机来临前对银行的系统预期损失进行监控。然而，阿查里亚等（Acharya et al，2017）指出，银行系统危机事件（$W_1 < zA$）在现实情况中发生频率极低，一般十年或者更久才会出现一次这样的极端尾部事件。阿查里亚等（2017）认为，应当更多地关注 "正常" 的尾部事件，也即 "不那么极端" 的坏表现。阿查里亚等（2017）将这些不那么极端的 "正常" 的尾部事件定义为未发生系统性危机时，银行系统表现最坏的 5% 的日期。基于此，将边际期望损失 $MES_{5\%}^i$ 定义为未出现系统危机的时间段内，银行 i 在银行系统表现最坏的 5% 的日期中的净收益率。

$$MES_{5\%}^i = -E\left(\frac{w_1^i}{w_0^i} - 1 \mid I_{5\%}\right) \qquad (4-9)$$

金融监管当局面临的问题是如何对系统性危机进行事前防范和应对，也就是如何利用未发生系统危机时的 "正常" 尾部事件的边际期望损失 $MES_{5\%}^i$ 来估计危机真正来临时的 SES^i。然而，阿查里亚等（2017）运用极值理论将

"极端尾部损失"SES和"正常尾部损失"MES建立了以下联系：

$$\frac{SES^i}{w_0^i} = \frac{za^i}{w_0^i} - 1 + kMES_{5\%}^i + \Delta^i \qquad (4-10)$$

$\Delta^i = \dfrac{E(\Phi^i | W_1 < ZA) - k \times E(\Phi^i | I_{5\%})}{w_0^i} - \dfrac{(k-1)(f^i - b^i)}{w_0^i}$ 是调整项，其中，

Δ^i的主要部分为$E(\Phi^i | W_1 < ZA) - k \times E(\Phi^i | I_{5\%})$，而$k \times E(\Phi^i | I_{5\%}) \approx 0$，因此$E(\Phi^i | W_1 < ZA)$为$\Delta^i$最主要的部分。

同时，阿查里亚等（2017）实证拟合了MES与全球金融危机期间内实际的SES（将危机期间各金融机构的实际股票收益率作为实际的SES衡量指标）呈现高度相关性，这表明未发生危机时的"正常尾部损失"MES能够事前预测危机来临时的"极端尾部损失"SES，本书借鉴阿查里亚等（2017）的方法，利用MES^i来测量系统性风险，计算一年内整个银行系统收益率表现最坏的5%的日期（天）内银行i的股票收益率（R_t^i）等权重均值，再取其相反数。

$$MES_{5\%}^i = -\frac{1}{\#days} \sum_{t:system-is-in-its\ 5\%\ tail} R_t^i \qquad (4-11)$$

需要注意的是，MES的计算通常有时间跨度需求，若低于一年会导致表现最坏的5%天数较少，影响结果的稳健性。此外，表现最坏的5%日期内的R_t^i为负数，取相反数后便为正数。最终得到的MES值越大，意味着机构的系统性风险越大。

4.3.2 数据说明与描述性统计

本书原始数据删选范围为截至2019年12月31日中国全部36家上市银行的相关数据，但鉴于中国邮政储蓄银行、浙商银行和渝农商行的上市较晚，其上市时间分别为2019年12月10日、2019年11月26日和2019年10月29日，均不足2个月。而可获得的观测数过少会影响静态MES计算结果的可靠性，因此将这3家银行剔除。

最终选取了平安银行、浦发银行、民生银行、招商银行、华夏银行、中国银行、工商银行、兴业银行、中信银行、交通银行、宁波银行、南京银行、北京银行、建设银行、农业银行、光大银行、江苏银行、贵阳银行、江阴银

行、无锡银行、常熟银行、杭州银行、上海银行、苏农银行、张家港行、成都银行、郑州银行、长沙银行、紫金银行、青岛银行、西安银行、青农商行、苏州银行等 33 家上市银行的相关数据作为计算基础①。整个银行样本的时间跨度为 2002 年 1 月 4 日至 2019 年 12 月 31 日，最大观测数据量共计 4367 天。

在静态 MES 的具体运算中，涉及的原始数据有两个变量：一个是各银行的收益率数据，我们采用各上市银行股价的涨跌幅（日数据）；另一个是银行系统收益率数据，我们采用银行指数 882115. WI 的涨跌幅（日数据）。33 家上市银行与整个银行系统的收益率的描述性统计见表 4 – 12。

表 4 – 12　　　　　　上市银行和银行系统总市值增长率的描述性统计

银行证券简称	均值	最大值	最小值	标准差	P 值	观测数
平安银行	0.071	19.618	– 10.023	2.451	0.000	4367
宁波银行	0.060	10.073	– 10.016	2.399	0.000	3032
江阴银行	0.021	10.068	– 10.014	2.818	0.000	809
张家港行	0.049	10.051	– 10.020	3.206	0.000	715
郑州银行	– 0.078	10.041	– 9.959	2.280	0.000	310
青岛银行	0.007	10.028	– 9.989	2.571	0.000	233
青农商行	0.131	10.060	– 7.455	3.318	0.000	189
苏州银行	– 0.059	10.040	– 7.379	3.066	0.000	101
浦发银行	0.078	22.219	– 10.026	2.280	0.000	4367
华夏银行	0.066	10.070	– 10.048	2.308	0.000	3962
民生银行	0.072	10.101	– 10.000	2.135	0.000	4367
招商银行	0.089	10.033	– 10.007	2.157	0.000	4309
无锡银行	0.026	10.040	– 10.000	2.701	0.000	796
江苏银行	– 0.004	9.982	– 5.828	1.476	0.000	832
杭州银行	0.004	10.012	– 7.617	1.670	0.000	777
西安银行	0.130	10.061	– 9.170	3.268	0.000	206
南京银行	0.053	10.065	– 10.013	2.219	0.000	3032
常熟银行	0.090	10.065	– 9.966	2.567	0.000	791

---

① 数据来源：Wind 数据库，各银行年度报告。

续表

银行证券简称	均值	最大值	最小值	标准差	P 值	观测数
兴业银行	0.070	10.053	−10.020	2.376	0.000	3140
北京银行	0.017	10.054	−10.013	2.085	0.000	2988
上海银行	0.005	10.004	−9.988	1.420	0.000	763
农业银行	0.042	10.122	−9.899	1.366	0.000	2302
交通银行	0.011	10.103	−10.058	1.983	0.000	3079
工商银行	0.051	10.053	−10.000	1.720	0.000	3208
长沙银行	−0.044	10.043	−9.671	2.208	0.000	306
光大银行	0.039	10.145	−9.917	1.776	0.000	2278
成都银行	0.019	10.062	−9.655	2.364	0.000	465
紫金银行	0.166	10.081	−10.000	3.787	0.000	242
建设银行	0.029	10.039	−10.094	1.779	0.000	2984
中国银行	0.032	10.164	−10.040	1.701	0.000	3285
贵阳银行	0.036	10.037	−7.329	1.811	0.000	822
中信银行	0.018	10.090	−10.025	2.257	0.000	3086
苏农银行	0.005	10.041	−10.005	2.646	0.000	754
银行系统	0.059	10.021	−9.971	1.867	0.000	4367

资料来源：笔者整理。

由表 4 – 12 的描述性统计可知，研究期间内，数据量最少的是苏州银行和青农商行，分别只有 101 和 189 个观测数。数据最全的是平安银行、浦发银行和民生银行，均为 4367 个观测数。在研究期间内，整个银行系统的平均日收益率为 0.059。从单个银行来看，平均日收益率最高的是紫金银行、青农商行和西安银行，分别为 0.166、0.131 和 0.130，最低的是郑州银行、苏州银行、长沙银行和江苏银行，这 4 家银行的日均收益率均为负值。

4.3.3 静态 MES 计量结果与分析

4.3.3.1 静态 MES 计算结果

基于式（4 – 11），本书计算了 2000 ~ 2019 年 33 家样本银行基于整个银行系统收益率表现最坏的 5% 日期上的静态 MES，为了便于对比，本书同时计算了基于整个银行系统收益率表现最坏的 2% 和 10% 日期上的静态 MES，分别报告于表 4 - 13、表 4 - 14 和表 4 - 15。由于 MES 的计算依赖于股价涨跌幅数据，而我国商业银行大多上市较晚，导致多数样本银行最终获得的 MES 观测数较少，例如青岛银行、青农商行、苏州银行、西安银行和紫金银行均只获得一个观测值，不利于进行分析比较。因此，这里仅报告了中国银行、中国工商银行、北京银行、交通银行、民生银行、浦发银行等上市时间较早、数据较全的 16 家银行的计算结果。所有 33 家银行的具体测算结果见附录 1、附录 2 和附录 3。

表 4 - 13　　　　　　　　　静态 MES 计算结果（5%）

银行证券简称	2007年	2008年	2009年	2010年	2011年	2012年	2013年	2014年	2015年	2016年	2017年	2018年	2019年	平均	排名
农业银行	—	—	—	1.901	1.680	0.734	2.468	2.663	6.008	2.065	0.947	3.113	1.542	2.312	1
光大银行	—	—	—	1.479	2.689	0.652	3.496	2.866	7.227	3.213	1.110	2.724	2.146	2.760	2
中国银行	5.037	5.094	3.748	2.437	1.414	0.574	1.806	2.585	5.705	2.953	1.040	2.686	1.524	2.816	3
工商银行	5.177	5.852	3.001	3.198	1.968	1.063	1.587	2.432	5.425	2.151	1.099	3.448	1.684	2.930	4
建设银行	3.972	6.698	3.912	2.398	2.050	0.860	2.407	2.813	6.757	2.592	1.168	3.823	2.245	3.207	5
北京银行	1.605	7.391	4.414	4.270	2.967	1.079	4.241	3.020	6.142	2.198	1.176	2.081	1.755	3.257	6
交通银行	5.547	7.937	4.250	3.677	2.212	0.849	3.491	3.127	8.069	3.413	0.997	2.202	1.994	3.674	7
民生银行	6.983	7.818	4.319	3.293	2.640	1.282	5.401	2.821	5.769	2.777	1.489	2.496	1.605	3.745	8
浦发银行	4.834	8.278	5.275	3.998	3.054	1.333	5.013	3.340	5.584	2.059	1.110	2.445	2.371	3.746	9
中信银行	6.380	7.586	3.561	4.269	2.518	1.218	4.227	2.914	6.540	3.062	1.587	3.007	2.239	3.777	10

续表

银行证券简称	2007年	2008年	2009年	2010年	2011年	2012年	2013年	2014年	2015年	2016年	2017年	2018年	2019年	平均	排名
南京银行	4.031	7.341	4.414	4.756	3.188	1.221	3.737	3.351	6.380	3.563	1.382	3.242	2.664	3.790	11
招商银行	5.480	8.102	5.050	3.677	2.699	1.410	3.888	2.677	5.461	2.820	2.008	3.874	2.728	3.836	12
宁波银行	3.600	7.270	4.906	4.964	3.251	1.089	4.238	3.222	6.993	4.203	1.491	3.407	2.675	3.947	13
兴业银行	5.405	8.286	5.369	4.720	3.119	0.990	5.011	3.425	6.635	2.469	1.159	2.654	2.920	4.013	14
平安银行	4.235	8.137	4.097	4.296	2.722	0.780	5.215	3.395	6.918	2.889	2.377	4.480	3.373	4.070	15
华夏银行	7.447	8.371	4.981	3.516	3.415	1.497	4.483	3.375	6.567	3.792	1.292	2.571	1.863	4.090	16
平均	4.981	7.44	4.378	3.553	2.599	1.039	3.794	3.001	6.386	2.889	1.34	3.016	2.208	—	—

资料来源：笔者整理。

表4－14　　　　　　　　静态 MES 计算结果（2%）

银行证券简称	2007年	2008年	2009年	2010年	2011年	2012年	2013年	2014年	2015年	2016年	2017年	2018年	2019年	平均	排名
农业银行	—	—	—	1.047	1.716	1.369	3.409	4.457	7.568	2.935	0.693	3.166	1.960	2.832	1
中国银行	6.199	6.230	4.612	2.623	1.489	0.952	2.588	4.112	5.790	3.905	0.947	3.198	2.309	3.458	2
光大银行	—	—	—	3.424	3.196	1.380	4.534	4.087	8.193	4.551	0.997	3.509	2.544	3.642	3
工商银行	6.666	7.624	3.476	4.946	2.087	1.934	2.279	4.331	7.695	2.457	1.048	3.451	1.966	3.843	4
建设银行	—	7.925	4.803	2.012	2.325	1.591	2.628	4.634	8.987	3.487	1.069	3.711	3.051	3.852	5
北京银行	—	7.989	4.941	4.788	3.217	2.324	5.625	4.940	8.677	3.289	1.153	2.705	2.354	4.333	6
浦发银行	5.434	9.393	5.823	4.224	3.429	2.350	6.757	4.645	7.794	2.104	1.475	3.168	2.671	4.559	7

续表

银行证券简称	2007年	2008年	2009年	2010年	2011年	2012年	2013年	2014年	2015年	2016年	2017年	2018年	2019年	平均	排名
中信银行	7.900	8.734	5.206	4.535	3.209	1.950	5.592	3.566	6.523	4.287	1.991	3.290	2.879	4.589	8
招商银行	6.334	9.975	6.164	3.877	3.060	2.522	5.075	3.631	7.719	4.002	2.289	3.404	3.006	4.697	9
交通银行	8.839	8.835	5.205	4.491	2.343	2.009	4.130	4.791	9.730	4.734	0.649	3.136	2.712	4.739	10
民生银行	8.240	9.058	5.523	3.725	2.966	2.331	7.245	3.821	7.706	4.054	1.516	3.589	2.299	4.775	11
南京银行	—	6.580	5.201	6.939	3.637	2.425	4.964	5.363	8.747	5.971	1.362	3.540	3.518	4.854	12
兴业银行	3.733	9.715	6.271	4.917	3.703	2.002	7.698	4.838	8.542	3.447	1.152	3.664	3.490	4.859	13
宁波银行	—	7.258	5.604	5.683	3.923	2.643	6.171	5.008	7.773	6.414	1.706	2.988	3.352	4.877	14
平安银行	3.491	8.939	4.268	5.243	3.150	1.472	6.994	5.353	9.007	4.682	3.665	5.215	4.036	5.040	15
华夏银行	8.910	9.482	6.469	2.796	4.317	2.634	5.866	5.113	8.265	5.469	1.722	3.691	2.716	5.188	16
平均	6.574	8.410	5.255	4.079	2.985	1.993	5.097	4.543	8.045	4.112	1.465	3.464	2.804	—	—

资料来源：笔者整理。

表 4－15　　　　　　　　静态 MES 计算结果（10%）

银行证券简称	2007年	2008年	2009年	2010年	2011年	2012年	2013年	2014年	2015年	2016年	2017年	2018年	2019年	平均	排名
农业银行	—	—	—	1.741	1.437	0.827	1.859	1.945	4.383	1.431	0.857	2.496	1.296	1.827	1
中国银行	3.629	3.701	2.818	2.189	1.294	0.792	1.346	1.789	4.594	2.067	1.026	2.029	1.330	2.200	2
工商银行	3.887	4.584	2.516	2.361	1.608	1.166	1.010	1.742	4.202	1.407	1.014	2.737	1.377	2.278	3
建设银行	2.505	5.025	3.022	2.105	1.593	0.980	1.691	1.921	5.150	1.781	1.081	3.002	1.745	2.431	4

续表

银行证券简称	2007年	2008年	2009年	2010年	2011年	2012年	2013年	2014年	2015年	2016年	2017年	2018年	2019年	平均	排名
光大银行	—	—	—	3.528	2.282	1.269	2.725	2.185	5.596	2.290	1.102	2.346	1.825	2.515	5
北京银行	2.371	5.862	3.310	3.475	2.473	1.530	3.152	2.146	4.765	1.863	0.959	1.774	1.484	2.705	6
交通银行	4.426	6.205	3.554	3.219	1.957	1.273	2.582	2.099	5.634	2.230	0.762	1.843	1.620	2.877	7
民生银行	5.293	5.803	3.644	2.711	2.182	1.780	3.929	2.129	4.516	1.814	0.966	2.025	1.390	2.937	8
中信银行	3.624	5.614	3.356	3.444	2.191	1.712	3.207	2.447	5.230	2.449	1.229	2.455	1.773	2.979	9
南京银行	3.180	5.749	3.621	3.651	2.529	1.950	2.971	2.325	5.380	2.601	1.239	2.349	2.034	3.045	10
浦发银行	4.660	7.916	3.898	3.150	2.604	1.665	4.082	2.431	4.251	1.703	1.048	2.049	1.929	3.183	11
宁波银行	3.611	5.450	3.821	3.854	2.867	1.915	3.401	2.379	5.294	3.066	1.223	2.824	1.990	3.207	12
招商银行	4.616	7.466	4.027	3.089	2.409	1.787	2.966	2.081	4.202	2.142	1.742	3.361	2.273	3.243	13
平安银行	3.381	7.156	3.463	2.881	2.577	1.595	4.115	2.488	5.061	2.103	1.694	3.478	2.761	3.289	14
华夏银行	5.160	7.379	4.247	2.813	2.975	2.114	3.438	2.417	5.039	2.598	1.129	2.074	1.488	3.298	15
兴业银行	4.509	7.091	4.219	3.793	2.885	1.746	3.953	2.383	4.996	1.875	1.237	2.129	2.263	3.314	16
平均	3.918	6.072	3.537	3.000	2.241	1.506	2.902	2.182	4.893	2.089	1.144	2.436	1.786	—	—

资料来源：笔者整理。

由表 4 - 13 可知，16 家上市银行的静态 MES 计算结果（平均值）分布于 [2.312，4.090] 这一区间内，说明在研究期间内，总体上各商业银行的系统性风险差异较小。其中，系统性风险最低的是中国农业银行和光大银行，其静态 MES 在 2007～2019 年期间的平均值分别为 2.312 和 2.760；系统性风险最高的是华夏银行和平安银行，其静态 MES 在 2007～2019 年期间的平均值分别为 4.090 和 4.070。

容易发现，相对而言，国有大型商业银行的系统性风险较低，排名前 5 位的银行中有 4 家为国有大型商业银行，分别是排名第 1、第 3、第 4、第 5 位的中国农业银行、中国银行、中国工商银行和中国建设银行。而交通银行的排名也较为靠前，在全部 16 家银行中处于第 7 位。其他类型银行中，系统性风险最低的是光大银行，其 2007～2019 年的静态 MES 平均值为 2.760，在全部 16 家银行中处于第 2 位。

基于整个银行系统收益率表现最坏的 2% 和 10% 日期上的静态 MES 计算结果也与此类似，国有大型商业银行的排名仍然是靠前的，表 4－14 中，中国农业银行、中国银行、中国工商银行和中国建设银行等 4 家国有大型商业银行分列第 1、第 2、第 4、第 5 位，股份制银行中的光大银行位于第 3。表 4－15 中，排名前 4 位的全部是国有商业银行，交通银行居于第 7 位。这说明，三种方法的计算结果具有良好的一致性。

4.3.3.2　静态 MES 演变过程与比较分析

为了更直观地显示我国商业银行边际期望损失的动态演变趋势并对不同类型商业银行的系统性风险进行分类比较分析，我们绘制了以上上市时间最早、数据较全的 5 家国有大型商业银行、8 家股份制银行和 3 家城市商业银行三种不同类型商业银行静态 MES（平均值）在 2007～2019 年的变动轨迹曲线，分别如图 4－7、图 4－8 和图 4－9 所示。

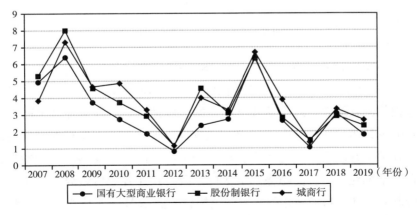

图 4－7　不同类型银行静态 MES 变化趋势（5%）

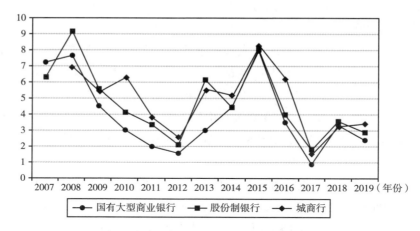

图 4 - 8 不同类型银行静态 MES 变化趋势（2%）

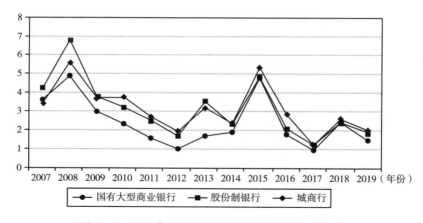

图 4 - 9 不同类型银行静态 MES 变化趋势（10%）

从纵向变化趋势来看，图 4 - 7、图 4 - 8 和图 4 - 9 显示，无论是基于 5%，还是基于 2% 或 10% 的边际期望损失（静态 MES）计算结果，我国各类商业银行的系统性风险均呈现出明显的阶段性特征。在全球性金融危机期间（2007 ~ 2009 年），以及 2015 年股灾期间，各类型商业银行的系统性风险均存在异常上升，而在其他年份相对表现平稳。同时，我们发现，各类型商业银行的系统性风险演变趋势基本保持一致，且在各年份差异都较小，尤其是股份制银行和城市商业银行，这两类银行的静态 MES 在大多数年份都非常接近。

图 4-10 给出了基于整个银行系统收益率表现最坏的 5%、2% 和 10% 三种方式下，计算得到的全部 33 家样本银行的静态 MES 相关性散点图。显然，无论是基于系统收益率表现最坏的 5% 和 2%，还是基于 5% 和 10%，计算得到的结果之间都具有明显的线性关系。这说明三种方法得到的结果是一致的。但由于基于系统收益率表现最坏的 2% 的结果存在少数静态 MES 为负的异常数据，因此在后续的实证研究中主要采用基于系统收益率表现最坏的 5% 和 10% 的计算结果。

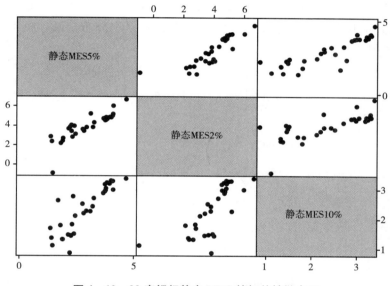

图 4-10　33 家银行静态 MES 的相关性散点图

4.4　动态 MES 与系统性风险指数（SRISK）

4.4.1　动态 MES 计算原理

布朗利和恩格尔（Brownlees and Engle，2016）基于阿查里亚等（2017）提出的静态 MES 计算方法，进一步引入时间序列，采用 DCC-GARCH 模型和非参数核估计方法测算金融机构的动态 MES。首先描述市场与银行收益率的二元随机过程：

$$r_{mt} = \sigma_{mt}\epsilon_{mt}$$

$$(\epsilon_{mt}, \varepsilon_{it}) \sim F$$

$$r_{it} = \sigma_{it}\varepsilon_{it} = \sigma_{it}\rho_{it}\epsilon_{mt} + \sigma_{it}\sqrt{1-\rho_{it}^2}\,\varepsilon_{it} \qquad (4-12)$$

其中，r_{mt} 和 r_{it} 为市场和银行 i 的收益率序列，σ_{mt} 和 σ_{it} 为市场和银行 i 收益率序列的条件标准差，ρ_{it} 为市场和银行 i 收益率序列的动态相关系数。（ϵ_{mt}，ε_{it}）为随机扰动项，ϵ_{mt} 与 ε_{it} 不相关但两者并不相互独立，应有 0 均值、0 协方差和单位方差。F 为一个二变量随机分布过程，确保了冲击（ϵ_{mt}，ε_{it}）的不相关但并不独立，联合分布 F 可以看作经验累积分布函数，也可以通过 copula 变化参数化。

于是，单个金融机构的动态 MES 可以表示为条件标准差（σ_{it}）、动态相关系数（ρ_{it}）以及两个尾部期望（$E_{t-1}(\epsilon_{mt}\,|\,\epsilon_{mt} < C/\sigma_{mt})$ 和 $E_{t-1}(\varepsilon_{it}\,|\,\epsilon_{mt} < C/\sigma_{mt})$）的函数：

$$
\begin{aligned}
MES_{i,t-1} &= E_{t-1}(r_{it}\,|\,r_{mt} < C) \\
&= \sigma_{it}E_{t-1}(\varepsilon_{it}\,|\,\epsilon_{mt} < C/\sigma_{mt}) \\
&= \sigma_{it}E_{t-1}(\rho_{it}\epsilon_{mt} + \sqrt{1-\rho_{it}^2}\,\varepsilon_{it}\,|\,\epsilon_{mt} < C/\sigma_{mt}) \\
&= \sigma_{it}\rho_{it}E_{t-1}(\epsilon_{mt}\,|\,\epsilon_{mt} < C/\sigma_{mt}) + \sigma_{it}\sqrt{1-\rho_{it}^2}\,E_{t-1}(\varepsilon_{it}\,|\,\epsilon_{mt} < C/\sigma_{mt})
\end{aligned}
$$

$$(4-13)$$

由式（4-13）可知，银行的动态 MES 是其自身波动性（σ_{it}）的递增函数。依据动态系数 ρ_{it} 的高低，分别对市场残差的尾部期望 $E_{t-1}(\epsilon_{mt}\,|\,\epsilon_{mt} < C/\sigma_{mt})$ 与银行残差的尾部期望 $E_{t-1}(\varepsilon_{it}\,|\,\epsilon_{mt} < C/\sigma_{mt})$ 权重进行调整。事件 C 是市场收益率损失的分位临界点值。

具体而言，我们可通过以下三个过程实现动态 MES 的计量。

第一，对单家银行和整个银行系统的条件动态波动率建立单变量 TGARCH 模型[①]（Glosten et al，1993）。

因金融事件序列数据呈现波动性聚集与尖峰厚尾的特征，坏消息通常能带来更大的波动，因此，我们用 TGARCH 模型进行模拟，获取每个收益率序列的条件标准差与标准化残差序列。该模型中的条件方差设定为 0：

----

① TGARCH 模型也称 GJR-GARCH 模型。

$$\sigma_{mt}^2 = \omega_{mG} + \alpha_{mG} r_{mt-1}^2 + \gamma_{mG} r_{mt-1}^2 I_{mt-1}^- + \beta_{mG} \sigma_{mt-1}^2$$

$$\sigma_{it}^2 = \omega_{iG} + \alpha_{iG} r_{it-1}^2 + \gamma_{iG} r_{it-1}^2 I_{it-1}^- + \beta_{iG} \sigma_{it-1}^2$$

其中，I_{mt-1}^- 和 I_{it-1}^- 为指示变量；当 $r_{it} < 0$ 时，$I_{it}^- = 1$；当 $r_{mt} < 0$ 时，$I_{mt}^- = 1$。

第二，利用双变量 DCC-GARCH 模型（Engle，2009）获取动态相关系数 ρ_{it}。

建立了单变量 TAGARCH 模型后，进一步利用其标准化残差（σ_{it} 和 σ_{mt}）建立双变量 DCC-GARCH 模型，从而得到动态条件相关系数 ρ_{it}。

假设 $D_{it} = \begin{pmatrix} \sigma_{it} & 0 \\ 0 & \sigma_{mt} \end{pmatrix}$，$P_{it} = \begin{pmatrix} 1 & \rho_{it} \\ \rho_{it} & 1 \end{pmatrix}$，则 σ_{it} 与 σ_{mt} 之间的动态协方差矩阵如下：

$$\begin{aligned} Var_{it-1}\begin{pmatrix} r_{it} \\ r_{mt} \end{pmatrix} &= D_{it} P_{it} D_{it} \\ &= \begin{pmatrix} \sigma_{it} & 0 \\ 0 & \sigma_{mt} \end{pmatrix} \begin{pmatrix} 1 & \rho_{it} \\ \rho_{it} & 1 \end{pmatrix} \begin{pmatrix} \sigma_{it} & 0 \\ 0 & \sigma_{mt} \end{pmatrix} \end{aligned} \qquad (4-14)$$

DCC 框架不是直接对单家银行收益率与银行系统收益率的动态相关系数矩阵 P_{it} 进行估计，而是通过引入一个所谓的伪相关系数矩阵（Pseudo Correlation Matrix）Q_{it} 先进行以下变换：

$$P_{it} = diag(Q_{it})^{-1/2} Q_{it} diag(Q_{it})^{-1/2} \qquad (4-15)$$

在标准的 DCC-GARCH 模型中，根据恩格尔（Engle，2002），Q_{it} 被定义为：

$$Q_{it} = (1 - \alpha_C - \beta_C) S_i + \alpha_C \varepsilon_{it-1}^* \varepsilon_{it-1}^{*\prime} + \beta_C Q_{it-1} \qquad (4-16)$$

其中，S_i 是一个截矩阵（intercept matrix），当 $\alpha_C + \beta_C < 1$ 时，S_i 为 ε_{it}^* 的无条件协方差矩阵，即 $S_i = E(\varepsilon_{it}^* \varepsilon_{it}^{*\prime})$。$\varepsilon_{it}^*$ 是单变量 TGARCH 模型获得的标准化残差，$\varepsilon_{it}^* = diag(Q_{it-1})^{-1/2} \varepsilon_{it}$。因此，伪相关系数矩阵 Q_{it} 是 ε_{it-1}^* 的指数加权移动平均（exponentially weighted moving average）。当 $\alpha_C > 0$、$\beta_C > 0$、$\alpha_C + \beta_C < 1$ 以及矩阵 S_i 为正定时，Q_{it} 为正定矩阵。

为了减少模型优化估计所需的参数个数，矩阵 S_i 可通过式（4-17）来估计：

$$\hat{S}_i = \frac{1}{n} \sum \varepsilon_{it}^* \varepsilon_{it}^{*\prime} \qquad (4-17)$$

两个尾部条件期望 $E_{t-1}(\varepsilon_{mt} | \epsilon_{mt} < C/\sigma_{mt})$ 和 $E_{t-1}(\varepsilon_{it} | \epsilon_{mt} < C/\sigma_{mt})$ 则可以简单地通过满足 $\varepsilon_{mt} < c(c = C/\sigma_{mt})$ 的条件下，取残差序列 $(\varepsilon_{mt}, \xi_{it})$ 的均值计算得出。

第三，非参数核估计（nonparametric kernel estimation）。

采用上述通过取残差的均值计算，当观测数过少时，$-c$ 的值将会很大，这一简单估计量将会变得不稳定，因此，我们运用非参数核估计方法来计算两个尾部期望 $(\epsilon_{mt} | \epsilon_{mt} < C/\sigma_{mt})$ 和 $(\varepsilon_{it} | \epsilon_{mt} < C/\sigma_{mt})$，非参数核估计通过赋予权重可提高估计的效率（Scaillet，2005）。我们设定：

$$K_h(t) = \int_{\infty}^{t/h} k(u) du \qquad (4-18)$$

其中，k（u）为高斯核函数，其具体数学形式为：$k(u) = \frac{1}{\sqrt{2\pi}} \exp\{-Z^2/2\}$，$\delta = 0.7764$。h 为正带宽，本书假设正带宽 $h = T^{-1/5}$。

令 $k = C/\sigma_{mt}$，$P_h = \dfrac{\sum_{i=1}^{n} K\left(\dfrac{\epsilon_{mt} - k}{h}\right)}{n}$

那么：

$$E_h(\epsilon_{mt} | \epsilon_{mt} < k) = \frac{\sum_{i=1}^{n} \epsilon_{mt} K\left(\dfrac{\epsilon_{mt} - k}{h}\right)}{(nP_h)} \qquad (4-19)$$

$$E_h(\varepsilon_{it} | \epsilon_{mt} < k) = \frac{\sum_{i=1}^{n} \varepsilon_{it} K\left(\dfrac{\epsilon_{mt} - k}{h}\right)}{(nP_h)} \qquad (4-20)$$

具体到单家上市银行动态 MES 的计算时，在以上 TGARCH/DCC-GARCH/非参数核估计三个过程中，首先通过对市场和单家银行的收益率序列进行单变量 TGARCH 模型估计，得到市场和各银行收益率序列的条件标准差以及标准化残差，然后对单家银行和市场的收益率序列分别进行 DCC-GARCH 模型估计，得到各银行与市场收益率的动态相关系数，最后通过非参数核估计计算出市场和银行的尾部期望值，代入前一期的 MES 公式中即可得到银行的短期动态 MES 值，进而得到 LAMES 和系统性风险指数（SRISK）。

4.4.2　系统性风险指数（SRISK）的构建

与边际期望损失（MES）方法核心相同，系统性风险指数（SRISK）方法也是以衡量单个机构的资本短缺为原理。当整个金融系统资金不足时，它将无法为机构的日常运营提供支持，整体经济会受到影响。因此，当金融系统里其余机构都面临资本不足时，单家机构的资本短缺不仅会损害其债权人的经济利益，甚至会危及整个经济。SRISK 的含义为出现系统危机时单个机构的资本短缺程度，并以此确定该机构对这场危机的贡献程度，识别其系统重要性（Brownlees and Engle，2016）。相比于静态 MES，SRISK 方法在衡量动态 MES 的基础上进一步构建了系统性风险贡献指数（百分比）。SRISK 是一个关于企业规模、杠杆水平和预期权益损失的函数，它能够捕捉系统性风险的重要特征变量，可被视为压力测试方法的重要补充（Brownlees and Engle，2012；梁琪等，2013）。

假定一个银行系统由 M 家银行组成，我们衡量单家银行出现危机的变量是资本短缺，资本短缺是指对银行所要求的资产储备减去其股本。对于单家银行，设定 $\text{Asset}_{i,t}$ 为其资产价值，$\text{Equity}_{i,t}$ 为权益的市场价值，$\text{Debt}_{i,t}$ 为负债的账面价值，k 为监管当局规定的资本储备比例。因此，银行 i 在 t 时刻的资本短缺可表示如下：

$$
\begin{aligned}
\text{CS}_{i,t} &= k\text{Asset}_{i,t} - \text{Equity}_{i,t} \\
&= k(\text{Debt}_{i,t} + \text{Equity}_{i,t}) - \text{Equity}_{i,t}
\end{aligned}
\tag{4-21}
$$

当资本短缺 $\text{CS}_{i,t}$ 为负值时，表明监管当局所要求的资产储备小于其股本价值，银行机构运营良好，不存在资本短缺；当资本短缺 $\text{CS}_{i,t}$ 为正值时，则表明银行股本无法到达必需的储备要求，遭遇经营困境，陷入资本短缺。

SRISK 关注系统性事件发生时，一个金融机构的预期资本短缺。假设系统性事件对应一个足够极端的金融系统危机，将其记作 $R_{m,t_1:\ t_2} < C$，$R_{m,t_1:\ t_2} < C$ 表示 t_1 和 t_2 之间的多期市场收益率，$t_2 - t_1$ 为时间周期，C 为门阀值。那么，出现系统性事件时单个银行的资本短缺可定义为：

$$
\begin{aligned}
\text{SRISK}_{i,t} &= E_t(\text{CS}_{i,t_2} \mid R_{m,t_1:t_2} < C) \\
&= kE_t(\text{Debt}_{i,t_2} \mid R_{m,t_1:t_2} < C) - (1-k)E_t(\text{Equity}_{i,t_2} \mid R_{m,t_1:t_2} < C)
\end{aligned}
\tag{4-22}
$$

进一步假定，当出现系统性危机事件时，兼并重组机制失效，银行债务无法被回购，则有 $E_t(Debt_{i,t_2} \mid R_{m,t_1:t_2} < C) = Debt_{i,t}$，代入式（4 −22），有：

$$SRISK_{i,t} = kDebt_{i,t} - (1-k)Equity_{i,t}(1 - LAMES_{i,t})$$
$$= Equity_{i,t}[kLVG_{i,t} + (1-k)LAMES_{i,t} - 1] \quad (4-23)$$

$LVG_{i,t}$ 代表杠杆率 $(Debt_{i,t} + Equity_{i,t})/Equity_{i,t}$，$LAMES_{i,t}$ 是单家银行的长期边际期望损失，满足：

$$LAMES_{i,t} = -E_t(R_{i,t_1:t_2} \mid R_{m,t_1:t_2} < C) \quad (4-24)$$

单家银行的 $SRISK_{i,t}$ 风险总和可被用来衡量整个银行系统的整体风险：

$$SRISK_t = \sum_{i=1}^{M}(SRISK_{i,t})_+ \quad (4-25)$$

其中，$(SRISK_{i,t})_+$ 代表 MAX（0，SRISK）。所有银行的 SRISK 总和意味着整个银行系统出现危机时，政府为救助银行系统而必须提供的资本总额。值得注意的是，计算总量的 SRISK 时，剔除了 SRISK 的负值，这些银行呈现负的资本短缺（资本盈余）状态，尚没有为系统性危机起到助推作用。在此总量 SRISK 基础上，单家银行的系统性风险指数的百分比形式为：

$$SRISK\%_{i,t} = \frac{SRISK_{i,t}}{SRISK_t} = \sum_{i=1}^{M}(SRISK_{i,t})_+, if\ SRISK_{i,t} > 0 \quad (4-26)$$

其中，$SRISK\%_{i,t}$ 可被视为单家银行的系统性风险贡献程度，其值越大，对整个银行系统产生的影响越大，系统重要性程度越高。

4.4.3 数据说明与描述性统计

本书选取截至 2019 年 12 月 31 日中国全部 36 家上市银行的相关数据作为动态 MES 和系统性风险指数（SRISK）的计量基础[①]。但鉴于中国邮政储蓄银行、浙商银行、渝农商行的上市较晚，其上市时间分别为 2019 年 12 月 10 日、2019 年 11 月 26 日、2019 年 10 月 29 日，均不足 2 个月。为避免时间序列过短而导致计算结果出现严重异常值，故将这三家银行数据剔除。

最终本书共收集了 2006 年 10 月 13 日至 2019 年 10 月 25 日 33 家上市商

---

① 数据来源：Wind 数据库，各银行年度报告。

业银行的相关数据，其中包括中国银行、农业银行、工商银行、建设银行、交通银行等 5 家国有大型商业银行，平安银行、浦发银行、民生银行、招商银行、华夏银行、兴业银行、中信银行、光大银行等 8 家全国股份制商业银行，宁波银行、南京银行、北京银行、江苏银行、贵阳银行、杭州银行、上海银行、成都银行、郑州银行、长沙银行、青岛银行、西安银行、苏州银行等 13 家城市商业银行，江阴银行、无锡银行、常熟银行、苏农银行、张家港行、紫金银行、青农商行等 7 家农村商业银行。

在动态 MES 和系统性风险指数（SRISK）的具体计算过程中，涉及的原始数据有沪深 300 指数收益率（日数据）、上市银行收益率（日数据）、上市银行总市值（年数据）和银行总负债（年数据）。2002 年 1 月 4 日以前上市的银行，其变量时间跨度为 2002 年 1 月 4 日至 2019 年 12 月 31 日，2002 年 1 月 4 日以后上市的银行其变量时间跨度为上市日期至 2019 年 12 月 31 日。整个银行样本的时间跨度为 2002 年 1 月 4 日至 2019 年 12 月 31 日，最大观测数据量共计 4367 天。

在使用 DCC-GARCH 模型进行估计时，各收益率序列需要满足不服从正态分布，数据平稳且存在 ARCH 效应等前提条件。表 4 – 16 报告了沪深 300 指数和上市银行日收益率的描述性统计以及正态性（KS 检验）、平稳性（ADF 单位根检验）和 ARCH 效应检验（LM 检验）结果。

表 4 – 16 沪深 300 指数和上市银行日涨跌幅的基本统计特征

银行证券简称	上市日期	观测数	均值	标准差	偏度	峰度	KS 检验	ADF 检验	ARCH 检验
平安银行	1991 年 4 月 3 日	4367	0.10	2.54	0.41	6.89	0.10	−55.77	277.87(0.00)
浦发银行	1999 年 11 月 10 日	4367	0.09	2.38	0.51	8.82	0.10	−57.11	291.81(0.00)
民生银行	2000 年 12 月 19 日	4367	0.08	2.17	0.33	7.32	0.10	−58.21	406.00(0.00)
招商银行	2002 年 4 月 9 日	4309	0.10	2.25	0.34	6.42	0.09	−58.31	426.00(0.00)
华夏银行	2003 年 9 月 12 日	3962	0.07	2.40	0.22	6.91	0.10	−59.00	512.05(0.00)
中国银行	2006 年 7 月 5 日	3285	0.03	1.70	0.58	11.16	0.12	−57.06	473.74(0.00)
工商银行	2006 年 10 月 27 日	3208	0.05	1.72	0.29	10.05	0.11	−54.90	364.48(0.00)
兴业银行	2007 年 2 月 5 日	3140	0.07	2.38	0.23	6.58	0.10	−55.16	379.59(0.00)
中信银行	2007 年 4 月 27 日	3086	0.01	2.26	0.34	7.37	0.09	−55.76	308.89(0.00)
交通银行	2007 年 5 月 15 日	3079	0.01	1.99	0.15	9.12	0.12	−54.48	490.55(0.00)

银行证券简称	上市日期	观测数	均值	标准差	偏度	峰度	KS 检验	ADF 检验	ARCH 检验
宁波银行	2007 年 7 月 19 日	3032	0.05	2.22	0.19	7.02	0.09	−55.46	405.46(0.00)
南京银行	2007 年 7 月 19 日	3032	0.06	2.40	0.18	6.19	0.07	−56.79	247.50(0.00)
北京银行	2007 年 9 月 19 日	2988	0.01	2.09	0.24	7.85	0.10	−57.29	393.87(0.00)
建设银行	2007 年 9 月 25 日	2984	0.02	1.78	0.27	9.19	0.10	−53.62	514.45(0.00)
农业银行	2010 年 7 月 15 日	2302	0.04	1.37	0.39	13.85	0.12	−47.47	341.78(0.00)
光大银行	2010 年 8 月 18 日	2278	0.03	1.78	0.71	10.38	0.13	−45.43	437.51(0.00)
江苏银行	2016 年 8 月 2 日	832	−0.00	1.50	1.67	13.77	0.11	−27.18	64.18(0.00)
贵阳银行	2016 年 8 月 16 日	822	0.03	1.84	1.32	10.84	0.10	−26.34	37.95(0.01)
江阴银行	2016 年 9 月 2 日	809	0.01	2.87	0.71	7.39	0.14	−22.30	155.70(0.00)
无锡银行	2016 年 9 月 23 日	796	0.02	2.75	0.81	7.51	0.13	−23.17	168.26(0.00)
常熟银行	2016 年 9 月 30 日	791	0.08	2.59	0.91	7.14	0.11	−25.45	85.52(0.00)
杭州银行	2016 年 10 月 27 日	777	0.00	1.69	1.41	12.31	0.10	−27.74	35.99(0.02)
上海银行	2016 年 11 月 16 日	763	0.00	1.44	0.16	11.44	0.06	−27.82	19.97(0.10)
苏农银行	2016 年 11 月 29 日	754	0.00	2.69	0.72	7.29	0.11	−26.18	79.35(0.00)
张家港行	2017 年 1 月 24 日	715	0.04	3.27	0.57	6.07	0.12	−19.90	116.67(0.00)
成都银行	2018 年 1 月 31 日	465	0.01	2.44	0.59	8.98	0.11	−19.04	23.59(0.10)
郑州银行	2018 年 9 月 19 日	310	−0.09	2.40	0.83	9.42	0.14	−17.94	67.40(0.00)
长沙银行	2018 年 9 月 26 日	306	−0.05	2.32	0.37	8.25	0.11	−18.12	55.95(0.00)
紫金银行	2019 年 1 月 3 日	242	0.23	3.93	0.75	4.52	0.13	−10.60	51.33(0.00)
青岛银行	2019 年 1 月 16 日	233	0.00	2.75	0.91	7.08	0.14	−13.62	33.90(0.03)
西安银行	2019 年 3 月 1 日	206	0.00	3.49	1.19	5.36	0.16	−9.53	30.99(0.06)
青农商行	2019 年 3 月 26 日	189	0.00	3.53	1.09	4.87	0.14	−9.76	55.07(0.00)
苏州银行	2019 年 8 月 2 日	101	−0.06	3.07	1.08	6.21	0.15	−7.81	39.73(0.00)
沪深 300	—	4367	0.05	1.75	−0.41	6.54	0.08	−56.44	418.37(0.00)

注：括号内为 P 值。KS 检验为 Kolmogorov-Smirnov 检验，用于判断序列是否服从正态分布；ADF 单位根检验用于判断序列是否为平稳序列；ARCH 效应检验为 LM 检验，用于判断序列是否存在 ARCH 效应。关于 ARCH 效应检验的滞后阶数，除上海银行（滞后 13 阶）、成都银行（滞后 16 阶）外，沪深 300 指数和其他银行涨跌幅序列的滞后阶数均为 20 阶。

资料来源：笔者整理。

从表4－16中的各涨跌幅序列的偏度与峰度值可以看出，其偏度值均不为0，且峰度值均大于3，原始数据呈现明显的"尖峰厚尾"特征，表明各涨跌幅序列分布非正态。KS检验进一步证实了序列的非正态分布，其检验结果均在1%的置信水平上显著。ADF单位根检验同样均在1%的置信水平上显著，说明各涨跌幅序列平稳。此外，除杭州银行（置信水平5%）、青岛银行（置信水平5%）、西安银行（置信水平5%）、上海银行（置信水平10%）、成都银行（置信水平10%）的涨跌幅序列外，其余所有序列的ARCH效应检验结果均在1%的置信水平上显著，这表明各序列存在明显异方差，具有ARCH效应。因此，采用GARCH模型对各涨跌幅序列进行估计是合理的。

4.4.4　动态MES与系统性风险指数（SRISK）计量结果与分析

4.4.4.1　动态MES计量结果

（1）短期动态MES计量结果。

本书分别选取沪深300日涨跌幅的2%和5%分位数，对市场和各上市银行日涨跌幅序列依次进行单变量TGARCH、双变量DCC-GARCH模型以及非参数核估计，然后基于式（4－13），计算获得了33家样本银行在两个分位数水平下相应的短期动态MES值。与静态MES类似，动态MES的计算也依赖于银行股价涨跌幅数据，而我国商业银行大多上市较晚，导致多数样本银行最终获得的观测数较少，不利于进行分析比较。因此，这里仅分别报告了2%与5%分位数水平下16家上市时间较早的银行的短期动态MES（年均）的计算结果，见表4－17和表4－18。全部33家样本银行的具体测算结果见附录4和附录5。

表4－17　　　　　　　　　短期动态MES计算结果（2%）

银行证券简称	2007年	2008年	2009年	2010年	2011年	2012年	2013年	2014年	2015年	2016年	2017年	2018年	2019年	平均	排名
农业银行	—	—	—	2.230	2.180	1.903	2.308	2.367	2.998	2.125	1.553	2.288	2.111	2.206	1
光大银行	—	—	—	3.944	3.263	3.073	3.578	3.651	4.558	3.248	2.743	3.161	3.239	3.446	2

银行证券简称	2007年	2008年	2009年	2010年	2011年	2012年	2013年	2014年	2015年	2016年	2017年	2018年	2019年	平均	排名
工商银行	4.725	5.273	4.335	3.938	3.433	3.309	3.523	3.730	4.490	3.458	2.576	3.806	3.527	3.856	3
中国银行	4.660	5.059	4.413	3.801	3.573	3.207	3.668	3.805	4.960	3.702	2.860	3.637	3.511	3.912	4
建设银行	4.571	5.631	4.650	4.153	3.752	3.553	3.907	4.072	5.090	3.928	2.957	4.188	3.819	4.175	5
招商银行	5.062	6.309	5.558	5.208	4.873	4.664	5.147	4.902	5.045	3.317	1.285	4.264	4.740	4.644	6
民生银行	5.447	6.040	5.151	4.745	4.529	4.364	5.145	4.750	5.004	3.984	3.977	4.457	4.410	4.769	7
兴业银行	5.136	6.474	5.561	5.278	4.680	4.559	5.421	4.923	5.416	4.074	2.792	3.591	4.572	4.806	8
交通银行	5.772	6.856	5.730	4.924	4.386	4.118	4.822	4.799	6.056	4.302	3.426	4.120	4.127	4.880	9
浦发银行	5.596	6.918	5.603	5.242	4.952	4.812	5.477	4.997	5.402	4.283	4.252	4.490	4.669	5.130	10
南京银行	5.106	6.588	5.910	5.742	5.242	5.170	5.731	5.549	5.742	5.250	3.901	4.544	5.033	5.347	11
中信银行	5.653	6.710	5.768	5.654	4.971	5.014	5.685	5.321	5.965	5.128	4.473	4.792	5.088	5.402	12
华夏银行	6.095	6.983	5.842	5.369	5.210	5.047	5.598	5.185	5.775	5.062	4.517	5.008	5.096	5.445	13
北京银行	3.505	7.505	6.163	5.979	5.472	5.191	5.759	5.403	6.251	4.860	4.548	5.091	5.100	5.448	14
平安银行	5.379	6.574	5.642	5.350	5.320	5.204	5.850	5.465	5.827	5.379	4.983	5.447	5.397	5.524	15
宁波银行	6.073	6.876	6.183	6.090	5.912	5.777	6.106	5.830	6.426	5.862	5.280	5.646	5.768	5.987	16
平均	5.198	6.414	5.465	4.853	4.484	4.310	4.858	4.672	5.313	4.248	3.508	4.283	4.388	—	—

资料来源：笔者整理。

表 4 – 18　　　　　　　　　　**短期动态 MES 计算结果（5%）**

银行证券简称	2007年	2008年	2009年	2010年	2011年	2012年	2013年	2014年	2015年	2016年	2017年	2018年	2019年	平均	排名
农业银行	—	—	—	1.547	1.509	1.332	1.595	1.640	2.062	1.468	1.115	1.592	1.459	1.532	1
光大银行	—	—	—	2.508	2.118	1.980	2.331	2.355	2.946	2.106	1.733	2.024	2.077	2.218	2
中国银行	2.790	3.162	2.727	2.326	2.181	1.892	2.242	2.278	3.011	2.272	1.612	2.190	2.133	2.371	3
北京银行	1.414	3.341	2.717	2.649	2.424	2.280	2.555	2.366	2.743	2.107	1.957	2.236	2.250	2.388	4
工商银行	2.962	3.373	2.763	2.497	2.135	2.056	2.206	2.338	2.826	2.166	1.516	2.377	2.212	2.418	5
建设银行	2.818	3.606	2.938	2.636	2.337	2.191	2.438	2.536	3.213	2.481	1.736	2.602	2.384	2.609	6
招商银行	2.976	3.929	3.495	3.278	3.001	2.852	3.181	3.038	3.036	1.849	0.527	2.476	2.881	2.809	7
兴业银行	3.025	3.865	3.327	3.156	2.780	2.710	3.251	2.938	3.230	2.402	1.594	2.095	2.716	2.853	8
民生银行	3.354	3.780	3.197	2.962	2.799	2.681	3.204	2.934	3.082	2.408	2.414	2.760	2.739	2.947	9
浦发银行	3.274	4.196	3.376	3.189	2.981	2.888	3.341	2.999	3.235	2.448	2.433	2.616	2.761	3.057	10
交通银行	3.648	4.392	3.647	3.141	2.791	2.587	3.085	3.035	3.846	2.722	2.090	2.585	2.601	3.090	11
华夏银行	3.581	4.142	3.467	3.171	3.075	2.979	3.334	3.059	3.418	2.995	2.641	2.961	3.028	3.219	12
平安银行	3.260	4.115	3.481	3.305	3.296	3.217	3.640	3.391	3.632	3.360	3.041	3.371	3.343	3.419	13
南京银行	3.246	4.295	3.828	3.727	3.380	3.329	3.746	3.604	3.679	3.388	2.439	2.886	3.235	3.445	14
宁波银行	3.985	4.522	4.062	4.001	3.885	3.794	4.013	3.829	4.221	3.851	3.462	3.706	3.788	3.932	15
中信银行	5.336	6.301	5.433	5.321	4.691	4.726	5.346	5.031	5.628	4.834	4.234	4.529	4.793	5.093	16
平均	3.262	4.073	3.461	3.088	2.836	2.718	3.094	2.961	3.363	2.679	2.159	2.688	2.775	—	—

资料来源：笔者整理。

由表4-17可知，16家上市银行的短期动态MES计算结果（平均值）分布于［2.206，5.987］这一区间内，说明在研究期间内，总体上各商业银行的系统性风险差异较小。其中，系统性风险最低的是中国农业银行和光大银行，其短期动态MES在2007~2019年期间的平均值分别为2.206和3.446；系统性风险最高的是宁波银行，其短期动态MES在2007~2019年期间的平均值为5.987，是中国农业银行的2.7倍。

相对而言，具有规模优势，资金实力雄厚的国有大型商业银行的系统性风险较低，排名前5位的银行中有4家为国有大型商业银行，分别是排名第1、第3、第4、第5位的中国农业银行、中国工商银行、中国银行和中国建设银行。其他类型商业银行中，系统性风险最低的是光大银行，其2007~2019年的短期动态MES平均值为3.446，在全部16家银行中处于第2位。

5%分位数水平下的短期动态MES计算结果也与此类似，国有大型商业银行的排名仍然是靠前的。表4-18中，中国农业银行、中国银行、中国工商银行和中国建设银行等4家国有大型商业银行分列第1、第3、第5、第6位，其他类型商业银行中，系统性风险相对较低的是光大银行和北京银行，其排名分列第2位和第4位。这说明，两种方法的计算结果是基本一致的。

（2）长期LAMES计量结果。

尽管短期MES有助于了解我国上市银行的系统性风险状况，但其预测期限仅仅为一个交易日，这通常无法满足监管当局对于系统性风险监测的期限要求，进而影响到宏观审慎监管的实施。在得到日度短期动态MES值后，根据式（4-24），可进一步得到2%和5%分位数水平下的长期LAMES值。同样地，篇幅所限，这里仅报告了16家上市时间较早的银行的长期LAMES的计算结果，见表4-19和表4-20。全部33家样本银行的长期LAMES具体测算结果见附录6和附录7。

表4-19　　　　　　　　长期LAMES计算结果（2%）

银行证券简称	2007年	2008年	2009年	2010年	2011年	2012年	2013年	2014年	2015年	2016年	2017年	2018年	2019年	平均	排名
农业银行	—	—	—	0.331	0.325	0.290	0.340	0.347	0.417	0.318	0.244	0.338	0.316	0.326	1
光大银行	—	—	—	0.508	0.444	0.425	0.475	0.482	0.560	0.443	0.390	0.434	0.442	0.460	2

续表

银行证券简称	2007年	2008年	2009年	2010年	2011年	2012年	2013年	2014年	2015年	2016年	2017年	2018年	2019年	平均	排名
工商银行	0.573	0.613	0.542	0.508	0.461	0.449	0.470	0.489	0.554	0.463	0.371	0.496	0.470	0.497	3
中国银行	0.568	0.598	0.548	0.496	0.474	0.439	0.483	0.496	0.590	0.486	0.402	0.480	0.469	0.502	4
建设银行	0.561	0.637	0.567	0.526	0.491	0.473	0.505	0.520	0.600	0.507	0.413	0.529	0.497	0.525	5
招商银行	0.598	0.679	0.632	0.608	0.584	0.568	0.604	0.586	0.597	0.450	0.206	0.536	0.574	0.556	6
兴业银行	0.603	0.688	0.632	0.613	0.569	0.560	0.623	0.588	0.623	0.520	0.395	0.476	0.561	0.573	7
民生银行	0.625	0.663	0.604	0.574	0.557	0.544	0.604	0.575	0.594	0.512	0.511	0.552	0.548	0.574	8
交通银行	0.646	0.709	0.644	0.588	0.546	0.523	0.580	0.578	0.664	0.539	0.460	0.524	0.524	0.579	9
浦发银行	0.635	0.712	0.635	0.611	0.590	0.579	0.627	0.593	0.622	0.537	0.535	0.554	0.568	0.600	10
南京银行	0.601	0.695	0.655	0.644	0.611	0.606	0.644	0.632	0.644	0.611	0.505	0.559	0.596	0.615	11
北京银行	0.468	0.741	0.670	0.659	0.627	0.607	0.645	0.622	0.675	0.583	0.559	0.600	0.601	0.620	12
中信银行	0.639	0.701	0.646	0.639	0.591	0.594	0.641	0.616	0.658	0.603	0.553	0.578	0.600	0.620	13
华夏银行	0.666	0.715	0.651	0.620	0.608	0.597	0.635	0.607	0.646	0.598	0.556	0.594	0.600	0.623	14
平安银行	0.620	0.694	0.638	0.618	0.616	0.608	0.651	0.626	0.650	0.620	0.592	0.625	0.621	0.629	15
宁波银行	0.665	0.710	0.671	0.666	0.655	0.646	0.667	0.650	0.685	0.652	0.613	0.638	0.646	0.659	16
平均	0.605	0.682	0.624	0.576	0.547	0.532	0.575	0.563	0.611	0.528	0.457	0.532	0.540	—	—

资料来源：笔者整理。

表 4 – 20　　　　　　　　长期 LAMES 计算结果（5%）

银行证券简称	2007年	2008年	2009年	2010年	2011年	2012年	2013年	2014年	2015年	2016年	2017年	2018年	2019年	平均	排名
农业银行	—	—	—	0.243	0.238	0.213	0.250	0.256	0.310	0.232	0.182	0.249	0.231	0.240	1
光大银行	—	—	—	0.363	0.317	0.300	0.343	0.346	0.412	0.316	0.268	0.305	0.312	0.328	2
中国银行	0.395	0.434	0.388	0.342	0.325	0.289	0.332	0.336	0.418	0.336	0.252	0.326	0.319	0.345	3
北京银行	0.225	0.452	0.387	0.379	0.354	0.337	0.369	0.347	0.390	0.316	0.297	0.331	0.333	0.347	4
工商银行	0.413	0.455	0.392	0.362	0.319	0.309	0.328	0.344	0.399	0.323	0.239	0.348	0.328	0.351	5
建设银行	0.398	0.478	0.411	0.378	0.343	0.326	0.355	0.367	0.439	0.360	0.268	0.374	0.349	0.373	6
招商银行	0.415	0.507	0.467	0.446	0.417	0.402	0.436	0.421	0.421	0.283	0.091	0.360	0.405	0.390	7
兴业银行	0.420	0.501	0.451	0.433	0.394	0.386	0.443	0.411	0.441	0.351	0.249	0.314	0.387	0.399	8
民生银行	0.453	0.494	0.438	0.413	0.396	0.383	0.438	0.410	0.426	0.352	0.352	0.392	0.389	0.410	9
浦发银行	0.445	0.530	0.455	0.437	0.415	0.405	0.452	0.417	0.441	0.356	0.355	0.376	0.392	0.421	10
交通银行	0.481	0.546	0.481	0.432	0.395	0.372	0.426	0.421	0.500	0.387	0.314	0.372	0.374	0.423	11
华夏银行	0.475	0.526	0.464	0.435	0.425	0.415	0.451	0.423	0.459	0.417	0.378	0.413	0.420	0.439	12
平安银行	0.444	0.523	0.466	0.448	0.448	0.440	0.481	0.457	0.480	0.454	0.422	0.455	0.452	0.459	13
南京银行	0.442	0.538	0.498	0.489	0.456	0.451	0.491	0.477	0.484	0.457	0.355	0.405	0.441	0.460	14
宁波银行	0.512	0.557	0.519	0.513	0.503	0.495	0.514	0.498	0.532	0.500	0.464	0.487	0.494	0.507	15
中信银行	0.617	0.678	0.624	0.616	0.570	0.573	0.618	0.596	0.637	0.581	0.533	0.557	0.578	0.598	16
平均	0.438	0.516	0.460	0.421	0.395	0.381	0.420	0.408	0.449	0.376	0.314	0.379	0.388	—	—

资料来源：笔者整理。

　　对比表 4 - 17 和表 4 - 19，从各上市银行系统性风险高低排名情况来看，短期动态 MES 和长期 LAMES 的计算结果是类似的。表 4 - 19 中，排序居前的仍然以国有大型商业银行为主，农业银行、工商银行、中国银行和建设银行分列第 1、第 3、第 4、第 5 位，这说明在长期，国有大型商业银行的系统性风险也是相对较低的。其他类型商业银行中，LAMES，即长期系统性风险最低的仍然是光大银行，其次是招商银行，其在 2007 ~ 2019 年的 LAMES 均值分别为 0.460 和 0.556，在 16 家样本银行中排序分别为第 2 位和第 6 位。表 4 - 20 中，基于 5% 分位数水平的 LAMES 计算结果也与此类似，不再赘述。

　　图 4 - 11 给出了分别基于 2% 和 5% 分位数水平下，计算得到的全部 33 家样本银行的短期动态 MES 与长期 LAMES 的相关性散点图。显然，无论是基于 2% 分位数水平，还是基于 5% 的分位数水平，短期动态 MES 与长期 LAMES 之间都具有明显的线性关系。这说明，两种方法得到的结果整体上是一致的。

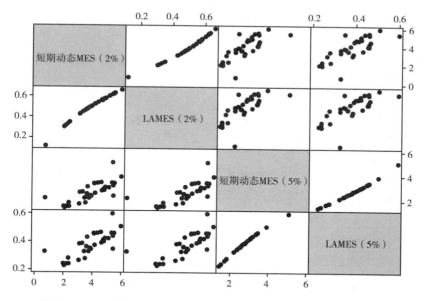

图 4 - 11　33 家银行短期动态 MES 与长期 LAMES 相关性散点图

4.4.4.2　动态 MES 的变化趋势

（1）短期动态 MES 演变过程。

为了更直观地显示我国商业银行短期动态 MES 的演变过程并对不同类型

商业银行的系统性风险进行对比分析，我们绘制了 2007～2019 年以上 16 家上市时间较早、数据较全的三种不同类型商业银行短期动态 MES（平均值）的变动轨迹曲线，分别如图 4－12、图 4－13 所示。

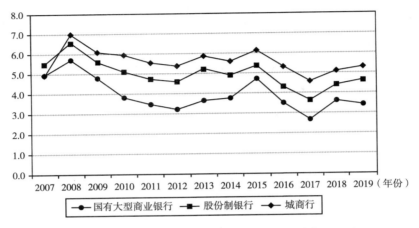

图 4－12　不同类型银行短期动态 MES 变化趋势（2%）

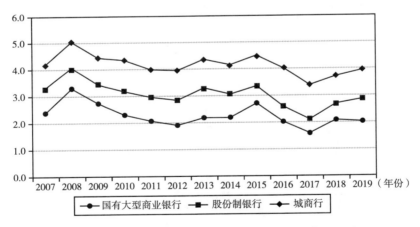

图 4－13　不同类型银行短期动态 MES 变化趋势（5%）

从纵向变化趋势来看，图 4－12 和图 4－13 显示，我国银行业的系统性风险整体呈现出震荡走低的态势，具体来看，在 2008 年金融危机期间达到高点，此后逐渐下降，然后转为平稳阶段。大约从 2015 年开始，不同类型商业银行的系统性风险度出现明显下降，但在研究后期又有回升趋势。同时我们也注意到，无论是基于 2% 分位数还是基于 5% 分位数的计算结果，我国三种类型商业银行短期动态 MES 的演变过程在整个研究期间内都基本保持同步。对比基于边际期望损失的静态 MES 计算结果，短期动态 MES 反映出的我国商业银行变化趋势与动态 MES 的演变过程是类似的，但静态 MES 的波动性要更大。与静态 MES 相一致，横向比较来看，城市商业银行的短期动态 MES 处于较高水平，股份制银行次之，国有大型商业银行的系统性风险最低。

（2）长期 LAMES 演变过程。

图 4 – 14 和图 4 – 15 显示了国有大型商业银行、股份制银行和城市商业银行在 2007 ~ 2019 年长期 LAMES 的演变过程。

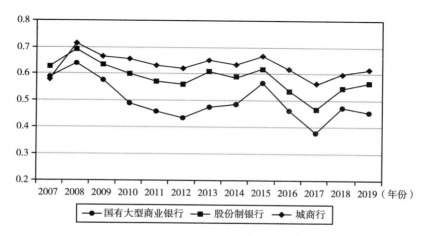

图 4 – 14　不同类型银行长期 LAMES 变化趋势（2%）

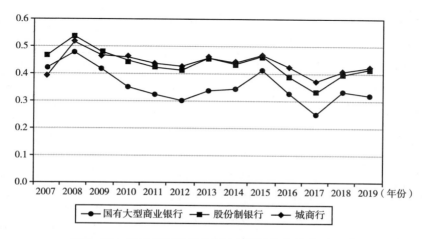

图 4 – 15　不同类型银行长期 LAMES 变化趋势（5%）

从图 4 – 14 和图 4 – 15 可以看出，我国商业银行的长期 LAMES 的变化趋势与短期动态 MES 是类似的。不同类型银行的相对关系也基本保持一致，即规模大、成立时间早、资金最为雄厚的国有大型商业银行的 LAMES 最低；规模小、成立时间晚的城市商业银行的 LAMES 最高；股份制银行的 LAMES 居中。

4.4.4.3 系统性风险指数（SRISK）计量结果与 SRISK%排序情况

由式（4 – 22）可知，SRISK 由各上市银行总负债的账面价值、股权总市值以及 LAMES 共同决定。具体计算时，负债数据选取银行相应年度资产负债表中的总负债（亿元），股权市值选取各银行年末总市值（亿元），并将日度 LAMES 值等权重处理为年平均数据，最终基于式（4 – 23）和式（4 – 26）计算得到 2002 ~ 2019 年各上市银行的系统性风险指数（SRISK）、系统性风险贡献度（SRISK%）。表 4 – 21 报告了当 C = 2% 时各银行的 SRISK 与 SRISK% 及其排序情况。当 C = 5% 时各银行的 SRISK 与 SRISK% 及其排序情况见附录 8。表中 SRISK 为负值的均记为 0，表示不存在资本短缺。同样地，由于篇幅所限，这里仅报告了部分银行（2018 年以前上市）在 2008 ~ 2019 年的计算结果。对于 2002 ~ 2007 年以及其余样本银行的计算结果，感兴趣的读者可以向笔者索取。

表 4 – 21　　　　　　28 家上市银行 SRISK 与 SRISK%（C = 2%）

银行证券简称	排序	SRISK%	SRISK	银行证券简称	排序	SRISK%	SRISK
2008 年				2009 年			
工商银行	1	22.07%	3092.78	中国银行	1	24.16%	2195.63
建设银行	2	19.58%	2743.53	建设银行	2	19.51%	1772.98
中国银行	3	19.19%	2688.94	工商银行	3	12.58%	1142.87
交通银行	4	9.93%	1392.40	交通银行	4	12.33%	1120.49
浦发银行	5	5.82%	815.51	浦发银行	5	6.61%	601.03
招商银行	6	4.72%	661.13	华夏银行	6	4.98%	452.95
兴业银行	7	4.05%	568.09	民生银行	7	4.75%	431.93
民生银行	8	4.01%	562.10	招商银行	8	4.56%	414.22
中信银行	9	3.65%	511.64	中信银行	9	4.23%	384.67
华夏银行	10	3.34%	468.41	兴业银行	10	3.70%	336.57
平安银行	11	2.02%	283.66	平安银行	11	2.22%	201.69

续表

银行证券简称	排序	SRISK%	SRISK	银行证券简称	排序	SRISK%	SRISK
2008 年				2009 年			
北京银行	12	1.24%	174.34	北京银行	12	0.34%	31.31
宁波银行	13	0.22%	30.20	宁波银行	—	0.00%	(0)
南京银行	14	0.16%	22.58	南京银行	—	0.00%	(0)
2010 年				2011 年			
中国银行	1	18.93%	3541.62	中国银行	1	18.06%	5160.97
工商银行	2	16.77%	3137.91	工商银行	2	15.72%	4492.45
农业银行	3	12.59%	2354.45	建设银行	3	14.07%	4021.69
交通银行	4	9.06%	1694.37	农业银行	4	12.31%	3518.04
建设银行	5	9.00%	1683.75	交通银行	5	8.13%	2322.07
浦发银行	6	5.44%	1017.82	浦发银行	6	5.01%	1430.61
中信银行	7	4.94%	923.71	中信银行	7	4.85%	1386.83
兴业银行	8	4.78%	893.40	兴业银行	8	4.55%	1299.09
民生银行	9	4.49%	839.27	招商银行	9	3.89%	1110.98
招商银行	10	4.09%	764.19	民生银行	10	3.65%	1042.65
华夏银行	11	3.28%	613.41	光大银行	11	2.50%	714.25
光大银行	12	2.13%	397.67	华夏银行	12	2.33%	667.11
平安银行	13	1.94%	362.02	平安银行	13	2.32%	664.22
北京银行	14	1.76%	329.07	北京银行	14	1.84%	526.31
宁波银行	15	0.47%	87.99	宁波银行	15	0.38%	109.57
南京银行	16	0.35%	65.43	南京银行	16	0.38%	109.33
2012 年				2013 年			
工商银行	1	17.02%	5636.10	工商银行	1	17.34%	7744.85
中国银行	2	15.99%	5294.79	中国银行	2	15.17%	6776.13
建设银行	3	13.05%	4319.97	建设银行	3	13.91%	6214.72
农业银行	4	12.06%	3992.86	农业银行	4	13.40%	5986.33
交通银行	5	7.06%	2336.51	交通银行	5	7.32%	3267.87
兴业银行	6	5.24%	1735.33	浦发银行	6	4.87%	2174.50
浦发银行	7	5.00%	1656.91	中信银行	7	4.83%	2157.19
民生银行	8	4.57%	1514.09	兴业银行	8	4.73%	2111.10

续表

银行证券简称	排序	SRISK%	SRISK	银行证券简称	排序	SRISK%	SRISK
2012 年				2013 年			
中信银行	9	4.49%	1487.69	招商银行	9	4.40%	1964.73
招商银行	10	4.18%	1385.45	民生银行	10	3.67%	1639.55
光大银行	11	3.26%	1079.44	光大银行	11	2.69%	1203.47
平安银行	12	2.78%	921.45	平安银行	12	2.47%	1101.42
华夏银行	13	2.62%	868.39	华夏银行	13	2.27%	1012.84
北京银行	14	1.64%	542.83	北京银行	14	1.77%	791.15
宁波银行	15	0.55%	181.15	宁波银行	15	0.61%	272.21
南京银行	16	0.47%	156.10	南京银行	16	0.55%	247.00
2014 年				2015 年			
工商银行	1	17.58%	7330.62	工商银行	1	17.02%	9869.09
建设银行	2	16.23%	6768.00	建设银行	2	16.18%	9383.12
中国银行	3	14.32%	5969.21	中国银行	3	14.26%	8269.01
农业银行	4	11.58%	4827.21	农业银行	4	13.33%	7731.62
交通银行	5	6.78%	2825.25	交通银行	5	6.93%	4016.67
兴业银行	6	5.09%	2123.91	中信银行	6	5.04%	2921.11
浦发银行	7	4.92%	2050.86	兴业银行	7	4.93%	2856.48
招商银行	8	4.71%	1962.16	浦发银行	8	4.47%	2594.84
中信银行	9	4.61%	1922.56	招商银行	9	4.23%	2452.53
民生银行	10	3.93%	1636.83	民生银行	10	3.69%	2137.08
平安银行	11	2.45%	1021.90	光大银行	11	2.73%	1583.45
光大银行	12	2.42%	1010.60	平安银行	12	2.28%	1323.55
华夏银行	13	2.32%	966.00	华夏银行	13	1.90%	1099.75
北京银行	14	1.78%	741.08	北京银行	14	1.70%	983.99
南京银行	15	0.68%	284.92	南京银行	15	0.70%	407.11
宁波银行	16	0.60%	251.28	宁波银行	16	0.62%	362.06
2016 年				2017 年			
工商银行	1	15.68%	10073.13	中国银行	1	14.73%	8236.68
建设银行	2	14.70%	9438.34	建设银行	2	14.39%	8046.25
中国银行	3	13.53%	8688.37	农业银行	3	12.90%	7213.56

续表

银行证券简称	排序	SRISK%	SRISK	银行证券简称	排序	SRISK%	SRISK
2016 年				2017 年			
农业银行	4	12.97%	8329.56	工商银行	4	12.24%	6843.38
交通银行	5	7.02%	4510.85	交通银行	5	8.29%	4636.35
中信银行	6	5.29%	3399.40	中信银行	6	5.53%	3093.20
兴业银行	7	5.02%	3226.44	民生银行	7	5.53%	3090.92
民生银行	8	4.67%	2999.17	浦发银行	8	5.34%	2983.41
浦发银行	9	4.51%	2896.17	兴业银行	9	5.06%	2830.67
招商银行	10	3.45%	2214.57	光大银行	10	3.40%	1903.60
光大银行	11	3.28%	2105.82	平安银行	11	2.80%	1564.27
平安银行	12	2.58%	1655.06	华夏银行	12	2.51%	1400.64
华夏银行	13	2.08%	1333.73	北京银行	13	1.98%	1109.08
北京银行	14	1.57%	1008.76	江苏银行	14	1.34%	750.69
南京银行	15	0.88%	566.38	上海银行	15	1.10%	613.02
江苏银行	16	0.88%	566.07	南京银行	16	1.00%	559.09
宁波银行	17	0.72%	459.85	宁波银行	17	0.82%	458.72
上海银行	18	0.69%	442.44	杭州银行	18	0.65%	360.81
杭州银行	19	0.37%	240.47	贵阳银行	19	0.29%	160.26
贵阳银行	20	0.11%	67.64	无锡银行	20	0.04%	24.95
江阴银行	—	0.00%	(0)	常熟银行	21	0.04%	23.32
无锡银行	—	0.00%	(0)	江阴银行	22	0.01%	8.38
常熟银行	—	0.00%	(0)	苏农银行	23	0.00%	1.01
苏农银行	—	0.00%	(0)	招商银行	—	0.00%	(0)
—	—	—	—	张家港行	—	0.00%	(0)
2018 年				2019 年			
工商银行	1	15.41%	11698.78	工商银行	1	15.25%	12355.61
建设银行	2	14.26%	10828.94	中国银行	2	14.53%	11772.24
中国银行	3	14.24%	10812.08	建设银行	3	13.80%	11181.02
农业银行	4	12.09%	9181.16	农业银行	4	13.48%	10924.59
交通银行	5	6.91%	5243.43	交通银行	5	7.01%	5681.41
中信银行	6	4.65%	3529.21	中信银行	6	4.79%	3878.89

续表

银行证券简称	排序	SRISK%	SRISK	银行证券简称	排序	SRISK%	SRISK
2018 年				2019 年			
兴业银行	7	4.60%	3495.21	浦发银行	7	4.53%	3674.58
浦发银行	8	4.57%	3469.59	民生银行	8	4.39%	3560.54
民生银行	9	4.55%	3450.63	兴业银行	9	4.38%	3549.95
光大银行	10	2.98%	2264.52	光大银行	10	3.02%	2448.06
招商银行	11	2.96%	2248.87	华夏银行	11	2.29%	1859.39
平安银行	12	2.62%	1986.94	招商银行	12	2.25%	1820.84
华夏银行	13	2.13%	1615.56	平安银行	13	2.09%	1691.48
北京银行	14	1.93%	1466.52	北京银行	14	1.93%	1565.19
江苏银行	15	1.30%	990.38	江苏银行	15	1.27%	1033.03
上海银行	16	0.95%	719.99	上海银行	16	0.98%	792.04
南京银行	17	0.93%	709.13	南京银行	17	0.92%	745.66
宁波银行	18	0.72%	546.86	杭州银行	18	0.58%	466.65
杭州银行	19	0.60%	458.24	宁波银行	19	0.53%	427.83
长沙银行	20	0.37%	279.12	长沙银行	20	0.38%	307.31
郑州银行	21	0.31%	238.56	郑州银行	21	0.32%	255.61
贵阳银行	22	0.30%	224.10	成都银行	22	0.31%	247.88
成都银行	23	0.29%	217.36	贵阳银行	23	0.30%	241.95
无锡银行	24	0.09%	68.03	无锡银行	24	0.09%	74.00
常熟银行	25	0.07%	54.08	苏农银行	25	0.06%	48.76
苏农银行	26	0.05%	41.05	江阴银行	26	0.05%	42.33
江阴银行	27	0.05%	40.27	张家港行	27	0.05%	39.93
张家港行	28	0.05%	40.15	常熟银行	28	0.01%	6.83

注：第二列的排序依据为 SRISK% 的大小。

资料来源：笔者整理。

由表 4-21 可知，在 2008~2019 年，除了 2009 年、2016 年、2017 年和 2018 年等少数几个观测点的 SRISK 为负值（表中 SRISK 为负值的均记为 0，意味着存在资本盈余）以外，绝大多数银行的 SRISK 均为正（存在资本短缺），这说明我国银行系统中已经出现系统性风险隐患。整体看来，各上市银行在时间维度上的 SRISK% 排名变动较小。相对而言，规模大、资金实力更强的商业银行，其系统性风险贡献值也相对排名靠前。中国工商银行、中国农业银行、中国银行、中国建设银行、交通银行等 5 家国有大型商业银行几乎是每年都处于系统性风险指数前 5 名；其次是平安银行、浦发银行、民生银行、招商银行、华夏银行、兴业银行、中信银行、光大银行等 8 家全国股份制商业银行；再次是宁波银行、南京银行、北京银行、江苏银行、贵阳银行、杭州银行、上海银行、成都银行、郑州银行、长沙银行等 10 家城市商业银行；排名最低的则是江阴银行、无锡银行、常熟银行、苏农银行、张家港行等 5 家农村商业银行。

表 4 - 21 还显示出，在每年的系统性风险指数排名中，各上市银行的 SRISK% 值差异较大。例如：2008 年，工商银行的系统性风险指数为 22.07%，南京银行为 0.16%；2010 年，中国银行为 18.93%，南京银行 0.35%；2012 年，工商银行为 17.02%，南京银行为 0.47%；2014 年，工商银行为 17.58%，宁波银行为 0.60%。自 2016 年我国农村商业银行开始改制上市后，各银行间的系统性风险指数差异更加显著。2016 年，工商银行的系统性风险指数为 15.68%，而贵阳银行仅为 0.11%；2017 年，中国银行为 14.73%，江阴银行为 0.01%；2018 年，工商银行为 15.41%，张家港行为 0.05%。但是，我们仍然可以发现，5 家国有大型商业银行的 SRISK% 值呈现下降迹象，而股份制银行和城市商业银行的 SRISK% 值则有所上升。例如：在 2008 ~ 2019 年，工商银行、建设银行、中国银行、交通银行的 SRISK% 值分别由 2008 年的 22.07%、19.58%、19.19%、9.93% 下降到了 2019 年的 15.25%、13.80%、14.53%、7.01%。2010 年上市的中国农业银行 SRISK% 则自 2010 年上市以来，基本保持在 11.5% ~ 13.5% 的水平不变。

这种趋势的演变，与我国股份制银行和城市商业银行的市场份额逐年攀升息息相关，截至 2019 年 12 月，5 家国有大型商业银行占银行业市场份额比例由 2008 年的 52.6% 下降至 39.0%，股份制商业银行的市场份额比例由 2008 年的 13.8% 上升至 17.9%，城市商业银行的市场份额比例则由 2008 年的 6.1% 上升至 13.1%。① 这种演变有利于银行系统形成良好的均衡态势，分散我国银行系统的整体系统性风险，防止 5 家 "系统重要性" 银行演变为

---

① 资料来源：中国银行保险监督管理委员会官网。

"大而不能倒"银行。当 C＝5% 时的各上市银行的 SRISK 与 SRISK% 计算结果也与此类似。篇幅所限，不再赘述。

如果以3%作为系统重要性银行的阈值，则 2008～2019 年中国系统重要性银行见表 4－22 和表 4－23。

表 4－22 系统重要性银行（C＝2%） 单位:%

银行证券简称	2008年	2009年	2010年	2011年	2012年	2013年	2014年	2015年	2016年	2017年	2018年	2019年
工商银行	22.07	12.58	16.77	15.72	17.02	17.34	17.58	17.02	15.68	12.24	15.41	15.25
中国银行	19.19	24.16	18.93	18.06	15.99	15.17	14.32	14.26	13.53	14.73	14.24	14.53
建设银行	19.58	19.51	9.00	14.07	13.05	13.91	16.23	16.18	14.70	14.39	14.26	13.80
农业银行	—	—	12.59	12.31	12.06	13.40	11.58	13.33	12.97	12.90	12.09	13.48
交通银行	9.93	12.33	9.06	8.13	7.06	7.32	6.78	6.93	7.02	8.29	6.91	7.01
中信银行	3.65	4.23	4.94	4.85	4.49	4.83	4.61	5.04	5.29	5.53	4.65	4.79
浦发银行	5.82	6.61	5.44	5.01	5.00	4.87	4.92	4.47	4.51	5.34	4.57	4.53
民生银行	4.01	4.75	4.49	3.65	4.57	3.67	3.93	3.69	4.67	5.53	4.55	4.39
兴业银行	4.05	3.70	4.78	4.55	5.24	4.73	5.09	4.93	5.02	5.06	4.60	4.38
光大银行	—	—	—	—	3.26	—	—	—	3.28	3.40	—	3.02
华夏银行	3.34	4.98	3.28	—	—	—	—	—	—	—	—	—
招商银行	4.72	4.56	4.09	3.89	4.18	4.40	4.71	4.23	3.45	—	—	—

资料来源：笔者整理。

表 4 -23　　　　　　　系统重要性银行（C = 5）　　　　　单位：%

银行证券简称	2008年	2009年	2010年	2011年	2012年	2013年	2014年	2015年	2016年	2017年	2018年	2019年
中国银行	19.40	27.71	21.16	19.25	16.61	15.44	13.90	13.92	13.57	14.78	14.52	15.17
农业银行	—	—	15.48	13.29	13.28	14.28	12.39	14.28	13.97	14.37	12.65	14.54
工商银行	15.81	—	10.14	12.27	14.85	16.26	16.41	16.18	14.95	9.38	14.22	14.18
建设银行	16.83	—	—	11.84	10.42	12.48	16.10	16.41	14.14	13.28	13.62	13.34
交通银行	12.00	20.81	11.41	9.09	7.29	7.65	6.95	7.21	7.32	8.99	7.22	7.52
中信银行	5.59	13.95	8.36	6.33	5.76	5.71	6.02	6.09	6.19	6.71	5.39	5.60
民生银行	5.12	6.98	6.02	3.80	4.72	3.54	3.57	3.46	4.68	5.87	4.79	4.64
浦发银行	7.97	12.17	6.93	5.51	5.40	5.09	5.10	4.31	4.28	5.23	4.64	4.52
兴业银行	5.11	—	6.19	5.06	5.75	4.82	5.21	4.91	5.09	5.20	4.70	4.23
光大银行	—	—	—	—	3.72	—	—	—	3.52	3.70	3.17	3.21
华夏银行	4.68	14.86	4.92									
平安银行	—	3.51	—	—	3.15							
招商银行	4.35	—	3.10	3.34	3.69	4.11	4.32	3.70	—	—	—	—

资料来源：笔者整理。

4.5　本章小结

本章首先采用破产风险指数（Z-score）、CAMELS 模型等方法对我国 36

家上市银行的风险承担水平进行评价，然后基于边际期望损失（静态 MES）、动态 MES 与系统性风险指数（SRISK）原理对样本银行的系统性风险贡献值进行多维度测算，获得了较为一致的结论。

从变化趋势来看，无论是基于权益负债比还是基于资本充足率的计算结果，我国商业银行的破产风险均表现出明显的阶段性特征。在早期，Z-score 普遍较小，即破产风险较高，随后开始不断上升，大约在 2014~2015 年达到高点，随后开始逐渐下降，但在研究末期，各类商业银行的 Z-score 又有所回升。横向比较来看，国有大型商业银行的 Z-score 处于较高水平，且波动起伏较大。农商行的 Z-score 在几乎所有年份都处于最低的水平。股份制银行和农商行的 Z-score 较为接近且变化趋势基本保持一致。

采用 CAMELS 模型对样本银行综合风险承担水平的计算结果显示，与破产风险 Z-score 的计算结果类似，我国商业银行的综合风险承担水平也具有明显的阶段性特征。在早期，CAMELS 指数普遍较低，即综合风险较高，但随后，各类银行的 CAMELS 指数开始不断上升，在 2011~2012 年达到高点，随后开始逐渐下降，在研究后期逐渐趋缓。横向比较来看，国有大型商业银行的 CAMELS 指数处于较高水平，即国有大型商业银行的综合风险承担倾向相对较低，其次是股份制银行，最高的是农商行。城商行的 CAMELS 指数略低于全行业的平均水平，且变动趋势和全行业平均情况基本保持一致。

基于边际期望损失（静态 MES）对我国 33 家上市银行系统性风险的计算结果表明，各类型商业银行的系统性风险演变趋势基本保持一致，且在各年份差异都较小，尤其是股份制银行和城商行，这两类银行的静态 MES 在大多数年份都非常接近。另外，我们发现，无论是基于 5%，还是基于 2% 或 10% 进行计算，我国各类商业银行的系统性风险均呈现出明显的阶段性特征。在全球性金融危机期间（2007~2009 年），以及 2015 年股灾期间，各类型商业银行的系统性风险均存在异常上升，而在其他年份相对表现平稳。这反映出，我国银行业的系统性风险总体上处于较为稳健可控状态。

基于 DCC-GARCH 模型与非参数核估计的动态 MES 计算结果显示，我国银行业的系统性风险整体呈现出震荡走低的态势，具体来看，在 2008 年金融危机期间达到高点，此后逐渐下降，然后转为平稳阶段。从演变趋势来看，我国三种类型商业银行的短期动态 MES 的演变过程在整个研究期间内都基本保持同步。横向比较来看，城市商业银行的短期动态 MES 处于较高水平，股份制银行次之，国有大型商业银行最低。我国商业银行的长期动态 MES

（LAMES）的变化趋势与短期动态 MES 是类似的。不同类型银行的相对关系也基本保持一致，即规模大、成立时间早、资金最为雄厚的大型国有大型商业银行的 LAMES 最低；规模小、成立时间晚的城市商业银行的 LAMES 最高；股份制银行的 LAMES 居中。

以上采用多种方法对我国商业银行风险承担和系统性风险情况测算得到的一致性结果，以及对测算结果进行的对比分析，有助于我们更深入地理解我国商业银行的风险水平及其演变规律，同时也为后续系统的实证研究提供了坚实的基础。

第5章 银行高管薪酬水平、薪酬结构 与风险承担的实证研究

5.1 文献回顾与研究假设

5.1.1 文献回顾

国外的相关研究起步较早，早在20世纪70年代，罗斯（Ross，1973）的研究就指出，薪资待遇显著作用于经理人市场。贝克和约根森（Baker and Jorgensen，2003）研究表明，金融企业的负责人与机构的风险并非正相关，甚至并无任何必然的关系。德沃斯等（Devers et al，2007）在行为代理模型的基础上研究发现，不同的高管薪酬激励方式对银行的风险承担会有不一样的影响结果。阿格瓦尔和萨姆威克（Aggarwal and Samwick，1999）研究了1993～1996年美国公司的信息，得出高管薪酬与公司所承担的风险之间负向相关的结论，这也进一步支持了委托代理理论。科尔和盖伊（Core and Guay，2002）研究发现，首席执行官支付业绩敏感性越高时，其所属机构的风险状况就越差。金（Jin，2002）研究得出，当整体风险水平较高时，高级管理人员对获取的报酬敏感度处于低水平。盖伊（Guay，1999）研究发现，银行负责人报酬结构的刺激作用决定了其是否采取高风险行动，具体体现在：如果将现金奖励等与银行短期效益相关联，那么将促使银行负责人更多地在意短时间内的绩效，而忽视长远的状况。即便是股票期权等非短期激励形式，银行经理也拥有行权的自由，因而可能在公司发生危机前行权获利并及时撤走。德沃斯（Devers，2008）基于行为代理模型、代理理论和前景理论，研究发现，高管薪酬的不同支付方式对企业风险都有重要的影响，同时，不同的支付方式之间也会相互影响。贝克尔（Becker，2006）研究得出，高管薪酬与

高风险的股票价格具有很强的相关关系，而且当管理人员获得薪酬越多时，风险的偏好程度就越强。怀特（Wright，2007）根据实证检验的结果，推论出高级管理人员的固定薪酬越多，则企业的风险承担越小。法伦布拉赫和施图尔兹（Fahlenbrach and Stulz，2011）通过研究次贷危机期间的银行绩效，发现银行高管的冒险行为并未随着激励强度的提高而加剧，银行风险水平也未发生显著变化。埃鲁尔和耶拉米利（Ellul and Yerramilli，2013）等经过研究发现，银行的管理措施影响着自身的风险承担水平，且影响作用很大。

还有一些文献探讨了股票、期权等长期薪酬对公司风险承担的影响，这方面的研究结论较为一致，高管股权薪酬的增加会促使高管的冒险行为，高的薪酬风险敏感度促使高管承担更多的风险，从而导致银行整体稳定性下降（Jensen and Meckling，1976）。哈伯德和帕利亚（Hubbard and Palia，1995）指出，随着 20 世纪 80 年代美国银行业管制的不断放松，美国银行 CEO 的股票股权薪酬也逐渐增加，由放松管制前的 CEO 持股占比 0.37%，上升至 0.49%，但与之相关的风险也在不断增大。赫舒拉发和苏（Hirshleifer and Suh，1992）认为，期权计划通过激励管理者而不是避免冒险项目，从而减轻了过度规避风险的倾向。

杰弗里等（Jeffrey et al，2006）运用 1992 ~ 2002 年 10000 余家公司的数据，发现高管薪酬对股票价格变动的敏感度越高时，高级管理人员越偏向于冒险的投资行为。拉杰戈帕尔和舍甫林（Rajgopal and Shevlin，2002）通过分析 121 家公司于 1992 ~ 1997 年的数据，结果说明高管期权薪酬与风险承担呈现正相关。陈等（Chen et al，2006）研究了 1992 ~ 2000 年基于期权的高管薪酬与商业银行风险市场测度之间的关系。研究结果表明，放松管制之后，银行越来越多地采用基于股票期权的薪酬，随着以期权为基础的财富的增长，高管们面临着与股东相同的激励，因此，他们将采取增加银行风险的策略。与此类似，威廉姆斯和饶（Williams and Rao，2006）的研究也表明，CEO 股票期权授予的风险激励效应会激励经理们承担比其他人更大的风险。

墨菲（Murphy，2009）认为，由于现金和股权激励计划固有的不良绩效处罚，目前金融服务公司的薪酬结构不存在内在因素导致明显的银行过度冒险行为。但仍需要担心未来几年的过度冒险行为。因为，通过对 TARP 和非 TARP 接受者的所有高管 2007 年和 2008 年股票期权和限制性股票的年终价值比较，结果显示，到 2008 年底，金融服务业高管持有的大多数股票期权的价格都是不合理的，这提供了可能导致冒险的不对称奖励和惩罚类型。董等

（Dong et al，2010）研究表明，股票期权有时会使管理者承担过多的风险，并在此过程中奉行次优的资本结构政策，以增加其股票股权投资组合的价值，与股东利益相悖。贝布丘克等（Bebchuk et al，2010）研究了贝尔斯登公司（Bear Stearns Cos.）和雷曼兄弟（Lehman Brothers）的高管人员的薪酬结构，基于"管理激励假说"认为，高管薪酬计划形成的激励导致银行过度冒险，最终导致当前的金融危机；过度冒险将使银行高管受益，而损害股东的长期利益。哈根道夫和瓦尔拉斯卡斯（Hagendorff and Vallascas，2011）研究发现，对风险更敏感的银行 CEO 参与银行并购，增加了收购银行并购后违约的概率，并且，基于股权的 CEO 薪酬具有风险递增效应。博加特和博尔顿（Bhagat and Bolton，2014）基于 14 家金融机构 2000～2008 年的高管薪酬分析了这些高管对自身所持有该行股票的买卖决策，他们发现，2000～2008年，这 14 位银行 CEO 购买了价值 3600 万美元的银行股票，但出售了价值34.67 亿美元的股票，卖出金额是买入股票金额的 96 倍。也就是说，高管认为他们所持有的股票价值被高估，这会导致高管们过多地承担风险。

　　国内方面，陈学斌（2005）研究了我国 5 家上市银行与 1 家非上市银行总共 22 组数据，得出负责人的薪资待遇水平越高时，银行的资本充足率数值越小，同时不良贷款率数值也更小，但不良贷款率与薪酬水平的负相关关系较弱。此外，研究发现，薪酬水平与银行的规模业绩具有密切联系，但是与资产效率业绩间关联度较小。曹廷求和于建霞（2008）探究了银行管理模式和风险管控水平的相关性，认为高级管理人员的薪资待遇反作用于银行的风险管控。黄建仁等（2010）基于 2002～2004 年的中国沪、深两市上市公司数据进行研究，结果显示，高管人员薪酬的提高有利于降低公司的违约风险，同时有助于抑制管理者利用自由现金流量投资高风险的倾向。曹艳华和牛筱颖（2009）以 2000～2007 年 14 家上市银行的数据为研究样本，认为提高高管人员薪酬水平可以减弱上市商业银行的风险承担能力。雷鸣、夏婷婷和徐小璇（2017）基于我国 14 家上市商业银行从 2006～2015 年的数据，通过门限面板模型检验了 CEO 薪资待遇与商业银行风险综合指数的门限效应，结果发现，不同性质的银行表现各异，门限值差别也较大。朱波等（2017）选取我国 102 家银行 5 年的有效数据，研究了延付高管薪酬对银行风险的影响机制，发现延付薪酬有利于降低银行风险，东部地区的银行更为明显。陈燕玲和吴敏（2018）基于我国 16 家上市商业银行的面板数据，研究了高管薪酬差距、业务结构对银行风险承担的影响，结果表明，高管薪酬差距、业务结构与银行风险承担之间均呈显著负相关关系，但薪酬差距的影响存在滞后效应。

也有部分国内学者探讨了薪酬结构、薪酬差距与银行风险承担之间的关系。李克文和郑录军（2005）通过分析山东和河南的调查样本数据，发现行长的待遇水平越高时，银行的风险相对越小，将基本工资与绩效奖金结合起来，可以更好地管控银行风险。吴晓求等（2009）认为，按照委托代理理论，委托者规划薪酬模式时，既不能过度约束，这样不利于企业发展；但是也不能激励过度，这可能使得经营管理者采取冒险行为。二者的平衡没有固定的标准，必须从实际情况出发选择合适的激励模式。同时，应当强调采用长期薪酬激励方式，将风险和收益匹配起来，并建立起长期损失责任追究制度。位华（2012）构建模型对 2001~2010 年我国 92 家城市商业银行的数据进行分析得出，城市商业银行 CEO 的股权薪酬水平与风险承担能力正相关，但货币薪酬则相反。但与此相反的是，张瑞君等（2013）认为，机构负责人的风险承担能力会随着短期激励水平的提高而增强。李小荣和张瑞君（2014）基于 1999~2010 沪、深两市上市公司数据研究，发现股权激励与风险承担为倒 "U" 形关系。屠立鹤和孙世敏（2017）采用 2006~2014 年上市公司中已实施股票期权激励的公司数据，利用 VEGA 值衡量股票期权激励程度同样得到以上结论。洪峰和戴文涛（2018）用双重差分倾向和得分匹配法分析得出，股权激励对银行债务契约定价有负面影响，进一步站在银行角度，则认为股票期权对高管的风险承担的激励效果更强。

综上，现有文献对商业银行高管薪酬与银行风险承担问题已进行了广泛的探讨，从研究视角来看，在对高管薪酬的研究中，大多集中于研究高管的短期薪酬和货币薪酬，而对长期薪酬研究相对较少。在对银行高管与银行风险承担关系的研究中，国外大部分学者的研究表明，高管薪酬水平与银行风险之间呈负相关关系，薪酬激励制度对银行高管的投资行为具有较强的影响作用，短期薪酬激励比重过高，可能导致银行高管更加注重短期利益，而长期薪酬激励比重较高，高管则会更多地关注银行的长期绩效与经营风险。国内学者在对此探索的过程中，大部分研究得出高管薪酬对银行风险存在负向作用，也就是说，高管薪酬水平较高时，银行的风险承担水平则较低。综合现有研究来看，国内学者就商业银行高管薪酬对风险的影响集中于探讨银行高管的短期薪酬，以银行高管的货币薪酬为衡量依据，但是对于我国商业银行高管长期薪酬的研究还不够充分。本章在总结分析众多国内外学者成果的基础上，以商业银行高管的总薪酬水平、薪酬结构为研究视角，对我国商业银行高级管理人员薪酬状况与银行风险承担之间的关系进行分析，并就高管薪酬对不同类型商业银行风险承担的异质性影响，以及其中可能存在的管理者权力的调节效应进行检验。

5.1.2 理论依据与研究假设

首先，根据委托代理理论以及激励理论，在商业银行公司治理结构中，股东和高管人员具有委托代理关系。股东通过薪酬机制激励高管认真工作、创造收益。而作为高管，则是一方面争取股东权益达到最高水平，另一方面为个人赢取最大财富。换言之，薪酬是股东给予高管的业绩回报，同时也是高管持续为实现股东价值最大化的强大动力。在这种情况下，薪酬水平的高低对高管投资行为具有重要的影响力。薪酬越高，高管人员的工作积极性、责任心越强。如果股东给予高管的薪酬激励水平过低，那么高管会认为个人的业绩贡献未获得应有的回报，或者说按照以往的投资行为，无法赚取合理的利益。那么，这种情况下高管很有可能转变策略，采取相对冒险的投资行为。反之，如果高管能够取得相对较高的薪酬水平，则会倾向于采取相对稳健的投资行为，以维持较高的薪酬回报，同时，银行的风险承担水平将有所降低。然而，现阶段我国商业银行高管薪酬以年薪货币收入、在职消费等短期薪酬为主，根据行为理论，短期薪酬也最容易给高管人员的短期冒险行为形成最有力的激励约束力量。

阿格瓦尔和萨姆威克（Aggarwal and Samwick，1999）的实证研究表明，高管薪酬与企业风险呈负相关关系，薪资绩效的敏感性正在降低。由于银行高杠杆率的存在，资本监管的有效性有限，银行管理层的薪酬制度对于降低银行风险的作用更重要，因为高管才是企业的经营者（John，2000）；特别是类似债务的薪酬有助于降低金融机构的风险（Bolton et al，2015）。有些国内学者的研究也发现，高管货币薪酬与银行风险承担负相关（曹艳华和牛筱颖，2009；庄宇等，2013）；高管人员薪酬越高，银行风险承担水平越低，经营越稳健（王倩等，2007）；固定式的薪酬激励机制让经理层变得"懒惰"，短期薪酬与银行的流动性风险、信用风险、市场风险等风险指标全部呈显著负相关关系（王晓枫和吴丛根，2011）。基于此，提出本章的假设H5－1。

H5 – 1：高管的短期薪酬对银行风险承担行为存在抑制作用，即高管短期薪酬水平越高，银行的风险承担倾向越弱。

其次，经过探究银行高管薪酬激励的特点，股东对于高管的长期激励，主要以长期的投资风险与收益相对比权衡。与相对固定的短期货币年薪收入不同，商业银行高级管理人员的长期薪酬回报主要与银行的长期绩效相联系。因此，银行高管在做一些投资行为的选择时，就会考虑更为长远，选择长期回报率更高，同时风险也可能更高的项目。因此，在这种情况下，长期薪酬激励水平的提高将会使高管倾向于承担更高的风险。

同时，大量研究，例如，科尔斯等（Coles et al，2006）、拉杰戈帕尔和舍甫林（Rajgopal and Shevlin，2002）、陈等（Chen et al，2006）、墨菲（Murphy，2009）、贝布丘克等（Bebchuk et al，2010）、哈根道夫和瓦尔拉斯卡斯（Hagendorff and Vallascas，2011）、博加特和博尔顿（Bhagat and Bolton，2014）、位华（2012）、洪峰和戴文涛（2018）等表明，高管股权薪酬的增加会促使高管的冒险行为；期权计划激励了管理者的冒险行为；高管薪酬对股票价格变动的敏感度越高时，高级管理人员越偏向于高风险投资行为，导致银行过度冒险；随着以期权为基础的财富的增长，高管们将采取增加银行风险的策略。基于以上一致性结论，提出本章的假设 H5 – 2。

H5 – 2：高管薪酬结构对银行风险承担存在显著影响，高管的长期薪酬占比越高，商业银行的风险承担倾向越强。

再次，综合以上分析，银行高管总薪酬与商业银行风险承担之间的关系是不确定的，具体关系要取决于短期薪酬与长期薪酬对风险承担激励强度的相对大小。基于此，提出本章的假设 H5 – 3。

H5 – 3：高管总薪酬与银行的风险承担可能呈负相关也可能呈正相关。

此外，基于我国特殊的国情考虑，全国性的大型商业银行与区域性的小型商业银行往往在高管薪酬约束、风险控制等方面存在较多差异。通常来讲，大型银行具有较浓重的行政色彩，因此高管薪酬机制受到国家的约束也相对较多，同时，在风险管控等方面也更为严格。而就小型银行来看，高管薪酬机制的灵活性往往更大，对商业银行风险水平的影响相对也更加灵敏。根据杨瑞龙等（2013）的观点，央企领导比起职业经理人更像政府官员，国有企业的政治属性使银行本身并不仅仅以追求银行价值最大化为目标，还要考虑政治目标、相关民生问题以及社会稳定等宏观问题，国有大型商业银行也更倾向于向国家经济政策看齐，更加倾向于相对稳健的策略，因而国有银行风险承担受薪酬激励的影响相对较小。因此,本章初步推断,不同类型商业银行高管薪酬的风险承担激励效应存在差异,相比全国性的大型商业银行,小型银行的高管薪酬与银行风险承担水平具有更强的负相关关系。陆岷峰和虞鹏飞(2016)、李廷瑞和李博阳(2020)等实证研究也表明,薪酬激励对不同类型银行的影响的确存在差异。国有大型商业银行高管薪酬对银行风险承担的影响相对股份制商业银行较小,小银行的薪酬激励与风险承担之间的关系更加显著(李廷瑞和李博阳,2020)。基于此,提出本章的假设 H5-4。

H5-4:不同类型商业银行高管的薪酬与风险承担之间的关系存在差异,相比全国性大型商业银行,区域性小型银行的风险承担水平对高管薪酬激励更敏感。

最后,薪酬激励措施能否有效缓解代理问题,管理者权力是一个很大的影响因素。管理者权力是高级管理人员在企业出现治理缺陷时拥有超过原本范围的深度影响力,越大的管理者权力使得管理者越有可能实施机会主义行为,使最优契约理论失效,加重代理问题。如果管理者权力足够大,管理者可以自己控制自己的薪酬计划,使原本可以缓解代理问题的激励制度无效,同样也会使监管制度成为摆设。大量研究也证实了管理者权力对高管薪酬激励效果的影响,例如,贝布丘克等(Bebchuk et al,2002)通过对管理者权力和租金提取在高管薪酬中的作用和意义的研究发现,高管有权力影响自己的薪酬,并利用权力为自己榨取租金,最终得出管理者权力在高管薪酬设计中具有重要作用的结论。管理层如果利用权力可以轻松获得租金,就不会选择高风险的研发创新项目,国内学者张云等(2018)通过基于我国 2006~2016 年已公布股权激励方案的上市企业数据研究表明,股权激励可以促进企业的研发创新,而股权激励与管理者权力则会产生负向协同效应,抑制企业的研发创新。一般来说,如果高管对董事会具有较大影响时(如高管兼任董事),董事会会帮助高管获得资源。在我国银行业,通过整理数据发现,已上市的商业银行行长均兼任董事,甚至有些银行行长同时兼任董事长或副董事长,所以研究高管权力对高管股权激励与商业银行风险承担关系的影响是十分必要的。综上,提出本章的假设 H5-5:管理者权力在高管薪酬与商业银行风险承担之间存在调节效应,即管理者权力会弱化薪酬激励对银行风险承担的抑制作用。管理者权力越强,高管薪酬与银行风险承担之间的负相关关系越不明显。基于我国银行业公司治理实际,本章同时考虑行长兼职、行长来源、董事会规模、独立董事人数等四个方面的管理者权力因素,因此将以上假设扩展为以下四个假设。

H5 – 5a：行长兼职会负向调节高管薪酬与银行风险承担之间的关系。即，行长兼任的职位越多、越重要，行长的权力越大，高管薪酬与银行风险承担之间的负相关关系越不明显。

H5 – 5b：行长内部晋升会负向调节高管薪酬与银行风险承担之间的关系。即，行长内部晋升来源越多，行长的权力越大，高管薪酬与银行风险承担之间的负相关关系越不明显。

H5 – 5c：董事会规模会负向调节高管薪酬与银行风险承担之间的关系。即，董事会规模越大，行长的权力越大，高管薪酬与银行风险承担之间的负相关关系越不明显。

H5 – 5d：独立董事人数会正向调节高管薪酬与银行风险承担之间的关系。即独立董事人数越少，行长的权力越大，高管薪酬与银行风险承担之间的负相关关系越不明显。

5.2　实证研究设计

5.2.1　变量选取与定义

5.2.1.1　解释变量：高管薪酬（Pay）

随着我国商业银行股份制改革与市场化的推进，对银行高管的激励已不单单停留在货币层面。例如，交通银行董事长 2016 年持股市值合计 1211700 元，货币薪酬为 646200 元[①]；宁波银行副行长 2016 年持股市值 31016960 元，货币薪酬为 2252500 元[②]；杭州银行行长 2016 年持股市值合计 10056000 元，货币薪酬为 1242900 元[③]。可见，持股收益已是商业银行高管薪酬的关键组成内容，因此本书在定义商业银行高管薪酬时既考虑总薪酬水平，又考虑短期薪酬、长期薪酬等薪酬结构问题。

（1）高管短期薪酬（Spay）。短期薪酬包括货币年薪收入，以及办公费、

[①]　资料来源：交通银行 2016 年年度报告。
[②]　资料来源：宁波银行 2016 年年度报告。
[③]　资料来源：杭州银行 2016 年年度报告。

接待费、国外参访费、学习培训费等在职消费或隐性收入。鉴于中国商业银行的高管薪酬信息披露并不充分，难以获得有关在职消费与隐性收入的全面数据。本章考虑的短期薪酬主要是货币薪酬，具体是指商业银行年度报告中披露的薪酬排名前 3 位的高管人员年度货币收入情况（Spay3）。为了便于对比，我们同时计算了薪酬排名前 5 位的高管人员年度货币收入（Spay5）作为短期薪酬代理变量。

（2）高管薪酬结构（PayStr）。从薪酬结构来看，高管薪酬还包括股权、期权、收益权转让、跟投计划、合伙人计划、资产管理计划等长期薪酬形式。由于大多数商业银行只公布了持股数据，因此在薪酬结构方面本章主要考虑银行高管股权薪酬占比情况。为了便于对比，我们同时计算了薪酬排名前 3 位、前 5 位高管的长期薪酬占比指标（PayStr3、PayStr5）。

（3）高管总薪酬（Tpay）。高管长期薪酬与短期薪酬的总和即为高管总薪酬。即将上述得到的薪酬排名前 3 位、前 5 位高管的长期薪酬与短期薪酬加总，分别作为银行高管总薪酬的衡量指标（Tpay3、Tpay5）。

综上，本章所考虑的解释变量分别有前 3 位、前 5 位高管的短期薪酬 Spay3、Spay5，长期薪酬 PayStr3、PayStr 5，总薪酬 Tpay3、Tpay5，共 6 个指标。

5.2.1.2 被解释变量：银行风险承担（RISK）

关于商业银行风险承担的衡量，常用的有：（1）破产风险法，侧重于银行可能存在的破产风险的衡量。采用的主要指标有盈利能力波动性（李小荣和张瑞君，2014；Boubakri et al，2013；周泽将等，2018）、股票收益波动性（Gormley et al，2013；王栋和吴德胜，2016）、破产 Z 指数（Laeven and Levine，2009；张健华和王鹏，2012；Shim，2019）等。（2）资本充足法，主要指标有加权风险资产比例（喻微锋和周黛，2018）、不良贷款率（王兵和朱宁，2011）、资本充足率（顾海峰和张亚楠，2018；顾海峰和杨立翔，2018）、贷款损失准备率（姚树洁等，2011；汪可，2018）、资本资产比率（姚树洁等，2011；郭品和沈悦，2015b）、权益对负债比率、Z 值（汪可等，2017）、预期违约概率（牛晓健和裘翔，2013）、股市波动率和股价波动率（刘忠璐，2016）等。（3）综合法，典型的是 CAMELS 模型，该方法的特点是综合考虑了银行多方面情况，从多个维度来测度银行风险。

综合来看，国内学者较多使用不良贷款率、破产 Z 指数或者破产 Z 指数的自然对数作为风险承担衡量指标。而市场法、预期违约概率、波动率指标计算需要上市银行日报酬率数据，计算得到的观测数较少。本章结合国内外学者的常见做法，主要采用不良贷款率、破产 Z 指数和 CAMELS 指数法作为本章研究的银行风险承担变量。因此，在本章研究中，我们采用的风险承担指标有 NPL、Z-score 和 CAMELS 三个。

各风险承担指标既有共性，又各有侧重。其中，不良贷款率（NPL）是银行风险决策的直观反映；破产 Z 指数（Z-score）主要衡量银行破产风险；而骆驼评级指数（CAMELS）考虑了多方面的因素，能较为全面地反映银行综合风险状况。多个银行风险承担的使用，一方面保证了研究结论的可靠性，另一方面也使得研究结论更为丰富。需要说明的是，为了和其他两个风险承担指标的方向保持一致性，在具体回归过程中对 CAMELS 取负值（相反数）处理。

5.2.1.3　控制变量

基于对既有文献的分析，本章从微观、中观和宏观三个方面选取模型控制变量。其中，银行微观层面影响银行风险承担的因素主要包括：（1）银行规模（Size）。本章采用每家银行总资产的自然对数作为银行规模指标，银行规模越大，说明其整体实力越强，说明银行抵御风险的能力更强，因此更有可能激励高管为追求高利润而承担更高的风险。（2）银行成长性（Growth）。本章采用每家银行的同期营业收入增长率来代表公司成长性，成长性越好的银行，越具有冒险精神，为追求与上期相同的增长率，通常会选择风险更高的项目。（3）经营效率，选取银行成本收入比（CRra）作为代理变量。一般而言，经营效率越高，银行风险承担水平越低。（4）流动性水平，选取存贷比（LDR）作为代理变量。也有文献选取流动资产与总资产之比反映银行流动性水平。（5）资本充足率（CAP）。资本充足率是重要的银行资产监管指标，资本充足率越高，说明银行风险越低。（6）第一大股东持股比例（Shsr）。股权越集中，代表股东对银行的控制力越强，股东也会更加注重风险，董事会则更倾向于与股东权益保持一致，因此倾向于采取较为谨慎的高管薪酬机制来约束高管的风险投资行为。（7）银行收入多元化指数（HHI）。近年来，商业银行纷纷加大对非利息收入项目的投资，非利息收入占比不断提高，收入来源的多元化可以分散银行风险，在较低的风险水平下获取较高的收益，薪酬激励促使高管寻找新的创收项目，因此将收入多元化指数（HHI）考虑在其中。

本章采用赫芬达尔指数（Herfindahl Index，HHI）对银行收入多元化水平进行计算，具体公式如下：

$$HHI = 1 - I, \quad 其中,I = \sum_{i=1}^{n} (P_i)^2 \qquad (5-1)$$

其中，I 为银行收入来源集中度；P_i 为银行在第 i 项业务之营业收入占总营业收入的比率；n 为银行业务收入来源的数目。本章考虑利息收入和非利息收入两种收入来源。

需要说明的是，有少数观测点的非利息收入是负的，例如，成都银行 2008 年的非利息收入是 -0.214 亿元人民币，贵阳银行 2013 年的非利息收入是 -2.042 亿元人民币，导致少数计算出的 HHI 有的是负值。

中观层面，考虑到近年来我国银行业的主要变化是通过市场化改革使得行业竞争环境发生了较大变化，故选取银行业集中度（CR4）（中国银行、农业银行、工商银行、建设银行等前四大银行资产占全行业总资产比重）作为控制变量。

此外，宏观层面上的控制变量主要有：（1）宏观经济发展，选取实际国内生产总值增速（GDP）作为代理变量。（2）净利差（NID），选取贷款利率与存款利率的差异作为代理变量。（3）证券市场发展水平（Stock），选取证券市场总市值与 GDP 的比值作为代理变量。（4）货币政策，选取货币供给量（M2）增速作为代理变量。

5.2.1.4　调节变量

为了考查管理者权力对高管薪酬激励与银行风险承担之间的调节效应，本章通过引入管理者权力指标与高管薪酬的交乘项，构建调节效应模型进行回归分析。在管理者权力指标的测度上，参考张云等（2018）的相关研究，结合我国银行业特征，考虑行长兼职情况、行长来源、董事会规模、独立董事人数四个方面的情况。

（1）行长兼职情况（Power1）。

当行长、董事长两职合一，或行长担任较多重要职位时，行长将拥有更多的权力，权力更加集中，也能更大程度地影响董事会决策（Morgan，2002）。

（2）行长来源是否为内部晋升（Power3）。

若行长（CEO）来源于内部晋升，表明行长与银行的长期关系，往往具有更多的管理者权力影响董事会的决定（May，1995）。

（3）董事会规模（Power3）。

作为公司（商业银行）的最高权力机构，董事会规模越大，意味着董事意见越难以统一。这时，银行决策更多依赖于行长（CEO），行长权力则越大。

（4）独立董事人数（Power4）。

在董事会中，独立董事领取固定津贴，薪酬与企业业绩不相关，因此董事具有独立性。独立董事的人数越多，带来的企业外部的力量越大，越容易听取多方意见，削弱高管的控制力。

上述各变量定义及描述性统计情况见表 5 - 1 和表 5 - 2。

表 5 - 1　　　　　　　　　　　　　变量定义

变量类型	变量名称	变量符号	变量定义
被解释变量	不良贷款率	NPL	贷款拨备率/拨备覆盖率×100
	Z 评分指数	Z-score	本章采用 Z 评分计算所得
	骆驼评级指数	CAMELS	本章采用骆驼评级法计算所得
解释变量	薪酬水平	Spay	排名前 3 位、前 5 位高管的货币薪酬，单位：百万元
		Tpay	排名前 3 位、前 5 位高管的总薪酬，单位：百万元
	薪酬结构	PayStr	排名前 3 位、前 5 位高管的股权薪酬与总薪酬之比
控制变量	资产规模	Size	年末银行总资产的自然对数
	成长性	Growth	营业总收入同比增长率/100
	经营效率	CRra	银行成本收入比＝营业收入/营业支出
	流动性水平	LDR	银行存贷比＝存款总额/贷款总额
	资本充足率	CAP	银行期末资本净额/风险加权资产总额
	大股东持股比例	Shsr	第一大股东持股数/总股数
	收入多元化指数	HHI	本章计算所得
	行业集中度	CR4	前四大银行资产占全行业总资产比值
	宏观经济发展水平	GDP	实际国内生产总值增速
	净利差	NID	银行贷款利率减去存款利率
	证券市场占比	Stock	上市公司总市值/GDP 总额
	货币政策	M2	货币供应量（M2）增速（环比）

续表

变量类型	变量名称	变量符号	变量定义
调节变量	行长兼职	Power1	行长同时兼任董事长、副董事长或行长同时担任职位超过 3 个取值为 1，否则为 0
	行长来源	Power2	若行长来源于内部晋升取值为 1，否则为 0
	董事会规模	Power3	董事会成员数
	独立董事人数	Power4	董事会成员中独立董事人数

表 5 - 2　　　　　　　　　　变量描述性统计

变量	均值	中位数	最大值	最小值	标准差	观测数
NPL	1.390	1.330	9.330	0.360	0.811	332
Z-score	-2.069	-1.912	0.000	-24.123	1.668	319
CAMELS	-0.825	-0.935	1.380	-2.306	0.747	334
Spay3	0.058	0.044	0.326	0.000	0.048	332
Tpay3	0.151	0.079	3.964	0.010	0.316	332
PayStr3	0.281	0.026	1.434	0.000	0.354	332
Spay5	0.088	0.070	0.458	0.009	0.067	332
Tpay5	0.219	0.123	6.334	0.016	0.477	332
PayStr5	0.296	0.015	0.999	0.000	0.361	332
Size	14.169	14.212	17.220	11.034	1.595	334
Growth	0.184	0.166	0.674	-0.109	0.144	334
CRra	32.463	31.505	66.470	19.980	6.333	334
LDR	0.700	0.707	1.100	0.287	0.119	334
CAP	12.818	12.665	30.670	3.700	2.359	330
Shsr	0.248	0.189	0.689	0.024	0.180	330
HHI	0.292	0.290	0.500	-0.032	0.113	334
CR4	0.413	0.387	0.549	0.361	0.056	334
GDP	8.012	7.000	14.200	6.100	1.996	334
NID	2.366	2.345	3.990	1.320	0.473	334
STOCK	0.683	0.666	1.484	0.186	0.219	334
M2	1.577	1.478	3.180	0.993	0.532	334

变量	均值	中位数	最大值	最小值	标准差	观测数
Power1	0.485	0.000	1.000	0.000	0.501	332
Power2	0.970	1.000	1.000	0.000	0.171	331
Power3	18.653	18.000	33.000	8.000	4.602	334
Power4	5.964	6.000	12.000	1.000	1.729	334

注：以上所有变量取值期间为 2005~2019 年，其中银行高管薪酬、资产总额等涉及价格的变量以 2005 年为基期进行相应 CPI 调整。同时，为了避免回归系数过小的问题，我们对薪酬指标进行缩小 100 倍处理，即实际回归用的薪酬数据单位为亿元。

资料来源：笔者整理。

5.2.2　变量的相关性分析

由于不同的控制变量之间可能会存在强相关关系，进而导致在做回归分析时，可能存在多重共线性问题，进而导致回归结果偏差。那么，控制变量的相关性检验就成为回归分析前的重要步骤。表 5-3、表 5-4、表 5-5 分别展示了样本数据中的解释变量高管短期薪酬、长期薪酬以及总薪酬与各控制变量之间的相关关系。

5.2.2.1　高管短期薪酬与控制变量的相关性分析

表 5-3 显示，商业银行高管短期薪酬（Spay3、Spay5）与各个控制变量的相关性关系较弱，各控制变量之间也没有强相关关系，因此变量的选取恰当，不需剔除多余变量。

5.2.2.2　高管薪酬结构与控制变量的相关性分析

表 5-4 显示，商业银行高管薪酬结构，即长期薪酬占比（Paystr3、Paystr5）与各个控制变量的相关性关系较弱，各控制变量之间也没有强相关关系，因此变量的选取恰当，不需剔除多余变量。

5.2.2.3　高管总薪酬与控制变量的相关性分析

表 5-5 显示，商业银行高管总薪酬（Tpay3、Tpay5）与各个控制变量的相关性关系较弱，各控制变量之间也没有强相关关系，因此变量的选取恰当，不需剔除多余变量。

表 5-3　高管短期薪酬与控制变量的相关性分析

变量	Spay3	Spay5	Size	Growth	CRra	LDR	CAP	Shsr	HHI	CR4	GDP	NID	STOCK	M2	Power1	Power2	Power3	Power4
Spay3	1.000	—	—	—	—	—	—	—	—	—	—	—	—	—	—	—	—	—
Spay5	0.986	1.000	—	—	—	—	—	—	—	—	—	—	—	—	—	—	—	—
Size	0.136	0.128	1.000	—	—	—	—	—	—	—	—	—	—	—	—	—	—	—
Growth	0.291	0.307	-0.236	1.000	—	—	—	—	—	—	—	—	—	—	—	—	—	—
CRra	0.196	0.180	-0.168	0.114	1.000	—	—	—	—	—	—	—	—	—	—	—	—	—
LDR	0.211	0.227	0.258	-0.217	-0.198	1.000	—	—	—	—	—	—	—	—	—	—	—	—
CAP	-0.407	-0.393	-0.069	-0.058	-0.334	-0.063	1.000	—	—	—	—	—	—	—	—	—	—	—
Shsr	0.092	0.101	-0.296	0.483	0.235	-0.287	0.035	1.000	—	—	—	—	—	—	—	—	—	—
HHI	0.105	0.087	0.670	-0.098	0.046	0.044	0.010	-0.058	1.000	—	—	—	—	—	—	—	—	—
CR4	0.119	0.123	0.594	-0.321	-0.352	0.464	0.012	-0.546	0.323	1.000	—	—	—	—	—	—	—	—
GDP	0.389	0.366	-0.035	0.519	0.433	-0.206	-0.282	0.387	0.085	-0.413	1.000	—	—	—	—	—	—	—
NID	0.384	0.357	-0.053	0.543	0.415	-0.195	-0.188	0.337	0.072	-0.417	0.899	1.000	—	—	—	—	—	—
STOCK	0.109	0.097	-0.041	0.070	-0.007	-0.058	0.162	0.061	0.000	-0.100	0.026	0.337	1.000	—	—	—	—	—
M2	0.343	0.330	-0.006	0.294	0.362	-0.241	-0.289	0.309	0.095	-0.355	0.844	0.717	0.172	1.000	—	—	—	—
Power1	-0.098	-0.139	0.393	-0.090	-0.126	0.019	-0.058	-0.128	0.246	0.188	0.097	0.075	0.016	0.105	1.000	—	—	—
Power2	0.056	0.057	-0.107	0.019	-0.112	-0.054	0.002	0.014	-0.113	-0.009	0.054	0.054	0.036	0.089	0.039	1.000	—	—
Power3	0.276	0.286	0.464	0.033	-0.010	0.272	-0.124	-0.014	0.175	0.281	0.231	0.206	0.006	0.202	0.252	-0.010	1.000	—
Power4	-0.089	-0.059	-0.155	-0.033	0.054	-0.045	0.131	-0.069	-0.168	0.041	-0.235	-0.216	0.001	-0.210	-0.155	-0.032	-0.179	1.000

表 5－4　高管薪酬结构与控制变量的相关性分析

变量	Paystr3	Paystr5	Size	Growth	CRra	LDR	CAP	Shsr	HHI	CR4	GDP	NID	STOCK	M2	Power1	Power2	Power3	Power4
Paystr3	1.000	—	—	—	—	—	—	—	—	—	—	—	—	—	—	—	—	—
Paystr5	0.991	1.000	—	—	—	—	—	—	—	—	—	—	—	—	—	—	—	—
Size	-0.570	-0.551	1.000	—	—	—	—	—	—	—	—	—	—	—	—	—	—	—
Growth	-0.093	-0.105	-0.226	1.000	—	—	—	—	—	—	—	—	—	—	—	—	—	—
CRra	-0.137	-0.145	-0.146	0.109	1.000	—	—	—	—	—	—	—	—	—	—	—	—	—
LDR	-0.096	-0.083	0.228	-0.197	-0.252	1.000	—	—	—	—	—	—	—	—	—	—	—	—
CAP	0.391	0.387	-0.076	-0.062	-0.352	-0.021	1.000	—	—	—	—	—	—	—	—	—	—	—
Shsr	0.070	0.058	-0.295	0.473	0.246	-0.299	0.023	1.000	—	—	—	—	—	—	—	—	—	—
HHI	-0.420	-0.405	0.671	-0.091	0.047	0.044	0.011	-0.063	1.000	—	—	—	—	—	—	—	—	—
CR4	-0.183	-0.169	0.578	-0.304	-0.376	0.488	0.047	-0.546	0.332	1.000	—	—	—	—	—	—	—	—
GDP	-0.279	-0.289	-0.031	0.524	0.423	-0.191	-0.285	0.373	0.091	-0.398	1.000	—	—	—	—	—	—	—
NID	-0.235	-0.248	-0.048	0.547	0.403	-0.173	-0.191	0.322	0.079	-0.397	0.901	1.000	—	—	—	—	—	—
STOCK	0.082	0.079	-0.046	0.060	-0.013	-0.051	0.168	0.061	-0.004	-0.093	0.015	0.321	1.000	—	—	—	—	—
M2	-0.217	-0.223	-0.006	0.297	0.360	-0.233	-0.290	0.303	0.098	-0.346	0.843	0.717	0.165	1.000	—	—	—	—
Power1	-0.204	-0.200	0.391	-0.086	-0.140	0.043	-0.039	-0.136	0.255	0.216	0.095	0.077	0.016	0.104	1.000	—	—	—
Power2	0.034	0.028	-0.038	0.009	-0.102	-0.044	-0.001	-0.045	-0.073	0.029	0.058	0.062	0.020	0.084	0.066	1.000	—	—
Power3	-0.259	-0.250	0.447	0.035	-0.055	0.317	-0.087	-0.050	0.185	0.328	0.224	0.204	0.004	0.193	0.274	0.031	1.000	—
Power4	-0.052	-0.039	0.275	0.022	-0.033	0.256	0.017	-0.075	0.043	0.302	0.056	0.053	0.005	0.047	0.151	-0.002	0.748	1.000

表 5 - 5　　高管总薪酬与控制变量相关性分析

变量	Tpay3	Tpay5	Size	Growth	CRra	LDR	CAP	Shsr	HHI	CR4	GDP	NID	STOCK	M2	Power1	Power2	Power3	Power4
Tpay3	1.000	—	—	—	—	—	—	—	—	—	—	—	—	—	—	—	—	—
Tpay5	0.991	1.000	—	—	—	—	—	—	—	—	—	—	—	—	—	—	—	—
Size	-0.290	-0.275	1.000	—	—	—	—	—	—	—	—	—	—	—	—	—	—	—
Growth	0.114	0.129	-0.236	1.000	—	—	—	—	—	—	—	—	—	—	—	—	—	—
CRra	0.139	0.128	-0.168	0.114	1.000	—	—	—	—	—	—	—	—	—	—	—	—	—
LDR	-0.041	-0.047	0.258	-0.217	-0.198	1.000	—	—	—	—	—	—	—	—	—	—	—	—
CAP	0.182	0.185	-0.069	-0.058	-0.334	-0.063	1.000	—	—	—	—	—	—	—	—	—	—	—
Shsr	0.186	0.187	-0.296	0.483	0.235	-0.287	0.035	1.000	—	—	—	—	—	—	—	—	—	—
HHI	-0.170	-0.161	0.670	-0.098	0.046	0.044	0.010	-0.058	1.000	—	—	—	—	—	—	—	—	—
CR4	-0.098	-0.097	0.594	-0.321	-0.352	0.464	0.012	-0.546	0.323	1.000	—	—	—	—	—	—	—	—
GDP	0.107	0.118	-0.035	0.519	0.433	-0.206	-0.282	0.387	0.085	-0.413	1.000	—	—	—	—	—	—	—
NID	0.145	0.156	-0.053	0.543	0.415	-0.195	-0.188	0.337	0.072	-0.417	0.899	1.000	—	—	—	—	—	—
STOCK	0.174	0.183	-0.041	0.070	-0.007	-0.058	0.162	0.061	0.000	-0.100	0.026	0.337	1.000	—	—	—	—	—
M2	0.130	0.140	-0.006	0.294	0.362	-0.241	-0.289	0.309	0.095	-0.355	0.844	0.717	0.172	1.000	—	—	—	—
Power1	0.013	0.028	0.393	-0.090	-0.126	0.019	-0.058	-0.128	0.246	0.188	0.097	0.075	0.016	0.105	1.000	—	—	—
Power2	0.053	0.050	-0.107	0.019	-0.112	-0.054	0.002	0.014	-0.113	-0.009	0.054	0.054	0.036	0.089	0.039	1.000	—	—
Power3	-0.002	-0.001	0.464	0.033	-0.010	0.272	-0.124	-0.014	0.175	0.281	0.231	0.206	0.006	0.202	0.252	-0.010	1.000	—
Power4	0.154	0.153	-0.155	-0.033	0.054	-0.045	0.131	-0.069	-0.168	0.041	-0.235	-0.216	0.001	-0.210	-0.155	-0.032	-0.179	1.000

5.2.3　研究样本与数据来源

考虑到数据的完整性，本章研究选取截至 2019 年 12 月已上市的全部 36 家上市商业银行为研究样本。具体包括中国银行、农业银行、工商银行、建设银行、交通银行、邮储银行等 6 家国有大型商业银行，平安银行、浦发银行、民生银行、招商银行、华夏银行、兴业银行、中信银行、光大银行和浙商银行等 9 家股份制银行，宁波银行、南京银行、北京银行、江苏银行、贵阳银行、杭州银行、上海银行、成都银行、郑州银行、长沙银行、青岛银行、苏州银行和西安银行等 13 家城市商业银行，以及江阴银行、无锡银行、常熟银行、苏农银行、张家港行、紫金银行、青农商行、苏州银行和渝农商行等 8 家农村商业银行。

样本期间为 2005 ～ 2019 年，除风险承担（Z-score、CAMELS）、薪酬水平（Spay、Lpay、Tpay）、市场集中度（CR4）、收入多元化指数（HHI）等指标是由本章研究计算得到以外，其他数据来自 Wind 金融终端、RESSET 金融研究数据库、CEIC 数据库、中国金融统计年鉴、各银行历年年报等。删除少数存在异常或数据缺少的观测点，最后共获取 328 个观测值作为研究样本。所有数据分析与实证过程均通过 Excel 2016，Eviews 10 和 Stata15.0 等统计软件完成。本章研究样本涵盖了除外资银行以外的所有商业银行类型，其总资产与存贷款规模占全行业 80% 以上，具有较好的代表性。

5.2.4　计量模型设计

5.2.4.1　基础回归模型设定

基于上述分析与数据，首先选取前 3 位高管的短期薪酬（Spay3）、长期薪酬（Lpay3）、总薪酬（Tpay3）作为基础回归模型的解释变量，同时考虑到商业银行风险承担影响的滞后作用，加入其一阶滞后项作为前定变量，最终，本章研究建立如下以非平衡面板数据为基础的一组多元回归方程模型：

$$
\begin{aligned}
\text{Risk}_{it} = {} & \beta_0 + \beta_1 \times \text{Risk}_{i,t-1} + \beta_2 \times \text{Spay3}_{i,t} + \beta_3 \text{Size}_{i,t} \\
& + \beta_4 \text{Growth}_{i,t} + \beta_5 \text{CRra}_{i,t} + \beta_6 \text{LDR}_{i,t} + \beta_7 \text{CAP}_{i,t} \\
& + \beta_8 \text{Shsr}_{i,t} + \beta_9 \text{HHI}_{i,t} + \beta_{10} \text{CR4}_{i,t} + \beta_{11} \text{GDP}_{i,t} \\
& + \beta_{12} \text{NID}_{i,t} + \beta_{13} \text{Stock}_{i,t} + \beta_{14} \text{M2}_{i,t} + \mu_{i,t} + \nu_{i,t} + \varepsilon_{i,t}
\end{aligned}
\tag{5-2}
$$

$$
\begin{aligned}
\text{Risk}_{it} = {}& \beta_0 + \beta_1 \times \text{Risk}_{i,t-1} + \beta_2 \times \text{Lpay3}_{i,t} + \beta_3 \text{Size}_{i,t} \\
& + \beta_2 \text{Growth}_{i,t} + \beta_2 \text{CRra}_{i,t} + \beta_2 \text{LDR}_{i,t} + \beta_2 \text{CAP}_{i,t} \\
& + \beta_2 \text{Shsr}_{i,t} + \beta_2 \text{HHI}_{i,t} + \beta_2 \text{CR4}_{i,t} + \beta_2 \text{GDP}_{i,t} \qquad (5-3) \\
& + \beta_2 \text{NID}_{i,t} + \beta_2 \text{Stock}_{i,t} + \beta_2 \text{M2}_{i,t} \\
& + \mu_{i,t} + \nu_{i,t} + \varepsilon_{i,t}
\end{aligned}
$$

$$
\begin{aligned}
\text{Risk}_{it} = {}& \beta_0 + \beta_1 \times \text{Risk}_{i,t-1} + \beta_2 \times \text{Tpay3}_{i,t} + \beta_3 \text{Size}_{i,t} \\
& + \beta_4 \text{Growth}_{i,t} + \beta_5 \text{CRra}_{i,t} + \beta_6 \text{LDR}_{i,t} + \beta_7 \text{CAP}_{i,t} \\
& + \beta_8 \text{Shsr}_{i,t} + \beta_9 \text{HHI}_{i,t} + \beta_{10} \text{CR4}_{i,t} + \beta_{11} \text{GDP}_{i,t} \qquad (5-4) \\
& + \beta_{12} \text{NID}_{i,t} + \beta_{13} \text{Stock}_{i,t} + \beta_{14} \text{M2}_{i,t} + \mu_{i,t} \\
& + \nu_{i,t} + \varepsilon_{i,t}
\end{aligned}
$$

模型（5-2）、模型（5-3）、模型（5-4）分别用来检验银行高管短期薪酬、长期薪酬以及总薪酬与银行风险承担的关系。其中，下标 i 表示样本银行，t 代表年份，$\mu_{i,t}$、$\nu_{i,t}$ 分别代表个体、时间固定效应，$\varepsilon_{i,t}$ 为随机扰动项。第 i 家银行笫 t 期的风险承担水平被表示成为银行自身前一期的风险状况、高管薪酬、资产规模、成长性、经营效率、流动性、资本充足率、大股东持股比例、收入多元化、行业集中度、宏观经济发展水平、净利差、金融发展程度和货币政策，以及随机误差项的函数。由于被解释变量 Risk 分别有不良贷款率（NPL）、破产 Z 指数（Z-score）和骆驼评级指数（CAMELS）三个风险承担指标，因此，上述 3 个基础模型具体包括了 9 个回归方程。

5.2.4.2 估计方法选择

基于传统面板模型，首先，对模型进行 F 检验，以判断是选择混合回归模型还是个体固定效应模型，表 5-6 的检验结果表明，模型（5-2）、模型（5-3）的 F 检验的 P 值都为 0.000，故强烈拒绝原假设，即认为个体固定效应模型明显优于混合回归；其次，进行 LM 检验，三个模型的 LM 检验值均为 0.000，故强烈拒绝原假设 "$H_0: \sigma_u = 0$"，即应该选择个体随机效应模型而非混合回归；最后，进行 Hausman 检验，表 5-6 的检验结果显示，所有模型的原假设 "个体效应与回归变量无关" 对应的 P 值最大为 0.109，因此，应使用个体固定效应模型而非个体随机效应模型。

表 5 - 6　　　　　　　　　　　**估计方法选择检验结果**

检验方法	模型（5 - 2）			模型（5 - 3）			模型（5 - 4）		
	NPL	Z-score	CAMELS	NPL	Z-score	CAMELS	NPL	Z-score	CAMELS
F 检验	72. 86 (0. 000)	22. 37 (0. 000)	54. 96 (0. 000)	71. 58 (0. 000)	20. 05 (0. 000)	53. 92 (0. 000)	71. 50 (0. 000)	20. 11 (0. 000)	53. 73 (0. 000)
LM 检验	60. 26 (0. 000)	17. 65 (0. 000)	16. 19 (0. 000)	238. 54 (0. 000)	25. 41 (0. 000)	195. 95 (0. 000)	237. 17 (0. 000)	25. 10 (0. 000)	516. 72 (0. 000)
Hausman 检验	20. 12 (0. 092)	22. 72 (0. 045)	141. 85 (0. 000)	20. 06 (0. 094)	19. 90 (0. 098)	136. 51 (0. 000)	19. 91 (0. 097)	19. 48 (0. 109)	137. 83 (0. 000)

资料来源：笔者整理。

5. 2. 4. 3　面板数据单位根（平稳性）检验

因模型含有被解释变量的滞后项和个体效应，传统的静态面板数据估计可能导致回归结果有偏和非一致，且整个银行业数据呈现出"大 N 小 T"的短面板特征，模型可能存在内生性问题，故本章研究同时采用布伦德尔和邦德（Blundell and Bond，1998）提出的系统 GMM 估计方法进行检验。另外，对于动态面板，为防止"虚假回归"问题，要求数据平稳，由于本章研究所用样本数据为非平衡面板，故采用 Fisher-ADF、Phillips-Perron Test、KPSS Test 三种检验方法围绕银行个体层面的变量 NPL、Z-score、CAMELS、Spay3、Lpay3、Tpay3、Spay5、Lpay5、Tpay5、Size、Growth、CRra 、LDR、CAP、Shsr、HHI、NID 进行面板单位根检验，这三种检验方法的原假设均为"H0：所有个体都是非平稳的"。从表 5 - 7 的检验结果可以看出，除了LDR、Shsr 只在两种检验方法下拒绝原假设以外，其他变量在三种检验方法下都拒绝原假设，说明以上 17 个变量都是平稳序列，回归分析将不会出现虚假回归。

表 5 - 7　　　　　　　　　　　**面板数据的平稳性检验**

变量	ADF Test		Phillips-Perron Test		KPSS Test	
	检验值	P 值	检验值	P 值	检验值	P 值
NPL	- 13. 7461	0. 0000	- 13. 5182	0. 0000	31. 2257	0. 0000
Z-score	- 5. 0931	0. 0000	- 34. 1867	0. 0001	22. 2019	0. 0000
CAMELS	- 6. 4917	0. 0000	- 6. 8056	0. 0000	20. 1744	0. 0000

续表

变量	ADF Test		Phillips-Perron Test		KPSS Test	
	检验值	P 值	检验值	P 值	检验值	P 值
Spay3	− 5.0045	0.0000	− 4.6504	0.0000	21.9861	0.0000
Lpay3	− 14.8890	0.0000	− 14.1288	0.0000	5.0219	0.0000
Tpay3	− 14.9655	0.0000	− 14.2089	0.0000	8.7296	0.0000
Spay5	− 4.9077	0.0000	− 4.6835	0.0000	24.0097	0.0000
Lpay5	− 16.8061	0.0000	− 15.6482	0.0000	5.3638	0.0000
Tpay5	− 16.9629	0.0000	− 15.8341	0.0000	8.3708	0.0000
Size	− 28.5607	0.0001	− 16.0794	0.0000	162.3005	0.0000
Growth	− 8.5935	0.0000	− 12.3274	0.0000	23.2906	0.0000
CRra	− 4.7449	0.0000	− 4.5767	0.0002	93.6804	0.0000
LDR	− 1.8884	0.3355	− 14.6184	0.0000	107.6501	0.0000
CAP	− 11.0799	0.0000	− 11.0040	0.0000	98.6867	0.0000
Shsr	− 2.6795	0.0788	− 18.9731	0.0000	24.9748	0.0000
HHI	− 6.4510	0.0000	− 6.4285	0.0000	47.2228	0.0000
NID	− 6.8963	0.0000	− 7.1826	0.0000	91.3867	0.0000

资料来源：笔者整理。

5.3 基础模型回归结果与分析

基于上述分析，表 5 - 8、表 5 - 9、表 5 - 10 分别报告了模型（5 - 2）（短期薪酬）、模型（5 - 3）（薪酬结构）、模型（5 - 4）（总薪酬）基于 Hausman 检验的固定效应（FE）估计结果。

5.3.1 高管短期薪酬与银行风险承担的回归结果与分析

模型（5 - 2），即短期薪酬（前 3 位高管）与银行风险承担的回归结果见表 5 - 8。

表 5 - 8　　　　模型（5 - 2）（前 3 位高管短期薪酬 Spay3）回归结果

变量	NPL		Z-score		CAMELS	
	（1）	（2）	（3）	（4）	（5）	（6）
NPL(-1)	0.67 ***	0.65 ***	—	—	—	—
	(27.42)	(22.13)				
Z-score(-1)	—	—	0.02 *	0.00	—	—
			(1.81)	(0.24)		
CAMELS(-1)	—	—	—	—	0.60 ***	0.35 ***
					(13.09)	(9.16)
Spay3	-2.23 ***	-1.65 **	-3.55 ***	-2.83 ***	-2.29 **	-1.53 **
	(-2.85)	(-2.05)	(-3.68)	(-3.35)	(-2.37)	(-2.16)
Cr4	-0.81	-3.19	-1.58	1.84	-1.53	3.49 *
	(-0.52)	(-1.56)	(-0.82)	(0.85)	(-0.81)	(1.93)
GDP	-0.01	0.00	-0.00	-0.02	-0.00	-0.01
	(-0.16)	(0.04)	(-0.07)	(-0.42)	(-0.07)	(-0.23)
Stock	0.26 *	0.22	0.39 **	0.51 ***	0.22	0.38 ***
	(1.80)	(1.50)	(2.18)	(3.27)	(1.29)	(2.96)
M2	-0.13	-0.20 **	-0.15	-0.20 **	0.15	-0.21 **
	(-1.60)	(-2.12)	(-1.62)	(-2.08)	(1.52)	(-2.59)
Size	—	-0.36 ***	—	-0.05	—	-0.26 **
		(-2.98)		(-0.38)		(-2.51)
Growth	—	-0.38 *	—	-0.03	—	-0.64 ***
		(-1.68)		(-0.11)		(-3.37)
CRra	—	-0.00	—	0.01	—	-0.02 ***
		(-0.47)		(1.48)		(-3.30)
LDR	—	-0.37	—	0.59 *	—	3.35 ***
		(-1.25)		(1.90)		(12.14)
CAP	—	-0.02	—	0.10 ***	—	-0.14 ***
		(-1.58)		(6.52)		(-10.54)
NID	—	0.07	—	-0.48 ***	—	-0.36 ***
		(0.81)		(-4.89)		(-4.39)
Shsr	—	0.87 **	—	0.62	—	0.70 **
		(2.21)		(1.48)		(2.03)
HHI	—	0.82 **	—	-0.13	—	-1.65 ***
		(2.29)		(-0.35)		(-5.29)
Constant	0.92 **	7.21 ***	-1.08 **	-2.95	0.04	3.37 *
	(2.41)	(3.16)	(-2.25)	(-1.23)	(0.09)	(1.70)
个体固定效应	Yes	Yes	Yes	Yes	Yes	Yes
时间固定效应	Yes	Yes	Yes	Yes	Yes	Yes
R2(within)	0.79	0.81	0.28	0.51	0.49	0.76

续表

变量	NPL		Z-score		CAMELS	
	(1)	(2)	(3)	(4)	(5)	(6)
R2-adjusted	0.76	0.77	0.16	0.41	0.41	0.71
F	161.23	73.02	15.97	17.57	41.33	54.94
N	296	293	283	283	298	294

注：括号内为 t 值，***、**、* 分别表示在 1%、5%、10% 的水平上显著。
资料来源：笔者整理。

表 5-8 中的列（1）、列（3）、列（5）是未添加任何银行微观层面控制变量的回归结果，列（2）、列（4）、列（6）加入了所有控制变量，结果显示，核心解释变量的回归符号与显著性水平保持一致，回归系数也变动不大，说明回归结果具有较好的稳定性。无论是采用不良贷款率（NPL），还是 Z 评分指数（Z-score），或骆驼评级指数（CAMELS），关键解释变量前 3 位高管短期薪酬（Spay3）的估计系数均为负，且至少在 5% 的水平上显著。这说明高管短期薪酬与我国商业银行风险承担之间存在明显的负相关关系，即短期薪酬的提高，会降低商业银行的风险承担水平。这一结果符合理论预期，本章的假设 H5-1 得到初步证实。这一结论说明，在我国银行业深化改革发展以及金融风险不断累积的现实背景下，商业银行应制定合理的高级管理人员货币薪酬标准，同时完善其他短期薪酬激励措施，从而促进高管的稳健投资行为。

在其他控制变量方面，较为一致性的结论有：证券市场发展水平（Stock）估计系数为正且显著，表明证券市场发展程度与商业银行的风险承担存在显著的正相关关系。原因在于，证券市场占比代表一个国家的金融深化程度，其值越高说明各类金融机构发展程度越完善，直接融资等越发达，非银行金融机构分流的资金和业务也越多，从而商业银行盈利空间下降，迫使银行从事风险更高的项目。从投资需求的角度而言，这一点符合挤出效应理论。货币政策（M2）估计系数为负且显著，说明宽松的货币政策有助于商业银行降低风险。原因在于，货币政策越宽松，利率水平越低。从"金融加速器"理论角度来看，会使得银行关联企业的现有资产及抵押物增值，企业的经营成本下降，经营状况得到改善，从而银行的风险承担下降。银行资产规模（Size）、营业收入增长率（Growth）估计系数为负且显著，说明规模越大、营业收入增长越快的银行，风险承担越低。其中的原因在于，资产规模大、营业收入增长快、资金越雄厚的银行，其在盈利能力、客户渠道、人才储备等方面优势越为明显，从而风险规避能力越强。第一大股东持股比例（Shsr）回归系数为正且显著，说明股权比例越集中于少数股东，银行风险承担倾向越强。这一结论符合理论预期，也与拉文和莱文（Laeven and Levine，2009）、庄宇等（2013）、曹廷求和王营（2010）等文献的研究发现相一致。股权越集中，代表股东对银行的控制力越强，股东也会更加注重风险控制，董事会则更倾向于与股东权益保持一致，因此倾向于采取较为严格的监督、激励机制来约束高管的风险投资行为。

5.3.2　高管薪酬结构与银行风险承担的回归结果与分析

薪酬结构（前 3 位高管长期薪酬占比）与银行风险承担的回归结果见表 5 - 9。

表 5 - 9　　　　模型（5 - 3）（薪酬结构 **PayStr3**）回归结果

变量	NPL		Z-score		CAMELS	
	（1）	（2）	（3）	（4）	（5）	（6）
NPL(-1)	0.68 *** (26.99)	0.66 *** (21.91)	—	—	—	—
Z-score(-1)	—	—	0.03 * (1.88)	0.00 (0.32)	—	—
CAMELS(-1)	—	—	—	—	0.61 *** (13.12)	0.36 *** (9.32)
PayStr3	-0.11 (-0.76)	-0.11 (-0.78)	0.08 (0.40)	-0.07 (-0.41)	0.06 (0.35)	0.11 (0.88)
Cr4	-1.42 (-0.91)	-4.07 ** (-2.00)	-2.50 (-1.28)	0.40 (0.18)	-2.03 (-1.07)	2.80 (1.57)
GDP	-0.01 (-0.24)	-0.00 (-0.03)	-0.00 (-0.08)	-0.02 (-0.52)	-0.01 (-0.16)	-0.01 (-0.39)
Stock	0.21 (1.44)	0.18 (1.24)	0.29 (1.61)	0.44 *** (2.79)	0.17 (0.96)	0.34 *** (2.63)
M2	-0.11 (-1.40)	-0.19 ** (-2.02)	-0.14 (-1.38)	-0.18 * (-1.91)	0.16 (1.64)	-0.20 ** (-2.48)
Size	—	-0.41 *** (-3.53)	—	-0.15 (-1.22)	—	-0.31 *** (-3.11)
Growth	—	-0.41 * (-1.80)	—	-0.06 (-0.26)	—	-0.63 *** (-3.28)

续表

变量	NPL		Z-score		CAMELS	
	(1)	(2)	(3)	(4)	(5)	(6)
CRra	—	−0.00 (−0.53)	—	0.01 (1.26)	—	−0.03*** (−3.50)
LDR	—	−0.33 (−1.11)	—	0.66** (2.08)	—	3.37*** (12.12)
CAP	—	−0.02 (−1.46)	—	0.10*** (6.30)	—	−0.14*** (−10.47)
NID	—	0.07 (0.71)	—	−0.50*** (−4.94)	—	−0.37*** (−4.53)
Shsr	—	1.03*** (2.63)	—	0.90** (2.14)	—	0.87** (2.53)
HHI	—	0.79** (2.19)	—	−0.18 (−0.45)	—	−1.70*** (−5.43)
Constant	1.10*** (2.79)	8.32*** (3.73)	−0.90* (−1.81)	−0.95 (−0.40)	0.15 (0.30)	4.45** (2.30)
个体固定效应	Yes	Yes	Yes	Yes	Yes	Yes
时间固定效应	Yes	Yes	Yes	Yes	Yes	Yes
R2(within)	0.79	0.81	0.24	0.49	0.48	0.76
R2-adjusted	0.75	0.77	0.12	0.38	0.40	0.71
F	155.37	71.71	13.02	16.02	39.56	53.81
N	296	293	283	283	298	294

注：括号内为 t 值；***、**、* 分别表示在1%、5%、10%的水平上显著。
资料来源：笔者整理。

表 5 – 9 的回归结果显示，高管薪酬结构（PayStr3）系数的所有 3 组估计结果均不显著，其中部分估计结果甚至为正数，这意味着我国商业银行的长期薪酬机制没有起到理论预期的风险承担促进作用。这一结论与基尼和威廉姆斯（Kini and Williams，2012）、德扬等（DeYoung et al，2013）、甘德和卡尔帕西（Gande and Kalpathy，2017）等文献针对欧美国家的研究发现不同，其中可能的原因在于，我国商业银行长期薪酬方式单一，且机制尚不完善。期权、合伙人计划、资产管理计划、薪酬延付计划、收益权转让、跟投计划等长期薪酬激励方式在多数银行尚未建立。

从监管实践来看，2008 年以来，受国际金融危机影响，有关机构纷纷加强对金融机构高级管理人员的薪酬监管，我国监管机关也对此做出了一系列限制性的规定。2008 年 6 月，国务院国资委公布了《关于规范国有控股上市公司实施股权激励制度有关问题的补充通知》，明确规定股权激励收益将与业绩指标增长挂钩浮动，并设置了最高上限。2008 年 7 月，财政部下发《关于清理国有控股上市金融企业股权激励有关问题通知》，要求已准备进行或已进行股权激励的国有控股上市金融机构暂停进行，未进行的不得擅自进行。2009 年 1 月，财政部进一步下发《关于金融类国有和国有控股企业负责人薪酬管理有关问题的通知》，要求国有控股金融企业的员工持股计划和股权激励计划暂停，在确切政策公布前，不得进行员工持股计划或股权激励。

从我国银行业薪酬结构实际情况来看也是如此，目前，仅有少数商业银行对核心高级管理人员实施了股权激励。大部分商业银行高管持股数都较少，甚至有部分银行的整个高管团队没有任何一位持有股权。例如，中国银行、建设银行、中国农业银行、邮储银行、华夏银行、民生银行、光大银行、浙商银行、渝农商行等银行的前 5 位高管中，没有任何一位高管持有股权。[①]中信银行整个董事会成员中，只有董事会秘书在 2015～2016 年持有了 16800股股票。[②] 大中型银行中，股权激励较为完善的浦发银行，也是直到 2018 年才对其行长、副行长、财务总监、董事会秘书等核心高管人员实施股权激励，且股权薪酬占总薪酬的比重较小。[③] 这说明，从薪酬结构上来看，我国商业银行高级管理人员的薪酬收入还是以短期薪酬为主，长期薪酬对高管人员的激励作用十分有限。这一结果与理论预期不符，但也契合我国主要商业银行的薪酬结构实际。

5.3.3 高管总薪酬与银行风险承担的回归结果与分析

高管总薪酬（前 3 位高管）与银行风险承担的回归结果见表 5 – 10。

表 5 – 10 模型（5 – 4）（高管总薪酬 Tpay3）回归结果

变量	NPL		Z-score		CAMELS	
	（1）	（2）	（3）	（4）	（5）	（6）
NPL(–1)	0.68 *** (27.06)	0.65 *** (21.94)	—	—	—	—

① 资料来源：各银行历年年度报告
② 资料来源：中信银行 2016 年年度报告
③ 资料来源：上海浦东发展银行历年年度报告

续表

变量	NPL		Z-score		CAMELS	
	(1)	(2)	(3)	(4)	(5)	(6)
Z-score(-1)	—	—	0.03*	0.00	—	—
			(1.86)	(0.31)		
CAMELS(-1)	—	—	—	—	0.61***	0.36***
					(13.30)	(9.39)
Tpay3	0.07	0.05	-0.03	-0.09	0.30*	0.10
	(0.48)	(0.32)	(-0.16)	(-0.58)	(1.75)	(0.82)
Cr4	-1.33	-3.93*	-2.51	0.38	-2.05	2.77
	(-0.86)	(-1.93)	(-1.28)	(0.17)	(-1.08)	(1.55)
GDP	-0.01	-0.00	-0.00	-0.02	-0.01	-0.01
	(-0.22)	(-0.05)	(-0.10)	(-0.54)	(-0.17)	(-0.36)
Stock	0.20	0.18	0.30	0.44***	0.15	0.34**
	(1.39)	(1.22)	(1.65)	(2.80)	(0.88)	(2.59)
M2	-0.12	-0.20**	-0.13	-0.18*	0.14	-0.21**
	(-1.48)	(-2.08)	(-1.35)	(-1.80)	(1.43)	(-2.53)
Size	—	-0.41***	—	-0.15	—	-0.31***
		(-3.52)		(-1.25)		(-3.06)
Growth	—	-0.39*	—	-0.05	—	-0.66***
		(-1.74)		(-0.21)		(-3.43)
CRra	—	-0.01	—	0.01	—	-0.03***
		(-0.63)		(1.26)		(-3.52)
LDR	—	-0.34	—	0.69**	—	3.33***
		(-1.12)		(2.14)		(11.83)
CAP	—	-0.02	—	0.10***	—	-0.14***
		(-1.62)		(6.30)		(-10.44)
NID	—	0.06	—	-0.50***	—	-0.37***
		(0.63)		(-4.95)		(-4.50)
Shsr	—	1.02***	—	0.92**	—	0.85**
		(2.61)		(2.20)		(2.49)
HHI	—	0.76**	—	-0.19	—	-1.70***
		(2.12)		(-0.47)		(-5.41)
Constant	1.04***	8.33***	-0.87*	-0.91	0.18	4.42**
	(2.68)	(3.73)	(-1.78)	(-0.38)	(0.37)	(2.29)
个体固定效应	Yes	Yes	Yes	Yes	Yes	Yes
时间固定效应	Yes	Yes	Yes	Yes	Yes	Yes

变量	NPL		Z-score		CAMELS	
	（1）	（2）	（3）	（4）	（5）	（6）
R2（within）	0.79	0.80	0.24	0.49	0.49	0.76
R2-adjusted	0.75	0.77	0.12	0.38	0.40	0.71
F	155.10	71.53	12.99	16.05	40.50	53.78
N	296	293	283	283	298	294

注：括号内为 t 值；***、**、*分别表示在1%、5%、10%的水平上显著。
资料来源：笔者整理。

表 5 - 10 的回归结果表明，除列（5）以外，3 组回归结果中的关键解释变量高管总薪酬（Tpay3）的估计系数均不显著且符号方向也并不一致，这意味着我国商业银行的总体薪酬机制没有起到明确的风险承担激励或约束作用。其中的原因在于，股票、期权等长期薪酬激励方式的不完善，削弱了高管短期货币薪酬对银行风险承担的抑制作用，最终导致商业银行整体上的薪酬机制与风险承担之间的负相关关系不再成立。这一结果符合理论预期，本章研究的假设 H5 - 3 得到初步证实。

5.4　不同类型银行的异质性影响分析

5.4.1　不同类型银行异质性影响的识别策略

检验假设 H5 - 4 时，本章研究并没有引入代表商业银行类型的虚拟变量，而是采用分组回归的识别策略，分析高管薪酬对商业银行风险承担的异质性影响。具体回归时，借鉴沈悦和郭品（2015）等的思路，设计两个子样本：其一是从全部样本中剔除资产规模最小的农村商业银行；其二进一步剔除资产规模相对较小的城市商业银行。如果子样本回归结果中核心解释变量的系数或者显著性有明显下降，则说明高管薪酬对所剔除的商业银行风险承担的影响程度高于全行业平均水平；相反，则说明高管薪酬对所剔除商业银行风险承担的影响程度低于全行业平均水平。

5.4.2　不同类型银行异质性影响回归结果

依照上述识别策略检验假设 H5 - 4，鉴于前述基础模型的估计结果，高管薪酬结构、总薪酬与银行风险承担之间的关联并不显著，因此，这里仅就高管短期薪酬对商业银行风险承担的异质性影响进行分析。分别剔除农商行以及城商行后，子样本一、子样本二固定效应估计结果见表5－11。

表5－11　高管薪酬对不同类型商业银行风险承担异质性影响回归结果

变量	子样本一（剔除农商行）			子样本二（剔除农商行和城商行）		
	模型(5－2)	模型(5－3)	模型(5－4)	模型(5－2)	模型(5－3)	模型(5－4)
NPL(－1)	0.66 ***	—	—	0.67 ***	—	—
	(20.73)			(16.38)		
Z-score(－1)	—	0.31 ***	—	—	0.36 ***	—
		(6.19)			(6.46)	
CAMELS(－1)	—	—	0.34 ***	—	—	0.41 ***
			(8.59)			(8.19)
Spay3	－1.64 *	－1.84 **	－1.51 **	－1.78	－1.65 *	－1.45 **
	(－1.94)	(－2.23)	(－2.18)	(－1.62)	(－1.97)	(－2.25)
Controls	Yes	Yes	Yes	Yes	Yes	Yes
个体固定效应	Yes	Yes	Yes	Yes	Yes	Yes
时间固定效应	Yes	Yes	Yes	Yes	Yes	Yes
R2(within)	0.81	0.60	0.78	0.83	0.72	0.82
R2-adjusted	0.78	0.52	0.74	0.79	0.67	0.78
F	66.60	21.87	54.71	49.75	27.03	45.86
N	256	250	256	174	174	174

注：括号内为t值；***、**、*分别表示在1%、5%、10%的水平上显著。为了节省篇幅，在本表及后文中并没有报告控制变量及截距项的回归结果，感兴趣的读者可向笔者索取。下表同。
资料来源：笔者整理。

表5－11显示，从估计系数的大小来看，剔除农村商业银行后，即子样本一中，前3位高管短期薪酬（Spay3）在模型（5－2）、模型（5－3）、模型（5－4）中的估计系数分别为－1.641、－1.842和－1.511，与全样本回归结果－1.649、－2.834和－1.534（见表5－8）相比，三者分别下降了0.5%、35.0%和1.5%。进一步剔除城市商业银行以后，前3位高管短期薪酬（Spay3）在模型（5－2）中的估计结果不再显著，而在模型（5－3）、模型（5－4）中的估计系数则进一步下降为－1.655和－1.450，与全样本回归结果相比，下降幅度分别达到了41.6%和5.5%。这说明，高管短期薪酬对小型商业银行风险承担的影响要明显大于大中型银行，即小型商业银行的风

险承担水平对高管薪酬激励更敏感。其中的原因在于，一方面，大型银行往往具有较浓重的行政色彩，因此高管薪酬机制受到国家监管机构的约束也相对较多。例如，财政部于 2009 年 1 月和 2010 年 2 月先后颁布的《金融类国有及国有控股企业负责人薪酬管理办法（征求意见稿）》《中央金融企业负责人薪酬审核管理办法》，就主要是针对国有大型商业银行或国有控股商业银行。另一方面，具有系统重要性的大型银行在风险管控方面受有关机构的监管要求也更为严格。而就小型银行来看，高管薪酬机制的灵活性往往更大，对商业银行风险水平的影响相对也更加灵敏。这一研究结果与理论预期完全相符，也与陆岷峰和虞鹏飞（2016）、李廷瑞和李博阳（2020）等文献相一致，本章研究的假设 H5 - 4 得到初步证实。

5.5　管理者权力的调节效应分析

5.5.1　调节效应回归模型设定

为了检验管理者权力在高管薪酬与商业银行风险承担之间可能存在的调节效应，我们在模型（5 - 2）、模型（5 - 3）和模型（5 - 4）的基础上分别引入管理者权力指标（Power1、Power2、Power3、Power4）与高管薪酬的交互项，重新进行回归。鉴于前述的基础模型估计结果显示，高管长期薪酬、总薪酬与银行风险承担之间的关联并不显著，因此，这里仅报告了管理者权力对高管短期薪酬的调节效应分析结果。具体回归方程如下。

$$
\begin{aligned}
\text{Risk}_{it} = {} & \beta_0 + \beta_1 \times \text{Risk}_{i,t-1} + \beta_2 \times \text{Spay3}_{i,t} \\
& + \beta_3 \times \text{Power1} \times \text{Spay3}_{i,t} \\
& + \sum_{j=1}^{12} \gamma_j \text{Control}_{j,t} + \mu_{i,t} + \nu_{i,t} + \varepsilon_{i,t}
\end{aligned} \tag{5-5}
$$

$$
\begin{aligned}
\text{Risk}_{it} = {} & \beta_0 + \beta_1 \times \text{Risk}_{i,t-1} + \beta_2 \times \text{Spay3}_{i,t} \\
& + \beta_3 \times \text{Power2}_{i,t} \times \text{Spay3}_{i,t} \\
& + \sum_{j=1}^{12} \gamma_j \text{Control}_{j,t} + \mu_{i,t} + \nu_{i,t} + \varepsilon_{i,t}
\end{aligned} \tag{5-6}
$$

$$
\begin{aligned}
\text{Risk}_{it} = & \beta_0 + \beta_1 \times \text{Risk}_{i,t-1} \\
& + \beta_2 \times \text{Spay3}_{i,t} + \beta_3 \times \text{Power3}_{i,t} \times \text{Spay3}_{i,t} \\
& + \sum_{j=1}^{12} \gamma_j \text{Control}_{j,t} + \mu_{i,t} + \nu_{i,t} + \varepsilon_{i,t}
\end{aligned} \tag{5-7}
$$

$$
\begin{aligned}
\text{Risk}_{it} = & \beta_0 + \beta_1 \times \text{Risk}_{i,t-1} \\
& + \beta_2 \times \text{Spay3}_{i,t} + \beta_3 \times \text{Power4}_{i,t} \times \text{Spay3}_{i,t} \\
& + \sum_{j=1}^{12} \gamma_j \text{Control}_{j,t} + \mu_{i,t} + \nu_{i,t} + \varepsilon_{i,t}
\end{aligned} \tag{5-8}
$$

模型（5-5）、模型（5-6）、模型（5-7）、模型（5-8）分别用来检验行长兼职、行长来源、董事会规模以及独立董事人数对银行高管短期薪酬与银行风险承担之间关系的调节效应。考虑到商业银行风险承担影响的滞后作用，我们仍然加入其一阶滞后项作为前定变量，其他控制变量与模型（5-2）、模型（5-3）、模型（5-4）保持一致。由于被解释变量 Risk 仍然分别有 NPL、Z-score、CAMELS 等三个风险承担指标，因此，上述 4 个基础模型具体包括了 12 个回归方程。

5.5.2 行长兼职的调节效应分析

模型（5-5），即行长兼职（Power1）对高管短期薪酬（前 3 位高管）与银行风险承担之间关系的调节效应回归结果见表 5-12。

表 5-12 模型（5-5）行长兼职调节效应回归结果

变量	NPL		Z-score		CAMELS	
	(1)	(2)	(3)	(4)	(5)	(6)
NPL(-1)	0.73 ***	0.69 ***	—	—	—	—
	(25.86)	(22.49)				
Z-score(-1)	—	—	0.01	-0.00	—	—
			(0.47)	(-0.05)		
CAMELS(-1)	—	—	—	—	0.42 ***	0.36 ***
					(12.14)	(9.42)
Spay3	-0.76	-0.46	-0.67	-1.21	-0.12	-0.74
	(-0.88)	(-0.54)	(-0.76)	(-1.37)	(-0.16)	(-0.97)

续表

变量	NPL		Z-score		CAMELS	
	（1）	（2）	（3）	（4）	（5）	（6）
Power1 × Spay3	− 2. 65 ***	− 2. 22 ***	− 2. 96 ***	− 3. 02 ***	− 1. 42 **	− 1. 46 ***
	（ − 3. 89）	（ − 3. 34）	（ − 4. 46）	（ − 4. 67）	（ − 2. 49）	（ − 2. 60）
Controls	Yes	Yes	Yes	Yes	Yes	Yes
个体固定效应	Yes	Yes	Yes	Yes	Yes	Yes
时间固定效应	Yes	Yes	Yes	Yes	Yes	Yes
R2（within）	0. 80	0. 82	0. 51	0. 56	0. 75	0. 77
R2-adjusted	0. 76	0. 78	0. 41	0. 46	0. 70	0. 72
F	88. 60	71. 75	22. 30	19. 32	67. 26	52. 93
N	293	293	283	283	294	294

注：括号内为 t 值；*** 、** 、* 分别表示在 1%、5%、10% 的水平上显著。列（1）、列（3）、列（5）未添加银行微观层面控制变量，列（2）、列（4）、列（6）加入了所有控制变量。由于篇幅所限，这里省略了其他控制变量的回归结果。下表同。

资料来源：笔者整理。

表 5 - 12 的回归结果显示，三组回归结果的管理者权力调节效应项，即行长兼职与前 3 位高管短期薪酬的交互项 Power1 × Spay3 估计系数均为负，且都至少在 5% 的水平上通过了显著性检验。说明行长兼职在高管短期薪酬与风险承担之间的确存在明显的负向调节效应，即行长兼职越多，或行长兼职的职位越重要，商业银行高管短期薪酬与银行风险承担之间的负相关关系越不明显。这一结论的启示意义在于，要充分发挥短期货币薪酬对银行风险承担的抑制作用，在完善短期薪酬激励机制设计的同时，也应适当限制管理者权力，减少行长同时兼任的重要职位数目，防止管理者拥有过大的权力，从而影响董事会的理性决策。这一结果完全符合理论预期，本章研究的假设 H5 - 5a 得到初步证实。

5.5.3　行长来源的调节效应分析

模型（5 - 6），即行长来源（Power2）对高管短期薪酬（前 3 位高管）与银行风险承担之间关系的调节效应回归结果见表 5 - 13。

表 5 – 13 模型（5 – 6）行长来源调节效应回归结果

变量	NPL		Z-score		CAMELS	
	（1）	（2）	（3）	（4）	（5）	（6）
NPL（ –1）	0.69***	0.65***	—	—	—	—
	（25.18）	（22.14）				
Z-score（ –1）	—	—	0.01	0.00	—	—
			（0.55）	（0.19）		
CAMELS（ –1）	—	—	—	—	0.41***	0.35***
					（11.89）	（9.20）
Spay3	2.13	2.90	9.13***	8.72**	7.55***	7.00**
	（0.62）	（0.88）	（2.62）	（2.59）	（2.60）	（2.45）
Power2×Spay3	–4.22	–4.46	–11.26***	–11.33***	–8.32***	–8.38***
	（ –1.29）	（ –1.43）	（ –3.39）	（ –3.54）	（ –2.99）	（ –3.09）
Controls	Yes	Yes	Yes	Yes	Yes	Yes
个体固定效应	Yes	Yes	Yes	Yes	Yes	Yes
时间固定效应	Yes	Yes	Yes	Yes	Yes	Yes
R2（within）	0.79	0.81	0.49	0.54	0.75	0.77
R2-adjusted	0.75	0.77	0.39	0.44	0.71	0.72
F	82.87	68.58	20.87	18.05	68.23	53.70
N	293	293	283	283	294	294

注：括号内为 t 值；***、**、* 分别表示在 1%、5%、10% 的水平上显著。
资料来源：笔者整理。

表 5 – 13 的结果显示，三组回归结果的管理者权力调节效应项，即行长来源与前 3 位高管短期薪酬的交互项 Power2×Spay3 估计系数均为负，且除了列（1）、列（2）以外，其他所有结果都至少在 5% 的水平上通过了显著性检验。说明行长来源在高管短期薪酬与风险承担之间的确存在明显的负向调节效应，即行长内部晋升来源越多，商业银行高管短期薪酬与银行风险承担之间的负相关关系越不明显。这一结论说明，对于银行高管特别是行长的聘任，要采用市场化晋升机制，适当从外部补充管理人员，通过多元化来源，提高高管团队经营管理水平，防止一人独大，以限制核心高管权力。这一结果与理论预期相符，本章研究的假设 H5 – 5b 得到初步证实。

5.5.4 董事会规模的调节效应分析

模型（5 –7），即董事会规模（Power3）对高管短期薪酬（前 3 位高管）

与银行风险承担之间关系的调节效应回归结果见表 5 - 14。

表 5 - 14　　　　　　　　模型（5 - 7）董事会规模调节效应回归结果

变量	NPL		Z-score		CAMELS	
	（1）	（2）	（3）	（4）	（5）	（6）
NPL(- 1)	0. 69 ***	0. 65 ***	—	—	—	—
	(25. 29)	(22. 44)				
Z-score(- 1)	—	—	0. 01	0. 00	—	—
			(0. 58)	(0. 16)		
CAMELS(- 1)	—	—	—	—	0. 41 ***	0. 35 ***
					(11. 82)	(9. 10)
Spay3	- 6. 57 ***	- 5. 80 ***	- 0. 36	- 0. 08	- 0. 80	- 0. 84
	(- 4. 39)	(- 4. 02)	(- 0. 23)	(- 0. 05)	(- 0. 61)	(- 0. 64)
Power3 × Spay3	0. 23 ***	0. 22 ***	- 0. 10	- 0. 14 **	- 0. 01	- 0. 04
	(3. 45)	(3. 43)	(- 1. 47)	(- 2. 14)	(- 0. 10)	(- 0. 64)
Controls	Yes	Yes	Yes	Yes	Yes	Yes
个体固定效应	Yes	Yes	Yes	Yes	Yes	Yes
时间固定效应	Yes	Yes	Yes	Yes	Yes	Yes
R2(within)	0. 80	0. 82	0. 47	0. 52	0. 74	0. 76
R2-adjusted	0. 76	0. 78	0. 37	0. 42	0. 70	0. 71
F	87. 22	71. 96	19. 27	16. 96	65. 06	51. 18
N	293	293	283	283	294	294

注：括号内为 t 值；*** 、** 、* 分别表示在 1% 、5% 、10% 的水平上显著。
资料来源：笔者整理。

表 5 - 14 的回归结果显示，三组回归结果的管理者权力调节效应项，即董事会规模与前 3 位高管短期薪酬的交互项 Power3 × Spay3 估计结果并不一致。其中，列（1）、列（2）的估计结果在 1% 的水平上显著为正，列（4）的估计结果在 10% 的水平上显著为负，而其余 3 个估计系数均不显著。这说明董事会规模在高管短期薪酬与风险承担之间不存在明显调节效应。这一结果不完全符合理论预期，其中的原因可能在于，一方面，尽管我国商业银行董事会规模普遍较大，但成员主要为内部董事，外部董事较少，少数独立董事往往也存在"搭便车"行为，缺少独立性，董事会成员之间容易达成共识，从而在一定程度上削弱了董事会对管理者权力的影响效应。另一方面，由于股份制改革进展程度的不同，我国不同商业银行的公司治理完善程度差异很大。例如，2019 年 12 月才上市的邮储银行在 2014 ~ 2016 年只有不到 10

名董事，其中独立董事仅有 2 名。上市较早的中信银行在 2019 年也仅有 11 名董事，其中独立董事 4 名。董事会规模和董事来源存在巨大差异，从而导致估计结果出现了不一致的现象。这也说明，我国商业银行的董事会规模以及董事成员来源结构都有待进一步优化。

5.5.5 独立董事人数的调节效应分析

模型（5-8），即独立董事人数（Power4）对高管短期薪酬（前 3 位高管）与银行风险承担之间关系的调节效应回归结果见表 5-15。

表 5-15　　　　　　模型（5-8）董事会规模调节效应回归结果

变量	NPL		Z-score		CAMELS	
	（1）	（2）	（3）	（4）	（5）	（6）
NPL（-1）	0.70 ***	0.66 ***	—	—	—	—
	（25.12）	（22.03）				
Z-score（-1）	—	—	0.01	0.00	—	—
			（0.53）	（0.15）		
CAMELS（-1）	—	—	—	—	0.41 ***	0.35 ***
					（11.86）	（9.14）
Spay3	-2.59 **	-1.99 *	-0.45	-0.87	0.11	-0.43
	（-2.22）	（-1.75）	（-0.37）	（-0.74）	（0.11）	（-0.44）
Power4 × Spay3	0.07	0.06	-0.32 **	-0.34 **	-0.17	-0.19
	（0.49）	（0.43）	（-2.20）	（-2.40）	（-1.42）	（-1.59）
Controls	Yes	Yes	Yes	Yes	Yes	Yes
个体固定效应	Yes	Yes	Yes	Yes	Yes	Yes
时间固定效应	Yes	Yes	Yes	Yes	Yes	Yes
R2（within）	0.79	0.81	0.48	0.53	0.75	0.76
R2-adjusted	0.75	0.77	0.38	0.42	0.70	0.71
F	82.27	67.94	19.73	17.12	65.77	51.76
N	293	293	283	283	294	294

注：括号内为 t 值；***、**、* 分别表示在 1%、5%、10% 的水平上显著。
资料来源：笔者整理。

表 5-15 的回归结果显示，三组回归结果的管理者权力调节效应项，即独立董事人数与前 3 位高管短期薪酬的交互项 Power4 × Spay3 估计系数差异较大。其中列（1）、列（2）的估计结果为正，但不显著。列（3）、列（4）

的估计结果为负，且在 10% 的水平上显著；列（5）、列（6）的估计结果为负，但没有通过显著性检验。这说明独立董事人数在高管短期薪酬与风险承担之间不存在明显的负向或正向调节效应。理论上，具有专业知识和异质性信息资源的独立董事的引入，有助于增强董事会的独立性，从而避免"路径依赖"，提高董事会的监督效率，降低高级管理人员谋取私利的可能性。这一结果与理论预期不符，其中的原因可能在于，一方面，由于公司治理完善程度的不同，我国不同商业银行独立董事人数、来源以及层次差异很大。例如，2016 年，成都银行在全部 9 名董事会成员中个，仅有 1 名独立董事。作为全国性的大型国有银行，邮储银行在 2013～2015 年，仅有 2 名独立董事。兴业银行、郑州银行、苏州银行、渝农商行在多个年份也只有 3 名独立董事。① 独立董事人数以及来源层次存在巨大差异，从而导致估计结果出现了不一致的现象。另一方面，由于起步较晚，我国独立董事制度尚不完善，"关系型"独董、不作为（"花瓶"独董）、消极抗议（辞职）等现象普遍存在，独立董事较少公开质疑管理层决策或发表异议、否决等意见。独立董事并不独立，其应有的监督或咨询功能并没有得到发挥，从而削弱了其在银行风险决策中的影响能力。这一结论也充分说明，我国商业银行独立董事制度还有待进一步完善。

5.6　稳健性检验

5.6.1　内生性讨论

追求风险的银行为了吸引合格的 CEO 会支付较高的薪酬，由此导致高管薪酬与银行风险承担之间可能存在内生性问题。本章通过以下两个手段解决内生性问题。

5.6.1.1　采用系统广义矩估计

为了缓解模型可能存在的内生性，本章采用布伦德尔和邦德（Blundell and Bond，1998）提出的动态面板系统广义矩（GMM）估计方法重新进行回

---

① 资料来源：各银行历年年度报告。

归分析，具体结果见表 5 – 16。

表 5 – 16　　　　　　基础模型系统广义矩（GMM）估计结果

变量	模型（5 – 2）（Spay3）			模型（5 – 3）（PayStr3）			模型（5 – 4）（Tpay3）		
	（1）	（2）	（3）	（4）	（5）	（6）	（7）	（8）	（9）
L. NPL	0.62 *** (10.88)	—	—	0.59 *** (7.51)	—	—	0.61 *** (8.19)	—	—
L. Z-score	—	0.00 (0.11)	—	—	0.01 (0.28)	—	—	0.01 (0.40)	—
L. CAMELS	—	—	0.62 *** (6.43)	—	—	0.66 *** (6.97)	—	—	0.71 *** (5.70)
Spay3	−2.26 ** (−2.15)	−2.95 *** (−3.74)	−2.27 (−1.62)	—	—	—	—	—	—
PayStr3	—	—	—	−0.28 (−0.99)	−0.08 (−0.29)	−0.00 (−0.02)	—	—	—
Tpay3	—	—	—	—	—	—	−0.31 (−1.46)	−0.17 (−1.08)	0.11 (0.47)
控制变量	Yes	Yes	Yes	Yes	Yes	Yes	Yes	Yes	Yes
chi2	6197.53	143.61	488.07	6548.11	62.65	821.55	7282.68	219.62	339.02
AR（2）	−1.58	−1.36	−2.69	−1.65	−1.39	−2.76	−1.72	−1.51	−2.51
Sargan	25.87	24.36	25.36	26.63	26.19	25.22	29.04	28.97	23.03
N	293	283	294	293	283	294	293	283	294

注：括号内为 Z 值；*** 、** 、* 分别表示在 1%、5%、10% 的水平上显著。

资料来源：笔者整理。

采用系统广义矩（GMM）估计方法，克服模型可能存在的内生性问题后，模型（5 – 2）中的短期薪酬（Spay3）估计系数同样均为负，且除了列（3）显著性水平略低以外都至少在 5% 的水平上通过了显著性检验，而模型（5 – 3）和模型（5 – 4）的回归系数均不显著。AR（2）检验和 Sargan 检验也均显示，计量分析依据的动态面板系统 GMM 估计具有合理性。这意味着，在研究期间内，高管短期薪酬与银行风险承担显著负相关，而高管长期薪酬占比、总薪酬则与银行风险承担不存在明确的负向或正向关系。以上结果与基准回归中的双向固定效应（FE）估计相一致，本章的假设 H5 – 1、假设 H5 – 3 得到进一步证实。

5.6.1.2　工具变量法

林等（Lin et al，2011）认为，企业为管理层提供薪酬激励时需要参考同行业、同年度、同地区竞争对手的情况。为了进一步排除模型可能存在的内生性问题，本章参考埃佩菲妮和甘西亚（Epifani and Gancia，2011）、法乔等（Faccio et al，2016）、康华等（2020）、马永强和邱煜（2019）、刘万丽（2020）、马草原和朱玉飞（2020）的做法，将高管货币薪酬（前3位高管）的行业均值作为内生变量的工具变量，运用两阶段最小二方法（2SLS）对回归模型进行重新检验。检验结果见表5－17。

表 5－17　　　　　　　　　　　　工具变量 2SLS 估计结果

变量	第一阶段回归			第二阶段回归		
	模型（5-2）	模型（5-3）	模型（5-4）	模型（5-2）	模型（5-3）	模型（5-4）
L. NPL	-0.001	-0.007	0.020	0.655***	0.651***	0.637***
	(-0.15)	(-0.39)	(-1.24)	(5.71)	(6.01)	(6.44)
Spay3	—	—	—	2.240**	—	—
				(2.15)		
PayStr3	—	—	—	—	-0.338	—
					(-1.22)	
Tpay3	—	—	—	—	—	-0.824
						(-1.12)
Instrum-v	-0.009***	0.566***	0.023**	—	—	—
	(-6.07)	(5.07)	(2.01)			
控制变量	YES	YES	YES	YES	YES	YES
个体固定效应	YES	YES	YES	YES	YES	YES
时间固定效应	YES	YES	YES	YES	YES	YES
R2（within）	0.481	0.496	0.249	0.786	0.806	0.738
R2-adjusted	0.457	0.473	0.214	0.776	0.797	0.726
F	12.99	30.45	2.80	—	—	—
chi2	—	—	—	1131.871	1545.950	1034.942
Cragg-Donald Wald F	—	—	—	8.011	9.076	9.661
Kleibergen-Paap rk LM	—	—	—	17.967	21.802	24.456
N	293	293	293	293	293	293

注：第一阶段括号内为 T 值，第二阶段括号内为 Z 值；***、**、* 分别表示在 1%、5%、10% 的水平上显著。

资料来源：笔者整理。

从表 5 - 17 中可知，本章选择的工具变量通过了识别不足检验和弱工具变量检验，且关键解释变量短期薪酬（Spay3）的回归系数仍然在 10% 的水平上显著，而总薪酬（Tpay3）的回归系数没有通过显著性检验，意味着本章的假设 H5 - 1、假设 H5 - 3 仍然成立。考虑了工具变量后的内生性处理后，本章结论并无实质改变。由于篇幅所限，这里仅报告了 NPL 分别在模型（5 - 2）、模型（5 - 3）和模型（5 - 4）下的估计结果，Z-score、CAMELS 也与此类似，不再赘述。

5.6.2 其他稳健性检验

为尽可能保证实证研究结果的稳健性，本章借鉴郭晔等（2018）、张昭等（2020）等文献的做法，从以下两个方面对上述回归结果进行稳健性检验。

5.6.2.1 替换高管薪酬测度指标

由于不同银行高管团队规模差异较大，基于前 3 位高管计算的薪酬指标可能存在偏误。因此，本章采用前 5 位高管的薪酬数据，重新计算了相关的高管薪酬水平与薪酬结构指标，包括前 5 位高管短期薪酬（Spay5）、前 5 位高管总薪酬（Tpay5）、前 5 位高管长期薪酬占比（PayStr5），指标替换式模型（5 - 2）、模型（5 - 3）、模型（5 - 4）中的核心解释变量，重复上述实证步骤。结果显示，模型核心解释变量回归系数的符号方向与显著性水平保持一致，回归系数大小也变动不大，上述关于假设 H5 - 1 至假设 H5 - 5 的结论同样得到支持，说明本章的实证研究结论是稳健可靠的。限于篇幅，这里仅报告了 Spay5 的稳健性检验结果，PayStr5、Tpay5 的检验结果与此类似，不再赘述。

表 5 - 18　稳健性检验（采用年度薪酬排名前 5 位高管短期薪酬总额 Spay5）

变量	NPL		Z-score		CAMELS	
	(1)	(2)	(3)	(4)	(5)	(6)
NPL(-1)	0.67 *** (26.75)	0.65 *** (21.96)	—	—	—	—
Z-score(-1)	—	—	0.02 * (1.76)	0.00 (0.17)	—	—

续表

变量	NPL		Z-score		CAMELS	
	（1）	（2）	（3）	（4）	（5）	（6）
CAMELS（-1）	—	—	—	—	0.59 *** (12.67)	0.35 *** (8.97)
Spay5	-1.62 *** (-2.74)	-1.15 * (-1.88)	-2.57 *** (-3.56)	-2.21 *** (-3.42)	-2.21 *** (-3.06)	-1.18 ** (-2.17)
Controls	Yes	Yes	Yes	Yes	Yes	Yes
个体固定效应	Yes	Yes	Yes	Yes	Yes	Yes
时间固定效应	Yes	Yes	Yes	Yes	Yes	Yes
R2（within）	0.79	0.81	0.28	0.51	0.50	0.76
R2-adjusted	0.76	0.77	0.16	0.41	0.42	0.71
F	160.75	72.78	15.78	17.64	42.52	54.96
N	293	293	283	283	294	294

注：括号内为 t 值；*** 、** 、* 分别表示在1%、5%、10%的水平上显著。
资料来源：笔者整理。

5.6.2.2　考虑"限薪令"的冲击作用

2010 年 3 月，中国银监会颁布了《商业银行稳健薪酬监管指引》，即"限薪令"。根据该指引，商业银行应设计统一的薪酬管理体系，将风险控制指标纳入绩效考核，建立薪酬与风险有效挂钩的机制。显然，2010 年的银行"限薪令"不可避免地对商业银行高管薪酬产生影响，这在一定程度上可能干扰本章的分析结果。为剔除"限薪令"的影响，在模型（5-2）、模型（5-3）、模型（5-4）的基础上引入代表银行高管"限薪令"的政策哑变量 PLimit，在 2010 年以前，该变量赋值为 0，2010 年及以后赋值为 1，再进行回归，结果见表 5-19。从表 5-19 可以看出，考虑"限薪令"的冲击作用后，本章的实证结论依然稳健。

表 5-19　　　　　　稳健性检验（考虑"限薪令"的冲击作用）

变量	NPL		Z-score		CAMELS	
	（1）	（2）	（3）	（4）	（5）	（6）
NPL（-1）	0.67 *** (23.31)	0.66 *** (20.47)	—	—	—	—
Z-score（-1）	—	—	0.02 (1.38)	-0.00 (-0.05)	—	—

续表

变量	NPL		Z-score		CAMELS	
	(1)	(2)	(3)	(4)	(5)	(6)
CAMELS(-1)	—	—	—	—	0.53 *** (11.11)	0.28 *** (7.55)
Spay3	-2.23 *** (-2.85)	-1.61 ** (-1.99)	-3.38 *** (-3.67)	-3.06 *** (-3.70)	-2.34 ** (-2.52)	-2.00 *** (-2.99)
PLimit	-0.04 (-0.45)	0.06 (0.56)	-0.48 *** (-4.93)	-0.40 *** (-3.81)	-0.46 *** (-4.49)	-0.52 *** (-5.98)
Controls	Yes	Yes	Yes	Yes	Yes	Yes
个体固定效应	Yes	Yes	Yes	Yes	Yes	Yes
时间固定效应	Yes	Yes	Yes	Yes	Yes	Yes
R2(within)	0.79	0.81	0.35	0.54	0.53	0.79
R2-adjusted	0.76	0.77	0.24	0.44	0.45	0.75
F	137.79	67.98	18.48	18.31	40.97	60.97
N	293	293	283	283	294	294

注：括号内为 t 值；*** 、** 、* 分别表示在 1%、5%、10% 的水平上显著。
资料来源：笔者整理。

5.7　本章小结

本章研究基于 2005～2019 年中国 36 家上市银行的非平衡面板数据，首先对样本银行排名前 3 位、前 5 位高管的薪酬数据进行统计，然后选取不良贷款率、破产 Z 指数、骆驼评级指数作为银行风险承担变量，通过建立多元回归模型，采用固定效应（FE）和系统 GMM 估计相结合的方法，从薪酬结构、总薪酬水平等方面对两者之间的关系进行了系统的实证分析，并在此基础上，进一步就高管薪酬激励对不同类型商业银行风险承担的异质性影响，以及管理者权力在高管薪酬与商业银行风险承担之间可能存在的调节效应进行了探讨。

研究发现，高管短期薪酬与我国商业银行风险承担之间存在明显的负相关关系，即短期薪酬的提高，有助于降低商业银行的风险承担水平。高管薪酬占比与银行风险承担之间的关联并不显著。而高管总薪酬与银行风险承担之间不存在明显的关联，即银行整体的薪酬机制没有起到应有的风险承担激励或约束作用。其中的原因在于，受政策限制的影响，中国的商业银行较少实施股票、期权等长期薪酬激励方式，长期薪酬机制的不完善，削弱了短期薪酬对银行风险承担的抑制作用，导致最终整体的薪酬机制与风险承担的负相关关系不再成立。

异质性检验结果证实，高管短期薪酬对小型商业银行风险承担的影响要明显大于大中型银行，即小型商业银行的风险承担倾向对高管薪酬激励更敏感。管理者权力的调节效应分析结果表明，行长兼职越多，或行长兼职的职位越重要，其权力越大，商业银行高管短期薪酬与银行风险承担之间的负相关关系越不明显；行长来源在高管短期薪酬与风险承担之间也存在明显的负向调节效应；而董事会规模与独立董事人数在高管短期薪酬与风险承担之间不存在明显的负向或正向调节效应。

以上结论的启示意义在于，我国商业银行多元化的薪酬体系还有待完善，特别是股权、期权、合伙人计划、资产管理计划、薪酬延付计划、收益权转让、跟投计划等长期薪酬激励方式亟待建立。国有大型商业银行应加强薪酬激励机制的灵活性，制定有竞争力的市场化薪酬标准，从限制行长兼职数量、增加行长来源渠道、优化董事会规模与结构等多方面入手，完善公司治理机制，限制管理者权力的过度膨胀，从而提高高级管理人员的决策效率。

第6章 银行高管薪酬差距与风险承担的实证研究

6.1 理论分析与研究假设

6.1.1 文献回顾

在研究高管薪酬差距的激励作用时，许多学者基于锦标赛理论与行为理论两种不同理论给予了解释。锦标赛理论最早是由拉泽尔和罗森（Lazear and Rosen，1981）提出，该理论主张经过晋升来提高员工积极性，从而提高公司绩效。锦标赛理论的核心是"竞争"，将首席执行官与高管团队的其他成员看作这场比赛的选手，将薪酬差距作为竞争的奖励，在这个过程中，非首席执行官会有更强的动机去提高公司业绩，以此来提高自己成为下一任首席执行官的可能性。行为理论的落脚点在"公平"，公平又主要体现在薪酬上的公平。该理论认为，高管薪酬差距会导致员工认为自己实际得到的薪酬低于心中预期的公平薪酬，这会打击员工的积极性，会让员工心理失衡，从而使员工消极怠工，增加团队成员之间的嫉妒和失职行为，不利于企业绩效的提升。所以行为理论认为低薪酬差距更有利于企业的发展。

就薪酬差距与企业绩效的关系，许多学者展开了研究，并得到了具有经济意义的结论。有研究发现，薪酬差距与企业的日常经营业绩正相关（林浚清等，2003；黎文靖和胡玉明，2012）。张栋和杨兴全（2015）研究发现，高管薪酬差距与银行净利润（会计绩效）和市场价值（市场绩效）（托宾 Q）显著正相关，同时分别研究了高管团队间的相对薪酬与绝对薪酬差距对于企业的业绩激励效果。结果显示，高管团队间的绝对薪酬差距对高管提高业绩有激励作用，支持锦标赛理论。

也有部分学者的研究与锦标赛理论预期不同。管理者对于薪酬差距的心理感知会影响管理者的工作努力程度，从而影响企业绩效。当管理者心理感知程度高时，对企业绩效的提高有促进作用，反之，当管理者心理感知程度较低时，对企业绩效的提高也有促进作用。实证结果也表明，薪酬差距与企业绩效之间存在稳健的非线性关系（陈丁等，2019）。刘美玉和姜磊（2019）研究发现，薪酬差距与企业绩效不是简单的线性关系，高管内部薪酬差距能够提高企业投资效率，并存在倒"U"形关系，即较小的薪酬差距能够促进企业绩效。梁上坤等（2019）基于企业生命周期，就内部薪酬差距对企业绩效的影响进行研究，结果发现，内部薪酬差距对企业绩效的激励作用在每个生命周期存在差异，这与锦标赛理论的预期不同。

对于横向薪酬差距，大多研究结果较为符合行为理论的含义。阿克洛夫和耶伦（Akerlof and Yellen，1988）、米尔格罗姆和罗伯茨（Milgrom and Roberts，1988）以及莱文（Levine，1991）认为，低工资分散程度能够建立和谐高效的劳动关系，从而对员工的努力和生产率产生积极影响，进而促进产出和生产率的提高。李绍龙等（2012）的研究得出，相对薪酬差距与垂直薪酬差距是存在显著的负交互作用，相对薪酬差距会减轻垂直薪酬差距对员工的激励作用，而与企业业绩呈负相关关系。

对于薪酬差距与企业创新投入、创新产出、创新绩效的研究如下所述。孔东民等（2017）分别基于锦标赛理论和比较理论两个相反的理论对企业内部薪酬差距与企业创新之间的关系进行研究。研究发现，整体而言薪酬差距对创新产出具有正向的作用，支持锦标赛理论。刘张发（2019）在研究企业内部薪酬差距对企业创新投入的影响时还考虑了所有制性质这一因素。栾甫贵和纪亚方（2020）研究企业外部薪酬差距能否激励公司高管，结果显示，高于行业均值的薪酬差距对企业创新投入与创新产出存在正向激励作用，而低于行业均值的薪酬差距对企业创新有显著的抑制作用。

关于管理层薪酬与企业风险承担的研究大多都是从激励机制理论出发，认为薪酬结构、薪酬差距会影响企业风险承担水平，激励方式主要包括货币薪酬、股票期权等。目前，银行 CEO 的平均薪酬差距几乎是非银行 CEO 的两倍。普遍认为，银行高管薪酬合同中存在的不当激励措施导致了银行的风险承担增加，并导致了 2007 ~ 2009 年的金融危机（Cheng et al，2015；DeYoung et al，2013；Gande and Kalpathy，2017）。股票期权促进高管的冒险行为，提高金融机构风险承担水平（Coles et al，2006；Gande and Kalpathy，2017；Kini and Williams，2012）。但也有研究认为，基于权益的薪酬激励并不能促进风险承担水平（Hannan and Hanweck，1988）。国内学者也有支持这一观点。刘思彤等（2018）、王栋和吴德胜（2016）等研究发现，股权激励影响了薪酬差距与企业风险承担之间的关系，管理层持股可以使管理层与股东的目标一致，有效缓解委托代理问题，股权激励有助于高管选择高风险的项目来提高公司业绩，从而使高管与企业共享利润、共担风险。也有研究发现，股权激励与公司风险承担不是一个简单的线性关系，而是呈倒"U"形关系（李小荣和张瑞君，2014）。

关于高管薪酬差距与企业风险承担的针对性研究，一般是将高管薪酬差距与锦标赛理论、行为理论、管理者权力理论等结合起来。根据现有文献，高管薪酬差距对企业的风险决策的确有影响。CEO薪酬差距大会通过增加非CEO高管竞争锦标赛奖金（CEO职位和高薪）的动机来诱发类似锦标赛的趋势（Henderson and Fredrickson，2001；Lazear and Rosen，1981）。薪酬差距越大，非首席执行官有更强的动机去承担风险更大的项目，以此来增加他们成为下一任CEO的机会。但是管理技能很难衡量，高管们只能通过增加他们个人项目的风险来增加他们的预期产出（Goel and Thakor，2008）。由于高管人员难以监控，并且可能为避开风险，而倾向于管理者的自利行为。高管薪酬差距可能会驱动高管人员工作，并鼓励冒险以博取高收益。朱晓琳和方拥军（2018）的研究也表明，高管团队薪酬差距能够提高企业风险承担水平，但是这种激励方式只对非国有企业有效，符合锦标赛理论的预期。

综合现有文献来看，国内外学者有关薪酬差距的研究已经较为丰富，但大多集中在薪酬差距对企业绩效或技术创新的激励作用方面，而对于薪酬差距与企业风险承担的相关性研究较少。并且国内大多数研究是以剔除金融行业后的沪深A股上市公司为样本，有关商业银行薪酬差距与风险承担的针对性研究屈指可数。

6.1.2 研究假设

6.1.2.1 高管薪酬差距与锦标赛竞争

根据锦标赛理论，薪酬差距越大，非首席执行官有更强的动机去承担风险更大的项目，以增加他们成为下一任首席执行官的可能性（Goel and Thakor，2008；Kini and Williams，2012；Lazear and Rosen，1981）。由于管理技能很难衡量，高管们只能通过增加他们个人项目的风险来增加他们的预期产出（Goel and Thakor，2008）。这种冒险的动机和机会在银行业更加普遍，因为有限责任带来了独特的道德风险问题，如高杠杆（Jensen and Meckling，1976）、不透明资产（Morgan，2002）、市场纪律的缺失（Laeven and Levine，2009）、政府支持和"太大而不能倒"（TBTF）政策（Galai and Masulis，1976），等。在这方面，大量研究表明，CEO 激励措施与股东激励措施更一致的银行，通过持有较高的股本和期权，在危机期间承担的风险更大、表现更差，并获得更多的联邦基金援助（Van Bekkum，2016；Beltratti and Stulz，2012；Bennett et al，2015；Boyallian and Ruiz-Verdú，2017；Cheng et al，2015；DeYoung et al，2013；Fahlenbrach and Stulz，2011；Gande and Kalpathy，2017）。

国内学者朱晓琳和方拥军（2018）的研究表明，高管团队薪酬差距具有晋升激励作用，能够提高企业风险承担水平。薪酬差距越大，管理者寻求改变现状从而追求风险的动机越强烈（张志宏和朱晓琳，2018；曾春华和李开庆，2019）。而刘思彤等（2018）则认为，CEO 倾向于重视既得利益而规避风险，高管内部薪酬差距与企业风险承担呈负相关关系。由此可见，关于高管薪酬差距与企业风险承担的研究结论仍然充满争议，考虑到我国商业银行普遍重视短期薪酬激励而长期薪酬机制缺失的现实，本章研究倾向于接受朱晓琳和方拥军（2018）、张志宏和朱晓琳（2018）、曾春华和李开庆（2019）等文献的观点。

基于以上分析，提出本章的假设 H6－1：高管内部薪酬差距与银行风险承担之间呈正相关关系，即高管内部薪酬差距的扩大对银行风险承担存在促进作用。

由于本章同时考虑了高管团队与普通员工的薪酬差距，高管团队内部薪酬差距，以及绝对差距与相对差距等多个方面的衡量指标，因此，将该假设扩展为以下三个假设。

H6－1a：行长薪酬占比与银行风险承担呈正相关关系。

H6－1b：高管团队内部绝对薪酬差距与银行风险承担呈正相关关系。

H6－1c：高管团队内部相对薪酬差距与银行风险承担呈正相关关系。

6.1.2.2　不同类型银行的异质性影响

由于小型银行的高管薪酬机制往往较为灵活，因此，其高管团队之间的薪酬差距也较大。而大型银行往往具有较浓重的行政色彩，高管薪酬机制受到国家监管机构的约束也较多，从而高级管理人员之间的薪酬差距较小。例如，财政部于 2009 年 1 月和 2010 年 2 月先后颁布的《金融类国有及国有控股企业负责人薪酬管理办法（征求意见稿）》《中央金融企业负责人薪酬审核管理办法》，就主要是针对大型国有金融机构或国有控股金融机构。李文贵和余明桂（2012）、缪毅和胡奕明（2014）、陆岷峰和虞鹏飞（2016）、吕峻（2019）、李廷瑞和李博阳（2020）等实证研究也表明，薪酬激励对不同类型银行的影响的确存在差异。其中，国有大型商业银行高管薪酬对银行风险承担的影响相对股份制商业银行较小（陆岷峰和虞鹏飞，2016），小银行的薪酬激励与风险承担之间的关系更加显著（李廷瑞和李博阳，2020）。

基于此，提出本章的假设 H6 – 2。

H6 – 2：不同类型商业银行的高管薪酬差距与银行风险承担之间的关系存在差异，相比国有大型商业银行，非国有大型商业银行的风险承担与高管薪酬差距之间的正相关关系更明显。

6.1.2.3　管理者权力的调节作用

根据 CEO 权力理论，更大的 CEO 薪酬差距反映了 CEO 要求更高薪酬相对应的权力和影响力（Bebchuk et al, 2002）。薪酬差距越大，CEO 有更强的动机去保护他们的无形投资（如人力资本、工作保障）和有形投资（如金融财富），并根据个人风险承受能力降低公司的风险敞口（Bebchuk et al, 2011）。相比其他行业，银行 CEO 规避风险的动机更为强烈，因为银行 CEO 的受托责任不仅限于股东，还包括储户和监管者（Macey and O'hara, 2003）。"平静的生活"命题也主张，有权势的 CEO 避免破坏或建造工厂，因为这可能会减少公司收益的可变性；银行的业务活动受到限制，这应该与 CEO 的风险厌恶程度相匹配（Bertrand and Mullainathan, 2003）。帕坦（Pathan, 2009）的研究也表明，管理层权力会对银行风险承担产生负面影响。

国内学者位华（2012）的研究也表明，管理层权力显著降低了商业银行的风险承担水平。管理层权力越大，风险规避倾向越明显，管理层权力对企业风险承担呈抑制作用（宋建波等，2018）。刘思彤等（2018）研究发现，

CEO 倾向于重视既得利益而规避风险，高管内部薪酬差距与企业风险承担呈负相关关系，而 CEO 权力可以改善两者之间的负向关系。因此，在研究薪酬差距问题时，考虑管理者权力的影响是有必要的。

基于此，提出本章的假设 H6 – 3：管理者权力在高管薪酬差距与银行风险承担之间存在正向调节效应。即管理者权力会加剧薪酬差距对银行风险承担的促进作用，管理者权力越强，高管内部薪酬差距与银行风险承担之间的正相关关系越明显。本章共考虑了行长兼职、行长来源、董事会规模、独立董事人数四个方面的管理者权力因素，因此，将以上假设扩展为以下四个假设。

H6 – 3a：行长兼职越多，高管内部薪酬差距与银行风险承担之间的正相关关系越明显。

H6 – 3b：行长内部晋升来源越多，高管内部薪酬差距与银行风险承担之间的正相关关系越明显。

H6 – 3c：董事会规模越大，高管内部薪酬差距与银行风险承担之间的正相关关系越明显。

H6 – 3d：独立董事人数越多，高管内部薪酬差距与银行风险承担之间的正相关关系越明显。

6.2　实证研究设计

6.2.1　变量选取与定义

6.2.1.1　解释变量：高管薪酬差距（PGap）

由于股权薪酬数据量过少，因此本章研究的高管薪酬差距（PGap）只考虑核心高管与其余高管之间的货币薪酬差距。这里的高管根据前述定义，是指包括董事会（独立董事除外）、监事会以及管理层在内的银行高级管理人员，如行长、副行长、财务总监、董事会秘书等。由于独立董事在上市银行只拿固定年薪，因此独立董事的薪酬激励和高管不同，所以在高管定义中要去除独立董事。参考以往文献的一般做法，我们主要考虑排名前 5 的董事、监事以及其他管理人员的薪酬。另外，参考张栋和杨兴全（2015）的做法，从绝对薪酬差距和相对薪酬差距两个角度来衡量，共定义了以下三个不同侧面的指标来衡量银行高管薪酬差距水平。

（1）行长（CEO）薪酬占比（P5Gap1）。

首先考虑的是对银行最重要的高管，即对银行行长（CEO）的薪酬激励强度。将薪酬差距定义为行长薪酬占前5位高管薪酬总和的比重（P5Gap1）。在欧美国家，CEO薪酬占比也已成为最重要的薪酬监管指标。例如，美国证券交易委员会（SEC）采纳了《多德－弗兰克法案》（Dodd－Frank Act）第953（b）条，要求所有上市公司，包括银行，从2018年起报告CEO薪酬与其他员工薪酬的比率。这些薪酬比率将受到严格的审查，尤其是在银行业，薪酬比率成为一个重要的审查指标。鉴于我国商业银行薪酬结构的特殊性，银行高管，包括行长的薪酬是以短期薪酬为主，而股票、期权等长期薪酬仍不普遍，2008年7月和2009年1月，财政部先后下发的《关于清理国有控股上市金融企业股权激励有关问题的通知》《关于金融类国有和国有控股企业负责人薪酬管理有关问题的通知》等文件，也对上市金融机构特别是国有控股金融机构的股权激励做出了严格限制。通过统计各商业银行的高管持股情况也发现，中国银行、建设银行、农业银行、邮储银行、华夏银行、民生银行、光大银行、浙商银行、渝农银行等银行的前5位高管中，在整个研究期间，没有任何一位高管持有股权。因此，我们这里主要是基于以货币年薪收入为主的短期薪酬来计算薪酬差距指标。

为了便于对比，我们同时计算了行长薪酬占前3位高管薪酬总和的比重（P3Gap1）。具体公式如下：

$$P5Gap1 = 行长薪酬/前5位高管薪酬合计 \qquad (6-1)$$

$$P3Gap1 = 行长薪酬/前3位高管薪酬合计 \qquad (6-2)$$

（2）高管团队内部绝对薪酬差距（P5Gap2）。

其次，考虑高管团队的内部薪酬差距，将其定义为行长（CEO）与其余前4位非行长（CEO）高管人员之间的薪酬差额（P5Gap2），即包括行长在内的前5位高管之间的内部薪酬差距。行长与非行长之间的薪酬差距是从锦标赛理论出发，考查行长与其他非行长核心高级管理人员之间薪酬激励强度差异。

为了便于对比，我们同时计算了行长（CEO）与其余前2位非行长（CEO）高管人员之间的薪酬差额（P3Gap2），即包括行长在内的前3位高管之间的内部薪酬差距。具体公式如下：

$$P5Gap2 = 行长薪酬 - 前 4 位高管薪酬均值(不含行长) \quad (6-3)$$

$$P3Gap2 = 行长薪酬 - 前 2 位高管薪酬均值(不含行长) \quad (6-4)$$

（3）高管团队内部相对薪酬差距（P5Gap3）。

式（6-3）和式（6-4）计算得到的是相对薪酬差距指标，在此基础上，参考张栋和杨兴全（2015）的思路，我们进一步考虑了高管团队内部薪酬相对差距，将其定义为行长与除行长外其余前 4 位核心高管人员薪酬总和的比值（P5Gap3）。同样，为了便于对比，我们同时计算了行长（CEO）与其余前 2 位非行长（CEO）高管人员薪酬之和的比值（P3Gap3），即包括行长在内的前 3 位高管之间的相对薪酬差距。具体计算公式如下：

$$P5Gap3 = 行长薪酬/前 4 位高管薪酬合计(不含行长) \quad (6-5)$$

$$P3Gap3 = 行长薪酬/前 2 位高管薪酬合计(不含行长) \quad (6-6)$$

6.2.1.2　被解释变量：银行风险承担（RISK）

关于银行风险承担水平的衡量，较常用的是汉南和汉威克（Hannan and Hanweck，1988）首次提出的破产风险 Z 评分指数（Z-score）（Guo et al，2015；何靖，2016；冯玉梅和任仪佼，2019；郭品和沈悦，2019；王妍和王继红，2019），其计算公式如下：

$$Z_1 = (ROA_{i,t} + CAP_{i,t})/\sigma(ROA_{i,t}) \quad (6-7)$$

其中，$ROA_{i,t}$ 为单家银行的资产净利率；$CAP_{i,t}$ 指资产/资本比率（采用资本充足率）；$\sigma(ROA_{i,t})$ 为资本净利率滚动 3 期的标准差。Z-score 越大，意味着银行离破产的距离越远，银行的风险承担越低。为了便于解释并和其他风险承担变量保持一致，与郭品和沈悦（2019）、朱顺泉和赖少钺（2019）等相同，我们考虑其逆形式（1/ Z-score）作为风险承担代理变量，则 1/ Z-score 越大，银行风险承担越高。

另外，为了便于对比，参考雅蒂和米科（Yeyati and Micco，2007）、莱佩蒂特和斯特罗贝尔（Lepetit and Strobel，2013）等文献的做法，本章同时计算了基于权益资产比（Equity/Asset）的银行 Z 评分指数。

$$Z_2 = \frac{ROA + (Equity/Asset)}{\sigma(ROA)} \quad (6-8)$$

6.2.1.3 控制变量

在控制变量的选取上，与第 5 章基本保持一致，仍然从微观、中观和宏观三个方面考虑。其中，银行微观层面的控制变量为：（1）银行规模（Size），采用每家银行总资产的自然对数。（2）银行成长性（Growth），采用每家银行的同期营业收入增长率。（3）经营效率，采用银行成本收入比（CRra）。（4）流动性水平，选取存贷比（LDR）。（5）资本充足率（CAP）。（6）第一大股东持股比例（Shsr）。（7）银行收入多元化指数（HHI）。

其中，对银行收入多元化水平的计算，采用赫芬达尔指数（Herfindahl Index，HHI）进行衡量，具体公式如下：

$$HHI = 1 - I, \quad 其中 I = \sum_{i=1}^{n} (P_i)^2 \tag{6-9}$$

其中，i 为银行收入来源集中度，P_i 为银行在第 i 项业务之营业收入占总营业收入的比率；n 为银行业务收入来源的数目，这里考虑利息收入和非利息收入两种收入来源。

中观层面，与第 5 章一致，选取银行业集中度（CR4）（中国银行、农业银行、工商银行、建设银行等前四大银行资产占全行业总资产比重）作为控制变量。

宏观层面上的控制变量选取与第 5 章略有差异：（1）宏观经济发展水平，选取实际人均国内生产总值（PcGDP）作为代理变量。（2）净利差（NID），采用贷款利率与存款利率的差异。（3）证券市场发展水平（Stock），选取证券市场总市值与 GDP 的比值。（4）货币政策，选取货币供给量（M2）增速作为代理变量。

6.2.1.4 调节变量

与第 5 章一致，本章研究选取行长是否兼任董事长、副董事长或同时担任三个以上重要职位（Power1）、行长来源是否为内部晋升（Power2）、董事会规模（Power3）、独立董事人数（Power4）四个方面的指标作为管理者权力调节变量。其中，行长兼职（Power1）、行长来源（Power2）为虚拟变量，董事会规模（Power3）、独立董事人数（Power4）为连续变量。

上述各变量定义及描述性统计情况见表 6-1 和表 6-2。

表 6 - 1 变量定义

变量类型	变量名称	变量符号	变量定义
被解释变量	风险承担	Z1	基于资本充足率的 Z 评分指数
		Z2	基于权益资产比的 Z 评分指数
解释变量	薪酬差距	PGap1	行长薪酬/前 5 位高管薪酬总和
		PGap2	行长薪酬 - 其余前 4 位高管人员薪酬之和,单位:百万元
		PGap3	行长薪酬/前 4 位非行长核心高管人员的薪酬之和
控制变量	资产规模	Size	年末银行总资产的自然对数
	成长性	Growth	营业总收入同比增长率/100
	经营效率	CRra	银行成本收入比 = 营业收入/营业支出
	流动性水平	LDR	银行存贷比 = 存款总额/贷款总额
	大股东持股比例	Shsr	第一大股东持股数/总股数
	净利差	NID	银行贷款利率减去存款利率
	收入多元化指数	HHI	本书计算所得
	行业集中度	CR4	前 4 大银行资产占全行业总资产比值
	宏观经济发展水平	GDP	实际人均国内生产总值(万元)
	证券市场占比	Stock	上市公司总市值/GDP 总额
	货币政策	M2	货币供应量(M2)增速(环比)
调节变量	管理者权力	Power1	行长同时兼任董事长、副董事长或同时担任职位超过 3 个时取值为 1,否则为 0
		Power2	行长来源于内部晋升则取值为 1,否则为 0
		Power3	董事会成员数
		Power4	董事会成员中独立董事人数

表 6 - 2 变量描述性统计

变量	均值	中位数	最大值	最小值	标准差	观测数
Z1	2.000	1.910	19.452	0.000	1.119	318
Z2	3.597	3.551	7.368	0.511	1.031	317
NPL	1.390	1.330	9.330	0.360	0.811	332

续表

变量	均值	中位数	最大值	最小值	标准差	观测数
PGap1	0.187	0.204	0.611	0.036	0.077	332
PGap2	0.044	0.037	19.220	-4.545	1.888	332
PGap3	0.245	0.257	1.574	0.037	0.157	332
Size	14.169	14.212	17.220	11.034	1.595	334
Growth	0.184	0.166	0.674	-0.109	0.144	334
CRra	32.463	31.505	66.470	19.980	6.333	334
LDR	0.700	0.707	1.100	0.287	0.119	334
Shsr	0.248	0.189	0.689	0.024	0.180	330
NID	2.366	2.345	3.990	1.320	0.473	334
HHI	0.292	0.290	0.500	-0.032	0.113	334
CR4	0.413	0.387	0.549	0.361	0.056	334
GDP	4.794	5.024	7.089	1.437	1.597	334
Stock	0.683	0.666	1.484	0.186	0.219	334
M2	1.577	1.478	3.180	0.993	0.546	334
Power1	0.485	0.000	1.000	0.000	0.501	332
Power2	0.970	1.000	1.000	0.000	0.171	331
Power3	18.653	18.000	33.000	8.000	4.602	334
Power4	5.964	6.000	12.000	1.000	1.729	334

注：以上所有变量取值期间为 2005～2019 年，其中薪酬差距、资产总额等涉及价格的变量以 2005 年为基期进行相应 CPI 调整。为了避免回归系数过小的问题，我们对薪酬指标进行缩小 100 倍处理，即实际回归用的薪酬数据单位为亿元。

资料来源：笔者整理。

6.2.2 变量的相关性分析

由于不同的控制变量之间可能会存在强相关关系，进而导致在做回归分析时出现多重共线性问题。因此，首先对各控制变量进行相关性分析。表 6-3、表 6-4、表 6-5 分别展示了样本数据中的解释变量行长薪酬占比、高管团队内部绝对薪酬差距以及高管团队内部相对薪酬差距与各控制变量之间的相关关系。

表 6 - 3　行长薪酬占比与控制变量的相关性分析

变量	P5Gap1	P3Gap1	Size	Growth	CRra	LDR	CAP	Shsr	HHI	CR4	PcGDP	NID	STOCK	M2	Power1	Power2	Power3	Power4
P5Gap1	1.000	—	—	—	—	—	—	—	—	—	—	—	—	—	—	—	—	—
P3Gap1	0.975	1.000	—	—	—	—	—	—	—	—	—	—	—	—	—	—	—	—
Size	-0.255	-0.259	1.000	—	—	—	—	—	—	—	—	—	—	—	—	—	—	—
Growth	0.278	0.278	-0.236	1.000	—	—	—	—	—	—	—	—	—	—	—	—	—	—
CRra	0.331	0.293	-0.168	0.114	1.000	—	—	—	—	—	—	—	—	—	—	—	—	—
LDR	-0.126	-0.149	0.258	-0.217	-0.198	1.000	—	—	—	—	—	—	—	—	—	—	—	—
CAP	-0.266	-0.191	-0.069	-0.058	-0.334	-0.063	1.000	—	—	—	—	—	—	—	—	—	—	—
Shsr	0.281	0.287	-0.296	0.483	0.235	-0.287	0.035	1.000	—	—	—	—	—	—	—	—	—	—
HHI	-0.167	-0.168	0.670	-0.098	0.046	0.044	0.010	-0.058	1.000	—	—	—	—	—	—	—	—	—
CR4	-0.256	-0.265	0.594	-0.321	-0.352	0.464	0.012	-0.546	0.323	1.000	—	—	—	—	—	—	—	—
PcGDP	0.350	0.308	-0.035	0.519	0.433	-0.206	-0.282	0.387	0.085	-0.413	1.000	—	—	—	—	—	—	—
NID	-0.337	-0.296	0.038	-0.478	-0.409	0.287	0.310	-0.395	-0.082	0.444	-0.958	1.000	—	—	—	—	—	—
STOCK	0.032	0.035	-0.041	0.070	-0.007	-0.058	0.162	0.061	0.000	-0.100	0.026	-0.112	1.000	—	—	—	—	—
M2	0.130	0.106	-0.035	0.018	0.256	-0.216	-0.139	0.010	0.025	-0.208	0.350	-0.477	0.425	1.000	—	—	—	—
Power1	-0.124	-0.146	0.393	-0.090	-0.126	0.019	-0.058	-0.128	0.246	0.188	0.097	-0.110	0.016	0.018	1.000	—	—	—
Power2	0.032	0.018	-0.107	0.019	-0.112	-0.054	0.002	0.014	-0.113	-0.009	0.054	-0.093	0.036	0.131	0.039	1.000	—	—
Power3	0.005	0.005	0.464	0.033	-0.010	0.272	-0.124	-0.014	0.175	0.281	0.231	-0.230	0.006	0.070	0.252	-0.010	1.000	—
Power4	0.019	0.033	0.284	0.017	0.019	0.188	-0.017	-0.044	0.033	0.252	0.055	-0.035	0.004	-0.014	0.127	-0.020	0.734	1.000

表 6 - 4　高管团队内部的绝对薪酬差距与控制变量相关性分析

变量	P5Gap2	P3Gap2	Size	Growth	CRra	LDR	CAP	Shsr	HHI	CR4	GDP	NID	STOCK	M2	Power1	Power2	Power3	Power4
P5Gap2	1.000	—	—	—	—	—	—	—	—	—	—	—	—	—	—	—	—	—
P3Gap2	0.971	1.000	—	—	—	—	—	—	—	—	—	—	—	—	—	—	—	—
Size	-0.163	-0.193	1.000	—	—	—	—	—	—	—	—	—	—	—	—	—	—	—
Growth	0.198	0.175	-0.236	1.000	—	—	—	—	—	—	—	—	—	—	—	—	—	—
CRra	0.251	0.208	-0.168	0.114	1.000	—	—	—	—	—	—	—	—	—	—	—	—	—
LDR	-0.023	-0.054	0.258	-0.217	-0.198	1.000	—	—	—	—	—	—	—	—	—	—	—	—
CAP	-0.286	-0.227	-0.069	-0.058	-0.334	-0.063	1.000	—	—	—	—	—	—	—	—	—	—	—
Shsr	0.221	0.207	-0.296	0.483	0.235	-0.287	0.035	1.000	—	—	—	—	—	—	—	—	—	—
HHI	-0.120	-0.163	0.670	-0.098	0.046	0.044	0.010	-0.058	1.000	—	—	—	—	—	—	—	—	—
CR4	-0.155	-0.186	0.594	-0.321	-0.352	0.464	0.012	-0.546	0.323	1.000	—	—	—	—	—	—	—	—
GDP	0.252	0.184	-0.035	0.519	0.433	-0.206	-0.282	0.387	0.085	-0.413	1.000	—	—	—	—	—	—	—
NID	-0.243	-0.176	0.038	-0.478	-0.409	0.287	0.310	-0.395	-0.082	0.444	-0.958	1.000	—	—	—	—	—	—
STOCK	0.104	0.088	-0.041	0.070	-0.007	-0.058	0.162	0.061	0.000	-0.100	0.026	-0.112	1.000	—	—	—	—	—
M2	0.120	0.075	-0.035	0.018	0.256	-0.216	-0.139	0.010	0.025	-0.208	0.350	-0.477	0.425	1.000	—	—	—	—
Power1	-0.049	-0.056	0.393	-0.090	-0.126	0.019	-0.058	-0.128	0.246	0.188	0.097	-0.110	0.016	0.018	1.000	—	—	—
Power2	0.032	0.014	-0.107	0.019	-0.112	-0.054	0.002	0.014	-0.113	-0.009	0.054	-0.093	0.036	0.131	0.039	1.000	—	—
Power3	0.059	0.029	0.464	0.033	-0.010	0.272	-0.124	-0.014	0.175	0.281	0.231	-0.230	0.006	0.070	0.252	-0.010	1.000	—
Power4	0.0794	0.0731	0.284	0.0167	0.0186	0.1875	-0.017	-0.0444	0.0334	0.2524	0.0554	-0.0347	0.0042	-0.0143	0.1267	-0.0204	0.7336	1.000

表 6－5　高管团队内部的相对薪酬差距与控制变量相关性分析

变量	P5Gap3	P3Gap3	Size	Growth	CRra	LDR	CAP	Shsr	HHI	CR4	GDP	NID	STOCK	M2	Power1	Power2	Power3	Power4
P5Gap3	1.000	—	—	—	—	—	—	—	—	—	—	—	—	—	—	—	—	—
P3Gap3	0.992	1.000	—	—	—	—	—	—	—	—	—	—	—	—	—	—	—	—
Size	-0.222	-0.221	1.000	—	—	—	—	—	—	—	—	—	—	—	—	—	—	—
Growth	0.229	0.231	-0.236	1.000	—	—	—	—	—	—	—	—	—	—	—	—	—	—
CRra	0.315	0.295	-0.168	0.114	1.000	—	—	—	—	—	—	—	—	—	—	—	—	—
LDR	-0.068	-0.070	0.258	-0.217	-0.198	1.000	—	—	—	—	—	—	—	—	—	—	—	—
CAP	-0.338	-0.310	-0.069	-0.058	-0.334	-0.063	1.000	—	—	—	—	—	—	—	—	—	—	—
Shsr	0.243	0.253	-0.296	0.483	0.235	-0.287	0.035	1.000	—	—	—	—	—	—	—	—	—	—
HHI	-0.136	-0.130	0.670	-0.098	0.046	0.044	0.010	-0.058	1.000	—	—	—	—	—	—	—	—	—
CR4	-0.219	-0.221	0.594	-0.321	-0.352	0.464	0.012	-0.546	0.323	1.000	—	—	—	—	—	—	—	—
GDP	0.349	0.336	-0.035	0.519	0.433	-0.206	-0.282	0.387	0.085	-0.413	1.000	—	—	—	—	—	—	—
NID	-0.333	-0.318	0.038	-0.478	-0.409	0.287	0.310	-0.395	-0.082	0.444	-0.958	1.000	—	—	—	—	—	—
STOCK	0.041	0.053	-0.041	0.070	-0.007	-0.058	0.162	0.061	0.000	-0.100	0.026	-0.112	1.000	—	—	—	—	—
M2	0.124	0.114	-0.035	0.018	0.256	-0.216	-0.139	0.010	0.025	-0.208	0.350	-0.477	0.425	1.000	—	—	—	—
Power1	-0.045	-0.050	0.393	-0.090	-0.126	0.019	-0.058	-0.128	0.246	0.188	0.097	-0.110	0.016	0.018	1.000	—	—	—
Power2	0.027	0.014	-0.107	0.019	-0.112	-0.054	0.002	0.014	-0.113	-0.009	0.054	-0.093	0.036	0.131	0.039	1.000	—	—
Power3	0.022	0.033	0.464	0.033	-0.010	0.272	-0.124	-0.014	0.175	0.281	0.231	-0.230	0.006	0.070	0.252	-0.010	1.000	—
Power4	0.013	0.023	0.284	0.017	0.019	0.188	-0.017	-0.044	0.033	0.252	0.055	-0.035	0.004	-0.014	0.127	-0.020	0.734	1.000

6.2.2.1 行长薪酬占比与控制变量的相关性分析

表 6 - 3 显示，行长薪酬占比（P5Gap1、P3Gap1）与各个控制变量的相关性关系较弱，各控制变量之间也没有强相关关系，因此变量的选取恰当，不需剔除多余变量。

6.2.2.2 高管团队内部的绝对薪酬差距与控制变量相关性分析

表 6 - 4 显示，高管团队内部的绝对薪酬差距（P5Gap2、P3Gap2）与各个控制变量的相关性关系较弱，各控制变量之间也没有强相关关系，因此变量的选取恰当，不需剔除多余变量。

6.2.2.3 高管团队内部的相对薪酬差距与控制变量相关性分析

表 6 - 5 显示，高管团队内部的相对薪酬差距（P5Gap3、P3Gap3）与各个控制变量的相关性关系较弱，各控制变量之间也没有强相关关系，因此变量的选取恰当，不需剔除多余变量。

6.2.3 研究样本与数据来源

与第 5 章类似，考虑到数据的完整性，本章研究选取截至 2019 年 12 月已上市的全部 36 家上市商业银行为研究样本。具体包括中国银行、农业银行、工商银行、建设银行、交通银行、邮储银行等 6 家国有大型商业银行，平安银行、浦发银行、民生银行、招商银行、华夏银行、兴业银行、中信银行、光大银行和浙商银行等 9 家股份制银行，宁波银行、南京银行、北京银行、江苏银行、贵阳银行、杭州银行、上海银行、成都银行、郑州银行、长沙银行、青岛银行和西安银行等 13 家城市商业银行，以及江阴银行、无锡银行、常熟银行、苏农银行、张家港行、紫金银行、青农商行和渝农商行等 8 家农村商业银行。

样本期间为 2005 ~ 2019 年，除风险承担（Z1、Z2）、市场集中度（CR4）、收入多元化指数（HHI）以及薪酬差距（P5gap1、P5gap2、P5gap3、P5gap4、P3gap1、P3gap2）等指标是由本章研究计算得到以外，其他数据均来自 Wind 金融终端、RESSET 金融研究数据库、CEIC 数据库、中国金融统计年鉴、各银行历年年报等。所有数据分析与实证过程均通过 Excel 2016、

Eviews 10 和 Stata15.0 等统计软件完成。本章研究样本涵盖了除外资银行以外的所有商业银行类型，其总资产与存贷款规模占全行业 75% 以上，具有较好的代表性。

6.2.4　计量模型设计

6.2.4.1　基础回归模型设定

基于上述分析与数据，首先选取行长薪酬占前 5 位高管薪酬总和的比重（P5Gap1）、前 5 位高管平均薪酬与其他员工平均薪酬的差额（P5Gap2）、行长与其余前 4 位高管人员的薪酬差额（P5Gap3）以及行长与其余前 4 位核心高管人员薪酬总和的比值（P5Gap4）作为基础回归模型的解释变量，同时考虑到商业银行风险承担影响的滞后作用，为了缓解可能存在的内生性问题，在模型中加入其一阶滞后项作为前定变量。最终，本章研究建立以下以非平衡面板数据为基础的一组多元回归方程模型：

$$Risk_{it} = \beta_0 + \beta_1 \times Risk_{i,t-1} + \beta_2 \times P5Gap1_{i,t} + \sum_{j=1}^{12} \gamma_j Control_{j,t} + u_{i,t} + \varepsilon_{i,t}$$

$$(6-10)$$

$$Risk_{it} = \beta_0 + \beta_1 \times Risk_{i,t-1} + \beta_2 \times P5Gap2_{i,t} + \sum_{j=1}^{12} \gamma_j Control_{j,t} + u_{i,t} + \varepsilon_{i,t}$$

$$(6-11)$$

$$Risk_{it} = \beta_0 + \beta_1 \times Risk_{i,t-1} + \beta_2 \times P5Gap3_{i,t} + \sum_{j=1}^{12} \gamma_j Control_{j,t} + u_{i,t} + \varepsilon_{i,t}$$

$$(6-12)$$

模型（6-10）、模型（6-11）和模型（6-12）分别用来检验行长薪酬占比、高管团队内部绝对薪酬差距及高管团队内部相对薪酬差距与银行风险承担的关系。其中，下标 i 表示样本银行，t 代表年份，$u_{i,t}$ 为个体异质性，$\varepsilon_{i,t}$ 为随机扰动项。第 i 家银行第 t 期的风险承担水平被表示为银行自身前一期的风险状况、高管薪酬、资产规模、成长性、经营效率、流动性、资本充足率、大股东持股比例、收入多元化、行业集中度、宏观经济发展水平、净利差、金融发展程度和货币政策，以及随机误差项的函数。由于本章分别选取 Z1、Z2 作为被解释变量，而关键解释变量也分别有行长薪酬占比（P5Gap1、P3 Gap1）、高管团队内部绝对薪酬差距（P5Gap2、P3Gap2）、高管团队内部相对薪酬差距（P5Gap3、P3Gap3）6 个衡量指标，因此，上述基础模型实际涵盖了 12 个回归方程。

6.2.4.2 估计方法选择

遵循第 5 章的逻辑，首先，对模型进行 F 检验，以判断是选择混合回归模型还是个体固定效应模型，表 6 – 6 的检验结果表明，模型（6 – 10）、模型（6 – 11）和模型（6 – 12）的 F 检验的 P 值均为 0.000，故强烈拒绝原假设，即认为个体固定效应模型明显优于混合回归模型；其次，进行 LR 检验，三个模型的 LR 检验值均为 0.000，故强烈拒绝原假设"$H_0: \sigma_u = 0$"，即应该选择个体随机效应模型而非混合回归模型；最后，进行 Hausman 检验，表 6 – 6 的检验结果显示，三个模型下的原假设"个体效应与回归变量无关"对应的 P 值为 0.000，因此，应使用个体固定效应模型而非个体随机效应模型。

表 6 – 6　　　　　　　　　　估计方法选择检验结果

检验方法	统计量	模型（6 – 10）(P5Gap1)	模型（6 – 11）(P5Gap2)	模型（6 – 12）(P5Gap3)
F 检验	F 统计量	17.57 (0.000)	17.28 (0.000)	17.58 (0.000)
LR 检验	LR chi2	230.53 (0.000)	218.31 (0.000)	230.42 (0.000)
Hausman 检验	chi2	43.89 (0.000)	45.37 (0.000)	43.17 (0.000)

注：括号内为 P 值。
资料来源：笔者整理。

6.2.4.3 面板数据单位根（平稳性）检验

在固定效应模型（FE）估计的基础上，为了克服可能存在的内生性问题，本章研究同时采用布伦德尔和邦德（Blundell and Bond，1998）提出的系统 GMM 估计方法进行检验。对于动态面板，为防止"虚假回归"问题，要求数据平稳，由于本章研究所用数据为非平衡面板，故采用 Fisher-ADF、Phillips-Perron Test、KPSS Test 三种检验方法围绕银行个体层面的变量 Z1、

Z2、P5Gap1、P5Gap2、P5Gap3、P3Gap1、P3Gap2、P3Gap3、Size、Growth、CRra、LDR、CAP、Shsr、HHI、NID 进行面板单位根检验，这三种检验方法的原假设均为"H0：所有个体都是非平稳的"。由于其他变量已在第 5 章进行了单位根检验，因此，这里仅报告了 Z1、Z2、P5Gap1、P5Gap2、P5Gap3、P3Gap1、P3Gap2、P3Gap3、Power1、Power2、Power3、Power4 等 12 个变量的检验结果。表 6-7 显示，除了 P5Gap3 仅在 Fisher-ADF 和 Phillips-Perron 两种方法下拒绝原假设以外，其他变量均在全部三种检验方法下拒绝原假设，说明以上 12 个变量都是平稳序列，回归分析将不会出现虚假回归。

表 6-7　　　　　　　　　　面板数据的平稳性检验

变量	Fisher-ADF Test		Phillips-Perron Test		KPSS Test	
	检验值	P 值	检验值	P 值	检验值	P 值
Z1	-6.4917	0.0000	-6.8056	0.0000	20.1744	0.0000
Z2	-8.0143	0.0000	-8.2984	0.0000	62.1202	0.0000
P5Gap1	-5.7056	0.0000	-6.4372	0.0000	44.5867	0.0000
P5Gap2	-3.4747	0.0095	-5.0990	0.0000	23.6551	0.0000
P5Gap3	-5.5577	0.0000	-6.1951	0.0000	0.4268	0.6698
P3Gap1	-5.5821	0.0000	-6.5328	0.0000	49.8101	0.0000
P3Gap2	-3.8920	0.0025	-4.8388	0.0001	22.3050	0.0000
P3Gap3	-5.8069	0.0000	-6.2377	0.0000	-2.3840	0.0177
Power1	-5.5465	0.0000	-5.2196	0.0000	17.6534	0.0000
Power2	-10.3004	0.0000	-10.6256	0.0000	102.9223	0.0000
Power3	-8.1827	0.0000	-8.2849	0.0000	74.0781	0.0000
Power4	-12.3777	0.0000	-12.6494	0.0000	63.0380	0.0000

资料来源：笔者整理。

6.3　实证结果分析

6.3.1　基准模型回归结果

基于上述分析与数据，首先选取基于资本充足率的 Z 评分指数（Z1）作为被解释变量，P5Gap1、P5Gap2、P5Gap3 分别作为关键解释变量，根据模型（6-10）、模型（6-11）、模型（6-12）检验假设 H6-1。经过 Hausman 检验，本章采用个体和时间双固定效应模型进行估计，回归结果见表6-8。

表6-8 基准模型固定效应（FE）估计结果

变量	模型（6-10）（P5Gap1）		模型（6-11）（P5Gap2）		模型（6-12）（P5Gap3）	
	(1)	(2)	(3)	(4)	(5)	(6)
Z1(-1)	0.041**	0.040**	0.032*	0.032*	0.033*	0.034**
	(2.284)	(2.362)	(1.823)	(1.942)	(1.909)	(2.052)
P5Gap1	1.168***	0.877**	—	—	—	—
	(3.247)	(2.453)				
P5Gap2	—	—	0.069***	0.064***	—	—
			(5.763)	(4.946)		
P5Gap3	—	—	—	—	0.949***	0.882***
					(6.185)	(5.377)
Size	—	0.155	—	0.236*	—	0.230*
		(1.108)		(1.741)		(1.718)
Growth	—	-0.187	—	-0.119	—	-0.078
		(-0.777)		(-0.512)		(-0.339)
CRra	—	0.004	—	0.006	—	0.007
		(0.449)		(0.689)		(0.899)
LDR	—	-0.581	—	-0.471	—	-0.509
		(-1.515)		(-1.275)		(-1.391)
NID	—	0.492***	—	0.482***	—	0.474***
		(5.241)		(5.339)		(5.293)
Shsr	—	-1.278***	—	-0.752*	—	-0.737*
		(-3.248)		(-1.889)		(-1.883)
HHI	—	0.825**	—	0.853**	—	0.793**
		(2.222)		(2.387)		(2.239)
CR4	1.490	-6.970	2.551	-5.896	1.255	-6.917
	(0.230)	(-1.080)	(0.413)	(-0.949)	(0.205)	(-1.124)
GDP	0.031	-0.346	0.067	-0.353	0.052	-0.347
	(0.109)	(-1.200)	(0.250)	(-1.272)	(0.195)	(-1.260)
Stock	-0.056	0.405	-0.102	0.400	-0.101	0.389
	(-0.091)	(0.679)	(-0.175)	(0.698)	(-0.176)	(0.686)
M1	0.075	-0.209	0.106	-0.193	0.094	-0.193
	(0.334)	(-0.937)	(0.494)	(-0.896)	(0.443)	(-0.907)
Constant	0.659	3.310	0.258	1.624	0.632	1.872
	(0.160)	(0.743)	(0.066)	(0.377)	(0.162)	(0.440)
个体固定效应	YES	YES	YES	YES	YES	YES
时间固定效应	YES	YES	YES	YES	YES	YES

续表

变量	模型（6-10）（P5Gap1）		模型（6-11）（P5Gap2）		模型（6-12）（P5Gap3）	
	(1)	(2)	(3)	(4)	(5)	(6)
R2 (within)	0.507	0.577	0.550	0.609	0.558	0.616
R2-adjusted	0.400	0.469	0.451	0.508	0.462	0.517
F	15.712	13.775	18.643	15.706	19.296	16.172
N	280	280	280	280	280	280

注：括号内为 t 值，***、**、* 分别表示在 1%、5%、10% 的水平上显著。
资料来源：笔者整理。

表 6-8 中的列（1）、列（3）、列（5）是未添加任何银行微观层面控制变量的回归结果，列（2）、列（4）、列（6）加入了所有控制变量，结果显示核心解释变量的回归符号与显著性水平保持一致，回归系数也变动不大，说明回归结果具有较好的稳定性。无论是采用行长薪酬占比指标（P5Gap1），还是采用高管团队内部绝对薪酬差距（P5Gap2）或高管团队内部相对薪酬差距（P5Gap3），关键解释变量高管薪酬差距回归系数均为正，且至少在 10% 的水平上通过了显著性检验，说明高管内部薪酬差距与我国商业银行风险承担之间存在明显的正相关关系，即行长（CEO）与其他高管之间的薪酬差距越大，银行风险承担倾向越明显，本章假设 H6-1a、H6-1b、H6-1c 得到初步证实。这一结论说明，在当前我国金融风险不断累积的现实背景下，商业银行应适当降低对行长（CEO）的短期薪酬激励强度，控制高管团队内部的薪酬差距，从而促进银行的稳健投资行为。因变量的一阶滞后项 Z1(-1) 回归系数显著为正，说明银行风险承担具有时续性。原因可能在于，商业银行过去的风险承担较高，一方面，经营策略的延续性会使本期银行管理层也设定高风险的投资计划；另一方面，过去较高的风险承担水平，一定程度上有助于提振管理者的市场信心，对本期风险承担行为产生促进作用。

其他控制变量方面，较为一致性的结论有：资产规模（Size）回归系数为正且显著，说明规模越大的银行，风险承担越高。其中的原因在于，资产规模越大，资金越雄厚，其在盈利能力、客户渠道、人才储备等方面优势更为明显，从而风险承受能力越强，越倾向于投资高风险项目。收入多元化指数（HHI）回归系数为正且显著，即收入来源的多元化促进了银行的风险承担。这一结果不符合理论预期，究其原因是随着我国银行业改革的持续深化，银行间的竞争不断加剧，迫使商业银行逐渐转变以往以赚取存贷款利差收益为主的盈利模式，向业务多元化方向转型，扩大高风险的中间业务、表外业务规模，从而提高了风险承担水平。第一大股东持股比例（Shsr）回归系数为负且显著，说明股权比例越集中于少数股东，银行风险承担倾向越弱。这一结论符合理论预期，也与拉文和莱文（Laeven and Levine，2009）、庄宇等（2013）、曹廷求和王营（2010）等文献的研究发现相一致。股权越集中，代表股东对银行的控制力越强，股东也会更加注重风险，董事会则更倾向于与股东权益保持一致，因此倾向于采取较为严格的监督、激励机制来约束高管的风险投资行为。

6.3.2　不同类型银行的异质性影响分析

6.3.2.1　不同类型银行异质性影响的识别策略

检验假设 H6 - 2 时，我们仍然延续第 5 章的思路，采用分组回归的识别策略，但有所不同。国有大型商业银行与非国有商业银行高管薪酬差距程度存在较大差异。根据前面我们对各观测点银行高管薪酬差距情况的统计，高管团队内部薪酬差距较大的主要是股份制银行、城市商业银行等非国有银行，例如，2007 年，平安银行 CEO 的货币年薪最高，达到 2285.0 万元人民币，占前 5 位高管薪酬总额的 61.15%。其次是民生银行和招商银行，2007 年，其行长的货币年薪收入分别为 1004.6 万元和 963.1 万元。而中国银行行长的年薪在 2018 年仅 23.2 万元，仅占前 5 位高管薪酬总额的 4.8%。另外，交通银行行长在 2018 年的年薪也仅 37.6 万元，建设银行行长 2019 年的年薪收入不足 50 万元。[①]

从高管团队和其他员工的薪酬差距来看，差距相对较大的仍然是以非国有商业银行为主，例如，其中差距最明显的民生银行、平安银行和招商银行，2007 年，其前 5 位高管平均薪酬和其他员工平均薪酬的差额分别为 939.2 万元、723.0 万元和 549.0 万元。与此形成鲜明对比的是，2019 年，中国邮政储蓄银行前 5 位高管平均薪酬和其他员工平均薪酬的差额仅 28.3 万元。2016年，中国工商银行和中国农业银行的该项指标分别为 32.0 万元和 34.2 万元。[②]

---

① 资料来源：各银行历年年度报告。
② 资料来源：各银行历年年度报告。

　　由此可见，国有大型商业银行和非股份制银行的高管薪酬差距指标差异非常明显。因此，我们将本章研究涵盖的 36 家银行样本分为子样本一（中国银行、农业银行、工商银行、建设银行、交通银行、邮储银行等 6 家国有大型商业银行）和子样本二（其余股份制银行、城商行、农商行等 30 家非国有大型商业银行）两个子样本，然后基于模型（6 - 10）、模型（6 - 11）和模型（6 - 12）分别进行回归，并比较两个子样本下关键解释变量估计系数的差异。若非国有大型商业银行样本回归结果中的核心解释变量的系数显著性明显高于国有大型商业银行样本的回归结果，则意味着高管薪酬差距对非国有大型商业银行的影响比国有大型商业银行更为明显。相反，则说明高管薪酬差距对非国有大型商业银行的影响程度要低于国有大型商业银行。

6.3.2.2　不同类型银行异质性影响回归结果

　　依照上述识别策略检验假设 H6 - 2，具体分组回归结果见表 6 - 9。

表 6 - 9　　　　　　　　　　　异质性影响检验结果

变量	模型（6 - 10）（P5Gap1）		模型（6 - 11）（P5Gap2）		模型（6 - 12）（P5Gap3）	
	子样本一	子样本二	子样本一	子样本二	子样本一	子样本二
Z1（ - 1）	0.190 *	0.043 **	0.179 *	0.034 *	0.192 *	0.036 **
	(1.854)	(2.254)	(1.773)	(1.880)	(1.874)	(1.985)
PGap1	- 0.682	0.963 **	—	—	—	—
	(- 1.221)	(2.287)				
PGap2	—	—	- 0.053	0.068 ***	—	—
			(- 1.320)	(4.547)		
PGap3	—	—	—	—	- 0.504	0.899 ***
					(- 1.273)	(4.790)
控制变量	YES	YES	YES	YES	YES	YES
个体固定效应	YES	YES	YES	YES	YES	YES
时间固定效应	YES	YES	YES	YES	YES	YES
R2（within）	0.944	0.536	0.944	0.574	0.944	0.580
R2-adjusted	0.903	0.392	0.904	0.443	0.903	0.450
F	28.726	8.656	28.930	10.122	28.832	10.338
N	63	217	63	217	63	217

　　注：括号内为 t 值；***、**、* 分别表示在 1%、5%、10% 的水平上显著。由于篇幅所限，这里省略了其他控制变量的回归结果，感兴趣的读者可向笔者索取。下表同。

　　资料来源：笔者整理。

表6-9显示，分组回归后，子样本二的薪酬差距变量估计系数在模型（6-10）、模型（6-11）和模型（6-12）中均为正且至少在5%的水平上显著，而子样本一的估计结果均为负且不显著。显然，无论是从系数符号方向还是从回归系数的显著性水平来看，两者差异明显，相对而言，高管内部薪酬差距对非国有商业银行风险承担的促进作用要强于国有商业银行。此外，对比全样本和子样本二，即剔除国有商业银行样本前后的估计结果，我们发现，剔除国有商业银行样本后，模型关键解释变量（PGap）回归系数的符号方向和显著性水平没有变化，但系数大小在三个模型下均有明显升高，分别由全样本的0.877、0.064和0.882上升到0.963、0.068和0.899，上升幅度分别为9.81%、6.25%和1.93%。这进一步说明，相比国有大型商业银行，非国有商业银行的风险承担水平与高管薪酬差距之间的正相关关系更为显著。原因在于，国有大型商业银行由于其国有属性，高管薪酬受政策的较多限制，从而高管薪酬差距普遍较小，而非国有商业银行市场化程度较高，薪酬机制更为灵活，高管薪酬差距相对较大，导致两类银行高管薪酬差距的风险承担效应迥异。对于薪酬差距异质性影响的估计结果完全符合理论预期，本章的假设H6-2得到证实。其启示意义在于，非国有商业银行应进一步加强薪酬机制改革，适当强化对行长、CEO等核心高级管理人员的薪酬监管力度，从而促进其稳健经营行为。

6.3.3 管理者权力的调节效应分析

6.3.3.1 调节效应回归模型设定

为了检验管理者权力在高管薪酬差距与商业银行风险承担之间可能存在的调节效应，我们在模型（6-10）（高管薪酬占比）、模型（6-11）（高管团队内部绝对薪酬差距）和模型（6-12）（高管团队内部相对薪酬差距）的基础上分别引入管理者权力指标（Power1、Power2、Power3、Power4）与高管薪酬差距的交互项（Power×PGap），建立管理者权力调节效应公式如下：

$$
\begin{aligned}
\text{Risk}_{it} = & \beta_0 + \beta_1 \times \text{Risk}_{i,t-1} + \beta_2 \times \text{PGap}_{i,t} \\
& + \beta_3 \times \text{Power} \times \text{PGap}_{i,t} \\
& + \sum_{j=1}^{12} \gamma_j \text{Control}_{j,t} + u_{i,t} + \varepsilon_{i,t}
\end{aligned}
\tag{6-13}
$$

其中，Power 为管理者权力因素指标，分别考虑行长兼职情况（Power1）、行长来源（Power2）、董事会规模（Power3）以及独立董事人数（Power4）四个方面的代理变量，考虑到银行风险承担影响的滞后作用，我们仍然加入其一阶滞后项作为前定变量，其他控制变量与模型（6-10）、模型（6-11）、模型（6-12）保持一致。

由于有 Z1、Z2 两个风险承担指标，PGap1、PGap2、PGap3 三个高管薪酬差距指标以及四个管理者权力指标，因此，上述回归模型实际包括了 $2 \times 3 \times 4 = 24$ 个回归方程。

6.3.3.2 行长兼职的调节效应分析

为了检验行长兼职在高管内部薪酬差距与银行风险承担之间可能存在的调节效应，首先采用基于前 5 位高管计算得到的薪酬差距指标（P5Gap1、P5Gap2、P5Gap3），选取基于资本充足率的 Z 评分指数（Z1）作为风险承担变量，分别对式（6-13）进行回归，结果报告于表 6-10。

表 6-10　　　　　　　　　行长兼职调节效应回归结果

变量	模型（6-14）（P5Gap1）		模型（6-15）（P5Gap2）		模型（6-16）（P5Gap3）	
	（1）	（2）	（3）	（4）	（5）	（6）
Z1（-1）	0.039 ** (2.302)	0.040 ** (2.477)	0.031 * (1.781)	0.032 * (1.921)	0.033 ** (1.998)	0.035 ** (2.208)
P5Gap1	-0.198 (-0.458)	-0.278 (-0.658)	—	—	—	—
P5Gap2	—	—	0.040 (1.392)	0.047 * (1.657)	—	—
P5Gap3	—	—	—	—	0.048 (0.173)	0.051 (0.189)
Power1 × PGap1	1.424 *** (5.118)	1.315 *** (4.653)	—	—	—	—
Power1 × PGap2	—	—	0.031 (1.109)	0.020 (0.701)	—	—
Power1 × PGap3	—	—	—	—	0.795 *** (3.848)	0.776 *** (3.752)
Controls	YES	YES	YES	YES	YES	YES
个体固定效应	YES	YES	YES	YES	YES	YES
时间固定效应	YES	YES	YES	YES	YES	YES
R2（within）	0.558	0.615	0.552	0.610	0.585	0.639

变量	模型（6-14）（P5Gap1）		模型（6-15）（P5Gap2）		模型（6-16）（P5Gap3）	
	（1）	（2）	（3）	（4）	（5）	（6）
R2-adjusted	0.459	0.514	0.452	0.507	0.492	0.544
F	17.988	15.343	17.573	15.010	20.105	16.992
N	280	280	280	280	280	280

注：括号内为 t 值；***、**、* 分别表示在 1%、5%、10% 的水平上显著；列（1）、列（3）、列（5）未添加微观层面控制变量，列（2）、列（4）、列（6）加入了所有控制变量。下表同。

资料来源：笔者整理。

表 6-10 的回归结果显示，三个模型下的管理者权力调节效应项，即行长兼职与高管内部薪酬差距的交互项 Power1 × PGap 估计系数均为正，且除了模型（6-15）的估计结果以外，其他所有结果都在 1% 的水平上通过了显著性检验。说明行长兼职在高管内部薪酬差距与风险承担之间存在明显的正向调节效应，即行长兼职越多，或行长兼职的职位越重要，高管薪酬差距与银行风险承担之间的正相关关系越显著。这一结论的启示意义在于，要充分发挥薪酬机制对银行风险承担的抑制作用，在完善短期薪酬激励机制设计的同时，也应适当限制管理者权力，减少行长同时兼任的重要职位数目，防止管理者拥有过大的权力，从而影响董事会的理性决策。这一结果完全符合理论预期，本章的假设 H6-3a 得到验证。

6.3.3.3 行长来源的调节效应分析

行长来源（Power2）对高管内部薪酬差距与银行风险承担之间关系的调节效应回归结果见表 6-11。

表 6-11　　　　　　　　行长来源调节效应回归结果

变量	模型（6-17）（P5Gap1）		模型（6-18）（P5Gap2）		模型（6-19）（P5Gap3）	
	（1）	（2）	（3）	（4）	（5）	（6）
Z1（-1）	0.041**	0.041**	0.031*	0.032*	0.033*	0.035**
	(2.320)	(2.494)	(1.811)	(1.932)	(1.948)	(2.195)
P5Gap1	-0.359	-1.367*	—	—	—	—
	(-0.488)	(-1.909)				
P5Gap2	—	—	0.012	0.012	—	—
			(0.130)	(0.137)		

续表

变量	模型（6-17）（P5Gap1）		模型（6-18）（P5Gap2）		模型（6-19）（P5Gap3）	
	（1）	（2）	（3）	（4）	（5）	（6）
P5Gap3	—	—	—	—	-0.307 （-0.590）	-0.927* （-1.815）
Power2×PGap1	1.734** （2.378）	2.529*** （3.588）	—	—	—	—
Power2×PGap2	—	—	0.058 （0.615）	0.053 （0.581）	—	—
Power2×PGap3	—	—	—	—	1.307** （2.527）	1.874*** （3.727）
Controls	YES	YES	YES	YES	YES	YES
个体固定效应	YES	YES	YES	YES	YES	YES
时间固定效应	YES	YES	YES	YES	YES	YES
R^2（within）	0.519	0.600	0.551	0.609	0.570	0.638
R2-adjusted	0.412	0.496	0.450	0.507	0.474	0.544
F	15.383	14.441	17.454	14.993	18.914	16.970
N	280	280	280	280	280	280

注：括号内为 t 值；***、**、*分别表示在1%、5%、10%的水平上显著。
资料来源：笔者整理。

表 6-11 显示，三组回归结果的管理者权力调节效应项，即行长来源与高管内部薪酬差距的交互项 Power2×PGap 估计系数均为正，且除了模型（6-18）以外，其他所有结果都至少在 5% 的水平上通过了显著性检验。说明行长来源在高管内部薪酬差距与银行风险承担之间存在明显的正向调节效应，即行长内部晋升来源越多，高管内部薪酬差距对银行风险承担的促进作用越明显。这一结论说明，对于银行高管特别是行长的聘任，要采用市场化晋升机制，适当从外部补充银行经理人才，通过多元化来源，提高高管团队管理水平，促进银行的稳健经营。这一结果与理论预期相一致，本章的假设 H6-3b 得到证实。

6.3.3.4　董事会规模的调节效应分析

董事会规模（Power3）对高管内部薪酬差距与银行风险承担之间关系的调节效应回归结果见表 6-12。

表 6 – 12 董事会规模调节效应回归结果

变量	模型（6－20）（P5Gap1）		模型（6－21）（P5Gap2）		模型（6－22）（P5Gap3）	
	（1）	（2）	（3）	（4）	（5）	（6）
Z1（－1）	0.039 **	0.039 **	0.031 *	0.032 *	0.030 *	0.032 *
	(2.156)	(2.271)	(1.782)	(1.912)	(1.773)	(1.954)
P5Gap1	0.240	0.160	—	—	—	—
	(0.357)	(0.245)				
P5Gap2	—	—	0.013	0.015	—	—
			(0.350)	(0.425)		
P5Gap3	—	—	—	—	0.314	0.388
					(0.883)	(1.106)
Power3 × PGap1	0.051	0.039	—	—	—	—
	(1.633)	(1.316)				
Power3 × PGap2	—	—	0.003	0.002	—	—
			(1.643)	(1.445)		
Power3 × PGap3	—	—	—	—	0.032 **	0.025
					(1.974)	(1.593)
Controls	YES	YES	YES	YES	YES	YES
个体固定效应	YES	YES	YES	YES	YES	YES
时间固定效应	YES	YES	YES	YES	YES	YES
R2（within）	0.513	0.580	0.555	0.612	0.566	0.620
R2-adjusted	0.404	0.470	0.456	0.511	0.469	0.520
F	15.004	13.295	17.776	15.188	18.562	15.686
N	280	280	280	280	280	280

注：括号内为 t 值；***、**、* 分别表示在 1%、5%、10% 的水平上显著。
资料来源：笔者整理。

表 6 – 12 显示，三组回归结果的管理者权力调节效应项（Power3 × PGap）回归系数均为正，但只有列（5）在 5% 的水平上显著，这说明董事会规模在高管内部薪酬差距与银行风险承担之间存在一定的正向调节效应，但并不明显。这一结果不完全符合理论预期，其中的原因可能在于，一方面，尽管我国商业银行董事会规模普遍较大，但成员主要为内部董事，外部董事较少，少数独立董事往往也存在"搭便车"行为，缺少独立性，董事会成员之间容易达成共识，从而一定程度上削弱了董事会对管理者权力的影响效应；另一方面，由于股份制改革进展程度的不同，我国不同商业银行的公司治理完善程度差异很大。例如，2013～2018 年，招商银行的董事会人数均在 30 人以上；但 2019 年 12 月才上市的邮储银行在 2014～2016 年间只有不到 10

名董事；上市较早的中信银行在2019年也仅有11名董事。① 董事会规模和董事来源存在巨大差异，从而导致估计结果并不显著。这也说明，我国商业银行的董事会规模以及董事成员来源结构都有待进一步优化。

6.3.3.5　独立董事人数调节效应的回归结果

独立董事人数（Power4）对高管内部薪酬差距与银行风险承担之间关系的调节效应回归结果见表6－13。

表6－13　　　　　　　　　　董事会规模调节效应回归结果

变量	模型（6－23）（P5Gap1）		模型（6－24）（P5Gap2）		模型（6－25）（P5Gap3）	
	（1）	（2）	（3）	（4）	（5）	（6）
Z1（－1）	0.041**	0.040**	0.031*	0.032*	0.033*	0.034**
	(2.263)	(2.343)	(1.798)	(1.924)	(1.898)	(2.047)
P5Gap1	1.073**	0.798	—	—	—	—
	(2.023)	(1.557)				
P5Gap2			0.056	0.056	—	—
			(1.562)	(1.581)		
P5Gap3	—	—	—	—	0.943***	0.898***
					(3.292)	(3.193)
Power4 × PGap1	0.016	0.013	—	—	—	—
	(0.245)	(0.216)				
Power4 × PGap2			0.002	0.001	—	—
			(0.410)	(0.243)		
Power4 × PGap3					0.001	－0.003
					(0.026)	(－0.070)
Controls	YES	YES	YES	YES	YES	YES
个体固定效应	YES	YES	YES	YES	YES	YES
时间固定效应	YES	YES	YES	YES	YES	YES
R2（within）	0.507	0.577	0.550	0.609	0.558	0.616
R2-adjusted	0.397	0.466	0.449	0.506	0.459	0.515
F	14.673	13.122	17.425	14.962	18.011	15.399
N	280	280	280	280	280	280

注：括号内为t值；***、**、*分别表示在1%、5%、10%的水平上显著。
资料来源：笔者整理。

① 资料来源：各银行历年年度报告。

表 6 - 13 显示，三组回归结果的管理者权力调节效应项（Power4 ×
PGap）估计系数符号方向并不一致且均不显著，这说明独立董事在高管薪酬
差距与银行风险承担之间不存在明显的负向或正向调节效应。理论上，具有
专业知识和异质性信息资源独立董事的引入，有助于增强董事会的独立性，
从而避免"路径依赖"，提高董事会的监督效率，降低高级管理人员谋取私
利的可能性。这一结果与理论预期不符，其中的原因可能在于，一方面，由
于公司治理完善程度的不同，我国不同商业银行独立董事人数、来源以及层
次差异很大。例如，2010 年，宁波银行的独立董事人数为 12 名，平安银行
也超过了 10 名。但 2016 年，成都银行在全部 9 名董事会成员中，仅有 1 名
独立董事。作为全国性的国有大型银行，邮储银行在 2013 ~ 2015 年，仅有 2
名独立董事。兴业银行、郑州银行、苏州银行、渝农商行在多个年份也只有
3 名独立董事。[1] 银行的独立董事人数及来源层次存在巨大差异，从而导致估
计结果出现不一致的现象。另一方面，由于起步较晚，我国独立董事制度尚
不完善，"关系型"独董、不作为（"花瓶"独董）、消极不满（辞职）等现
象普遍存在，独立董事较少公开质疑管理层决策或发表异议、否决等意见。
独立董事并不独立，其应有的监督或咨询功能并没有得到发挥，从而削弱了
其在银行风险决策中的影响能力。

6.4 稳健性检验

6.4.1 内生性讨论

追求风险的银行为了吸引合格的 CEO 会支付较高的薪酬，这样会造成行
长与其他高管之间的薪酬差距扩大，由此导致高管内部薪酬差距与银行风险
承担之间可能存在内生性问题。本章通过以下两个手段解决内生性问题。

6.4.1.1 采用系统广义矩估计

为了缓解模型可能存在的内生性，采用布伦德尔和邦德（Blundell and
Bond，1998）提出的动态面板系统广义矩（GMM）估计方法重新进行回归分

---

① 资料来源：各银行历年年度报告。

析，具体结果见表6－14。

表6－14　　　　　　　基准模型系统广义矩（GMM）估计结果

变量	模型（6－10）（P5Gap1）		模型（6－11）（P5Gap2）		模型（6－12）（P5Gap3）	
	（1）	（2）	（3）	（4）	（5）	（6）
L. Z1	0.079	0.046	0.070	0.041	0.074	0.042
	(1.145)	(0.872)	(1.109)	(0.933)	(1.130)	(0.896)
P5Gap1	0.787	0.952	—	—	—	—
	(1.191)	(1.207)				
P5Gap2	—	—	0.047 ***	0.055 ***	—	—
			(5.382)	(4.416)		
P5Gap3	—	—	—	—	0.568 **	0.719 ***
					(2.360)	(2.606)
Controls	YES	YES	YES	YES	YES	YES
chi2	53.182	155.589	191.036	177.758	57.403	162.855
AR（2）	－2.389	－2.040	－2.355	－2.544	－2.477	－2.464
Sargan	27.746	27.746	32.011	26.908	32.013	27.745
N	280	280	280	280	280	280

注：括号内为 Z 值，***、**、* 分别表示在1%、5%、10%的水平上显著。
资料来源：笔者整理。

表6－14 中的列（1）、列（3）、列（5）未添加银行微观层面控制变量，列（2）、列（4）、列（6）加入了所有控制变量。采用系统广义矩（GMM）估计方法，克服模型可能存在的内生性问题后，三个模型中的薪酬差距（PGap）估计系数同样均为正，且除了模型（6－10）以外，其他两组回归都至少在5%的水平上通过了显著性检验，AR（2）检验和 Sargan 检验也均显示计量分析依据的动态面板系统 GMM 估计具有合理性。这意味着，在研究期间，高管内部薪酬差距的扩大对银行风险承担存在明显的促进作用，得到与基准回归中双向固定效应（FE）估计相一致的结论，本章关键假设 H6－1a、假设 H6－1b、假设 H6－1c 得到进一步证实。

6.4.1.2　工具变量法

林等（Lin et al，2011）认为，企业为管理层提供薪酬激励时需要参考同行业、同年度、同地区竞争对手的情况。为了进一步排除模型可能存在的内生性问题，本章参考埃佩菲妮和甘西亚（Epifani and Gancia，2011）、法乔等（Faccio et al，2016）、康华等（2020）、马永强和邱煜（2019）、刘万丽

（2020）、马草原和朱玉飞（2020）的做法，将高管薪酬（前五位高管）的行业均值作为内生变量的工具变量，运用两阶段最小二乘方法（2SLS）对回归模型进行重新检验。如表 6－15 所示，本章选择的工具变量通过了识别不足检验和弱工具变量检验，且关键解释变量（PGap）在三个模型中均在 1% 的水平上显著，意味着假设 H6－1a、假设 H6－1b、假设 H6－1c 仍然成立。考虑了工具变量后的内生性处理后，本章关键结论并无实质性改变。

表 6－15　　　　　　　　　　工具变量 2SLS 估计结果

变量	第一阶段回归			第二阶段回归		
	模型（6－10）	模型（6－11）	模型（6－12）	模型（6－10）	模型（6－11）	模型（6－12）
L. Z1	0.002	0.126	0.007	－0.005	－0.012	0.001
	(1.17)	(1.13)	(1.07)	(－0.23)	(－0.59)	(0.04)
P5Gap1	—	—	—	13.340 ***		
				(2.92)		
P5Gap2	—	—	—		0.314 ***	
					(3.36)	
P5Gap3	—	—	—			3.794 ***
						(4.23)
Instrum-v	－0.009 ***	－0.365 ***	－0.030 ***	—	—	—
	(－2.43)	(－3.02)	(－3.22)			
Controls	YES	YES	YES	YES	YES	YES
个体固定效应	YES	YES	YES	YES	YES	YES
时间固定效应	YES	YES	YES	YES	YES	YES
R2（within）	0.664	0.672	0.685	0.357	0.450	0.509
F	14.34	6.98	10.08	—	—	—
chi2	—	—	—	505.07	1442.59	1912.82
Cragg-Donald Wald F	—	—	—	8.011	9.076	9.661
Kleibergen-Paap rk LM	—	—	—	17.967	21.802	24.456
N	280	280	280	280	280	280

注：第一阶段括号内为 T 值，第二阶段括号内为 Z 值。***、**、* 分别表示在 1%、5%、10% 的水平上显著。

资料来源：笔者整理。

6.4.2 其他稳健性检验

为了尽可能保证实证研究结果的稳健性，本章借鉴郭品和沈悦（2015）、郭晔等（2018）、马草原和朱玉飞（2020）、张昭等（2020）等文献的做法，从以下三个方面对本章关键假设做进一步稳健性检验。

6.4.2.1 替换关键变量

一是替换核心解释变量。由于不同银行高管团队规模差异较大，基于前5位高管计算的高管团队内部薪酬差距指标可能存在偏误。因此，本章采用前3位高管的薪酬数据，重新计算了相关的高管内部薪酬差距指标，包括行长薪酬占比（P3Gap1）、高管团队内部绝对薪酬差距（P3Gap2）、高管团队内部相对薪酬差距（P3Gap3），指标替换模型（6-10）、模型（6-11）、模型（6-12）中的核心解释变量（PGap），重复上述三个实证步骤。表6-16的结果显示，三个模型中关键解释变量 PGap 回归系数的符号方向及显著性水平与原检验结果保持一致，其他参数也变动不大，本章的关键假设 H6-1a、假设 H6-1b、假设 H6-1c 再次得到支持。

表6-16　　稳健性检验（采用前3位高管薪酬差距指标 P3Gap）

变量	模型（6-10）（P3Gap1）		模型（6-11）（P3Gap2）		模型（6-12）（P3Gap3）	
	（1）	（2）	（3）	（4）	（5）	（6）
Z1（-1）	0.044 **	0.042 **	0.033 *	0.033 **	0.033 *	0.033 **
	(2.400)	(2.443)	(1.918)	(1.985)	(1.913)	(2.042)
P3Gap1	0.503 **	0.338	—	—	—	—
	(1.988)	(1.383)				
P3Gap2	—	—	0.058 ***	0.053 ***	—	—
			(5.383)	(4.668)		
P3Gap3	—	—	—	—	0.489 ***	0.445 ***
					(6.085)	(5.253)
Controls	YES	YES	YES	YES	YES	YES
个体固定效应	YES	YES	YES	YES	YES	YES
时间固定效应	YES	YES	YES	YES	YES	YES
R2（within）	0.493	0.569	0.542	0.605	0.556	0.614
R2-adjusted	0.383	0.459	0.442	0.503	0.459	0.515

变量	模型 (6-10) (P3Gap1)		模型 (6-11) (P3Gap2)		模型 (6-12) (P3Gap3)	
	(1)	(2)	(3)	(4)	(5)	(6)
F	14.859	13.345	18.096	15.426	19.136	16.034
N	280	280	280	280	280	280

注：括号内为 t 值，*** 、** 、* 分别表示在 1%、5%、10% 的水平上显著。
资料来源：笔者整理。

二是替换被解释变量。鉴于研究期间样本银行的资本充足率数据存在部分缺失，且不同银行不同年份间的资本充足率水平差异较大，因此用基于权益资产比计算得到的银行 Z 评分指数（Z2）替换模型（6-10）、模型（6-11）、模型（6-12）中的被解释变量（Z1），构建新的面板数据重新进行回归。表 6-17 的结果表明，替换被解释变量以后，模型核心解释变量 PGap 的估计系数均为正，且至少在 5% 的水平上显著，其他参数也基本保持一致，本章假设 H6-1a、假设 H6-1b、假设 H6-1c 同样得到支持。

表 6-17　　　　稳健性检验（采用基于权益资产比的 Z 评分指数）

变量	模型 (6-10) (P5Gap1)		模型 (6-11) (P5Gap2)		模型 (6-12) (P5Gap3)	
	(1)	(2)	(3)	(4)	(5)	(6)
Z2(-1)	0.272 ***	0.235 ***	0.227 ***	0.193 ***	0.246 ***	0.214 ***
	(5.006)	(4.209)	(4.136)	(3.457)	(4.576)	(3.904)
P5Gap1	1.653 **	1.477 **	—	—	—	—
	(2.456)	(2.145)				
P5Gap2	—	—	0.097 ***	0.104 ***	—	—
			(4.118)	(4.006)		
P5Gap3	—	—	—	—	1.232 ***	1.312 ***
					(4.127)	(4.053)
Controls	YES	YES	YES	YES	YES	YES
个体固定效应	YES	YES	YES	YES	YES	YES
时间固定效应	YES	YES	YES	YES	YES	YES
R2(within)	0.610	0.644	0.628	0.661	0.628	0.661
R2-adjusted	0.525	0.552	0.546	0.573	0.546	0.574
F	23.799	18.135	25.620	19.564	25.632	19.612
N	279	279	279	279	279	279

注：括号内为 t 值，*** 、** 、* 分别表示在 1%、5%、10% 的水平上显著。
资料来源：笔者整理。

6.4.2.2　排除干扰因素的影响

一是考虑"限薪令"的冲击作用。所谓"限薪令",是指 2010 年 3 月中国银监会颁布的《商业银行稳健薪酬监管指引》,根据要求,商业银行应设计统一的薪酬管理体系,将风险控制指标纳入绩效考核,建立薪酬与风险有效挂钩的机制。显然,2010 年的银行"限薪令"不可避免地对商业银行高管内部薪酬差距产生影响,这在一定程度上可能干扰本章的分析结果。因此,这里有必要剔除"限薪令"的影响。具体而言,在原基准模型的基础上引入一个代表"限薪令"的政策哑变量 PLimit,2010 年以前,赋值为 0,2010 年及以后赋值为 1,然后再对模型(6 - 10)、模型(6 - 11)、模型(6 - 12)重新进行回归。表 6 - 18 的结果显示,考虑"限薪令"的冲击作用后,本章的实证结论依然稳健。

表 6 - 18　　　　　　　稳健性检验(考虑"限薪令"的冲击作用)

变量	模型 (6 - 10) (P5Gap1)		模型 (6 - 11) (P5Gap2)		模型 (6 - 12) (P5Gap3)	
	(1)	(2)	(3)	(4)	(5)	(6)
Z1(-1)	0.041 **	0.040 **	0.032 *	0.032 *	0.033 *	0.034 **
	(2.284)	(2.362)	(1.823)	(1.942)	(1.909)	(2.052)
P5Gap1	1.168 ***	0.877 **	—	—	—	—
	(3.247)	(2.453)				
P5Gap2	—	—	0.069 ***	0.064 ***	—	—
			(5.763)	(4.946)		
P5Gap3	—	—	—	—	0.949 ***	0.882 ***
					(6.185)	(5.377)
PLimit	1.371 **	0.344	1.371 **	0.359	1.520 **	0.501
	(1.986)	(0.477)	(2.095)	(0.522)	(2.337)	(0.733)
Controls	YES	YES	YES	YES	YES	YES
个体固定效应	YES	YES	YES	YES	YES	YES
时间固定效应	YES	YES	YES	YES	YES	YES
R2(within)	0.507	0.577	0.550	0.609	0.558	0.616
R2-adjusted	0.400	0.469	0.451	0.508	0.462	0.517
F	15.712	13.775	18.643	15.706	19.296	16.172
N	280	280	280	280	280	280

注:括号内为 t 值,***、**、* 分别表示在 1%、5%、10%的水平上显著。

资料来源:笔者整理。

二是排除股权激励的干扰影响。由于限薪政策的出台，为了激励高管，企业被迫采取相应的对策。近年来，股权激励越来越成为银行高管激励的重要补充。股权激励的存在意味着高管货币薪酬的相对下降，从而干扰高管内部薪酬差距的影响效应。因此，有必要剔除高管持股的干扰，以检验回归结果的稳健性。具体而言，在原基准模型的基础上引入一个代表股权激励的哑变量 Equity，如果前 5 位高管中持有银行股权，赋值为 1，否则赋值为 0，然后构建新的面板数据重新对模型（6 - 10）、模型（6 - 11）、模型（6 - 12）进行回归。表 6 - 19 的结果说明，排除股权激励的干扰影响以后，本章的实证结论同样稳健。

表 6 - 19 　　　　　　　稳健性检验（排除股权激励的干扰影响）

变量	模型（6 - 10）（P5Gap1）		模型（6 - 11）（P5Gap2）		模型（6 - 12）（P5Gap3）	
	（1）	（2）	（3）	（4）	（5）	（6）
Z1（ - 1）	0.041 **	0.040 **	0.031 *	0.032 *	0.032 *	0.033 **
	(2.280)	(2.359)	(1.812)	(1.934)	(1.897)	(2.042)
P5Gap1	1.165 ***	0.877 **	—	—	—	—
	(3.225)	(2.447)				
P5Gap2	—	—	0.070 ***	0.064 ***	—	—
			(5.753)	(4.933)		
P5Gap3	—	—	—	—	0.960 ***	0.884 ***
					(6.184)	(5.366)
Equity	0.013	0.011	- 0.028	- 0.008	- 0.036	- 0.013
	(0.168)	(0.145)	(- 0.387)	(- 0.111)	(- 0.500)	(- 0.186)
Controls	YES	YES	YES	YES	YES	YES
个体固定效应	YES	YES	YES	YES	YES	YES
时间固定效应	YES	YES	YES	YES	YES	YES
R2（within）	0.507	0.577	0.550	0.609	0.559	0.616
R2-adjusted	0.397	0.466	0.449	0.506	0.460	0.515
F	14.669	13.119	17.422	14.957	18.046	15.403
N	280	280	280	280	280	280

注：括号内为 t 值，***、**、* 分别表示在 1%、5%、10% 的水平上显著。
资料来源：笔者整理。

6.5　本章小结

本章研究基于 2005 ~ 2019 年中国 36 家上市银行的非平衡面板数据，先对样本银行的行长薪酬占比、高管团队内部绝对薪酬差距以及高管团队内部相对薪酬差距等多方面的薪酬差距指标进行计算，然后选取分别基于资本充足率和资本权益比计算得到的 Z 评分指数作为银行风险承担变量，通过建立多元回归模型，对银行高管内部薪酬差距与风险承担之间的关系进行了系统的研究，并在此基础上，进一步就高管薪酬差距的异质性影响，以及管理者权力在其中可能存在的调节效应进行分析。在实证分析过程中，尽可能剔除了模型内生性、高管"限薪令"、股权激励等因素的干扰，通过替换关键解释变量与被解释变量，确保研究结论的稳健性。

研究发现，不论是行长（CEO）薪酬占比，不是高管团队内部薪酬差距，不论是绝对薪酬差距，还是相对薪酬差距，所有采用的高管内部薪酬差距指标与我国商业银行风险承担之间均存在显著的正相关关系，即高管内部薪酬差距的扩大，对银行的风险承担水平存在明显的促进作用。异质性检验结果证实，高管内部薪酬差距与银行风险承担的关系在国有大型商业银行与非国有大型商业银行之间的确存在明显差异，其中，非国有大型商业银行的风险承担水平与高管薪酬差距之间的正相关关系更为明显。管理者权力的调节效应分析结果表明，行长兼职越多，或行长兼职的职位越重要，高管薪酬差距与银行风险承担之间的正相关关系越明显；行长来源在其中也存在明显的正向调节效应；而董事会规模和独立董事人数则不存在明显的负向或正向调节效应。

以上结论的启示意义在于，我国商业银行的薪酬机制还有待进一步完善，在我国银行业市场竞争程度逐渐提高，以及长期积累的风险隐患不断暴露的现实背景下，面对复杂多变的国内外经济金融环境，商业银行应适当降低对行长（CEO）的短期薪酬激励强度，缩小高管团队内部的薪酬差距水平，从而抑制银行的风险承担倾向。非国有大型商业银行应进一步加强薪酬机制改革，适当强化对行长、CEO 等核心高级管理人员的薪酬监管力度，从而促进其稳健经营行为。另外，还要从完善银行公司治理机制，限制行长兼职数量，增加行长来源渠道，优化董事会规模与结构等多方面入手，完善公司治理机制，限制管理者权力的过度膨胀，从而提高高管团队的决策效率，强化风险管理能力。

第7章 银行高管薪酬与系统性风险的实证研究

7.1 理论分析与研究假设

7.1.1 高管薪酬与商业银行系统性风险关联机制的理论分析

本章在张雪兰等（2014）、奥兹德诺伦和袁（Ozdenoren and Yuan，2016）、阿尔伯克基等（Albuquerque et al，2019）等研究的基础上，通过考虑相对绩效评价（relative performance evaluation，RPE）薪酬，讨论其对银行投资决策和系统性风险的影响机理。该模型的基本假设如下。

假设1：假设行业内仅有两家银行，并且每个银行的资产等于其权益，即不存在通过借贷进行杠杆投资的情况。

假设2：银行股东为风险中性者，而银行 CEO 为风险厌恶者。即每家银行由一个风险中立的委托人（银行股东）拥有，由一个厌恶风险的代理人（银行 CEO）管理。

假设3：银行 i 的 CEO 的效用函数可表示为 $U = -\exp[-\rho(W_i - C_i)]$，这里的 ρ 为风险厌恶系数（$0 < \rho < 1$），W_i 为 CEO 薪酬水平，C_i 为关于努力程度 e_i 的函数，表示努力程度 e_i 给 CEO 带来的负效用。

假设4：CEO 薪酬是银行自身和竞争对手业绩的线性函数，因此 CEO 的薪酬契约可表达为以下形式：

$$W_i = w_0 + \alpha R_i + \beta(R_i - R_j) \qquad (7-1)$$

其中，w_0 为固定薪酬；R_i 为银行自身业绩；R_j 为竞争对手业绩，即相对业绩评估中的参照标准；α、β 为薪酬激励系数，该系数大小由作为高管契约部分的股东所决定，$\beta(R_i - R_j)$ 为总薪酬中的相对绩效评价部分。

假设 5：CEO 的工作负效用是一个二次指数函数 $C_i = \frac{1}{2}c_i e_i^2$。其中，$c_i$ 为银行 i 的 CEO 的努力偏好程度，且 e_i 服从均值为 $E(W_i)$ 方差为 $V(W_i)$ 的正态分布，则 CEO 的预期效用为：

$$EU = \int_{-\infty}^{\infty} -e^{-\rho[W_i - C_i(e)]} \frac{1}{\sqrt{2\pi}V(W_i)} e^{-\frac{[W_i - C_i(e) - E(W_i)]}{2V^2(W_i)}} dx$$

$$= -e^{-\rho\left[E(W_i) - \frac{\rho V(W_i)}{2} - C_i(e)\right]} \tag{7-2}$$

由于排除了通过借贷进行杠杆投资的情况，因此 CEO 的投资组合选择仅限于确定投资于普通资产 λ_i 的比例，则银行 i 的收益 R_i 与 CEO 努力程度 e_i 之间的函数关系如下：

$$R_i = e_i + \lambda_i T_i + (1 - \lambda_i)P_i, \lambda_i \in (0,1) \tag{7-3}$$

其中，T_i 表示适用于整个行业的活动类型的收益，P_i 表示仅银行 i 的活动类型的收益。

式（7-3）中，银行收益的资产组合组成部分对 CEO 努力程度的可观察性起到干扰作用，这意味着作为代理人的 CEO 能够控制银行收益与行业收益的相关性，从而使相对绩效评价的影响内部化。

假设 6：为了进一步考察投资组合选择所导致的相关性及风险，假设所有标的资产都具有相同的期望值和方差，即 T_i 和 P_i 均服从均值为 μ、方差为 σ^2 的正态分布。

假设 7：我们对基础资产的假设是，p_i 与 p_j 相独立，T_i 与 P_i 相独立，T_j 与 P_j 相独立，T_i 与 T_j 正相关且协方差为 $Cov(T_i, T_j)$。

根据以上假设，委托人与代理人的竞争博弈过程如下。首先，风险中性的股东决定 CEO 的薪酬参数——w_0、α 和 β。并且假设 w_0、α、β 可由银行 i 的 CEO 观察到，但其他银行无法观察到。这一假设反映了这样一个事实，即薪酬合同通常是在相当大的噪音中被遵守的。其次，CEO 同时选择努力水平 e_i 和投资比例 λ_i。最后，确定 T_i 与 P_i 的值，并支付相应的 CEO 薪酬。

据此，我们可推导出此多阶段博弈的纳什均衡，同时给出均衡存在且唯一的条件，并将其与不存在 RPE（即 $\beta = 0$）的基准进行比较。将基于式（7-2）、式（7-3）的 R_i、R_j 代入式（7-1），得到：

$$W_i = W_0 + (\alpha + \beta) e_i - \beta e_j + (\alpha + \beta)(\lambda_i T_i + 1 - \lambda_i) P_i - \beta(\lambda_j T_j + (1 - \lambda_j) P_j)$$
$$(7-4)$$

首先，股东选择 CEO 薪酬方案 $E(W_i) = w_0 + (\alpha + \beta) e_i - \beta e^j + (\alpha + \beta)\mu_i - \beta\mu_j$。其次，CEO 选择投资组合，其方差为：

$$V(W_i) = (\alpha + \beta)^2 \lambda_i^2 \sigma_i^2 + (\alpha + \beta)^2 (1 - \lambda_i)^2 \sigma_i^2 + \beta\lambda_j^2 \sigma_j^2$$
$$+ \beta(1 - \lambda_j)^2 \sigma_j^2 - 2(\alpha + \beta)\beta\lambda_i\lambda_j \text{Cov}(T_i, T_j) \quad (7-5)$$

由于 W_i 在 R_i 和 R_j 中是线性的，而 R_j 服从正态分布，因此，CEO 的净期望收益为 $E(W_i) - C_i(e)$。则 CEO 的效用最大化问题转化为确定性收益的最大化问题，即：

$$\max_{e_i, x_i} CE = E(W_i) - \frac{1}{2}\rho V(W_i) - \frac{1}{2}c_i e_i^2 \quad (7-6)$$

将式（7-4）、式（7-5）代入式（7-6），并对式（7-6）关于 e_i 求一阶导数，得：$\frac{\partial CE}{\partial e_i} = (\alpha + \beta) - c_i e_i = 0$。所以 CEO 的最优反应是 $e_i^* = (\alpha + \beta)/c_i$。这是一个标准的委托—代理结果：CEO 的努力水平在相对绩效评价中增加，而努力参数带来的负效用减少。接下来，我们讨论 CEO 的最佳投资组合选择。

CE 关于 λ_i 的一阶条件为：

$$\frac{\partial CE}{\partial \lambda_i} = -\frac{1}{2}\rho(2(\alpha + \beta)^2 \lambda_i \sigma_i^2 - 2(\alpha + \beta)^2 (1 - \lambda_i)\sigma_i^2$$
$$- (\alpha + \beta)\beta\lambda_j \text{Cov}(T_i, T_j)$$
$$= 0$$

当且仅当 α，$\beta > 0$ 时，二阶条件 $\frac{\partial^2 CE}{\partial \lambda_i^2} = -2\rho(\alpha + \beta)^2 < 0$ 满足，由此可见 $\lambda_i^* = \frac{1}{2} + \frac{\beta\lambda_j \text{Cov}(T_i, T_j)}{2(\alpha + \beta)\sigma_i^2}$。当没有相对绩效评价，即 $\beta = 0$ 时，则 $\lambda_i^* = 1/2$。这是通过投资组合多样化降低风险的理想结果。

由于资产 T_i 和 P_i 是独立同分布的，所以两种投资的最优组合就是均等分割。相比之下，如果 $\beta > 0$，则会产生对冲需求：通过增加 λ_i 值，银行 i 的 CEO 可降低其薪酬的方差。由此可得出结论，即 λ_i^* 会随着 λ_j 的增加而增加。

上述结论更直观的含义是，在存在相对绩效的情况下（即 $\beta > 0$），选择

共同资产 T_i 是 i 银行 CEO 的一种"保险"行为。具体来说，在相对绩效评价中，T 的高价值对于银行 i 的 CEO 来说是个坏消息，因为银行 j 的 CEO 已经选择了这一资产。为了对冲这种不利结果，银行 i 的 CEO 的最优反应就是也加大 T 资产的比重。换句话说，λ_i 和 λ_j 具有战略互补效应——银行 i 的 CEO 从投资 T 中获益，因为银行 j 的 CEO 也采取同样的策略。

事实上，这使我们能够描述投资组合选择博弈的均衡，以及其相对于绩效评价参数的比较静态学分析：如果 $\alpha > \beta > 0$，则投资组合选择博弈具有唯一均衡。此外，均衡的 λ_i 在 β 中是严格递增的。换言之，CEO 选择共同资产的程度就如同竞争对手一样，CEO 薪酬是基于两个银行相对绩效评价的结果。

基于上述分析结果，又由于股东 i 的收益可表示为 $R_i - W_i$，则整个行业的收益为：

$$R = \sum_{i,j} (R_i - W_i) = \sum_{i,j} [R_i - w_0 - \alpha R_i - \beta(R_i - R_j)]$$

$$= \sum_{i,j} [(1 - \alpha - \beta)R_i + \beta R_j - w_0] \qquad (7-7)$$

$$V(R) = \sum_{i,j} [(1 - \alpha - \beta)^2 V(R_i)$$
$$+ (1 - \alpha - \beta)\beta Cov(R_i, R_j)] \qquad (7-8)$$

其中，$V(R)$ 和 $Cov(R_i, R_j)$ 分别表示方差和协方差，且 $Cov(R_i, R_j) = \varphi \lambda_i \lambda_j$，根据之前的分析，$\lambda_i > 1/2$、$\dfrac{\partial \lambda_i}{\partial \beta} = \dfrac{\alpha \varphi \lambda_j}{2(\alpha + \beta)\sigma_i^2}$。这意味着 $\partial V(R_i)/\partial \beta > 0$、$\partial Cov(R_i, R_j)/\partial \beta > 0$。即 β 的增加会导致 $V(R_i)$ 和 $Cov(R_i, R_j)$ 的增加，而这反过来又导致整个行业收益的方差 $V(R)$ 的增加。即 β 增加的直接影响就是 $V(R)$ 的增加。事实上，根据上述分布假设，$V(R)$ 的增加与尾部风险的增加相关。将行业收益的 $V(R)$ 定义为系统性风险，即意味着 β 的增加会导致系统性风险的增加。

总之，相对绩效评价薪酬制度虽然能够更好地协调股东和管理者之间的利益冲突，从而降低银行代理成本提高银行的生产效率，但是这也会导致 CEO 倾向于选择银行之间相互关联的项目进行投资，从而增加行业系统性风险。基于以上理论逻辑，提出本章研究的假设 H7-1：高管薪酬与银行系统性风险正相关。由于本章研究同时考虑了绝对薪酬水平和相对其他员工薪酬差距两个银行高管薪酬激励强度指标，因此，将以上假设扩展为以下两个假设。

H7-1a： 高管绝对薪酬激励强度越大，银行系统性风险越高。

H7 -1b： 高管薪酬相对其他员工薪酬差距越大，银行系统性风险越高。

7.1.2 高管薪酬对银行系统性风险的异质性影响分析

根据高国华和潘英丽（2012）的研究，国有大型商业银行是系统性风险的重要诱导来源。但陈忠阳和刘志洋（2013）的研究结论却与此相反，认为股份制银行的系统性风险贡献度要高于国有大型商业银行。具体到高管薪酬，其给不同类型银行系统性风险带来的影响是否存在异质性，仍然有待进一步探讨。理论上，一方面，系统重要性银行在整个金融体系中居主导地位，其受到的信息披露与资本监管要求更为严格，而监管强度不同显然会导致银行风险倾向的差异（Beltratti and Stulz，2012）；另一方面，系统重要性银行经营策略较为保守，风险管理经验相对丰富，决策行为也更加审慎，其管理层倾向的投资组合选择迥异于不具系统重要性的小型银行（高智贤等，2015）。此外，根据课题组对银行高管薪酬水平、薪酬结构、薪酬差距的统计分析以及第 5 章、第 6 章的实证结果，不同类型银行之间也的确差异明显，从而导致的风险承担效应迥异。为了整个宏观经济体系的安全，影响范围越大的银行，政府监管越不会轻易让其真正倒闭，即银行业存在"大而不能倒"现象（徐超，2013）。"大而不能倒"在我国由于银行业不受存款保险制度的影响而广泛存在（谢懿等，2013），我国长期以来给予大银行不断的政策和资金支持而形成的预期和存款人"规模偏好"，使得公众对"大而不能倒"更加偏好（马草原和王岳龙，2010）。

因此，本章研究倾向于接受"大而不能倒"的基本命题，进一步提出研究假设 H7 -2。

H7 -2： 高管薪酬激励对不同类型商业银行系统性风险的影响具有异质性，相对而言，高管薪酬对系统重要性银行的影响程度较小。

7.2 实证研究设计

7.2.1 变量选取与定义

7.2.1.1 解释变量：银行高管薪酬

参考夏宁和董艳（2014）、马永强和邱煜（2019）等研究的思路，本章研究同时从绝对水平与相对水平来考虑对银行高管的薪酬激励强度。考虑到中国商业银行高管的薪酬是以短期货币收入为主，同时差旅费、办公费、接待费等隐性收入构成了薪酬的重要部分，但由于信息披露的缘故，难以获得有关在职消费与隐性收入的全面数据。因此，将绝对薪酬激励强度定义为商业银行年度报告中披露的薪酬排名前 5 位高管的年度货币收入平均值 Pay5，将相对薪酬激励强度定义为前 5 位高管与其他员工年度平均薪酬的差额 PGap5。在稳健性检验中，进一步计算了薪酬排名前 3 位高管的绝对薪酬指标 Pay3 及相对薪酬指标 PGap3，分别代替 Pay5、PGap5 进行检验。

7. 2. 1. 2　被解释变量：系统性风险（SYSRisk）

对于系统性风险的测度，有"条件在险价值"（CoVaR）（Tobias and Brunnermeier，2016）、基于期权定价公式的权益 CCA 方法（Gray et al，2007）、基于金融市场传染的尾部依赖模型（Acharya et al，2017），其中以尾部依赖模型成果最为丰富。本章研究主要采用基于尾部依赖模型衍生的边际期望损失（MES）方法（Brownlees and Engle，2016）对样本银行的系统性风险贡献值进行测度，具体包括静态 MES、短期动态 MES 和长期动态 MES 三种情形。由于以上指标又分不同分位数进行了对比计算，因此有静态 MES（5%和10%）、短期动态 MES（2%和5%）和长期动态 MES（2%和5%）共 6 个系统性风险指标。

7. 2. 1. 3　控制变量

基于对既有文献的分析，本章研究从微观、宏观、全球经济三个方面选取模型控制变量。其中，银行微观层面考虑的因素主要有：资产规模，用银行年末总资产的自然对数表示（郭品和沈悦，2019）；盈利性，一般取总资产收益率（ROA）或净资产收益率（ROE）（王晓芳和权飞过，2019）；杠杆率（总资产与股东权益比）；收入多元化指数（姚鸿等，2019）；流动性水平，一般选取存贷比作为代理变量，也有文献选取流动资产与总资产之比反映银行的流动性状况（汪可，2018）。

国内宏观经济环境因素，通常考虑：经济增长率（宋凌峰和邬诗婕，2017）或通货膨胀率（王晓芳和权飞过，2019）；货币政策，选取 M2 增长率（唐文进和苏帆，2017）；金融发展程度，用股市市值占 GDP 比重表示（Perera et al，2014）。此外，在全球化环境下，一国金融市场风险与全球经济存在较强的联动效应，国际利差、汇率、对外投资水平等也是不可忽略的重要因素。综合以上考虑，在既有文献常用指标选取的基础上，删除意义相同、存在完全共线性以及数据缺失指标，本章研究最终选择资产规模、总资产收益率、总资产与股东权益比、非利息收入占比、存贷比、GDP 增长率、货币供给 M2 增长率、股市市值占 GDP 比重、国际清算银行人民币实际有效汇率指数、中国对外直接投资 FDI 与 GDP 比值、中国与美国的利率差额、美元对日元实际汇率等共 12 个主要指标作为控制变量进行实证研究。

上述各变量定义及描述性统计情况见表 7-1。

表 7-1 变量的选取与定义

变量类型	变量名称	变量符号	变量定义
被解释变量	系统性风险	SMES	静态 MES
		DMES	短期动态 MES
		LAMES	长期动态 MES
解释变量	前 5 位高管绝对薪酬	Pay5	排名前 5 位高管年度货币收入总额/5，单位：百万元
	前 5 位高管相对薪酬	PGap5	(前 5 位高管平均薪酬 - 其他员工平均薪酬)/5，单位：百万元
	前 3 位高管绝对薪酬	Pay3	排名前 3 位高管年度货币收入总额/3，单位：百万元
	前 3 位高管相对薪酬	PGap3	(前 3 位高管平均薪酬 - 其他员工平均薪酬)/3，单位：百万元
控制变量	资产规模	Size	年末银行总资产的自然对数
	总资产收益率	ROA	净利润/资产总额
	杠杆率	LEV	总资产/股东权益
	收入多元化指数	HHI	采用赫芬达尔指数计算得到
	流动性	LDR	存贷比 = 存款总额/贷款总额
	宏观经济发展水平	GDP	实际国内生产总值增速
	货币政策	M2	货币供应量（M2）增长率
	证券市场占比	Stock	上市公司总市值/GDP 总额

续表

变量类型	变量名称	变量符号	变量定义
控制变量	人民币实际汇率	REA	人民币实际有效汇率指数（BIS 实际）
	对外直接投资	FDI	对外直接投资 FDI 与 GDP 比值
	国际利率差额	CAID	中国与美国的年均利率差额（3 个月）
	美元兑日元比率	AJRE	美元对日元实际汇率（年均）

表 7 - 2 列示了本章研究涉及主要变量的描述性统计结果。由表 7 - 2 可以看出，我国上市银行的系统性风险贡献值存在较大差异，高管薪酬也表现出明显的个体和时间维度差异，其余变量均分布于合理范围，能够为基于面板数据的多元回归分析提供良好的样本基础。需要说明的是，银行高管薪酬、资产总额等指标原始数据涉及了价格变量，因此，以 2005 年为基期进行相应 CPI 价格指数调整。

表 7 - 2　　　　　　　　　　变量的描述性统计

变量	均值	中位数	最大值	最小值	标准差	观测数
SMES(5%)	3.262	2.821	8.371	0.030	1.870	257
DMES(2%)	4.450	4.655	7.505	0.719	1.253	257
LAMES(2%)	0.539	0.568	0.741	0.121	0.109	257
SMES(10%)	2.646	2.290	7.916	-1.607	1.423	257
DMES(5%)	2.852	2.852	6.301	0.527	0.904	257
LAMES(5%)	0.394	0.402	0.678	0.091	0.095	257
Pay5	3.236	2.522	15.256	0.288	2.358	257
PGap5	2.178	1.663	9.392	0.320	1.601	257
Pay3	2.140	1.703	10.870	0.010	1.697	257
PGap3	2.420	1.793	11.218	0.333	1.901	257
Size	14.557	14.667	17.220	11.232	1.505	257
ROA	1.017	1.018	1.715	0.149	0.231	257
LEV	15.959	15.319	45.370	7.650	4.790	257
HHI	0.320	0.323	0.500	-0.032	0.104	257

变量	均值	中位数	最大值	最小值	标准差	观测数
LDR	0.723	0.716	1.100	0.390	0.110	257
GDP	8.191	7.400	14.200	6.100	2.141	257
M2	1.618	1.563	3.180	0.993	0.583	257
STOCK	0.690	0.664	1.484	0.459	0.232	257
REA	1.144	1.211	1.302	0.866	0.119	257
FDI	0.011	0.011	0.018	0.007	0.003	257
CAID	0.857	0.437	4.650	-0.300	1.259	257
AJRE	1.046	1.122	1.216	0.778	0.138	257

资料来源：笔者整理。

7.2.2 变量的相关性分析

由于不同的控制变量之间可能会存在强相关关系，进而导致在做回归分析时出现多重共线性问题。因此，首先对各控制变量进行相关性分析。鉴于不同的解释变量（高管薪酬水平、薪酬差距）的变化规律较为接近，因此仅分别选取其中的一个指标（前5位高管短期薪酬Spay5、前5位高管相对其他员工薪酬差距PGap5）与控制变量进行相关性分析，结果分别报告于表7-3和表7-4。

7.2.2.1 高管短期薪酬与控制变量的相关性分析

表7-3显示，前5位高管短期薪酬（Spay5）与各个控制变量的相关性关系较弱，各控制变量之间也没有强相关关系，因此变量的选取恰当，不需剔除多余变量。其余薪酬水平指标与控制变量之间的关系也与此类似，不再赘述。

7.2.2.2 高管团队相对其他员工的薪酬差距与控制变量的相关性分析

表7-4显示，高管团队相对其他员工薪酬差距（PGap5）与各个控制变量的相关性关系较弱，各控制变量之间也没有强相关关系，因此变量的选取恰当，不需剔除多余变量。

表 7 - 3　前 5 位高管短期薪酬（Spay5）与控制变量的相关性分析

变量	Spay5	Size	ROA	LEV	HHI	LDR	GDP	M2	Stock	REA	FDI	CAID	AJRE
Spay5	1.000	—	—	—	—	—	—	—	—	—	—	—	—
Size	0.027	1.000	—	—	—	—	—	—	—	—	—	—	—
ROA	0.010	0.264	1.000	—	—	—	—	—	—	—	—	—	—
LEV	0.329	-0.114	-0.301	1.000	—	—	—	—	—	—	—	—	—
HHI	-0.013	0.551	-0.025	-0.310	1.000	—	—	—	—	—	—	—	—
LDR	0.135	0.231	-0.291	-0.175	0.474	1.000	—	—	—	—	—	—	—
GDP	0.385	-0.139	0.120	0.488	-0.564	-0.325	1.000	—	—	—	—	—	—
M2	0.349	-0.054	0.242	0.461	-0.458	-0.346	0.708	1.000	—	—	—	—	—
Stock	0.129	-0.088	-0.077	0.067	-0.189	-0.048	0.471	0.227	1.000	—	—	—	—
REA	-0.358	0.183	-0.072	-0.500	0.554	0.280	-0.913	-0.770	-0.272	1.000	—	—	—
FDI	-0.112	0.141	0.038	-0.096	0.173	-0.069	-0.338	-0.026	-0.072	0.408	1.000	—	—
CAID	0.005	-0.201	-0.443	0.115	-0.106	0.118	0.340	-0.194	0.397	-0.310	-0.444	1.000	—
AJRE	-0.203	0.034	-0.346	-0.195	0.303	0.195	-0.340	-0.531	0.303	0.536	0.207	0.456	1.000

表7-4　高管团队(前5位)相对其他员工薪酬差距与控制变量的相关性分析

变量	PCap5	Size	ROA	LEV	HHI	LDR	GDP	M2	Stock	REA	FDI	CAID	AJRE
PCap5	1.000	—	—	—	—	—	—	—	—	—	—	—	—
Size	-0.017	1.000	—	—	—	—	—	—	—	—	—	—	—
ROA	0.017	0.264	1.000	—	—	—	—	—	—	—	—	—	—
LEV	0.256	-0.114	-0.301	1.000	—	—	—	—	—	—	—	—	—
HHI	0.019	0.551	-0.025	-0.310	1.000	—	—	—	—	—	—	—	—
LDR	0.163	0.231	-0.291	-0.175	0.474	1.000	—	—	—	—	—	—	—
GDP	0.298	-0.139	0.120	0.488	-0.564	-0.325	1.000	—	—	—	—	—	—
M2	0.292	-0.054	0.242	0.461	-0.458	-0.346	0.708	1.000	—	—	—	—	—
Stock	0.088	-0.088	-0.077	0.067	-0.189	-0.048	0.471	0.227	1.000	—	—	—	—
REA	-0.279	0.183	-0.072	-0.500	0.554	0.280	-0.913	-0.770	-0.272	1.000	—	—	—
FDI	-0.062	0.141	0.038	-0.096	0.173	-0.069	-0.338	-0.026	-0.072	0.408	1.000	—	—
CAID	-0.041	-0.201	-0.443	0.115	-0.106	0.118	0.340	-0.194	0.397	-0.310	-0.444	1.000	—
AJRE	-0.189	0.034	-0.346	-0.195	0.303	0.195	-0.340	-0.531	0.303	0.536	0.207	0.456	1.000

7.2.3　研究样本与数据来源

由于 MES 的计算需要用到市场日收益率数据且通常有时间跨度要求，若时间太短会影响结果的稳健性。因此，本章研究样本范围为我国沪深两市截至 2019 年 12 月已上市的 36 家银行，同时剔除 2019 年 10 月以后才上市的渝农商行、浙商银行和邮储银行，以及当年时间跨度少于 6 个月的观测点，最后共获取了 33 家银行共 257 个观测点的数据作为研究样本。其中包括中国银行、农业银行、工商银行、建设银行和交通银行等 5 家国有大型商业银行，平安银行、浦发银行、民生银行、招商银行、华夏银行、兴业银行、中信银行和光大银行等 8 家股份制银行，宁波银行、南京银行、北京银行、江苏银行、贵阳银行、杭州银行、上海银行、成都银行、郑州银行、长沙银行、青岛银行、西安银行和苏州银行等 13 家城市商业银行，以及江阴银行、无锡银行、常熟银行、苏农银行、张家港行、紫金银行和青农商行等 7 家农村商业银行。

样本期间为 2005~2019 年，除系统性风险（SMES、DMES、LMES）、薪酬激励强度指标（Pay、PGap）、收入多元化指数（HHI）等是由本书计算得到以外，其他数据来自 Wind 金融终端、CEIC 数据库、中国金融统计年鉴、银行年度财务报告等。所有数据分析与实证过程均通过 Excel 2016，Eviews 10 和 Stata15.0 等统计软件完成。本章样本涵盖了除外资银行以外的所有商业银行类型，其总资产与存贷款规模占全行业 75% 以上，具有较好的代表性。

7.2.4　计量模型设计

7.2.4.1　基础回归模型设定

基于上述分析与数据，首先选取排名前 5 位高管的短期薪酬（Pay5）以及前 5 位高管相对其他员工的平均薪酬差额（PGap5）作为基础回归模型的解释变量，同时考虑到商业银行系统性风险影响的滞后作用，加入其一阶滞后项作为前定变量，建立以下以非平衡面板数据为基础的一组多元回归方程模型：

$$\text{SYSRisk}_{it} = \beta_0 + \beta_1 \times \text{SYSRisk}_{i,t-1} + \beta_2 \times \text{Pay5}_{i,t} + \sum_{j=1}^{12} \gamma_j \text{Control}_{j,t} + u_{i,t} + \varepsilon_{i,t} \qquad (7-9)$$

$$SYSRisk_{it} = \beta_0 + \beta_1 \times SYSRisk_{i,t-1} + \beta_2 \times PGap5_{i,t}$$
$$+ \sum_{j=1}^{12} \gamma_j Control_{j,t} + u_{i,t} + \varepsilon_{i,t} \qquad (7-10)$$

模型（7-9）、模型（7-10）分别用来检验银行高管绝对薪酬激励强度、相对薪酬激励强度与银行系统性风险的关系。其中，被解释变量 SYS-Risk 反映样本银行的系统性风险，下标 i 代表样本银行，t 代表年份，$\mu_{i,t}$ 代表个体异质性，$\varepsilon_{i,t}$ 为随机扰动项。第 i 家银行第 t 期的系统性风险被表示为银行自身前一期的风险水平、高管薪酬、资产规模、盈利性、杠杆率、收入多元化指数、流动性、GDP 增长率、货币政策、金融发展程度、国际利差、实际汇率、对外投资水平，以及随机误差项等因素的函数。

由于被解释变量 SYSRisk 分别有静态 MES（5% 和 10%）、短期动态 MES（2% 和 5%）和长期动态 MES（2% 和 5%），因此，上述基础模型实际包括了 12 个回归方程。

7.2.4.2 估计方法选择

对于面板数据模型，通常有混合回归（POOL）、随机效应（RE）回归以及控制个体特征的固定效应（FE）回归等多种方法。表 7-5 的 Hausman 检验结果表明，模型（7-9）、模型（7-10）的 Hausman 检验统计量都在 1% 水平上拒绝随机效应模型的原假设，因此本章采用固定效应变截距面板模型进行回归分析。

表 7-5　　　　　　　　　　　　Hausman 检验结果

检验方法	模型（7-9）（Pay5）			模型（7-10）（PGap5）		
	SMES5%	DMES2%	LAMES2%	SMES5%	DMES2%	LAMES2%
F 检验	2.87 (0.000)	17.09 (0.000)	19.04 (0.000)	2.90 (0.000)	16.83 (0.000)	18.76 (0.000)
LM 检验	42.74 (0.000)	236.61 (0.000)	156.86 (0.000)	72.89 (0.000)	228.49 (0.000)	215.20 (0.000)
Hausman 检验	61.64 (0.000)	81.93 (0.000)	77.59 (0.000)	62.02 (0.000)	81.30 (0.000)	76.86 (0.000)

注：括号内为 t 值，***、**、* 分别表示在 1%、5%、10% 的水平上显著。
资料来源：笔者整理。

7.2.4.3　面板数据单位根（平稳性）检验

在固定效应模型（FE）估计的基础上，为了克服可能存在的内生性问题，本章研究同时采用布伦德尔和邦德（Blundell and Bond，1998）提出的系统 GMM 估计方法进行检验。对于动态面板，为防止"虚假回归"问题，要求数据平稳，故采用 Fisher–ADF、Phillips–Perron Test、KPSS Test 三种检验方法围绕银行个体层面的变量进行面板单位根检验，这三种检验方法的原假设均为"H0：所有个体都是非平稳的"。由于其他变量已在前文进行了单位根检验，因此，这里仅报告了 ROA、LEV 以及相关系统性风险指标的检验结果。

表 7 – 6 显示，除了 SMES（10%）只在 Phillips – Perron 和 KPSS Test 两种方法下拒绝原假设以外，其他变量均在全部三种检验方法下拒绝原假设，说明以上各个变量都是平稳序列，回归分析将不会出现虚假回归。

表 7 – 6　　　　　　　　　　**面板数据的平稳性检验**

变量	Fisher-ADF Test		Phillips-Perron Test		KPSS Test	
	检验值	P 值	检验值	P 值	检验值	P 值
Pay5	– 6. 1222	0. 0000	– 6. 2415	0. 0000	66. 0368	0. 0000
PGap5	– 6. 9822	0. 0000	– 6. 9341	0. 0000	47. 5053	0. 0000
SMES（5%）	– 1. 7332	0. 4096	– 11. 7833	0. 0000	28. 1666	0. 0000
SMES（10%）	– 1. 4626	0. 5454	– 11. 5026	0. 0000	29. 7984	0. 0000
DMES（2%）	– 5. 1087	0. 0000	– 4. 7617	0. 0001	57. 4833	0. 0000
DMES（5%）	– 5. 3031	0. 0000	– 5. 0899	0. 0000	50. 5836	0. 0000
LAMES（2%）	– 4. 8834	0. 0001	– 4. 5098	0. 0003	79. 8910	0. 0000
LAMES（5%）	– 5. 6591	0. 0000	– 5. 4629	0. 0000	66. 3217	0. 0000

资料来源：笔者整理。

7.3　回归结果与分析

7.3.1　基准回归结果

基于上述分析与数据，首先分别选取 Pay5、PGap5 作为解释变量，SMES

（5%）、DMES（2%）、LAMES（2%）作为被解释变量，根据模型（7 - 9）、模型（7 - 10）检验假设 H7 - 1a、假设 H7 - 1b。具体回归结果报告于表 7 - 7。

表 7 - 7 　　　　　　　　　　　基准模型回归结果

变量	模型（7 - 9）			模型（7 - 10）		
	SMES5%	DMES2%	LAMES2%	SMES5%	DMES2%	LAMES2%
SMES 5%（ - 1）	0. 202 ** (2. 60)	—	—	0. 208 *** (2. 68)	—	—
DMES 2%（ - 1）	—	0. 253 *** (2. 88)	—	—	0. 253 *** (2. 87)	—
LAMES 2%（ - 1）	—	—	0. 285 *** (3. 48)	—	—	0. 286 *** (3. 47)
Pay5	0. 329 *** (3. 64)	0. 102 *** (2. 77)	0. 008 ** (2. 59)	—	—	—
PGap5	—	—	—	0. 449 *** (3. 55)	0. 130 ** (2. 51)	0. 010 ** (2. 33)
GDP	0. 477 ** (2. 50)	0. 000 (0. 00)	0. 004 (0. 68)	0. 479 ** (2. 50)	0. 001 (0. 01)	0. 004 (0. 69)
M2	3. 608 *** (6. 66)	0. 753 *** (3. 39)	0. 074 *** (4. 01)	3. 616 *** (6. 66)	0. 752 *** (3. 37)	0. 074 *** (3. 99)
STOCK	- 0. 081 (- 0. 11)	- 0. 159 (- 0. 55)	- 0. 028 (- 1. 17)	0. 021 (0. 03)	- 0. 115 (- 0. 40)	- 0. 025 (- 1. 03)
SIZE	- 4. 089 *** (- 8. 27)	- 1. 248 *** (- 6. 26)	- 0. 080 *** (- 4. 80)	- 4. 203 *** (- 8. 45)	- 1. 282 *** (- 6. 37)	- 0. 082 *** (- 4. 92)
ROA	- 1. 063 (- 1. 21)	0. 043 (0. 12)	0. 012 (0. 39)	- 1. 132 (- 1. 29)	0. 017 (0. 05)	0. 010 (0. 33)
LEV	- 0. 024 (- 0. 69)	- 0. 007 (- 0. 47)	- 0. 001 (- 0. 45)	- 0. 024 (- 0. 69)	- 0. 007 (- 0. 51)	- 0. 001 (- 0. 49)
HHI	2. 598 (1. 37)	0. 544 (0. 70)	0. 029 (0. 46)	2. 349 (1. 23)	0. 474 (0. 61)	0. 024 (0. 37)
LDR	- 4. 364 ** (- 2. 41)	- 1. 531 ** (- 2. 06)	- 0. 107 * (- 1. 73)	- 4. 666 ** (- 2. 58)	- 1. 639 ** (- 2. 21)	- 0. 115 * (- 1. 87)
REA	55. 262 *** (9. 03)	11. 168 *** (4. 52)	0. 929 *** (4. 49)	55. 847 *** (9. 08)	11. 263 *** (4. 53)	0. 937 *** (4. 50)
FDI	- 19. 756 (- 0. 37)	- 51. 803 ** (- 2. 57)	- 5. 177 *** (- 3. 11)	- 26. 181 (- 0. 50)	- 53. 642 *** (- 2. 66)	- 5. 325 *** (- 3. 20)
CAID	2. 159 *** (6. 52)	0. 417 *** (3. 01)	0. 036 *** (3. 06)	2. 194 *** (6. 58)	0. 422 *** (3. 02)	0. 036 *** (3. 07)
AJRE	- 13. 855 *** (- 5. 49)	- 2. 443 ** (- 2. 35)	- 0. 188 ** (- 2. 16)	- 14. 135 *** (- 5. 59)	- 2. 513 ** (- 2. 40)	- 0. 194 ** (- 2. 21)

续表

变量	模型（7-9）			模型（7-10）		
	SMES5%	DMES2%	LAMES2%	SMES5%	DMES2%	LAMES2%
Constant	5.461	11.286***	0.628*	7.144	11.915***	0.676**
	(0.54)	(2.83)	(1.87)	(0.71)	(2.99)	(2.02)
R2（within）	0.576	0.492	0.456	0.575	0.489	0.452
R2-adjusted	0.481	0.378	0.333	0.479	0.373	0.329
F	17.677	12.602	10.894	17.568	12.416	10.734
N	224	224	224	224	224	224

注：括号内为 t 值，***、**、* 分别表示在 1%、5%、10% 的水平上显著。
资料来源：笔者整理。

表 7-7 的回归结果表明，关键解释变量高管绝对薪酬（Pay5）与高管相对薪酬（PGap5）的所有 6 个估计系数均为正，且至少在 5% 的水平上通过了显著性检验。说明高管薪酬激励强度与我国商业银行系统性风险之间存在显著的正相关关系，即对高管团队的薪酬激励强度越大，商业银行系统性风险贡献值越大。其中的原因在于，除了国有大型商业银行的行长、董事长等人员，因为具有行政官员色彩，其薪酬结构较为特殊以外，我国商业银行对于其管理团队普遍实行的还是以绩效奖金为主、固定货币收入为辅的做法。根据我们对部分银行高管访谈的结果，股份制银行行长的绩效奖金收入在总的年薪收入中，一般要占到 60% 以上，而分行行长、职能部门经理的绩效收入占比甚至更远远高于这个水平。国有大型商业银行行长的年薪收入中，绩效收入也大概占到了 50%～60%。这种基于相对绩效评价（RPE）的薪酬制度，由于薪酬收入与短期业绩高度挂钩，对管理层可以起到强有力的激励作用，促使管理者追求高业绩、高回报，勇于承担风险，但也会给银行业造成系统性风险隐患。这一结果符合理论预期，本章研究的假设 H7-1a、假设 H7-1b 得到初步证实。

其他控制变量方面，较为一致性的结论有：经济增长率（GDP）和货币政策（M2）系数的估计结果均为正且显著，说明高速的经济增长以及宽松的货币政策会提高银行系统性风险。可能的原因是，在高速增长的宏观经济环境与宽松的货币政策下，经济处于过热状态，商业银行面临的竞争和盈利压力也较小，银行业更多地实行粗放式发展，从而会积累较高的系统性风险。人民币实际汇率有效指数（REA）与国际利率差额（CAID）的回归系数也显著为正，说明人民币贬值与国际利差的扩大会提高我国银行业的系统性风险水平，原因在于，人民币贬值或我国相对利率的下降会使得人民币投资收益相对降低，引发资本流向国际市场，增加资本流动性短缺风险。

此外，银行资产规模（Size）的估计系数为负且显著，说明规模越大的银行系统性风险越低。其中的原因在于，资产规模大、资金实力雄厚的银行，风险管控机制也相对完善，从而抵御风险的能力更强。金融发展水平（Stock）与银行系统性风险显著负相关，是因为随着以股市为代表的金融发展水平提高，金融市场整体上趋于不断完善，金融机构间的风险传染与共振效应会得到缓解，从而降低商业银行面临的风险敞口。美元兑日元比率（AJRE）与系统性风险负相关，则反映了国际金融市场与我国银行系统之间的联动效应。

7.3.2 内生性讨论

7.3.2.1 系统广义矩估计（SYSGMM）

在前面的实证分析中，为避免因当年高管薪酬激励与银行系统性风险之间相互影响所产生的内生性问题，我们将系统性风险滞后一期进行固定效应变截距面板模型估计。尽管如此，模型仍然可能存在因其他类型遗漏变量或反向因果关系而产生的内生性问题。首先，由于样本期间恰好是我国商业银行市场化改革、快速发展的重要时期，其外部行业环境、内部公司治理结构等方面都出现了较大变化，而这些随时间变化的行业与个体特征可能会影响银行的系统性风险溢出。其次，银行系统性风险也可能对高管薪酬激励强度产生反向因果关系问题，这是因为自金融危机以来，银行业开始逐渐实施与风险挂钩的高管薪酬制度，从而银行当前高管薪酬水平也会受到未来系统性风险的显著影响。根据张雪兰和何德旭（2012）的研究，解决这类问题的有效方法是采用动态面板数据模型分析。该方法既能有效控制反向因果关系，又可以克服遗漏变量问题（洪正等 2014）。为了缓解变量的内生性问题，借鉴宋清华等（2018）、李廷瑞和李博阳（2020）、黄小宝等（2020）等文献的做法，将高管薪酬变量 Pay5、PGap5 分别滞后 1 期作为工具变量进行系统广义矩估计（system generalized method of moments，SYSGMM），结果报告于表 7 - 8。

表 7 - 8　　　　　　　内生性检验：SYSGMM 估计结果

变量	模型（7 - 9）			模型（7 - 10）		
	SMES5%	DMES2%	LAMES2%	SMES5%	DMES2%	LAMES2%
Pay5	0. 315 **	0. 143 **	0. 011 ***	—	—	—
	（2. 21）	（2. 53）	（2. 78）			
PGap5	—	—	—	0. 455 ***	0. 196 ***	0. 017 ***
				（2. 75）	（2. 58）	（2. 75）
Controls	YES	YES	YES	YES	YES	YES
Chi2	1178. 491	219. 377	1515. 361	366. 284	247. 536	1086. 309
N	224	224	224	224	224	224
AR（1）	− 2. 767	− 2. 279	− 1. 979	− 2. 522	− 2. 440	− 1. 588
	［0. 01］	［0. 02］	［0. 05］	［0. 01］	［0. 02］	［0. 11］
AR（2）	− 0. 785	− 1. 321	− 1. 525	− 0. 513	− 0. 879	− 1. 022
	［0. 43］	［0. 19］	［0. 13］	［0. 61］	［0. 38］	［0. 31］
Sargan-test	22. 765	18. 538	17. 91607	21. 750	14. 750	15. 496
	［1. 00］	［1. 00］	［1. 00］	［1. 00］	［1. 00］	［1. 00］

注：小括号内为 Z 值，中括号内为 P 值。*** 、** 分别表示在 1%、5% 的水平上显著。另外，为了节省篇幅，在本表及后文中并没有报告控制变量及截距项的回归结果，感兴趣的读者可向笔者索取。

资料来源：笔者整理。

表 7 - 8 中的 AR（1）为一阶序列相关检验，AR（2）为二阶序列相关检验，原假设是不存在序列相关，如果 AR（2）不显著，则表明残差序列相关不存在。Sargan 为工具变量过度识别检验，如果 P 值大于 0. 1，则证明不存在工具变量过度识别问题。表 7 - 8 的 AR（2）与 Srgant 均表明，回归依据的 SYSGMM 估计是高度有效的。从回归结果来看，两个模型下的高管薪酬（Pay5、PGap5）估计系数都为正，且至少在 5% 的水平上显著，说明高管薪酬对银行系统性风险存在正向影响效应，即高管薪酬激励强度的提高会加剧商业银行的系统性风险。采用 SYSGMM 重估的结果与原基准回归结果相一致，本章假设 H7 - 1a、假设 H7 - 1b 得到进一步证实。

7.3.2.2　采用工具变量 2SLS 估计

为了进一步降低模型内生性问题的影响，本章参考郝项超（2015）的思路，将银行总部所在地区的人均工资（Income）作为高管薪酬的工具变量 IV-Income，采用两阶段最小二乘方法（2SLS）对模型（7 - 9）、模型（7 - 10）重新进行回归。地区人均工资水平是金融机构高级管理人员获取高额薪酬的基础性社会条件，每个地区有不同的工资收入水平，银行总部所在地区人均工资越高，银行高管薪酬越高。同时，没有研究证明人均工资与银行系统性风险存在显著关系，所以银行总部所在地区人均工资可以作为高管薪酬的工具变量。回归结果报告于表7-9。结果显示，考虑了工具变量的内生性处理后，模型（7-9）、模型（7-10）中的关键解释变量 Pay5、PGap5 的回归系数都显著为正，说明高管薪酬激励强度对银行系统性风险存在明显的正向促进作用，本章假设 H7-1a、假设 H7-1b 仍然成立。且选择的工具变量通过了识别不足检验（Kleibergen-Paap rk LM），弱工具变量检验（Cragg-Donald Wald F）和 Hansen J 统计量也表明本章选取的工具变量不存在过度识别问题。总体看来，前述结论是稳健可靠的。

表7-9　　　　　　内生性检验：工具变量 2SLS 回归结果

变量	模型（7-9）			模型（7-10）		
	SMES5%	DMES2%	LAMES2%	SMES5%	DMES2%	LAMES2%
Pay5	2.131 ** (2.05)	0.848 ** (1.97)	0.060 ** (1.97)	—	—	—
PGap5	—	—	—	3.569 * (1.79)	1.428 * (1.71)	0.100 * (1.71)
IV-Income	-0.982 ** (-2.09)	-0.942 ** (-2.03)	-0.940 ** (-2.03)	-0.0586 * (-1.81)	-0.559 * (-1.74)	-0.558 * (-1.74)
Controls	YES	YES	YES	YES	YES	YES
R2(within)	0.364	0.366	0.365	0.313	0.319	0.317
R2-adjusted	0.321	0.324	0.323	0.267	0.273	0.271
F	8.12	8.27	8.23	7.42	7.68	7.60
Chi2	25.352	142.271	225.958	18.062	98.349	155.871
Kleibergen-Paap rk LM	12.632 *** [0.00]	13.249 *** [0.00]	13.114 *** [0.00]	11.469 *** [0.00]	12.200 *** [0.00]	12.023 *** [0.00]
Cragg-Donald Wald F	14.842 {8.96}	15.807 {8.96}	15.500 {8.96}	14.201 {8.96}	15.409 {8.96}	15.024 {8.96}
Hansen J	0.000 ***	0.000 ***	0.000 ***	0.000 ***	0.000 ***	0.000 ***
N	224	224	224	224	224	224

注：小括号内为 t 值，中括号内为 Chi-sq（1）P 值，大括号内为 15% 水平上的临界值。***、**、* 分别表示在 1%、5%、10% 的水平上显著。

资料来源：笔者整理。

7.3.3　其他稳健性检验

为尽可能保证实证研究结果的稳健性，本章从以下两个方面对回归结果做进一步的稳健性检验。

7.3.3.1　替换关键变量

一是替换核心解释变量。由于不同银行的高管团队人数差异较大，例如，2014～2016 年，苏州银行、邮储银行董事会人数不到 10 人，而招商银行董事会规模超过了 30 人，基于前 5 位高管计算的薪酬激励强度指标可能存在偏误。因此，本章采用前 3 位高管的薪酬数据重新计算了高管薪酬激励强度指标 Pay3、PGap3，替换基准模型（7 - 9）、模型（7 - 10）中的解释变量 Pay5、PGap5，重新进行回归。表 7 - 10 的结果显示，替换解释变量后，模型（7 - 9）、模型（7 - 10）中关键解释变量 Pay、PGap 回归系数的符号方向与原检验结果保持一致，显著性水平及其他参数也变动不大，本章的假设 H7 - 1a、假设 H7 - 1b 同样得到支持。

表 7 - 10　　　　　　　　　　替换解释变量检验结果

变量	模型（7 - 9）			模型（7 - 10）		
	SMES5%	DMES2%	LAMES2%	SMES5%	DMES2%	LAMES2%
Pay3	0. 357 *** (3. 13)	0. 107 ** (2. 29)	0. 009 ** (2. 20)	—	—	—
PGap3	—	—	—	0. 320 *** (3. 13)	0. 086 ** (2. 05)	0. 007 * (1. 94)
Controls	YES	YES	YES	YES	YES	YES
R2（within）	0. 569	0. 486	0. 451	0. 569	0. 483	0. 447
R2-adjusted	0. 471	0. 370	0. 327	0. 471	0. 366	0. 323
F	17. 129	12. 276	10. 659	17. 132	12. 139	10. 523
N	224	224	224	224	224	224

注：括号内为 t 值，***、**、* 分别表示在 1%、5%、10% 的水平上显著。
资料来源：笔者整理。

二是替换被解释变量。系统性风险指标 MES 的测度结果依赖于对具体分位数的选择，基于 5%、2% 和 2% 分位数计算获得的系统性风险指标可能存在人为选择偏误。因此，分别选取 10%、5%、5% 为分数位重新计算相应的静态 MES、短期动态 MES 和长期动态 MES 等系统性风险指标，依次替换基准模型（7-9）、模型（7-10）中的被解释变量 SYSRisk，并重新进行回归。表 7-11 的检验结果表明，替换被解释变量后，本章的假设 H7-1a、假设 H7-1b 再次得到支持。

表 7-11　　　　　　　　　　替换被解释变量检验结果

变量	模型（7-9）			模型（7-10）		
	SMES10%	DMES5%	LAMES5%	SMES10%	DMES5%	LAMES5%
Pay5	0.245 ***	0.074 ***	0.008 ***	—	—	—
	(3.50)	(2.93)	(2.82)			
PGap5	—	—	—	0.327 ***	0.096 ***	0.010 **
				(3.33)	(2.72)	(2.49)
Controls	YES	YES	YES	YES	YES	YES
R2 (within)	0.555	0.484	0.458	0.552	0.481	0.453
R2-adjusted	0.454	0.368	0.336	0.451	0.364	0.330
F	16.181	12.215	10.998	16.003	12.057	10.776
N	224	224	224	224	224	224

注：括号内为 t 值，***、**、* 分别表示在 1%、5%、10% 的水平上显著。
资料来源：笔者整理。

7.3.3.2　排除干扰因素的影响

一是排除高管"限薪"政策的影响。2010 年 1 月，中华人民共和国财政部颁布《金融类国有及国有控股企业负责人薪酬管理办法（征求意见稿）》，开始加强对金融类国有及国有控股企业高管人员的薪酬监管；2010 年 3 月，中国银监会发布实施《商业银行稳健薪酬监管指引》，对商业银行高级管理人员薪酬的结构、管理、支付等进行了多方面规范。显然，"限薪"政策将无可避免地对商业银行高管薪酬激励方式与强度产生影响，这在一定程度上可能干扰本章分析结果。具体而言，在模型（7-9）、模型（7-10）的基础上引入一个代表"限薪"政策的哑变量 PLimit，2010 年以前，赋值为 0，2010 年及以后赋值为 1，然后再重新进行回归。表 7-12 的结果显示，考虑"限薪"政策的影响后，本章结论并无实质改变。

表 7 – 12   稳健性检验（排除“限薪”政策的影响）

变量	模型（7 – 9）			模型（7 – 10）		
	SMES5%	DMES2%	LAMES2%	SMES5%	DMES2%	LAMES2%
Pay5	0. 271 *** (3. 80)	0. 084 *** (2. 69)	0. 007 ** (2. 43)	—	—	—
PGap5	—	—	—	0. 354 *** (3. 52)	0. 101 ** (2. 29)	0. 008 ** (2. 07)
PLimit	– 4. 438 *** (– 10. 56)	– 1. 560 *** (– 8. 51)	– 0. 109 *** (– 6. 79)	– 4. 426 *** (– 10. 47)	– 1. 561 *** (– 8. 46)	– 0. 109 *** (– 6. 76)
Controls	YES	YES	YES	YES	YES	YES
R2（within）	0. 738	0. 637	0. 566	0. 735	0. 634	0. 563
R2-adjusted	0. 677	0. 553	0. 466	0. 674	0. 548	0. 461
F	33. 967	21. 207	15. 759	33. 495	20. 859	15. 521
N	224	224	224	224	224	224

注：括号内为 t 值，*** 、** 分别表示在 1% 、5% 的水平上显著。

资料来源：笔者整理。

二是排除股权激励因素的影响。作为高管薪酬的重要补充，股权薪酬有助于促进高管承担风险（Hubbard and Palia，1995；Rajgopal and Shevlin，2002；Bhagat and Bolton，2014）。然而，由于各种原因，股权激励的实施目前在我国不同商业银行存在较大差异。例如，南京银行、北京银行、宁波银行从 2007 年开始就定期对总经理、副总经理、财务负责人等核心高级管理人员实施股权激励，而华夏银行、民生银行、中国建设银行等商业银行在整个研究期间并未实施过股权激励，为此，有必要剔除股权激励的干扰以检验估计结果的稳健性。具体而言，在原基准模型的基础上引入一个代表股权激励的哑变量 Equity，如果有排名前 5 位的高管持有银行股权，赋值为 1，否则赋值为 0，然后重新进行回归。表 7 – 13 的结果说明，排除股权激励的干扰作用以后，本章的实证结论同样稳健。

表 7 – 13   稳健性检验（排除股权激励的影响）

变量	模型（7 – 9）			模型（7 – 10）		
	SMES5%	DMES2%	LAMES2%	SMES5%	DMES2%	LAMES2%
Pay5	0. 336 *** (3. 68)	0. 107 *** (2. 86)	0. 008 *** (2. 70)	—	—	—

变量	模型（7-9）			模型（7-10）		
	SMES5%	DMES2%	LAMES2%	SMES5%	DMES2%	LAMES2%
PGap5	—	—	—	0.450*** (3.54)	0.132** (2.53)	0.010** (2.36)
Equity	0.178 (0.60)	0.104 (0.85)	0.010 (0.94)	0.070 (0.24)	0.068 (0.56)	0.007 (0.66)
Controls	YES	YES	YES	YES	YES	YES
R2(within)	0.577	0.494	0.459	0.575	0.489	0.454
R2-adjusted	0.479	0.377	0.333	0.476	0.371	0.327
F	16.464	11.793	10.220	16.315	11.566	10.016
N	224	224	224	224	224	224

注：括号内为 t 值，***、** 分别表示在1%、5%的水平上显著。
资料来源：笔者整理。

7.4 进一步的研究：异质性影响分析

7.4.1 薪酬激励对银行系统性风险异质性影响的识别策略

前述分析主要聚焦于高管薪酬激励对银行系统性风险正向影响的"平均效应"，即使在平均意义上，高管薪酬激励加剧了商业银行的系统性风险，但这并不意味着对所有商业银行皆是如此。据此，本章参考郭品和沈悦（2015b、2015a）等文献的做法，通过引入虚拟变量的方式来识别高管薪酬、薪酬差距对不同类型银行系统性风险的异质性影响。借鉴宋清华和姜玉东（2015）的思路，将 SRISK 指数大于 3% 的银行（见第 4 章的表 4-22 和表 4-23）定义为系统重要性银行。

依照上述识别策略，本章研究在模型（7-9）和模型（7-10）的基础上，分别引入系统重要性银行虚拟变量和短期薪酬以及薪酬差距的交乘项 $SIFI \times Spay_{i,t}$、$SIFI \times PGap_{i,t}$，建立以下回归模型对薪酬激励的异质性影响进行检验。若交乘项估计系数显著为正，则意味着高管薪酬对系统重要性银行的影响要大于非系统重要性银行，否则就相反。

$$
\begin{aligned}
\text{SYSRisk}_{it} = {} & \beta_0 + \beta_1 \times \text{SYSRisk}_{i,t-1} + \beta_2 \times \text{Spay}_{i,t} \\
& + \beta_3 \times \text{SIFI}_{i,t} \times \text{Spay}_{i,t} \\
& + \sum_{j=1}^{12} \gamma_j \text{Control}_{j,t} + u_{i,t} + \varepsilon_{i,t}
\end{aligned} \tag{7-11}
$$

$$
\begin{aligned}
\text{SYSRisk}_{it} = {} & \beta_0 + \beta_1 \times \text{SYSRisk}_{i,t-1} + \beta_2 \times \text{PGap}_{i,t} \\
& + \beta_3 \times \text{SIFI}_{i,t} \times \text{PGap}_{i,t} \\
& + \sum_{j=1}^{12} \gamma_j \text{Control}_{j,t} + u_{i,t} + \varepsilon_{i,t}
\end{aligned} \tag{7-12}
$$

其中，SIFI 为系统重要性银行虚拟变量，当银行为系统重要性银行时取值为 1，否则取值为 0。其他变量的含义与模型（7-9）、模型（7-10）相同。根据本书在第 5 章的测算结果，在 2019 年，共有工商银行、中国银行、建设银行、农业银行、交通银行 5 家商业银行为我国系统重要性银行。

7.4.2　薪酬激励对银行系统性风险异质性影响的回归结果

基于模型（7-11）和模型（7-12），首先选取前 5 位高管的短期薪酬（Spay5）以及前 5 位高管相对其他员工平均薪酬的差额（PGap5）作为关键解释变量，选取基于 5% 分位数计算得到的静态 MES，以及基于 2% 计算的短期动态 DMES 和长期动态 LAMES 作为被解释变量，对银行高管薪酬激励与系统性风险之间的关系进行检验，具体结果见表 7-14。因篇幅所限，这里仅给出了两个模型的固定效应（FE）估计结果。

表 7-14　　薪酬激励对银行系统性风险异质性影响的回归结果

变量	模型（7-11）（Spay5）			模型（7-12）（PGap5）		
	SMES5%	DMES2%	LAMES2%	SMES5%	DMES2%	LAMES2%
SMES5%（-1）	0.212 *** (2.74)	—	—	0.215 *** (2.76)	—	—
DMES2%（-1）	—	0.258 *** (2.95)	—	—	0.257 *** (2.92)	—
LAMES2%（-1）	—	—	0.286 *** (3.50)	—	—	0.287 *** (3.48)

续表

变量	模型（7-11）（Spay5）			模型（7-12）（PGap5）		
	SMES5%	DMES2%	LAMES2%	SMES5%	DMES2%	LAMES2%
Spay5	8.896***	2.690**	0.217*	—	—	—
	(2.75)	(2.03)	(1.96)			
PGap5	—	—	—	0.380***	0.106*	0.009*
				(2.78)	(1.88)	(1.81)
SIFI×Spay5	11.343*	3.990	0.269	—	—	—
	(1.68)	(1.45)	(1.18)			
SIFI×PGap5	—	—	—	0.400	0.143	0.009
				(1.31)	(1.15)	(0.88)
GDP	0.396**	-0.031	0.002	0.417**	-0.023	0.003
	(2.02)	(-0.41)	(0.31)	(2.12)	(-0.31)	(0.41)
M2	3.617***	0.754***	0.074***	3.628***	0.755***	0.074***
	(6.71)	(3.41)	(4.03)	(6.70)	(3.39)	(4.00)
STOCK	0.244	-0.038	-0.020	0.272	-0.021	-0.018
	(0.32)	(-0.13)	(-0.79)	(0.36)	(-0.07)	(-0.74)
SIZE	-4.368***	-1.349***	-0.087***	-4.394***	-1.352***	-0.087***
	(-8.42)	(-6.40)	(-4.93)	(-8.49)	(-6.43)	(-4.96)
ROA	-1.087	0.031	0.011	-1.137	0.014	0.009
	(-1.24)	(0.09)	(0.36)	(-1.30)	(0.04)	(0.31)
LEV	-0.018	-0.005	-0.000	-0.021	-0.006	-0.001
	(-0.52)	(-0.33)	(-0.34)	(-0.60)	(-0.43)	(-0.43)
HHI	1.645	0.216	0.007	1.602	0.212	0.007
	(0.83)	(0.27)	(0.11)	(0.81)	(0.26)	(0.11)
LDR	-4.460**	-1.566**	-0.109*	-4.723***	-1.660**	-0.117*
	(-2.47)	(-2.11)	(-1.78)	(-2.62)	(-2.24)	(-1.89)
REA	57.659***	11.972***	0.982***	57.639***	11.882***	0.975***
	(9.22)	(4.74)	(4.64)	(9.16)	(4.67)	(4.58)
FDI	-21.162	-51.601**	-5.150***	-25.638	-52.999***	-5.274***
	(-0.40)	(-2.57)	(-3.10)	(-0.49)	(-2.63)	(-3.17)
CAID	2.272***	0.456***	0.038***	2.284***	0.454***	0.038***
	(6.76)	(3.24)	(3.23)	(6.72)	(3.19)	(3.18)
AJRE	-14.758***	-2.762***	-0.209**	-14.816***	-2.759**	-0.209**
	(-5.75)	(-2.61)	(-2.35)	(-5.75)	(-2.59)	(-2.34)
Constant	8.413	12.416***	0.708**	9.076	12.662***	0.726**
	(0.83)	(3.06)	(2.07)	(0.90)	(3.14)	(2.14)

变量	模型 (7-11) (Spay5)			模型 (7-12) (PGap5)		
	SMES5%	DMES2%	LAMES2%	SMES5%	DMES2%	LAMES2%
R2 (within)	0.583	0.498	0.460	0.579	0.492	0.455
R2-adjusted	0.486	0.382	0.335	0.481	0.374	0.328
F	16.854	11.974	10.281	16.575	11.696	10.057
N	224	224	224	224	224	224

注：括号内为 t 值，***、**、* 分别表示在 1%、5%、10% 的水平上显著。
资料来源：笔者整理。

表 7-14 的回归结果显示，模型 (7-11) 和模型 (7-12) 的关键解释变量，即系统性风险与薪酬激励变量的交叉项 (SIFI × Spay5、SIFI × PGap5) 的估计系数均为正，但除了模型 (7-11) 在 SMES5% 下的估计系数显著以外，其他估计结果都未能通过显著性检验。这说明，薪酬激励对我国不同类型商业银行系统性风险影响存在一定程度的差异。其中，薪酬激励对系统重要性银行的影响程度要小于非系统重要性银行，但并不十分明显，本章研究的假设 H7-2 只得到部分证实。这一结果不完全符合理论预期，其中的原因在于，由于得到政府的隐性保护，系统重要性银行受 "大而不能倒" 心理预期的影响，往往存在政府救助的心理依赖，导致其系统性风险高于一般银行。但与此同时，由于系统重要性银行规模体系庞大、资金实力雄厚、人才储备与技术优势明显、风险管理经验相对丰富，国有产权属性也使得其经营策略保守，有利于其防范系统性风险，这在一定程度上会抵消 "大而不能倒" 带来的风险溢出效应。

总而言之，不同类型银行系统性风险之所以存在差异，是薪酬激励、产权属性、经营策略、监管政策等多种因素综合作用的结果。这里实证结论的启示意义在于，在我国金融体系中居于主导地位的系统重要性银行，是防范化解系统性金融风险的关键，理应受到更严格的监管，应进一步加强对其高管薪酬制度、风险管理、资本结构、信息披露等方面的监管力度，相对一般性的银行，应对其提出更高的监管要求。

7.4.3　薪酬激励对银行系统性风险异质性影响的稳健性检验

遵循模型 (7-9) 和模型 (7-10) 稳健性检验的基本思路，分别采用替换被解释变量 (SYSRisk) 和解释变量 (Pay、PGap) 两种做法，得到相应的稳健性检验结果，分别报告于表 7 – 15 和表 7 – 16。

其中，用 SMES（10%）、DMES（5%）、LAMES（5%）替换模型（7 – 11）、模型（7 – 12）中的被解释变量（SYSRisk）后的回归结果见表 7 – 15。

表 7 – 15　薪酬激励对银行系统性风险异质性影响的稳健性检验（替换被解释变量）

变量	模型（7 – 11）（Spay5）			模型（7 – 12）（PGap5）		
	SMES5%	DMES2%	LAMES2%	SMES5%	DMES2%	LAMES2%
SMES10%（ – 1）	0. 170 ** (2. 02)	—	—	0. 177 ** (2. 09)	—	—
DMES5%（ – 1）	—	0. 337 *** (3. 88)	—	—	0. 336 *** (3. 84)	—
LAMES5%（ – 1）	—	—	0. 321 *** (3. 91)	—	—	0. 322 *** (3. 88)
Spay5	6. 399 ** (2. 55)	1. 987 ** (2. 21)	0. 221 ** (2. 20)	—	—	—
PGap5	—	—	—	0. 266 ** (2. 50)	0. 081 ** (2. 11)	0. 008 ** (1. 98)
SIFI × Spay5	9. 733 * (1. 85)	2. 604 (1. 40)	0. 234 (1. 12)	—	—	—
SIFI × PGap5	—	—	—	0. 358 (1. 50)	0. 090 (1. 06)	0. 008 (0. 84)
Controls	YES	YES	YES	YES	YES	YES
Constant	15. 876 ** (2. 02)	6. 886 ** (2. 50)	0. 601 * (1. 94)	16. 206 ** (2. 06)	7. 071 ** (2. 58)	0. 624 ** (2. 02)
R2（within）	0. 563	0. 490	0. 462	0. 557	0. 484	0. 455
R2-adjusted	0. 461	0. 372	0. 337	0. 455	0. 365	0. 329
F	15. 533	11. 590	10. 364	15. 189	11. 335	10. 088
N	224	224	224	224	224	224

注：括号内为 t 值，*** 、** 、* 分别表示在 1%、5%、10% 的水平上显著。为了节省篇幅，在本表及后文中并没有报告控制变量的回归结果，感兴趣的读者可向笔者索取。下表同。
资料来源：笔者整理。

用前 3 位高管短期薪酬（Spay3）与前 3 位高管相对其他员工的平均薪酬差额（PGap3）分别替换模型（7 – 11）和模型（7 – 12）中的关键解释变量（Spay5、PGap5）后的回归结果见表 7 – 16。

表 7 - 16　薪酬激励对银行系统性风险异质性影响的稳健性检验（替换解释变量）

变量	模型（7 - 11）（Spay5）			模型（7 - 12）（PGap5）		
	SMES5%	DMES2%	LAMES2%	SMES5%	DMES2%	LAMES2%
SMES5%（-1）	0.209 *** (2.68)	—	—	0.215 *** (2.74)	—	—
DMES2%（-1）	—	0.254 *** (2.88)	—	—	0.255 *** (2.87)	—
LAMES2%（-1）	—	—	0.282 *** (3.42)	—	—	0.283 *** (3.41)
Spay3	8.925 ** (2.07)	2.421 (1.37)	0.207 (1.41)	—	—	—
PGap3	—	—	—	0.256 ** (2.19)	0.059 (1.22)	0.005 (1.24)
SIFI × Spay3	11.867 (1.44)	4.563 (1.37)	0.309 (1.11)	—	—	—
SIFI × PGap3	—	—	—	0.251 (1.12)	0.108 (1.18)	0.007 (0.92)
Controls	YES	YES	YES	YES	YES	YES
Constant	8.212 (0.80)	12.466 *** (3.06)	0.714 ** (2.08)	8.432 (0.83)	12.627 *** (3.11)	0.727 ** (2.13)
R2（within）	0.573	0.491	0.454	0.572	0.487	0.450
R2-adjusted	0.474	0.373	0.328	0.472	0.368	0.322
F	16.222	11.636	10.044	16.095	11.448	9.870
N	224	224	224	224	224	224

注：括号内为 t 值，***、**、* 分别表示在 1%、5%、10% 的水平上显著。
资料来源：笔者整理。

　　表 7 - 15 和表 7 - 16 的回归结果显示，分别替换被解释变量和解释变量以后，12 组稳健性检验的关键解释变量，即系统性风险与薪酬激励变量的交叉项（SIFI × Spay5、SIFI × PGap5、SIFI × Spay3、SIFI × PGap3）的估计系数均为正，但并不显著。这进一步说明，薪酬激励对系统重要性银行的影响程度要小于非系统重要性银行，但并不显著。与前述表 7 - 14 的回归结果相比，12 组稳健性检验的关键解释变量系数估计结果一致，其他控制变量的回归系

数符号方向也相同，显著性基本一致。总体看来，对于模型（7-11）和模型（7-12）的估计结果是稳健可靠的。

7.5 本章小结

本章研究首先通过引入相对绩效评价（RPE）薪酬的银行高管—股东两阶段博弈分析框架，对高管薪酬激励与银行系统性风险的关联机制进行理论分析，并提出相应假设。然后采用2005~2019年中国33家上市银行的非平衡面板数据，选取高管的短期薪酬（Spay5、Spay3）、高管团队相对其他员工的差额（PGap5、PGap3）作为薪酬激励变量，选取基于边际期望损失（MES）方法测算得到的静态MES（5%和10%）、短期动态MES（2%和5%）和长期动态MES（2%和5%）作为系统性风险指标。通过建立多元回归模型，采用多种方法，对高管薪酬激励与银行系统性风险之间的关系进行实证分析，并在此基础上，进一步就高管薪酬激励对不同类型商业银行系统性风险的异质性影响进行了探讨。

理论分析表明，在相对绩效评价（RPE）薪酬制度下，以货币奖金为主的绩效薪酬的增加会提高银行系统性风险。由于"大而不能倒"心理预期的存在，以及经营管理风格、系统重要性程度、所受监管强度等各方面的不同，薪酬激励对不同类型商业银行的影响存在差异。

实证研究发现，高管短期薪酬水平、薪酬差距与银行系统性风险存在显著的正相关关系，即随着高管短期薪酬激励强度的提高，以及高管团队相对其他员工薪酬差距的扩大，银行的系统性风险贡献值会增加。影响异质性检验结果证实，薪酬激励对我国不同类型商业银行系统性风险的影响效应存在明显差异。相对而言，高管薪酬激励对非系统重要性银行的影响更大。

以上结论的启示意义在于，出于防范化解系统性风险的目的，我国商业银行的高管薪酬制度还有待进一步完善。第一，从薪酬水平来看，应适当降低高管的短期货币薪酬激励强度，缩小管理者团队与其他普通员工之间的薪酬差距。第二，从薪酬体系来看，在优化货币薪酬激励的同时，还要完善股票、期权、薪酬延付计划等长期薪酬制度，形成多元化的高管薪酬体系。第三，从薪酬构成来看，对于高级管理人员，应采取以固定收入为主、相对绩效薪酬为辅的制度，从而约束管理层的风险承担倾向，降低银行业的系统性

风险。第四，从监管目标选择来看，在我国金融体系中居于主导地位的系统
重要性银行，是防范化解系统性金融风险的关键，理应受到更严格的监管。
但中小银行的薪酬监管与风险防范也不可忽视，特别是对于公司治理机构不
完善、风险管理能力薄弱的小型银行，应进一步加强对其高管薪酬制度、风
险管理、资本结构、信息披露等方面的监管力度，提出更高的监管要求。

第8章 研究结论与政策建议

8.1 主要结论

本章在既有文献的基础上，尝试将高管薪酬、风险承担和系统性风险三者纳入统一的分析框架，以中国现有 36 家上市银行为对象，从银行高管薪酬水平、薪酬结构与薪酬差距等多个维度，对高管薪酬与银行风险承担、系统性风险之间的关联机制进行了系统的理论解读与实证检验。本章的主要结论归纳如下。

第一，采用破产风险 Z 指数的测算结果表明，我国商业银行的风险承担表现出明显的阶段性特征。在早期，Z-score 普遍较小，也即破产风险较高，随后开始不断上升，在 2014~2015 年达到高点，随后开始逐渐下降，但在研究末期，各类商业银行的 Z-score 又有所回升。横向比较来看，大型国有控股商业银行的 Z-score 处于较高水平，且波动起伏较大。农商行的 Z-score 在几乎所有年份都处于最低的水平。股份制银行和农商行的 Z-score 较为接近且变化趋势基本保持一致。

第二，采用骆驼评级指数模型（CAMELS）的测算结果也获得了一致性的结论。从变化趋势来看，我国商业银行的总的风险承担水平与个体特质风险都具有明显的阶段性特征。在早期，三种类型商业银行的总风险水平均处于较高水平，特别是在全球金融危机集中爆发的 2008 年前后，达到最高点，随后开始逐渐下降。但在 2015 年，可能是受股灾的影响，又出现了异常波动。在研究后期的 2017~2019 年，各类商业银行的总体风险承担水平走势相对平稳。横向比较来看，国有大型商业银行的风险承担水平较低，股份制银行次之，而城市商业银行与农村商业银行的风险承担相对较高。

第三，基于边际期望损失（静态 MES）对我国 33 家上市银行系统性风险的计算结果表明，各类型商业银行的系统性风险演变趋势基本保持一致，且在各年份差异都较小，尤其是股份制银行和城市商业银行的静态 MES 在大多数年份都非常接近。无论是基于 5%，还是基于 2% 或 10% 分位数进行计算，我国银行业的系统性风险均呈现出明显的阶段性特征。在全球性金融危机期间（2007～2009 年），以及 2015 年股灾期间，各类型商业银行的系统性风险均存在异常上升，而在其他年份表现相对平稳。

第四，基于 DCC-GARCH 模型与非参数核估计的动态 MES 计算结果显示，我国银行业的系统性风险整体呈现出震荡走低的态势，具体来看，在 2008 年金融危机期间达到高点，此后逐渐下降，然后转为平稳阶段。从演变趋势来看，我国三种类型商业银行的短期动态 MES 的演变过程在整个研究期间都基本保持同步。横向比较来看，城市商业银行的短期动态 MES 处于较高水平，股份制银行次之，国有大型商业银行最低，这一结果与静态 MES 相一致。我国商业银行的长期动态 MES（LAMES）的变化趋势与短期动态 MES 是类似的，不同类型银行的相对关系也基本保持一致，即规模大、成立时间早、资金最为雄厚的国有大型商业银行的 LAMES 最低；规模小、成立时间晚的城市商业银行的 LAMES 最高；股份制银行的 LAMES 居中。

第五，对我国 36 家上市银行高管薪酬水平、薪酬结构与风险承担的实证研究表明，高管短期薪酬与我国商业银行风险承担之间存在明显的负相关关系，即短期薪酬的提高，有助于降低商业银行的风险承担水平。而高管长期薪酬、总薪酬与商业银行风险承担之间不存在明显的关联，即长期薪酬以及整体的机制没有起到应有的风险承担激励或约束作用。异质性检验结果证实，高管短期薪酬对小型商业银行风险承担的影响要明显大于大中型银行，即小型商业银行的风险承担水平对高管薪酬激励更敏感。

第六，对我国 36 家上市银行高管薪酬差距与风险承担的实证研究表明，不论是高管团队相对其他员工薪酬差距，还是银行高管团队内部薪酬差距，不论是采用绝对数指标，还是采用相对指标，研究中所有考虑的薪酬差距变量与我国商业银行风险承担之间均存在明显的负相关关系，即随着银行高管薪酬差距的扩大，商业银行的风险承担倾向会下降。异质性检验结果证实，高管薪酬差距与银行风险承担的关系在国有大型商业银行与非国有大型商业银行间的确存在明显差异，其中，非国有大型商业银行的风险承担水平与高管薪酬差距之间的负相关关系更为明显。

第七，管理者权力的调节效应分析结果表明，行长兼职在高管短期薪酬水平、短期薪酬差距与银行风险承担之间存在明显的负向调节效应，即行长兼职越多，或行长兼职的职位越重要，高管短期薪酬、薪酬差距与银行风险承担之间的负相关关系越不明显；与此类似，行长来源在高管短期薪酬、薪酬差距与风险承担之间也存在明显的负向调节效应；而董事会规模与独立董事人数不存在明显的负向或正向调节效应。

第八，构建引入相对绩效评价（RPE）薪酬的银行高管—股东两阶段博弈模型，并通过风险承担对系统性风险的传导机制进行分析，对高管薪酬激励与商业银行系统性风险的关联机制、薪酬激励对不同类型银行的异质性影响进行了多维度的理论分析。理论研究发现，在相对绩效评价（RPE）薪酬制度下，以货币奖金为主的绩效薪酬的增加，会提高银行系统性风险。由于"大而不能倒"心理预期的存在，以及经营管理风格、系统重要性程度、所受监管强度等各方面的不同，薪酬激励对不同类型商业银行的影响存在差异。

第九，对高管薪酬与银行系统性风险关联机制的实证研究表明，高管短期薪酬水平、货币薪酬差距与银行系统性风险存在显著的正相关关系，即随着高管短期薪酬激励强度的提高，以及高管团队相对其他员工薪酬差距的扩大，银行的系统性风险贡献值会增加。异质性检验的结果证实，薪酬激励对我国不同类型商业银行系统性风险影响存在一定程度的差异。其中，薪酬激励对系统重要性银行的影响程度要小于非系统重要性银行。

8.2 政策建议

根据以上研究结果，本书认为，高管薪酬激励对商业银行的风险承担、系统性风险存在重要作用，我国商业银行多元化的薪酬体系还有待完善，特别是目前主要基于银行短期业绩评价的绩效薪酬方式还有待改进，股票、期权、薪酬延付计划等长期薪酬激励机制亟待建立，与管理者权力密切相关的公司治理机制还存在诸多缺陷。为促进我国银行业的健康、平稳发展，不断提高商业银行的风险管控能力，改善经营管理水平，防范化解系统性金融风险，本书提出以下政策建议。

8.2.1 完善公司治理运行机制，切实提高商业银行风险管理能力

8.2.1.1 加快完善现代化公司治理框架建设

有效的公司治理是银行业金融机构稳健、可持续发展的基石。2008 年国际金融危机的爆发表明，公司治理结构失衡是诱发金融危机的深层次原因之一。银行董事会对高管层监督不足、薪酬制度不合理、风险管理不充分、经营活动过于复杂等原因，导致危机的产生和衍化。鉴于此，巴塞尔银行监管委员会决定重新审订 2006 年版《加强银行公司治理的原则》，并在治理结构上做出前瞻性安排，纠正暴露出的有关公司治理结构的各种缺陷，以防危机的再度发生。经过广泛的讨论和反复修改，2010 年 10 月，新版《加强银行公司治理的原则》正式对外发布。目前，强化高管薪酬监管，完善银行公司治理，已成为世界各国监管当局和银行业金融机构的共识。

良好的银行公司治理应具备健全的组织架构、清晰的职责边界、科学的发展战略、合理的激励约束机制、完善的内部控制、风险管理以及信息披露制度。中国银行业的商业化、市场化改革时间尚短，特别是大量农村金融机构的股份制改造尚未完成，在高管薪酬制度、高管权力制衡机制、独立董事制度等公司治理结构层面仍然存在不少缺陷，同时受分业监管的制度性约束，我国的金融监管仍然存在协调困难、手段有限等诸多弊端。2013 年 7 月，针对我国银行业金融机构公司治理存在的问题，在充分借鉴国际公司治理研究成果，深入总结国内实践经验的基础上，中国银监会制定颁布了《商业银行公司治理指引》，为我国商业银行公司治理的发展奠定了基础。

近年来，在监管部门的推动下，我国银行业金融机构普遍建立了"三会一层"为主体的公司治理架构，形成了多元化的股权结构，公司治理有效性逐步增强。然而，受多方面复杂因素的影响，部分商业银行仍然存在"三会一层"形同虚设、激励机制不科学、管理者权力过度膨胀、风险管控失效、监督机制缺失等问题。

应进一步加快完善股东大会、董事会、监事会和高级管理层之间的制衡机制，形成各司其职、协调运作的现代化公司治理结构。深入推进大型商业银行的公司治理和激励约束机制优化改革，加快经营模式转型创新，持续改善经营发展的质量效益，稳步提高核心竞争力。引导民间资本进入中小银行机构，加快城市商业银行、农村商业银行、村镇银行、农村信用社等区域性

中小金融机构的产权制度改革步伐，构建起多元化、民营化和本土化的股权结构。突出董事会在公司治理中的作用，董事会要承担起银行总体责任并有效监督管理层，确保银行管理层经营行为符合股东利益，风险管理应渗透到公司治理的各个层面，保证员工薪酬安排体现风险情况。董事会下设风险、审计、薪酬等专业委员会，分别负责银行的风险管理、内部控制、关联交易、薪酬制度等重大事项，着重提升制衡的有效性和决策的科学性。

8.2.1.2　政企分开，减少政府行政干预

由于我国商业银行大多具有国资背景，虽然近年来纷纷进行股份制改造，但在很多方面仍然保留着行政烙印，公司重大决策也很大程度上受到当地行政部门的影响。因此，在我国银行业金融机构，高管人员具有政治背景是一个普遍现象。与欧美国家不同，我国商业银行董事长、行长人选既不是股东推举的结果，也不是董事会聘任的结果，而往往是由政府部门直接任命。

政府部门过多地参与银行日常经营管理活动并不会给银行带来更多的优势，反而束缚银行的发展。目前，我国虽然有几大银行在全球排名处于前列，但排名依据是根据资产规模，并不能代表这几大银行的经营管理能力与公司治理机制已处于全球领先水平。只有坚持政企分开，才能从根本上保证现代公司治理的基本理念能够在我国商业银行中得以实现，进而建立起"分工协作、边界清晰、相互制约"的现代公司治理运行模式。

8.2.1.3　完善银行经理人市场、扩大高管来源渠道

职业经理人是公司最重要的人力资本，优秀的职业经理人通常具有深厚的理论功底和丰富的工作经验，能够敏锐地察觉市场变化，并迅速做出决策。同时具备良好的职业操守，能够遵守职业道德和专业规范要求，维护公司利益。一个成熟的经理人市场能够源源不断地提供优秀的管理人才，促进企业经营管理水平的不断提高。

目前，我国银行职业经理人市场尚未建立，优秀的高级管理人才十分稀缺。根据《中国职业经理人年度报告》的数据，2014年，中国国有企业外部聘请的职业经理人仅占27.3%。具体到银行业金融机构，从已上市的36家银行来看，行长、董事长大多来自银行内部培养或行政指派，从外部市场公开竞聘的行长、董事长等人员几乎没有。虽然我国部分商业银行的资产规模、资金实力已位居世界前列，但其经营效率并不突出，专业化的职业经理人团

队并未建立。来自行政指派的行长，可能对于银行实际业务并不擅长，行事风格也往往带有行政色彩。而银行内部培养职业经理人用时周期长，且由于内部培养机制的局限，经理人很难拥有开阔的视野，不能敏锐察觉新的市场变化趋势。因此，建立和完善我国银行业经理人市场，打造职业化管理团队对于我国商业银行的改革发展十分重要。

针对现阶段银行家市场并未建立的情况，一方面，应采用市场化的原则，完善商业银行的选人用人制度。企业的成长与持续发展依赖于职业化管理队伍的形成，优秀的银行家阶层只能产生于激烈的市场竞争中，要对竞聘者的职业背景、管理能力、个人领导才干和气质、道德素质等进行有效鉴别和考核，实现高管人才选择的市场化。大力培养银行家市场，为商业银行经营管理层的人才流动创造条件。实现银行家流动的市场化；建立经理人市场声誉制度，对经理人薪酬形成市场约束机制，由市场供求决定其价格（收入），职业经理人的收入应该取决于其过去的业绩，从长期来看，经理人必须对自己的行为负责，经理人的业绩表现决定经理人在市场上的声誉，从而决定经理人未来薪酬。完善经理人信息公开制度，可由政府部门牵头、第三方机构承办建立职业经理人协会，对高管信息进行跟踪，对高管表现进行多阶段、跨时期、动态的监督，做出评估后披露高管信息，便于市场监督，实现银行家评价的公开化、市场化。另一方面，完善职业经理人信用体系建设。建立并有效运行职业经理人信用评级系统对增强银行机构和银行经理人的诚信意识，营造优良的信用环境，促进社会发展与文明进步，具有重要意义。信用统筹机构通过外部第三方机构担当，可以是相关政府部门或事业单位，也可以是行业组织或社会团体。在国家信用体系建设的有关方针政策指引下，信用体系机构负责制定职业经理人信用评价实施办法，并对外公布。以国家机关及事业单位、企业雇主、社会组织、职业经理人作为征信系统的主要信息来源，依法采集、整理、保存、加工职业经理人的信用信息，并采取合理措施保障信用信息的准确性。将职业经理人信用档案纳入专门的数据库，并持续更新信息，保证信息的连续性和可查性。制定严谨规范的评价流程，聘请专业资质鉴定专家，采用科学合理的评价方法对职业经理人信用进行评级。

8.2.1.4 减少高管兼职，形成权力制衡机制

高管兼职即高管在银行中担任的职务不止一项，高管可能同时担任两个或两个以上的关键岗位，这使得他们在决策方面拥有更大的自由量裁权，公

司的治理机制无法对他们起到良好的监督管理作用。目前，已经有很多的经验证据表明高管权利对组织战略的选择具有重大的影响。在银行内部，高管长期兼任较多重要职务会导致权力过度膨胀而进行营私舞弊，损害股东权益。如果该高层领导自身专业素养及职业道德缺失，对银行风险管理与内部控制缺乏足够的认识，将会造成更为严重的后果。在薪酬政策制定方面，高管权力过大，就更有能力和机会去左右高管薪酬契约的内容，使自己的薪酬结构更稳定，从而在进行风险决策时将风险转嫁给银行或者股东，甚至牺牲银行的公共利益以获得更高的个人利益。如此，为解决代理问题而提出的薪酬激励政策不仅达不到目的，反而会加剧代理问题，增加代理成本。

因此，在无法保证高管利益与银行、股东利益一致时，应减少高管兼职，分散高管权力，形成权力制衡机制，以确保内部治理机制的有效性和银行整体利益的完整性。此外，董事长和行长的两职分离也很重要。两职合一赋予银行行长在公司制度制定实施、管理决策以及利润分配等方面拥有专断权，在一定程度上使得董事会形同虚设。

具体而言，为了减少银行高管兼职，限制高管权利的过度膨胀，确保高管薪酬政策的激励效果，应当加强组织内部控制。第一，制定详细的人力资本培养制度，吸引、提拔更多的优质人才，尽量避免一人兼多职的情况。第二，建立完善的内部治理结构，明确各个部门的权利与义务。银行应该设立一定规模的董事会和监事会，对执行管理层的行为进行监督与问责。第三，强调高管之间的互相监督和约束。在无法避免高管兼职的情况下，赋予其他高管一定的监督管理权利，以形成高管权力之间的有效制衡。

8.2.1.5 维持董事会适度规模，提高董事决策效率

董事会是除股东大会以外的最高权力机构，是公司治理结构的核心环节。董事会对银行承担总体责任并监督管理层有效履行职责，负责银行经营发展战略制定、实施风险管理与内部控制政策，定期评估并完善银行公司治理机制，维护其他利益相关者合法权益，并建立股东之间利益冲突的识别及管理机制，对银行年度资本管理、财务报告质量承担最终责任。还要负责聘任和解聘公司高级管理人员，决定公司高级管理人员的薪酬和考核与激励制度等重要决策。因此，董事会职能的有效发挥对银行发展至关重要。2010 年，巴塞尔委员会发布的《加强银行公司治理的原则》特别强调，要更加突出董事会在公司治理中的作用。2013 年，中国银监会颁布的《商业银行公司治理指

引》也对董事会的规范运作即董事履职要求做出了原则性的规定。

商业银行的实践经验以及大量的研究结果表明，董事会规模的大小及董事成员来源结构对于董事会治理职能的发挥具有重要影响。过大或过小的董事会规模都不利于董事会职能的发挥。大规模董事会的优势在于更多地聘请具有多元化知识背景、经验信息的外部董事，争取多方参与，采纳更多的意见，从而弥补内部董事知识结构和阅历不足，使得董事会议题得到充分讨论，提高决策的准确性，减少公司经营风险。但过大的董事会容易导致责任分散，多方意见的混杂使得董事会决策效率低下，无法面对快速变化的市场环境。此外，董事会职责的分散也会导致高管的权力更高，管理层制衡董事会的能力更强，使得董事会的监督职能可能无法发挥。小规模董事会的好处在于决策效率的提升，从而使银行战略规划及转型创新更具有灵活性，更容易捕捉新的发展机会。但小规模的董事会更易被大股东控制，限制董事会监管职能的自主性；同时，小规模董事会涵盖的专业董事相对较少，降低了管理者舞弊行为被发现的可能性。综合来看，规模较大、独立性较高、勤勉性较强、董事长与 CEO 两职分离的董事会治理水平较高。

我国《公司法》（2018 年修订）规定，股份有限公司董事会，规模为 5~19 人。鉴于银行业金融机构的特殊性，对其公司治理要求应该更高。因此，本书建议，银行业金融机构的董事会人数应维持在 12~25 人，无论银行规模大小，确保专业委员会董事以及独立董事人数都能达到 3 人以上，且董事长不同时在专业委员会任职。现阶段，我国上市银行的董事会规模分布仍然处于相对不均匀状态。例如，2014~2016 年，邮储银行、苏州银行董事会人数不到 10 人，而招商银行董事会规模超过了 30 人；2016 年，成都银行仅有 1 名独立董事。我国商业银行的董事会规模结构需要进一步改革优化，对董事会成员的合规要求还有待提高。

董事会成员要有序更新以保持董事会的活力，防止董事会成员长期与高管共事，形成利益共同体，损害股东权益。同时要保证董事会的独立性，由于我国银行业职业经理人市场并未建立完善，可能会出现控股股东与高管勾结从而做出损害小股东和社会公众的现象，因此为了提高董事会独立性，应该建立健全董事会下的专门委员会，在董事会下设置薪酬委员会、审计委员会、提名委员会，以及风险委员会，专门委员会分管专业事项，清晰界定个委员会的工作目标、职责和议事规则，充分发挥专门委员会的作用。

此外，由于银行业是知识更新速度较快的行业，尽管董事会成员在任职之初各项技能知识满足银行要求，但随后外部环境以及信息科技的进步带来的相关业务更新，导致新的知识体系出现，对董事会成员的要求也会发生变化。因此，为使董事会成员能够胜任其职务，可对董事会成员进行相关培训，使董事会成员对银行当前业务的理解加深，促进董事会成员之间的信息交流，提升其履职能力。尤其应重视培养董事会成员在财务、监管、风险识别等方面的能力，确保董事会成员的质量和结构优化，促进银行董事会治理职能的有效发挥。

8.2.1.6 完善独立董事制度，充分发挥独董的监督、咨询职能

独立董事往往具备专业的知识技能、长远发展的眼光以及社会声誉良好等特征，能有效发挥咨询职能，为企业提供战略指导。另外，由于我国资本市场股权集中度较高，独立董事的监督职能主要在于遏制大股东侵占小股东利益的情况，可以帮助公司减少和遏制欺诈行为发生。根据本书的研究结果，我国上市银行的独立董事制度并未达到预期目标，独立董事制度仍有待完善，具体可从以下四个方面进行。

一是独立董事人选的甄选。独立董事的意义在于其独立性，应建立完善的独立董事市场，通过公正、透明的公开市场竞争方式选任银行独立董事人选。要适当增加独立董事人数，加强独立董事的影响力和话语权，提高独立董事对财务报告信息质量监管的自主权。完善的独立董事市场的建立，一方面，有利于选拔更多具有专业知识、职业操守和社会声望的独立董事的人选，最大限度减少"关系"独立董事、"花瓶"独立董事的问题。另一方面，在公开市场上，独立董事为了维持自身的社会声望，也会认真履行职责，更有利于发挥独立董事的监督、咨询职能。还可通过成立行业协会的方式，制定执业标准，实行自律管理，提高独立董事的专业素养。协会不仅是向包括上市银行在内的所有商业银行推荐独立董事，还可以负责独立董事日常监督、信息交流、信誉记录和考核，以及向社会公众披露有关独立董事的考核信息，等等。同时可在"一行两会"的积极参与下，成立一个客观的资质鉴定机构，对商业银行独立董事的任职资格进行定期评估，以增强独立董事的信誉、资质。

二是对独立董事的激励。独立董事的激励问题往往被资本市场忽略，上市银行独立董事的货币薪酬过高，会导致独立董事与任职机构之间的利益关联过大，独立性可能会受损。但独立董事薪酬过低，独立董事又可能因为规

避任职风险和声誉损失而降低监督意愿，难以缓解委托代理问题，甚至反而增加代理成本。因此。应制定适宜水平的货币薪酬，从而对独立董事起到最强的激励作用。

三是对独立董事监督，应建立独立董事有效履职制度。对于独立董事不履行应尽的义务、滥用职权损害投资者和公司利益的，或者扰乱市场经济秩序的，应当承担相应的民事、行政责任，并由股东大会予以罢免。情节严重的，终身禁止担任独立董事。

四是对独立董事的合德要求。从西方国家的经验看，再"完善"的制度，都无法回避人性的自私问题，有的独立董事甚至出现非法行为。因此，除了完善制度以外，还应该对独立董事的道德做出要求。从社会角度看，社会需要不断弘扬和培育合德的履职理念。从企业角度看，企业应采用包容的方式，努力实现双方"共赢"。选择那些社会认同感强、更具有合德勇气的候选人。对于独立董事个人而言，作为一名独立董事，要认清自己的职责，以更加开放的胸襟对待合德动机，提升自己的职业素养。

8.2.2　加快完善高管薪酬制度，建立薪酬激励与风险约束的平衡机制

8.2.2.1　建立与风险挂钩的高管薪酬制度

根据课题组对国内部分商业银行高级管理人员的访谈资料，我国银行高管薪酬主要是基于短期业绩考核，而与风险关联不足，甚至毫无关联。巴塞尔银行监管委员会（BCBS）2011 年出台的《薪酬制度与风险、业绩挂钩的方法》认为，根据风险和绩效调整薪酬是减少银行过度风险承担动机的关键因素，在薪酬制定时充分考虑风险因素是必不可少的基本准则。

应当借鉴国外经验，同时结合中国银行业金融机构改革发展实践，尽快建立、健全与风险挂钩的商业银行高管薪酬制度。中国的金融体系是以银行业为主导，商业银行在我国社会经济发展过程中的地位举足轻重。银行机构相对于非银行机构所面临的风险重要程度更高、影响范围更大。随着金融自由化、科技化、智能化的提高，银行与非银行金融机构之间的相互依赖性更强，关系网络复杂，银行机构作为我国金融体系的核心，其危机的爆发势必会对整个金融市场造成巨大威胁。因此，建立与风险挂钩的薪酬制度，抑制银行高管人员的风险行为至关重要。建立健全与风险挂钩的薪酬制度，应该

从以下四个方面入手。

第一，绩效考核指标。高管薪酬分为固定薪酬和可变薪酬，在衡量高管可变薪酬时，可综合使用经济效率指标，如风险调整资本回报率、风险调整后的融资成本、经济利润等指标，同时还要将非财务指标纳入考核当中，如遵守内部控制、团队合作或其他旨在评估雇员非财务贡献的一些定性指标。为了保证可变薪酬激励的有效性，可变薪酬应当根据实际灵活调整，在特殊情况下甚至可以减少到0。

第二，风险调整原则。在制定薪酬计划时，应确保高管冒险的动机受到有效制约。由于薪酬往往是在一项活动的最终结果为人所共知之前发放，因此，银行高管薪酬要与项目的未来风险挂钩。为使薪酬与承担的风险相匹配，应当根据项目风险进行事前调整和事后调整。事前调整是通过考虑未来潜在的不利发展，调整应计和授予的风险报酬；事后调整是根据对风险和绩效结果观察，在延期期间或之后调整应计薪酬。

第三，薪酬发放方式。为降低高管的冒险倾向，至少40%的应付给相关高管人员的可变薪酬（包括奖金）采取延期3~5年的方式支付，以便使高级决策者的个人财务激励与他们所负责业务的长期成功与可持续性发展保持一致。若可获得的报酬数额特别高，或有关银行机构规模庞大，组织结构复杂，则为此目的的相关百分比门槛可进一步提高到60%。延期支付可等额分期发放，一年一发。同时，我国可借鉴国外经验，对高管薪酬实行追偿机制，设定适当的最后期限，在重大风险发生时，对有关高管实行追溯问责。若可变薪酬是以股份形式发放，则应再对其增加限制，例如采用最短持有期限，考核期内若有重大风险，可取消支付。

第四，培养审慎的风险管理文化。银行机构内部实现以风险管理为中心的企业文化，从而对银行内部的薪酬安排方面发挥主导作用。将风险与薪酬挂钩作为重要经营理念，从全体员工层面出发，营造良好的风险管理文化氛围，从而影响每一位员工的日常行为，使每一位员工都从根本上接受严格的风险管理理念，贯彻落实薪酬与风险挂钩的经营原则，只有这样才能更好地落实商业银行的风险薪酬制度。

绩效薪酬的风险调整旨在限制高管的过度冒险动机。为此，银行机构必须确保其薪酬方案与风险管理以及公司治理过程相一致，并相应地纳入适当的业绩障碍，以反映其风险管理与治理目标。业绩障碍的设计应达到机构限制高管人员采取超出机构风险偏好/承受力的冒险行为的目的。从长期看来，应建立科学的规范化风险防控机制，建议在董事会下设立风险管理委员会，首席风险官的薪酬奖励应足够高，以吸引合格和有经验的人才，但不应以任何方式与相关个人控制的业务领域的绩效挂钩。这些人员的薪酬应完全根据其特定职能相关目标的实现情况来决定，而独立于更广泛的业务绩效因素。

8.2.2.2　优化高管薪酬结构，加强长期薪酬激励安排

薪酬激励的重要准则应当是"激励与约束相结合、风险与业绩相结合"。本书认为，银行高管薪酬激励的关键不在于总薪酬的高低，更重要的是薪酬结构的合理性。从结构上看，应坚持短期货币薪酬与中长期激励措施相结合，适当增加银行机构高管薪酬结构中的长期激励部分，可采用股票期权和限制性股票授予的形式，形成多元化的薪酬激励机制。促使高管与股东目标相一致，减少代理冲突。

本书的研究表明，短期激励有助于降低企业风险承担，但长期薪酬以及整体的激励机制没有起到应有的作用，目前的长期激励机制是失效的。根据我们对公开披露数据的统计，薪酬形式单一、缺乏长期激励是我国商业银行高管薪酬制度存在的共性问题。国内已上市的商业银行中，中国建设银行在 2007 年最早实施过一期股权激励，随后只有招商银行自 2008 年起开始定期公布 H 股股权增值计划，其余银行虽然都积极响应，也进行过相关的股权改革和方案设计，但并没有真正实施过股权激励计划。大量的研究证明长期薪酬激励对公司治理有诸多好处，近年来，国内有关股权激励实施的法制环境也已基本成熟，国内商业银行可以考虑将股票期权、限制性股票、员工持股计划等长期薪酬制度落到实处。

长期薪酬激励的实施应当分为三个阶段。第一，激励对象遴选阶段。银行机构要制定公开、公正、规范且合理的激励对象遴选机制，确定候选人必须经过股东大会同意，并对外披露激励对象选择的合理性。第二，股权激励实施阶段。在实施股权激励的同时，要制定一套科学的考核标准，绩效与风险相结合的考核办法，在评判业绩表现时，除了采用标准的财务业绩衡量标准外，还应广泛采用非财务绩效措施，包括是否遵守有效的风险管理和适用的监管要求。此外，如果财务和非财务（特别是基于风险的）指标结果不同，则非财务部分的衡量应优先于财务部分，以便最终优先考虑基于风险的因素。第三，监管阶段。银行要采取有效措施，防止激励对象从事操纵市场、

内幕交易、虚假陈述、信息误导等违法违规行为，防止股权激励成为代理问题本身。

8.2.2.3　制定合理的薪酬差距水平

综合以往有关高管薪酬差距的研究结论，无论研究对象是否属于金融行业，高管薪酬差距的制定都会影响管理者的风险承担倾向，从而对企业的经营投资决策产生重要影响。本书的研究结论与部分有关欧美国家银行业的研究结论不同，这说明中国银行业的公司治理存在一定的特殊性。过高的薪酬差距会使得高管厌恶风险，追求"平静的生活"，导致高管为了维持现有财富而可能放弃净现值为正的投资项目，银行业务活动受到限制。在制定高管薪酬差距时，应综合考虑对银行业绩和风险承担的共同影响，既达到激励的目的，又不至于使高管厌恶风险。

另外，也要密切关注薪酬的内部公平，兼顾企业各层级高管和普通员工的感受。只有这样，薪酬差距所带来的锦标赛激励的正面作用，才有可能超过被剥削感、不公平感等造成的负面影响，从而有助于促进银行的稳健经营。

8.2.2.4　健全银行机构高管薪酬监管体制

银行机构在对高管实施薪酬激励的同时，要完善银行内部控制，保证内部监管落实到位，要强化相关人员的激励约束机制以规避风险，责任到人，对高管薪酬做到准确、公正和透明，这样才能使激励计划达到预期效果。为确保银行机构高管薪酬制度的有效性，应该进一步健全银行机构高管薪酬监管体制安排。对高管薪酬全面实施监管，监管对象不仅包括大银行高管，也包括可能威胁金融系统稳定的其他职员。评估高管薪酬制度的有效性，避免不合理的薪酬制度导致高管人员过度冒险。监管主体应该由各级政府监管部门、银行董事会、社会公众等多个主体构成，共同对银行高管薪酬制度进行监督。

银行业监管部门要加强对银行高管薪酬制度的顶层设计，明确各部门的监管职责和边界。可实行主监管人制度，对其高管薪酬监管可以由银行监管机构领头，同时协调好国家的审计、税务等相关部门，形成合理分工合作，协同监管，加强对银行机构高管薪酬制度的专项检查和日常监管力度。

考虑到我国银行业金融机构包括国有大型商业银行、股份制银行、城商行、农商行、村镇银行等不同类型，各类型商业银行在资金实力、产权性质、业务结构等方面存在差异。因此，针对各类银行的特征，银行业监督管理部门可实行分类监管。本书研究的异质性检验结果也证实，薪酬激励对我国不同类型商业银行的风险承担、系统性风险影响存在一定程度的差异。针对不同类型的银行，制定相适宜的监管标准，动态监管银行高管薪酬制度的实时情况与效果，对商业银行的风险管理、资本要求等考核指标的执行情况进行现场检查。监管部门至少每年一次对商业银行薪酬管理机制的健全性和有效性做出评估，也可采用定期和非定期抽查的形式对高管薪酬安排进行监督。

强化股东和董事会对薪酬制度设计和运行的监控职责，努力减少不恰当的薪酬机制带来的不合理的风险承担行为。授予银行股东对高管薪酬制度无强制性约束力投票的权力。银行董事会下设薪酬委员会，薪酬委员会有权聘请薪酬顾问并有独立董事成员，提高薪酬决策的专业性和独立性。董事会具体负责对薪酬委员会制定的薪酬制度进行全方位的考察和后期跟踪，同时考核高管是否达到预期目标，检查高管在决策中是否存在舞弊。充分发挥董事会监督职责，全面完善薪酬激励与公司治理机制，形成自律约束，减少高管违规行为。

社会公众可依靠银行公开的经营信息（财务信息与非财务信息）和高管薪酬信息，对商业银行进行外部监督，适当发挥社会媒体对高管薪酬的监督力量，对薪酬制度起到一定的约束作用。银行监督管理部门、董事会以及社会公众等各方互为补充，共同形成"三位一体"的银行高管薪酬的监督约束体系。

8.2.2.5　完善银行机构高管薪酬信息披露制度

信息不对称是道德风险产生的主要原因，而信息公开系统可以有效减少信息不对称给投资者、债权人及其他利益相关者带来的损失。在本书的数据收集过程中发现，我国上市银行高层管理者薪酬信息披露仍然不够完善。虽然年报列出了股东信息、关联企业、董事以及高管的持股情况、薪酬总额、货币薪酬以及高管任职期和个人履历等信息，但关于薪酬构成并未作出具体说明，股票、期权等薪酬披露存在缺失，高管在职消费以及在关联企业取得的薪酬也未披露。

商业银行应贯彻落实《商业银行信息披露办法》《商业银行资本充足率信息披露指引》《商业银行公司治理指引》等有关要求，进一步提高信息披露质量，扩大信息披露范围，完善信息披露制度，建立健全高管薪酬信息定期披露制度，提高信息的透明度，明确定期报告与披露的基本数据、指标、范围及时间频率等，有效发挥新闻媒体和社会公众的监督作用。监管部门应尽快制定银行高管薪酬强制披露政策，细化薪酬信息披露内容，明确薪酬结构信息披露范畴。不仅要披露薪酬总额，还要披露高管的固定薪酬、绩效奖金、股权薪酬、在关联企业取得的薪酬、福利津贴、非货币薪酬、延期支付的薪酬金额与期限等结构信息。完善信息披露方式和形式，确保信息的公开性、及时性、准确性。借助现代技术，可采用银行官网、公众号、证券交易所等多渠道披露方式。同时对信息披露过程和质量进行监控、评价，对于披露质量不佳，故意不披露或者少披露的银行，进行处罚，以达到强制披露、充分披露的效果。

8.2.3 强化宏观审慎监管，有效防范系统性金融风险

8.2.3.1 银行高管薪酬制度纳入宏观审慎监管框架

2008 年金融危机爆发以来，全球监管机构认识到，只靠单家机构的微观审慎监管无法满足宏观稳定，因此，纷纷建立包括系统重要性银行监管、逆周期资本缓冲、杠杆率、流动性覆盖率、外汇风险敞口限制等工具在内的宏观审慎监管框架。但具体内容仍在不断完善当中，并随着银行业金融机构的发展而不断更新。学术界普遍认为，2008 年的金融危机是由于银行高管薪酬制度不合理而导致的，各银行高管薪酬激励制度具有很强的相关性，这些薪酬契约会使得高管偏向于选择投资相关联的项目从而形成系统性风险。本书的研究也发现，高管货币薪酬与系统性风险显著正相关，高管薪酬激励不当会导致系统性风险增大，因此对高管薪酬的宏观审慎监管尤为重要。我国应尽早将薪酬制度纳入宏观审慎监管框架，避免高管为追求个人薪酬回报而带来经济泡沫，造成系统性金融风险。

8.2.3.2 建立银行机构高管薪酬逆周期调控机制

逆周期调控要求银行机构在风险积累时建立缓冲，在面临冲击时释放缓冲，增强金融体系的损失吸收能力，从而减缓周期性波动对金融稳定的影响。由于现代企业的所有权与经营权相分离，双方的信息不对称，可能导致股东对管理者的激励机制产生偏离。在薪酬制定时，单看业绩指标，在经济上行

时期，经济市场良好，业绩指标自然上升，业绩的增加不一定是高管努力的结果；在经济下行时期，业绩下降，也不一定是高管不努力造成的。高管薪酬往往随着经济周期波动，造成薪酬机制产生顺周期现象。实行逆周期监管可以从时间维度上降低顺周期带来的经济泡沫，防止风险被低估。

高管薪酬的逆周期调节机制要求对商业银行高管进行持续、动态地考虑风险后跨周期业绩考核，平滑经济周期对高管表现的影响，更客观准确地衡量高管努力程度。将奖金规模和银行的长期表现挂钩，根据各类风险对银行高管薪酬进行动态调整。在薪酬制度具体安排上，引入风险抵扣、风险延期和风险支付机制，将风险与薪酬有效挂钩，避免高管薪酬过度激励引致期限错配，从微观层面形成系统性风险有效防范机制。

8.2.3.3　完善监管机构的系统性风险监测预警及评估体系

随着金融活动国际化、金融业务线上化、金融产品虚拟化、客户交易远程化、资金流转实时化的快速发展，金融业务跨界融合嵌套，金融交易链条不断延伸，金融行为主体间的连接模式日益复杂，与外部机构之间的信息交互也日益增多。使得信用风险、流动性风险、操作风险、技术风险、管理风险等多重风险交叉融合，金融风险的复杂性、交叉性、传染性、隐蔽性和突发性更为突出，一旦风险导火索被触发，便极有可能演变为真正的系统性风险。面对复杂的国内、国际经济金融形势，银行机构的内控机制与风险防范意识有待加强，监管机构对复杂金融业务的监管有待完善，对跨国界、跨市场、跨行业系统性风险的监测预警与评估体系尚待健全。

风险监测预警体系是宏观审慎管理制度框架的重要组成部分，应在总结发达国家金融风险监测经验的基础上，加快完善金融稳定评估和系统性风险早期预警机制，建立各层次应急预案，提高金融风险应对能力。准确识别和预警系统性风险，有利于提高宏观审慎管理当局工具和政策运用的前瞻性和有效性。目前，我国已经借鉴国际货币基金组织（IMF）的金融稳健指标（FSIs）、欧洲中央银行的金融风险指示集（risk dash-board）以及美国金融稳定监测器（FSM）指标框架等先进风险监测指标体系，并摸索建立了用于银行业金融机构的宏观审慎评估制度（macroprudential assessment，MPA）。在监管指标选取上也与国际相似，考虑了资本风险、流动性风险、资产风险、信贷风险等16个基础指标。但我国银行机构的发展存在一定的特殊性，政府是金融资产的主要持有者，政府决策常常会给银行机构带来巨大影响，因此，在风险评估时，应将政府所面临的债务风险、财政风险、信誉风险等纳入其中。

有效的监测预警依赖于及时、真实、完整的金融数据信息。应加快建立标准统一、覆盖全面的银行业信息共享综合统计体系。在全面提升金融统计水平的基础上，借鉴国际经验，完善系统性风险监测评估框架建设。开发适合中国国情，全面反映金融体系内、外部联系，以及经济金融跨国关联性的监测指标体系，建立具有前瞻性的风险预警系统。加快构建覆盖各类业务条线、各部门及分支机构、各风险种类的全面风险管理体系，加强重点领域风险防控，守住不发生系统性风险底线。结合我国实际国情，构建高效充分的信息采集系统和科学完备的分析框架，包括建立全面覆盖各类银行机构、业务和市场的综合统计体系、开展宏观压力测试、进行商业银行稳健性评估等，提高监测的前瞻性、系统性和科学性，确保银行机构稳健经营，维护银行体系安全。

8.2.3.4 深入探索系统性风险的来源、传导机制

当前，中国经济发展面临的国内条件和国际环境都在发生复杂而深刻的变化。金融风险易发高发，经济增长面临的困难增多，长期积累的风险隐患开始暴露。从国际环境看，世界经济形势错综复杂，贸易摩擦带来的不确定性加大，严重干扰全球产业链和供应链，可能造成外需减弱，投资者悲观情绪上升，加剧金融市场波动。从国内看，房地产、汽车等传统支柱产业进入调整期，而大部分新业态和新动能在量级上仍弱于传统支柱行业，消费增长相对乏力，经济仍面临下行压力，一些深层次矛盾逐渐暴露。

认识和了解是防范的前提，要有效避免系统性风险的爆发，应该对其来源与传导机制做深入探索。通过本书的文献梳理可知，学术界关于系统性风险的概念内涵尚未统一，对于系统性风险的来源、传导机制以及防范措施等研究有待深入。近年来，由于金融自由化、线上化、智能化的快速发展，导致金融机构之间的关系网络更加紧密复杂，机构间的溢出效应与传染作用不断增强，因此关注系统性风险的成因和传导机制十分重要。特别是大数据、人工智能、云计算等金融科技的广泛应用，加剧了跨行业、跨市场、跨区域的风险传递，使得金融机构、科技企业和金融市场基础设施间的联系更加紧密，三者之间任何一环出现问题，都可能被迅速放大并形成系统性风险。此外，金融机构在通过人工智能和自动化等技术降低成本的同时，底层算法和

操作的趋同可能导致金融资产大幅波动，造成风险叠加共振，加剧金融体系的顺周期性。

监管当局应当紧跟金融创新的发展实践，深刻认识系统性风险的新特点、新内涵，准确识别系统性风险的潜在来源机制，深入探索系统性风险传导渠道的框架结构，及时制定科学有效的应对措施，维护我国金融体系的安全稳定。

8.2.3.5　提高系统性金融风险防范的技术水平

随着金融市场的快速发展和科技的进步，金融机构的业务模式、范围领域不断延伸扩展，在带来新的金融服务和产品的同时，也带来新的风险。传统的 VAR 方法已不再适用于现代金融企业的系统性风险的度量。现阶段系统性风险的度量指标主要有 VAR 的延伸指标 COVAR，静态 MES、动态 MES、SRISK 指数等测算方法。由于我国经济发展与西方国家相比相对滞后，因此，我国的金融系统并未建立完善的模型合成指数，数据缺失严重，成为系统性风险监测、度量的重大阻碍。要加快违约强度模型（default intensity model）、危机依存度矩阵模型（distress dependence matrix）、CORISK 模型、网络模型（network approach）等用于评估金融机构关联性的新型定量模型的研究开发，确保金融风险监测技术手段跟上经济发展与金融创新的步伐，提高系统性风险测度评估的技术水平。

另外，银行业金融机构要充分利用信息技术的发展，加快建设云计算、大数据处理能力，强化数据中心建设，推动数据互联互通，提高数据获取的便捷性和易用性，建设数据应用工具平台，降低数据应用门槛。积极推进金融统计标准化建设，统一金融产品、金融工具和金融机构的分类标准与计量方法，提高系统性金融风险监测预警的量化分析能力。强化信息安全并避免重复统计，搭建跨部门工作交流与信息共享平台，提高信息共享水平和统计信息透明度，持续加强对系统性风险的预警提示。综合运用模型分析、压力测试等分析工具，考查银行机构对各类风险的承受能力以及系统性风险在金融机构间的传播方式，丰富风险处置工具箱，明确风险处置的触发条件，制定退出风险处置预案，及时报告发现、妥善化解各类风险隐患。

8.2.3.6　全面加强对系统重要性银行的监管

近年来，我国金融体系不断发展，从全球来看，工商银行、农业银行、中国银行、建设银行等国有大型商业银行已被认定为全球系统重要性金融机构（SIFIs）。大型商业银行是我国金融体系的核心，其经营状况和风险水平直接关系到金融体系的整体稳健性。2018 年 11 月，"一行两会"联合印发《关于完善系统重要性金融机构监管的指导意见》，2019 年 11 月，中国人民银行、银保监会就《系统重要性银行评估办法》公开征求意见，标志着我国系统重要性金融机构监管框架的初步建立。系统重要性银行的差异化监管机制有助于弥补金融监管短板，引导大型银行机构稳健经营，促进机构间的良性竞争，促使整个金融体系向更加理性的方向发展，降低系统性风险发生的可能性。本书研究表明，国有大型商业银行的系统性风险溢出效应与贡献值相对较大，而股份制银行和城市商业银行的系统性风险贡献值较低。系统重要性银行在金融体系中提供难以替代的关键服务，同时规模大、业务结构与复杂度高、交易对手多、与其他机构关联性强。系统重要性银行一旦陷入困境，会加剧市场恐慌，造成金融体系的整体不稳定。因此，应对系统重要性银行采取更高的审慎性标准，在对其进行风险处置时也应更为坚决。对于中国银行业，应着重完善大型商业银行监管机制，加快对系统重要性银行的差异化监管细则落地实施。

全面加强对系统重要性银行的监管可从以下方面入手：第一，研究我国系统重要性金融机构评估办法。按照提高 SIFIs 抗风险能力、降低风险外溢和传染效应、维护金融体系整体稳定的原则，将定性判断与定量指标相结合，既考虑规模、复杂性、关联性、可替代性等指标，也要考虑进行风险处置可能造成的影响程度等因素。综合评估商业银行的系统重要性及其变化情况，确定国内系统重要性银行的范围。第二，制定附加监管要求。对系统重要性银行附加资本提出要求，除此以外，还可以从银行杠杆率、资产质量角度提出监管要求，建立特殊处置机制。根据系统重要性程度的不同，实施不同的额外资本要求，妥善解决"大而不能倒"问题。第三，完善公司治理。要高效执行监管机制，银行内部有效的公司治理机制是基础。系统重要性银行应进一步明确"三会一层"相关职责，确立更高的治理标准，提高独立非执行董事资质要求。建立高效运作的风险管理委员会，确保风险管理职能的有效运行，强化股东和债权人的风险承担责任。第四，加强持续监测。遵守更高的信息披露标准，既防止银行机构规模过大，又防止其过度承担风险。定期对 SIFIs 重点业务和整体情况开展风险评估与压力测试，并根据评估结果，酌情实行额外的监管要求和措施。第五，完善宏观审慎政策工具箱。随着我国商业银行的转型创新发展以及规模快速增长，银行机构业务模式日益复杂，金融体系内部关联性和脆弱性不断上升，有必要在梳理危机后国际金融监管改革主要成果的基础上，进一步健全我国审慎监管工具，包括强化宏观审慎管理和微观审慎监管两方面制度安排，运用附加资本要求、逆周期资本缓冲、动态差别准备金等工具，强化对系统重要性银行政策要求，研究建立相应的风险清算和处置机制，及时防范化解系统性风险，有效维护金融体系稳健运行。

附录1 33家银行静态MES计算结果（5%）

33家银行静态MES计算结果（5%）

银行证券简称	类型	2007年	2008年	2009年	2010年	2011年	2012年	2013年	2014年	2015年	2016年	2017年	2018年	2019年
平安银行	2	4.235	8.137	4.097	4.296	2.722	0.780	5.215	3.395	6.918	2.889	2.377	4.480	3.373
宁波银行	3	3.600	7.270	4.906	4.964	3.251	1.089	4.238	3.222	6.993	4.203	1.491	3.407	2.675
江阴银行	4	—	—	—	—	—	—	—	—	—	0.035	1.623	2.758	2.257
张家港行	4	—	—	—	—	—	—	—	—	—	—	1.325	3.150	2.322
郑州银行	3	—	—	—	—	—	—	—	—	—	—	—	5.790	2.418
青岛银行	3	—	—	—	—	—	—	—	—	—	—	—	—	1.807
青农商行	4	—	—	—	—	—	—	—	—	—	—	—	—	2.355
苏州银行	3	—	—	—	—	—	—	—	—	—	—	—	—	1.700
浦发银行	2	4.834	8.278	5.275	3.998	3.054	1.333	5.013	3.340	5.584	2.059	1.110	2.445	2.371
华夏银行	2	7.447	8.371	4.981	3.516	3.415	1.497	4.483	3.375	6.567	3.792	1.292	2.571	1.863
民生银行	2	6.983	7.818	4.319	3.293	2.640	1.282	5.401	2.821	5.769	2.777	1.489	2.496	1.605
招商银行	2	5.480	8.102	5.050	3.677	2.699	1.410	3.888	2.677	5.461	2.820	2.008	3.874	2.728

续表

银行证券简称	类型	2007年	2008年	2009年	2010年	2011年	2012年	2013年	2014年	2015年	2016年	2017年	2018年	2019年
无锡银行	4	—	—	—	—	—	—	—	—	—	0.207	1.260	2.574	2.597
江苏银行	3	—	—	—	—	—	—	—	—	—	1.043	1.024	1.899	1.712
杭州银行	3	—	—	—	—	—	—	—	—	—	0.742	1.131	2.261	2.331
西安银行	3	—	—	—	—	—	—	—	—	—	—	—	—	1.459
南京银行	3	4.031	7.341	4.414	4.756	3.188	1.221	3.737	3.351	6.380	3.563	1.382	3.242	2.664
常熟银行	4	—	—	—	—	—	—	—	—	—	0.030	1.604	2.198	3.016
兴业银行	2	5.405	8.286	5.369	4.720	3.119	0.990	5.011	3.425	6.635	2.469	1.159	2.654	2.920
北京银行	2	1.605	7.391	4.414	4.270	2.967	1.079	4.241	3.020	6.142	2.198	1.176	2.081	1.755
上海银行	2	—	—	—	—	—	—	—	—	—	0.174	1.524	2.320	1.827
农业银行	1	—	—	—	1.901	1.680	0.734	2.468	2.663	6.008	2.065	0.947	3.113	1.542
交通银行	1	5.547	7.937	4.250	3.677	2.212	0.849	3.491	3.127	8.069	3.413	0.997	2.202	1.994
工商银行	1	5.177	5.852	3.001	3.198	1.968	1.063	1.587	2.432	5.425	2.151	1.099	3.448	1.684
长沙银行	3	—	—	—	—	—	—	—	—	—	—	—	6.479	2.852
光大银行	2	—	—	—	1.479	2.689	0.652	3.496	2.866	7.227	3.213	1.110	2.724	2.146
成都银行	3	—	—	—	—	—	—	—	—	—	—	—	3.528	2.683
紫金银行	4	—	—	—	—	—	—	—	—	—	—	—	—	1.368
建设银行	1	3.972	6.698	3.912	2.398	2.050	0.860	2.407	2.813	6.757	2.592	1.168	3.823	2.245

银行证券简称	类型	2007年	2008年	2009年	2010年	2011年	2012年	2013年	2014年	2015年	2016年	2017年	2018年	2019年
中国银行	1	5.037	5.094	3.748	2.437	1.414	0.574	1.806	2.585	5.705	2.953	1.040	2.686	1.524
贵阳银行	3	—	—	—	—	—	—	—	—	—	0.355	1.527	2.942	2.866
中信银行	2	6.380	7.586	3.561	4.269	2.518	1.218	4.227	2.914	6.540	3.062	1.587	3.007	2.239
苏农银行	4	—	—	—	—	—	—	—	—	—	0.152	1.415	3.163	2.606

注：表中第 2 列银行类型 1、2、3、4 分别代表国有大型商业银行、股份制银行、城市商业银行和农村商业银行。由于篇幅所限，这里仅报告了 2007～2019 年的计算结果，下表同。

资料来源：笔者整理。

附录 2   33 家银行静态 MES 计算结果（2%）

附表 2   33 家银行静态 MES 计算结果（2%）

银行证券简称	类型	2007年	2008年	2009年	2010年	2011年	2012年	2013年	2014年	2015年	2016年	2017年	2018年	2019年
平安银行	2	3.491	8.939	4.268	5.243	3.150	1.472	6.994	5.353	9.007	4.682	3.665	5.215	4.036
宁波银行	3	—	7.258	5.604	5.683	3.923	2.643	6.171	5.008	7.773	6.414	1.706	2.988	3.352
江阴银行	4	—	—	—	—	—	—	—	—	—	3.714	4.286	3.686
张家港行	4	—	—	—	—	—	—	—	—	—	3.676	5.058	3.465
郑州银行	3	—	—	—	—	—	—	—	—	—	—	8.404	3.643
青岛银行	3	—	—	—	—	—	—	—	—	—	—	—	2.186
青农商行	4	—	—	—	—	—	—	—	—	—	—	—	—
苏州银行	3	—	—	—	—	—	—	—	—	—	—	—	—
浦发银行	2	5.434	9.393	5.823	4.224	3.429	2.350	6.757	4.645	7.794	2.104	1.475	3.168	2.671
华夏银行	2	8.910	9.482	6.469	2.796	4.317	2.634	5.866	5.113	8.265	5.469	1.722	3.691	2.716
民生银行	2	8.240	9.058	5.523	3.725	2.966	2.331	7.245	3.821	7.706	4.054	1.516	3.589	2.299
招商银行	2	6.334	9.975	6.164	3.877	3.060	2.522	5.075	3.631	7.719	4.002	2.289	3.404	3.006

银行证券简称	类型	2007年	2008年	2009年	2010年	2011年	2012年	2013年	2014年	2015年	2016年	2017年	2018年	2019年
无锡银行	4	—	—	—	—	—	—	—	—	—	—	2.882	4.086	4.127
江苏银行	3	—	—	—	—	—	—	—	—	—	—	1.329	3.526	2.262
杭州银行	3	—	—	—	—	—	—	—	—	—	—	1.774	3.330	2.996
西安银行	3	—	—	—	—	—	—	—	—	—	—	—	—	—
南京银行	3	—	6.580	5.201	6.939	3.637	2.425	4.964	5.363	8.747	5.971	1.362	3.540	3.518
常熟银行	4	—	—	—	—	—	—	—	—	—	—	2.281	4.081	3.966
兴业银行	2	3.733	9.715	6.271	4.917	3.703	2.002	7.698	4.838	8.542	3.447	1.152	3.664	3.490
北京银行	2	—	7.989	4.941	4.788	3.217	2.324	5.625	4.940	8.677	3.289	1.153	2.705	2.354
上海银行	2	—	—	—	—	—	—	—	—	—	—	2.041	3.103	2.151
农业银行	1	—	—	—	1.047	1.716	1.369	3.409	4.457	7.568	2.935	0.693	3.166	1.960
交通银行	1	8.839	8.835	5.205	4.491	2.343	2.009	4.130	4.791	9.730	4.734	0.649	3.136	2.712
工商银行	1	6.666	7.624	3.476	4.946	2.087	1.934	2.279	4.331	7.695	2.457	1.048	3.451	1.966
长沙银行	3	—	—	—	—	—	—	—	—	—	—	—	9.421	3.935
光大银行	2	—	—	—	3.424	3.196	1.380	4.534	4.087	8.193	4.551	0.997	3.509	2.544
成都银行	3	—	—	—	—	—	—	—	—	—	—	—	6.531	3.914
紫金银行	4	—	—	—	—	—	—	—	—	—	—	—	—	2.872
建设银行	1	—	7.925	4.803	2.012	2.325	1.591	2.628	4.634	8.987	3.487	1.069	3.711	3.051

续表

银行证券简称	类型	2007年	2008年	2009年	2010年	2011年	2012年	2013年	2014年	2015年	2016年	2017年	2018年	2019年
中国银行	1	6.199	6.230	4.612	2.623	1.489	0.952	2.588	4.112	5.790	3.905	0.947	3.198	2.309
贵阳银行	3	—	—	—	—	—	—	—	—	—	1.777	4.055	3.582
中信银行	2	7.900	8.734	5.206	4.535	3.209	1.950	5.592	3.566	6.523	4.287	1.991	3.290	2.879
苏农银行	4	—	—	—	—	—	—	—	—	—	3.062	4.700	4.154

资料来源：笔者整理。

附录 3 33 家银行静态 MES 计算结果（10%）

附表 3   33 家银行静态 MES 计算结果 （10%）

银行证券简称	类型	2007年	2008年	2009年	2010年	2011年	2012年	2013年	2014年	2015年	2016年	2017年	2018年	2019年
平安银行	2	3.381	7.156	3.463	2.881	2.577	1.595	4.115	2.488	5.061	2.103	1.694	3.478	2.761
宁波银行	3	3.611	5.450	3.821	3.854	2.867	1.915	3.401	2.379	5.294	3.066	1.223	2.824	1.990
江阴银行	4	—	—	—	—	—	—	—	—	—	1.212	2.154	1.679
张家港行	4	—	—	—	—	—	—	—	—	—	0.090	2.210	2.007
郑州银行	3	—	—	—	—	—	—	—	—	—	4.391	1.598
青岛银行	3	—	—	—	—	—	—	—	—	—	—	1.793
青农商行	4	—	—	—	—	—	—	—	—	—	—	2.765
苏州银行	3	—	—	—	—	—	—	—	—	—	—	2.630
浦发银行	2	4.660	7.916	3.898	3.150	2.604	1.665	4.082	2.431	4.251	1.703	1.048	2.049	1.929
华夏银行	2	5.160	7.379	4.247	2.813	2.975	2.114	3.438	2.417	5.039	2.598	1.129	2.074	1.488
民生银行	2	5.293	5.803	3.644	2.711	2.182	1.780	3.929	2.129	4.516	1.814	0.966	2.025	1.390
招商银行	2	4.616	7.466	4.027	3.089	2.409	1.787	2.966	2.081	4.202	2.142	1.742	3.361	2.273

续表

银行证券简称	类型	2007年	2008年	2009年	2010年	2011年	2012年	2013年	2014年	2015年	2016年	2017年	2018年	2019年
无锡银行	4	—	—	—	—	—	—	—	—	—	0.683	1.111	2.285	1.816
江苏银行	3	—	—	—	—	—	—	—	—	—	1.717	0.749	1.722	1.274
杭州银行	3	—	—	—	—	—	—	—	—	—	0.847	0.813	1.924	1.684
西安银行	3	—	—	—	—	—	—	—	—	—	—	—	—	1.109
南京银行	3	3.180	5.749	3.621	3.651	2.529	1.950	2.971	2.325	5.380	2.601	1.239	2.349	2.034
常熟银行	4	—	—	—	—	—	—	—	—	—	0.681	1.260	1.994	1.863
兴业银行	2	4.509	7.091	4.219	3.793	2.885	1.746	3.953	2.383	4.996	1.875	1.237	2.129	2.263
北京银行	2	2.371	5.862	3.310	3.475	2.473	1.530	3.152	2.146	4.765	1.863	0.959	1.774	1.484
上海银行	2	—	—	—	—	—	—	—	—	—	0.696	1.056	1.905	1.623
农业银行	1	—	—	—	1.741	1.437	0.827	1.859	1.945	4.383	1.431	0.857	2.496	1.296
交通银行	1	4.426	6.205	3.554	3.219	1.957	1.273	2.582	2.099	5.634	2.230	0.762	1.843	1.620
工商银行	1	3.887	4.584	2.516	2.361	1.608	1.166	1.010	1.742	4.202	1.407	1.014	2.737	1.377
长沙银行	3	—	—	—	—	—	—	—	—	—	—	—	4.822	1.947
光大银行	2	—	—	—	3.528	2.282	1.269	2.725	2.185	5.596	2.290	1.102	2.346	1.825
成都银行	3	—	—	—	—	—	—	—	—	—	—	—	2.540	1.994
紫金银行	4	—	—	—	—	—	—	—	—	—	—	—	—	1.696
建设银行	1	2.505	5.025	3.022	2.105	1.593	0.980	1.691	1.921	5.150	1.781	1.081	3.002	1.745

续表

银行证券简称	类型	2007年	2008年	2009年	2010年	2011年	2012年	2013年	2014年	2015年	2016年	2017年	2018年	2019年
中国银行	1	3.629	3.701	2.818	2.189	1.294	0.792	1.346	1.789	4.594	2.067	1.026	2.029	1.330
贵阳银行	3	—	—	—	—	—	—	—	—	—	2.908	1.094	2.306	2.146
中信银行	2	3.624	5.614	3.356	3.444	2.191	1.712	3.207	2.447	5.230	2.449	1.229	2.455	1.773
苏农银行	4	—	—	—	—	—	—	—	—	—	0.587	1.069	2.330	2.032

资料来源：笔者整理。

附录4 33 家银行短期动态 MES 计算结果 （2%）

附表4   33 家银行短期动态 MES 计算结果 （2%）

银行证券简称	类型	2007年	2008年	2009年	2010年	2011年	2012年	2013年	2014年	2015年	2016年	2017年	2018年	2019年
平安银行	2	5.379	6.574	5.642	5.350	5.320	5.204	5.850	5.465	5.827	5.379	4.983	5.447	5.397
浦发银行	2	5.596	6.918	5.603	5.242	4.952	4.812	5.477	4.997	5.402	4.283	4.252	4.490	4.669
民生银行	2	5.447	6.040	5.151	4.745	4.529	4.364	5.145	4.750	5.004	3.984	3.977	4.457	4.410
招商银行	2	5.062	6.309	5.558	5.208	4.873	4.664	5.147	4.902	5.045	3.317	1.285	4.264	4.740
华夏银行	2	6.095	6.983	5.842	5.369	5.210	5.047	5.598	5.185	5.775	5.062	4.517	5.008	5.096
中国银行	1	4.660	5.059	4.413	3.801	3.573	3.207	3.668	3.805	4.960	3.702	2.860	3.637	3.511
工商银行	1	4.725	5.273	4.335	3.938	3.433	3.309	3.523	3.730	4.490	3.458	2.576	3.806	3.527
兴业银行	2	5.136	6.474	5.561	5.278	4.680	4.559	5.421	4.923	5.416	4.074	2.792	3.591	4.572
中信银行	2	5.653	6.710	5.768	5.654	4.971	5.014	5.685	5.321	5.965	5.128	4.473	4.792	5.088
交通银行	1	5.772	6.856	5.730	4.924	4.386	4.118	4.822	4.799	6.056	4.302	3.426	4.120	4.127
宁波银行	3	6.073	6.876	6.183	6.090	5.912	5.777	6.106	5.830	6.426	5.862	5.280	5.646	5.768
南京银行	3	5.106	6.588	5.910	5.742	5.242	5.170	5.731	5.549	5.742	5.250	3.901	4.544	5.033

续表

银行证券简称	类型	2007年	2008年	2009年	2010年	2011年	2012年	2013年	2014年	2015年	2016年	2017年	2018年	2019年
北京银行	3	3.505	7.505	6.163	5.979	5.472	5.191	5.759	5.403	6.251	4.860	4.548	5.091	5.100
建设银行	1	4.571	5.631	4.650	4.153	3.752	3.553	3.907	4.072	5.090	3.928	2.957	4.188	3.819
农业银行	1	—	—	—	2.230	2.180	1.903	2.308	2.367	2.998	2.125	1.553	2.288	2.111
光大银行	2	—	—	—	3.944	3.263	3.073	3.578	3.651	4.558	3.248	2.743	3.161	3.239
江苏银行	3	—	—	—	—	—	—	—	—	—	2.560	1.694	1.897	1.870
贵阳银行	3	—	—	—	—	—	—	—	—	—	2.506	2.189	2.278	2.445
江阴银行	4	—	—	—	—	—	—	—	—	—	4.145	3.503	3.614	3.740
无锡银行	4	—	—	—	—	—	—	—	—	—	3.818	3.051	3.584	3.597
常熟银行	4	—	—	—	—	—	—	—	—	—	2.490	3.034	3.370	3.403
杭州银行	3	—	—	—	—	—	—	—	—	—	2.795	2.141	2.252	2.334
上海银行	3	—	—	—	—	—	—	—	—	—	2.178	1.963	2.086	2.030
苏农银行	4	—	—	—	—	—	—	—	—	—	4.806	2.619	3.322	3.700
张家港行	4	—	—	—	—	—	—	—	—	—	—	2.652	4.091	4.085
成都银行	3	—	—	—	—	—	—	—	—	—	—	—	3.161	3.080
郑州银行	3	—	—	—	—	—	—	—	—	—	—	—	4.914	3.803
长沙银行	3	—	—	—	—	—	—	—	—	—	—	—	4.620	3.635
紫金银行	4	—	—	—	—	—	—	—	—	—	—	—	—	4.114

银行证券简称	类型	2007年	2008年	2009年	2010年	2011年	2012年	2013年	2014年	2015年	2016年	2017年	2018年	2019年
青岛银行	3	—	—	—	—	—	—	—	—	—	—	—	—	3.308
西安银行	3	—	—	—	—	—	—	—	—	—	—	—	—	4.596
青农商行	4	—	—	—	—	—	—	—	—	—	—	—	—	3.658
苏州银行	3	—	—	—	—	—	—	—	—	—	—	—	—	0.719

资料来源：笔者整理。

附录5 33家银行短期动态 MES 计算结果（5%）

附表5　　33家银行短期动态 MES 计算结果（5%）

银行证券简称	类型	2007年	2008年	2009年	2010年	2011年	2012年	2013年	2014年	2015年	2016年	2017年	2018年	2019年
平安银行	2	3.260	4.115	3.481	3.305	3.296	3.217	3.640	3.391	3.632	3.360	3.041	3.371	3.343
浦发银行	2	3.274	4.196	3.376	3.189	2.981	2.888	3.341	2.999	3.235	2.448	2.433	2.616	2.761
民生银行	2	3.354	3.780	3.197	2.962	2.799	2.681	3.204	2.934	3.082	2.408	2.414	2.760	2.739
招商银行	2	2.976	3.929	3.495	3.278	3.001	2.852	3.181	3.038	3.036	1.849	0.527	2.476	2.881
华夏银行	2	3.581	4.142	3.467	3.171	3.075	2.979	3.334	3.059	3.418	2.995	2.641	2.961	3.028
中国银行	1	2.790	3.162	2.727	2.326	2.181	1.892	2.242	2.278	3.011	2.272	1.612	2.190	2.133
工商银行	1	2.962	3.373	2.763	2.497	2.135	2.056	2.206	2.338	2.826	2.166	1.516	2.377	2.212
兴业银行	2	3.025	3.865	3.327	3.156	2.780	2.710	3.251	2.938	3.230	2.402	1.594	2.095	2.716
中信银行	2	5.336	6.301	5.433	5.321	4.691	4.726	5.346	5.031	5.628	4.834	4.234	4.529	4.793
交通银行	1	3.648	4.392	3.647	3.141	2.791	2.587	3.085	3.035	3.846	2.722	2.090	2.585	2.601
宁波银行	3	3.985	4.522	4.062	4.001	3.885	3.794	4.013	3.829	4.221	3.851	3.462	3.706	3.788
南京银行	3	3.246	4.295	3.828	3.727	3.380	3.329	3.746	3.604	3.679	3.388	2.439	2.886	3.235

续表

银行证券简称	类型	2007年	2008年	2009年	2010年	2011年	2012年	2013年	2014年	2015年	2016年	2017年	2018年	2019年
北京银行	3	1.414	3.341	2.717	2.649	2.424	2.280	2.555	2.366	2.743	2.107	1.957	2.236	2.250
建设银行	1	2.818	3.606	2.938	2.636	2.337	2.191	2.438	2.536	3.213	2.481	1.736	2.602	2.384
农业银行	1	—	—	—	1.547	1.509	1.332	1.595	1.640	2.062	1.468	1.115	1.592	1.459
光大银行	2	—	—	—	2.508	2.118	1.980	2.331	2.355	2.946	2.106	1.733	2.024	2.077
江苏银行	3	—	—	—	—	—	—	—	—	—	1.981	1.317	1.451	1.432
贵阳银行	3	—	—	—	—	—	—	—	—	—	1.973	1.713	1.765	1.882
江阴银行	4	—	—	—	—	—	—	—	—	—	2.288	1.840	2.210	2.504
无锡银行	4	—	—	—	—	—	—	—	—	—	1.612	1.258	2.121	2.309
常熟银行	4	—	—	—	—	—	—	—	—	—	1.105	1.652	2.071	2.086
杭州银行	3	—	—	—	—	—	—	—	—	—	1.708	1.328	1.487	1.618
上海银行	3	—	—	—	—	—	—	—	—	—	1.469	1.370	1.477	1.442
苏农银行	4	—	—	—	—	—	—	—	—	—	3.243	1.672	2.345	2.835
张家港行	4	—	—	—	—	—	—	—	—	—	—	1.537	2.984	3.145
成都银行	3	—	—	—	—	—	—	—	—	—	—	—	2.783	2.565
郑州银行	3	—	—	—	—	—	—	—	—	—	—	—	3.867	2.999
长沙银行	3	—	—	—	—	—	—	—	—	—	—	—	3.779	2.972
紫金银行	4	—	—	—	—	—	—	—	—	—	—	—	—	3.400

续表

银行证券简称	类型	2007年	2008年	2009年	2010年	2011年	2012年	2013年	2014年	2015年	2016年	2017年	2018年	2019年
青岛银行	3	—	—	—	—	—	—	—	—	—	—	—	—	2.707
西安银行	3	—	—	—	—	—	—	—	—	—	—	—	—	3.476
青农商行	4	—	—	—	—	—	—	—	—	—	—	—	—	3.123
苏州银行	3	—	—	—	—	—	—	—	—	—	—	—	—	2.211

资料来源：笔者整理。

附录 6　33 家银行长期 LAMES 计算结果 (2%)

附表 6　　　　　　　33 家银行长期 LAMES 计算结果 (2%)

银行证券简称	类型	2007年	2008年	2009年	2010年	2011年	2012年	2013年	2014年	2015年	2016年	2017年	2018年	2019年
平安银行	2	0.620	0.694	0.638	0.618	0.616	0.608	0.651	0.626	0.650	0.620	0.592	0.625	0.621
浦发银行	2	0.635	0.712	0.635	0.611	0.590	0.579	0.627	0.593	0.622	0.537	0.535	0.554	0.568
民生银行	2	0.625	0.663	0.604	0.574	0.557	0.544	0.604	0.575	0.594	0.512	0.511	0.552	0.548
招商银行	2	0.598	0.679	0.632	0.608	0.584	0.568	0.604	0.586	0.597	0.450	0.206	0.536	0.574
华夏银行	2	0.666	0.715	0.651	0.620	0.608	0.597	0.635	0.607	0.646	0.598	0.556	0.594	0.600
中国银行	1	0.568	0.598	0.548	0.496	0.474	0.439	0.483	0.496	0.590	0.486	0.402	0.480	0.469
工商银行	1	0.573	0.613	0.542	0.508	0.461	0.449	0.470	0.489	0.554	0.463	0.371	0.496	0.470
兴业银行	2	0.603	0.688	0.632	0.613	0.569	0.560	0.623	0.588	0.623	0.520	0.395	0.476	0.561
中信银行	2	0.639	0.701	0.646	0.639	0.591	0.594	0.641	0.616	0.658	0.603	0.553	0.578	0.600
交通银行	1	0.646	0.709	0.644	0.588	0.546	0.523	0.580	0.578	0.664	0.539	0.460	0.524	0.524
宁波银行	3	0.665	0.710	0.671	0.666	0.655	0.646	0.667	0.650	0.685	0.652	0.613	0.638	0.646
南京银行	3	0.601	0.695	0.655	0.644	0.611	0.606	0.644	0.632	0.644	0.611	0.505	0.559	0.596

续表

银行证券简称	类型	2007年	2008年	2009年	2010年	2011年	2012年	2013年	2014年	2015年	2016年	2017年	2018年	2019年
北京银行	3	0.468	0.741	0.670	0.659	0.627	0.607	0.645	0.622	0.675	0.583	0.559	0.600	0.601
建设银行	1	0.561	0.637	0.567	0.526	0.491	0.473	0.505	0.520	0.600	0.507	0.413	0.529	0.497
农业银行	1	—	—	—	0.331	0.325	0.290	0.340	0.347	0.417	0.318	0.244	0.338	0.316
光大银行	2	—	—	—	0.508	0.444	0.425	0.475	0.482	0.560	0.443	0.390	0.434	0.442
江苏银行	3	—	—	—	—	—	—	—	—	—	0.369	0.263	0.289	0.286
贵阳银行	3	—	—	—	—	—	—	—	—	—	0.363	0.326	0.336	0.356
江阴银行	4	—	—	—	—	—	—	—	—	—	0.526	0.468	0.478	0.490
无锡银行	4	—	—	—	—	—	—	—	—	—	0.497	0.423	0.475	0.477
常熟银行	4	—	—	—	—	—	—	—	—	—	0.361	0.421	0.455	0.458
杭州银行	3	—	—	—	—	—	—	—	—	—	0.395	0.320	0.333	0.343
上海银行	3	—	—	—	—	—	—	—	—	—	0.324	0.298	0.313	0.306
苏农银行	4	—	—	—	—	—	—	—	—	—	0.579	0.376	0.450	0.486
张家港行	4	—	—	—	—	—	—	—	—	—	—	0.380	0.521	0.521
成都银行	3	—	—	—	—	—	—	—	—	—	—	—	0.434	0.426
郑州银行	3	—	—	—	—	—	—	—	—	—	—	—	0.587	0.496
长沙银行	3	—	—	—	—	—	—	—	—	—	—	—	0.565	0.480
紫金银行	4	—	—	—	—	—	—	—	—	—	—	—	—	0.523

续表

银行证券简称	类型	2007年	2008年	2009年	2010年	2011年	2012年	2013年	2014年	2015年	2016年	2017年	2018年	2019年
青岛银行	3	—	—	—	—	—	—	—	—	—	—	—	—	0.449
西安银行	3	—	—	—	—	—	—	—	—	—	—	—	—	0.563
青农商行	4	—	—	—	—	—	—	—	—	—	—	—	—	0.482
苏州银行	3	—	—	—	—	—	—	—	—	—	—	—	—	0.121

资料来源：笔者整理。

附录 7 33 家银行长期 LAMES 计算结果（5%）

银行证券简称	类型	2007年	2008年	2009年	2010年	2011年	2012年	2013年	2014年	2015年	2016年	2017年	2018年	2019年
平安银行	2	0.444	0.523	0.466	0.448	0.448	0.440	0.481	0.457	0.480	0.454	0.422	0.455	0.452
浦发银行	2	0.445	0.530	0.455	0.437	0.415	0.405	0.452	0.417	0.441	0.356	0.355	0.376	0.392
民生银行	2	0.453	0.494	0.438	0.413	0.396	0.383	0.438	0.410	0.426	0.352	0.352	0.392	0.389
招商银行	2	0.415	0.507	0.467	0.446	0.417	0.402	0.436	0.421	0.421	0.283	0.091	0.360	0.405
华夏银行	2	0.475	0.526	0.464	0.435	0.425	0.415	0.451	0.423	0.459	0.417	0.378	0.413	0.420
中国银行	1	0.395	0.434	0.388	0.342	0.325	0.289	0.332	0.336	0.418	0.336	0.252	0.326	0.319
工商银行	1	0.413	0.455	0.392	0.362	0.319	0.309	0.328	0.344	0.399	0.323	0.239	0.348	0.328
兴业银行	2	0.420	0.501	0.451	0.433	0.394	0.386	0.443	0.411	0.441	0.351	0.249	0.314	0.387
中信银行	2	0.617	0.678	0.624	0.616	0.570	0.573	0.618	0.596	0.637	0.581	0.533	0.557	0.578
交通银行	1	0.481	0.546	0.481	0.432	0.395	0.372	0.426	0.421	0.500	0.387	0.314	0.372	0.374
宁波银行	3	0.512	0.557	0.519	0.513	0.503	0.495	0.514	0.498	0.532	0.500	0.464	0.487	0.494
南京银行	3	0.442	0.538	0.498	0.489	0.456	0.451	0.491	0.477	0.484	0.457	0.355	0.405	0.441

续表

银行证券简称	类型	2007年	2008年	2009年	2010年	2011年	2012年	2013年	2014年	2015年	2016年	2017年	2018年	2019年
北京银行	3	0.225	0.452	0.387	0.379	0.354	0.337	0.369	0.347	0.390	0.316	0.297	0.331	0.333
建设银行	1	0.398	0.478	0.411	0.378	0.343	0.326	0.355	0.367	0.439	0.360	0.268	0.374	0.349
农业银行	1	—	—	—	0.243	0.238	0.213	0.250	0.256	0.310	0.232	0.182	0.249	0.231
光大银行	2	—	—	—	0.363	0.317	0.300	0.343	0.346	0.412	0.316	0.268	0.305	0.312
江苏银行	3	—	—	—	—	—	—	—	—	—	0.300	0.211	0.230	0.227
贵阳银行	3	—	—	—	—	—	—	—	—	—	0.299	0.265	0.272	0.287
江阴银行	4	—	—	—	—	—	—	—	—	—	0.338	0.282	0.328	0.363
无锡银行	4	—	—	—	—	—	—	—	—	—	0.252	0.203	0.317	0.340
常熟银行	4	—	—	—	—	—	—	—	—	—	0.180	0.257	0.311	0.313
杭州银行	3	—	—	—	—	—	—	—	—	—	0.265	0.213	0.235	0.253
上海银行	3	—	—	—	—	—	—	—	—	—	0.232	0.219	0.233	0.229
苏农银行	4	—	—	—	—	—	—	—	—	—	0.442	0.260	0.344	0.400
张家港行	4	—	—	—	—	—	—	—	—	—	—	0.242	0.416	0.432
成都银行	3	—	—	—	—	—	—	—	—	—	—	—	0.394	0.370
郑州银行	3	—	—	—	—	—	—	—	—	—	—	—	0.501	0.417
长沙银行	3	—	—	—	—	—	—	—	—	—	—	—	0.493	0.414
紫金银行	4	—	—	—	—	—	—	—	—	—	—	—	—	0.458

续表

银行证券简称	类型	2007年	2008年	2009年	2010年	2011年	2012年	2013年	2014年	2015年	2016年	2017年	2018年	2019年
青岛银行	3	—	—	—	—	—	—	—	—	—	—	—	—	0.386
西安银行	3	—	—	—	—	—	—	—	—	—	—	—	—	0.465
青农商行	4	—	—	—	—	—	—	—	—	—	—	—	—	0.430
苏州银行	3	—	—	—	—	—	—	—	—	—	—	—	—	0.328

资料来源：笔者整理。

附录 8　28 家上市银行 SRISK 与 SRISK% （C =5%）

附表 8　　　　　　　28 家上市银行 SRISK 与 SRISK% （C =5%）

银行证券简称	排序	SRISK%	SRISK	银行证券简称	排序	SRISK%	SRISK
2008 年				2009 年			
中国银行	1	19.40%	1679.47	中国银行	1	27.71%	646.50
建设银行	2	16.83%	1456.53	交通银行	2	20.81%	485.59
工商银行	3	15.81%	1368.37	华夏银行	3	14.86%	346.66
交通银行	4	12.00%	1038.76	中信银行	4	13.95%	325.56
浦发银行	5	7.97%	689.89	浦发银行	5	12.17%	284.05
中信银行	6	5.59%	484.02	民生银行	6	6.98%	162.89
民生银行	7	5.12%	442.84	平安银行	7	3.51%	81.82
兴业银行	8	5.11%	442.56	工商银行	—	0.00%	(0)
华夏银行	9	4.68%	405.01	兴业银行	—	0.00%	(0)
招商银行	10	4.35%	376.38	招商银行	—	0.00%	(0)
平安银行	11	2.74%	237.57	北京银行	—	0.00%	(0)
北京银行	12	0.31%	26.81	宁波银行	—	0.00%	(0)
宁波银行	13	0.07%	6.26	南京银行	—	0.00%	(0)
南京银行	14	0.01%	0.45	建设银行	—	0.00%	(0)
2010 年				2011 年			
中国银行	1	21.16%	2238.53	中国银行	1	19.25%	4107.83
农业银行	2	15.48%	1637.95	农业银行	2	13.29%	2836.18
交通银行	3	11.41%	1207.00	工商银行	3	12.27%	2617.53
工商银行	4	10.14%	1073.42	建设银行	4	11.84%	2526.97
中信银行	5	8.36%	884.07	交通银行	5	9.09%	1940.11
浦发银行	6	6.93%	733.23	中信银行	6	6.33%	1351.43

续表

银行证券简称	排序	SRISK%	SRISK	银行证券简称	排序	SRISK%	SRISK
2010 年				2011 年			
兴业银行	7	6.19%	654.93	浦发银行	7	5.51%	1176.17
民生银行	8	6.02%	636.60	兴业银行	8	5.06%	1080.86
华夏银行	9	4.92%	520.97	民生银行	9	3.80%	811.24
招商银行	10	3.10%	327.83	招商银行	10	3.34%	713.15
平安银行	11	2.61%	276.00	光大银行	11	2.71%	578.05
光大银行	12	1.74%	184.08	平安银行	12	2.53%	540.27
北京银行	13	1.38%	145.64	华夏银行	13	2.52%	537.31
宁波银行	14	0.36%	37.82	北京银行	14	1.79%	381.16
南京银行	15	0.22%	23.21	宁波银行	15	0.34%	72.65
建设银行	16	0.00%	−327.64(0)	南京银行	16	0.33%	70.05
2012 年				2013 年			
中国银行	1	16.61%	4183.34	工商银行	1	16.26%	6041.74
工商银行	2	14.85%	3740.58	中国银行	2	15.44%	5736.51
农业银行	3	13.28%	3343.84	农业银行	3	14.28%	5303.38
建设银行	4	10.42%	2624.42	建设银行	4	12.48%	4635.41
交通银行	5	7.29%	1836.42	交通银行	5	7.65%	2840.74
中信银行	6	5.76%	1449.51	中信银行	6	5.71%	2121.24
兴业银行	7	5.75%	1447.37	浦发银行	7	5.09%	1891.38
浦发银行	8	5.40%	1360.55	兴业银行	8	4.82%	1791.09
民生银行	9	4.72%	1188.36	招商银行	9	4.11%	1525.14
光大银行	10	3.72%	937.59	民生银行	10	3.54%	1314.29
招商银行	11	3.69%	930.28	光大银行	11	2.83%	1050.99
平安银行	12	3.15%	794.20	平安银行	12	2.54%	943.90
华夏银行	13	2.98%	749.78	华夏银行	13	2.38%	883.85
北京银行	14	1.35%	339.10	北京银行	14	1.68%	622.92
宁波银行	15	0.55%	138.27	宁波银行	15	0.63%	234.89
南京银行	16	0.47%	117.16	南京银行	16	0.57%	213.18
2014 年				2015 年			
工商银行	1	16.41%	5073.20	建设银行	1	16.41%	7719.08
建设银行	2	16.10%	4976.29	工商银行	2	16.18%	7614.56
中国银行	3	13.90%	4297.91	农业银行	3	14.28%	6717.25

续表

银行证券简称	排序	SRISK%	SRISK	银行证券简称	排序	SRISK%	SRISK
2014 年				2015 年			
农业银行	4	12.39%	3830.97	中国银行	4	13.92%	6547.21
交通银行	5	6.95%	2148.41	交通银行	5	7.21%	3392.64
中信银行	6	6.02%	1859.44	中信银行	6	6.09%	2863.49
兴业银行	7	5.21%	1611.87	兴业银行	7	4.91%	2312.24
浦发银行	8	5.10%	1576.76	浦发银行	8	4.31%	2029.07
招商银行	9	4.32%	1335.91	招商银行	9	3.70%	1738.70
民生银行	10	3.57%	1104.36	民生银行	10	3.46%	1628.05
华夏银行	11	2.47%	763.79	光大银行	11	2.81%	1323.64
平安银行	12	2.39%	740.16	平安银行	12	2.24%	1055.66
光大银行	13	2.39%	738.58	华夏银行	13	1.86%	876.64
北京银行	14	1.45%	449.04	北京银行	14	1.35%	633.24
南京银行	15	0.72%	223.14	南京银行	15	0.68%	319.40
宁波银行	16	0.58%	179.88	宁波银行	16	0.59%	276.81
2016 年				2017 年			
工商银行	1	14.95%	8068.61	中国银行	1	14.78%	6705.65
建设银行	2	14.14%	7635.28	农业银行	2	14.37%	6518.80
农业银行	3	13.97%	7541.71	建设银行	3	13.28%	6026.87
中国银行	4	13.57%	7325.61	工商银行	4	9.38%	4255.47
交通银行	5	7.32%	3949.97	交通银行	5	8.99%	4078.36
中信银行	6	6.19%	3343.04	中信银行	6	6.71%	3043.99
兴业银行	7	5.09%	2749.22	民生银行	7	5.87%	2662.42
民生银行	8	4.68%	2528.20	浦发银行	8	5.23%	2370.92
浦发银行	9	4.28%	2312.51	兴业银行	9	5.20%	2357.87
光大银行	10	3.52%	1898.40	光大银行	10	3.70%	1679.77
招商银行	11	2.86%	1544.26	华夏银行	11	2.67%	1211.48
平安银行	12	2.62%	1415.92	平安银行	12	2.66%	1205.80
华夏银行	13	2.11%	1140.48	北京银行	13	1.64%	744.61
北京银行	14	1.19%	643.61	江苏银行	14	1.57%	710.26
江苏银行	15	0.92%	495.19	上海银行	15	1.17%	532.57
南京银行	16	0.88%	472.86	南京银行	16	1.03%	468.98
宁波银行	17	0.68%	369.20	宁波银行	17	0.74%	334.40

续表

银行证券简称	排序	SRISK%	SRISK	银行证券简称	排序	SRISK%	SRISK
2016 年				2017 年			
上海银行	18	0.60%	324.06	杭州银行	18	0.70%	319.13
杭州银行	19	0.32%	174.53	贵阳银行	19	0.32%	143.22
贵阳银行	20	0.09%	46.27	招商银行	—	0.00%	(0)
江阴银行	—	0.00%	(0)	江阴银行	—	0.00%	(0)
无锡银行	—	0.00%	(0)	无锡银行	—	0.00%	(0)
常熟银行	—	0.00%	(0)	常熟银行	—	0.00%	(0)
苏农银行		0.00%	(0)	苏农银行	—	0.00%	(0)
—		—		张家港行	—	0.00%	(0)
2018 年				2019 年			
中国银行	1	14.52%	9378.15	中国银行	1	15.17%	10358.10
工商银行	2	14.22%	9180.12	农业银行	2	14.54%	9927.67
建设银行	3	13.62%	8794.90	工商银行	3	14.18%	9685.05
农业银行	4	12.65%	8170.53	建设银行	4	13.34%	9110.93
交通银行	5	7.22%	4664.86	交通银行	5	7.52%	5135.40
中信银行	6	5.39%	3482.65	中信银行	6	5.60%	3824.28
民生银行	7	4.79%	3093.28	民生银行	7	4.64%	3170.00
兴业银行	8	4.70%	3032.82	浦发银行	8	4.52%	3083.83
浦发银行	9	4.64%	2996.47	兴业银行	9	4.23%	2890.55
光大银行	10	3.17%	2045.72	光大银行	10	3.21%	2189.35
平安银行	11	2.69%	1735.19	华夏银行	11	2.44%	1663.77
华夏银行	12	2.26%	1457.85	北京银行	12	1.86%	1269.51
招商银行	13	1.89%	1219.11	平安银行	13	1.75%	1194.16
北京银行	14	1.82%	1173.30	江苏银行	14	1.45%	988.00
江苏银行	15	1.48%	952.72	上海银行	15	1.02%	695.89
南京银行	16	0.98%	631.72	南京银行	16	0.94%	639.95
上海银行	17	0.98%	630.37	杭州银行	17	0.63%	427.61
宁波银行	18	0.66%	429.27	招商银行	18	0.52%	356.98
杭州银行	19	0.66%	423.86	长沙银行	19	0.42%	288.50
长沙银行	20	0.40%	260.03	郑州银行	20	0.35%	238.05
郑州银行	21	0.34%	216.96	成都银行	21	0.34%	231.07
贵阳银行	22	0.32%	209.60	贵阳银行	22	0.33%	222.50

续表

银行证券简称	排序	SRISK%	SRISK	银行证券简称	排序	SRISK%	SRISK
2018 年				2019 年			
成都银行	23	0.32%	206.69	宁波银行	23	0.30%	206.84
无锡银行	24	0.08%	53.95	无锡银行	24	0.09%	61.11
常熟银行	25	0.06%	36.04	苏农银行	25	0.06%	41.17
苏农银行	26	0.05%	32.44	张家港行	26	0.05%	31.20
张家港行	27	0.05%	30.75	江阴银行	27	0.04%	30.51
江阴银行	28	0.04%	27.88	常熟银行	—	0.00%	（0）

注：第 2 列的排序依据为 SRISK% 的大小。由于篇幅所限，这里仅报告了 28 家银行 2008～2019 年的数据。

资料来源：笔者整理。

参 考 文 献

［1］ Avgouleas E. The Global Financial Crisis, Behavioural Finance and Financial Regulation: In Search of a New Orthodoxy ［J］. Journal of Corporate Law Studies, 2009, 9 (1): 23 – 59.

［2］ Edgar R J. The Future of Financial Regulation: Lessons from the Global Financial Crisis ［J］. Australian Economic Review, 2009, 42 (4): 470 – 476.

［3］ Levine R. The Governance of Financial Regulation: Reform Lessons from the Recent Crisis ［J］. International Review of Finance, 2012, 12 (1): 39 – 56.

［4］ Admati A, Hellwig M. The Bankers' New Clothes: What's Wrong with Banking and What to Do about It ［M］. Cambridge, Massachusetts: Princeton University Press, 2014.

［5］ 罗培新. 美国金融监管的法律与政策困局之反思——兼及对我国金融监管之启示 ［J］. 中国法学, 2009 (3): 91 – 105.

［6］ Bebchuk L A, Cohen A, Spamann H. The Wages of Failure: Executive Compensation at Bear Stearns and Lehman 2000 – 2008 ［J］. Yale Journal on Regulation, 2010, 27 (2): 257 – 282.

［7］ Bhagat S, Bolton B. Financial Crisis and Bank Executive Incentive Compensation ［J］. Journal of Corporate Finance, 2014, 25: 313 – 341.

［8］ Li F. Managers' Self-serving Attribution Bias and Corporate Financial Policies ［EB/OL］. Available at SSRN 1639005, 2010.

［9］ 郑观. 上市公司管理层薪酬制定中的股东话语权——股东咨询性投票制度及对我国的借鉴意义 ［J］. 当代法学, 2012, 26 (4): 39 – 46.

［10］ Stein V, Wiedemann A. Risk Governance: Conceptualization, Tasks, and Research Agenda ［J］. Journal of Business Economics, 2016, 86 (8): 813 – 836.

［11］ Fahlenbrach R, Stulz RM. Bank CEO Incentives and the Credit Crisis ［J］. Journal of Financial Economics, 2011, 99 (1): 11 – 26.

［12］ Vemala P, Nguyen L, Nguyen D, et al. CEO Compensation：Does Financial Crisis Matter? ［J］. International Business Research, 2014, 7 (4)：125 –131.

［13］ Deyoung R, Huang M. The External Effects of Bank Executive Pay：Liquidity Creation and Systemic Risk ［EB/OL］. Available at SSRN, 2016.

［14］ Lazear E P, Rosen S. Rank-order Tournaments as Optimum Labor Contracts ［J］. Journal of Political Economy, 1981, 89 (5)：841 –864.

［15］ Tung F, Wang X. Bank CEOs, inside Debt Compensation, and the Global Financial Crisis ［EB/OL］. School of Law Boston University Working Paper, 2012.

［16］ 李增泉 . 激励机制与企业绩效——一项基于上市公司的实证研究 ［J］. 会计研究, 2000 (1)：24 –30.

［17］ 谌新民, 刘善敏 . 上市公司经营者报酬结构性差异的实证研究 ［J］. 经济研究, 2003 (8)：55 –63, 92.

［18］ 徐向艺, 王俊韡, 巩震 . 高管人员报酬激励与公司治理绩效研究——一项基于深、沪 A 股上市公司的实证分析 ［J］. 中国工业经济, 2007 (2)：94 –100.

［19］ 吴文锋, 吴冲锋, 刘晓薇 . 中国民营上市公司高管的政府背景与公司价值 ［J］. 经济研究, 2008 (7)：130 –141.

［20］ 林浚清, 黄祖辉, 孙永祥 . 高管团队内薪酬差距、公司绩效和治理结构 ［J］. 经济研究, 2003, 4 (2)：31 –40, 92.

［21］ 张必武, 石金涛 . 董事会特征, 高管薪酬与薪绩敏感性——中国上市公司的经验分析 ［J］. 管理科学, 2005, 18 (4)：32 –39.

［22］ 王克敏, 王志超 . 高管控制权、报酬与盈余管理——基于中国上市公司的实证研究 ［J］. 管理世界, 2007 (7)：111 –119.

［23］ 吕长江, 赵宇恒 . 国有企业管理者激励效应研究——基于管理者权力的解释 ［J］. 管理世界, 2008 (11)：99 –109.

［24］ 缪毅, 胡奕明 . 产权性质、薪酬差距与晋升激励 ［J］. 南开管理评论, 2014, 17 (4)：4 –12.

［25］ 黎文靖, 岑永嗣, 胡玉明 . 外部薪酬差距激励了高管吗——基于中国上市公司经理人市场与产权性质的经验研究 ［J］. 南开管理评论, 2014, 17 (4)：24 –35.

［26］ 张正堂 . 高层管理团队协作需要、薪酬差距和企业绩效：竞赛理

论的视角 [J]. 南开管理评论, 2007 (2): 4 – 11.

[27] 张正堂. 企业内部薪酬差距对组织未来绩效影响的实证研究 [J]. 会计研究, 2008 (9): 81 – 87.

[28] 刘春, 孙亮. 薪酬差距与企业绩效: 来自国企上市公司的经验证据 [J]. 南开管理评论, 2010, 13 (2): 30 – 39, 51.

[29] 黎文靖, 胡玉明. 国企内部薪酬差距激励了谁? [J]. 经济研究, 2012, 47 (12): 125 – 136.

[30] 刘怡君. 企业风险承担文献综述 [J]. 财政监督, 2018 (7): 101 – 105.

[31] Bromiley P. Testing a Causal Model of Corporate Risk Taking and Performance [J]. Academy of Management Journal, 1991, 34 (1): 37 – 59.

[32] John K, Litov L, Yeung B. Corporate Governance and Risk-Taking [J]. The Journal of Finance, 2008, 63 (4): 1679 – 1728.

[33] Li J, Tang Y. CEO Hubris and Firm Risk Taking in China: The Moderating Role of Managerial Discretion [J]. Academy of Management Journal, 2010, 53 (1): 45 – 68.

[34] 李小荣, 张瑞君. 股权激励影响风险承担: 代理成本还是风险规避? [J]. 会计研究, 2014 (1): 57 – 63, 95.

[35] Faccio M, Marchica M-T, Mura R. Large Shareholder Diversification and Corporate Risk-Taking [J]. The Review of Financial Studies, 2011, 24 (11): 3601 – 3641.

[36] Boubakri N, Cosset J-C, Saffar W. The Role of State and Foreign Owners in Corporate Risk-taking: Evidence from Privatization [J]. Journal of Financial Economics, 2013, 108 (3): 641 – 658.

[37] 周泽将, 马静, 胡刘芬. 高管薪酬激励体系设计中的风险补偿效应研究 [J]. 中国工业经济, 2018 (12): 152 – 169.

[38] Guay W R. The Sensitivity of CEO Wealth to Equity Risk: An Analysis of the Magnitude and Determinants [J]. Journal of Financial Economics, 1999, 53 (1): 43 – 71.

[39] Coles J L, Daniel N D, Naveen L. Managerial Incentives and Risk-Taking [J]. Journal of Financial Economics, 2006, 79 (2): 431 – 468.

[40] 王栋, 吴德胜. 股权激励与风险承担——来自中国上市公司的证据 [J]. 南开管理评论, 2016, 19 (3): 157 – 167.

［41］Gormley T A, Matsa D A, Milbourn T. CEO Compensation and Corporate Risk: Evidence from a Natural Experiment ［J］. Journal of Accounting and Economics, 2013, 56 (2 - 3): 79 - 101.

［42］Armstrong C S, Vashishtha R. Executive Stock Options, Differential Risk-taking Incentives, and Firm Value ［J］. Journal of Financial Economics, 2012, 104 (1): 70 - 88.

［43］Hayes R M, Lemmon M, Qiu MM. Stock Options and Managerial Incentives for Risk Taking: Evidence from FAS 123R ［J］. Journal of Financial Economics, 2012, 105 (1): 174 - 190.

［44］Blaško M, Sinkey J F. Bank Asset Structure, Real-estate Lending, and Risk-taking ［J］. The Quarterly Review of Economics and Finance, 2006, 46 (1): 53 - 81.

［45］黄隽, 章艳红. 商业银行的风险: 规模和非利息收入——以美国为例 ［J］. 金融研究, 2010 (6): 75 - 90.

［46］张健华, 王鹏. 银行风险、贷款规模与法律保护水平 ［J］. 经济研究, 2012, 47 (5): 18 - 30, 70.

［47］Shim J. Loan Portfolio Diversification, Market Structure and Bank Stability ［J］. Journal of Banking & Finance, 2019, 104 (7): 103 - 115.

［48］Laeven L, Levine R. Bank Governance, Regulation and Risk Taking ［J］. Journal of Financial Economics, 2009, 93 (2): 259 - 275.

［49］Bai G, Elyasiani E. Bank Stability and Managerial Compensation ［J］. Journal of Banking & Finance, 2013, 37 (3): 799 - 813.

［50］宋献中, 禹天寒. 商业银行高管薪酬、风险承担水平与银行绩效——基于信贷集中度与损失类贷款研究 ［J］. 华东经济管理, 2018, 32 (5): 172 - 176.

［51］覃邑龙, 梁晓钟. 银行违约风险是系统性的吗 ［J］. 金融研究, 2014 (6): 82 - 98.

［52］Dorobantu D. Modeling Default Risk ［M］. New Jersey: John Wiley & Sons, Ltd, 2003.

［53］黄建仁, 苏欣玫, 黄健铭. 高管人员薪酬、自由现金流量对公司风险承担之影响 ［J］. 科学决策, 2010 (7): 10 - 17, 73.

［54］Hagendorff J, Vallascas F. CEO Pay Incentives and Risk-taking: Evidence from Bank Acquisitions ［J］. Journal of Corporate Finance，2011，17（4）：1078 – 1095.

［55］ Gropp R，Vesala J，Vulpes G. Equity and Bond Market Signals as Leading Indicators of Bank Fragility ［J］. Journal of Money，Credit and Banking，2006，38（2）：399 – 428.

［56］ 温博慧，唐熙. 银行风险承担、高管薪酬与货币政策的信贷传导效率——基于动态非线性效应面板的实证 ［J］. 中央财经大学学报，2016（5）：41 – 52.

［57］ Shrieves R E，Dahl D. The Relationship Between Risk and Capital in Commercial Banks ［J］. Journal of Banking & Finance，1992，16（2）：439 – 457.

［58］ Jacques K，Nigro P. Risk-based Capital，Portfolio Risk，and Bank Capital：A Simultaneous Equations Approach ［J］. Journal of Economics and Business，1997，49（6）：533 – 547.

［59］ 曹艳华，牛筱颖. 上市银行治理机制对风险承担的影响（2000 ~ 2007）［J］. 金融论坛，2009，14（1）：43 – 48.

［60］ 曹廷求，王营. 特许权价值、公司治理机制和商业银行风险承担 ［J］. 金融论坛，2010，15（10）：12 – 18.

［61］ 位华. CEO 权力、薪酬激励和城市商业银行风险承担 ［J］. 金融论坛，2012，17（9）：61 – 67.

［62］ 李亚微. 上市银行高管过度激励与风险承担水平的实证研究 ［J］. 南方金融，2015（5）：28 – 36.

［63］ 吴成颂，王浩然，张鹏. 银行高管薪酬具有风险敏感性吗？——来自中国上市银行的经验证据 ［J］. 审计与经济研究，2016，31（1）：119 – 128.

［64］ Saunders A，Strock E，Travlos N G. Ownership Structure，Deregulation，and Bank Risk Taking ［J］. The Journal of Finance，1990，45（2）：643 – 654.

［65］ Chen C R，Steiner T L，Whyte A M. Does Stock Option-based Executive Compensation Induce Risk-taking? An Analysis of the Banking Industry ［J］. Journal of Banking & Finance，2006，30（3）：915 – 945.

［66］ Anderson R C，Fraser D R. Corporate Control，Bank Risk Taking，and the Health of the Banking Industry ［J］. Journal of Banking & Finance，2000，24（8）：1383 – 1398.

［67］ Pathan S. Strong Boards, CEO Power and Bank Risk-taking ［J］. Journal of Banking & Finance, 2009, 33 (7): 1340 – 1350.

［68］ De Bandt O, Hartmann P. Systemic Risk: A Survey ［EB/OL］. Available at SSRN, 2000.

［69］ Mishkin F. Comment on Systemic Risk ［J］. Research in Financial Services: Banking, Financial Markets, and Systemic Risk, 1995 (7): 31 – 45.

［70］ Eijffinger S. Defining and Measuring Systemic Risk ［J］. Handbook of Central Banking, Financial Regulation and Supervision: After the Financial Crisis, 2011: 1 – 8.

［71］ Lehar A. Measuring Systemic Risk: A Risk Management Approach ［J］. Journal of Banking & Finance, 2005, 29 (10): 2577 – 2603.

［72］ Abdymomunov A. Regime-switching Measure of Systemic Financial Stress ［J］. Annals of Finance, 2013, 9 (3): 455 – 470.

［73］ Rochet J-C, Tirole J. Interbank Lending and Systemic Risk ［J］. Journal of Money, Credit and Banking, 1996, 28 (4): 733 – 762.

［74］ Hart O, Zingales L. How to Avoid a New Financial Crisis ［EB/OL］. Working Paper, University of Chicago, 2009.

［75］ Kaufman G G. Comment on Systemic Risk ［J］. Research in Financial Services: Banking, Financial Markets, and Systemic Risk, 1995, 7: 47 – 52.

［76］ Kaufman G G. Banking and Currency Crises and Systemic Risk ［EB/OL］. World Bank Working Paper, 1999.

［77］ Kaufman G G, Scott K E. What Is Systemic Risk, and Do Bank Regulators Retard or Contribute to It? ［J］. The Independent Review, 2003, 7 (3): 371 – 391.

［78］ 包全永. 银行系统性风险的传染模型研究 ［J］. 金融研究, 2005 (8): 72 – 84.

［79］ 陈学彬. 中国商业银行薪酬激励机制分析 ［J］. 金融研究, 2005 (7): 76 – 94.

［80］ Bebchuk L A, Fried J M, Walker D I. Managerial Power and Rent Extraction in the Design of Executive Compensation ［EB/OL］. NBER Working Papers, 2002.

［81］ 卢锐. 管理层权力、薪酬差距与绩效 ［J］. 南方经济, 2007 (7):

60 – 70.

[82] 权小锋，吴世农，文芳. 管理层权力、私有收益与薪酬操纵 [J].
经济研究，2010，45（11）：73 – 87.

[83] Murphy K J. Corporate Performance and Managerial Remuneration：An Empirical Analysis [J]. Journal of Accounting and Economics，1985，7（1）：11 – 42.

[84] Lambert R A，Larcker D F. An Analysis of the Use of Accounting and Market Measures of Performance in Executive Compensation Contracts [J]. Journal of Accounting Research，1987，25（9）：85 – 125.

[85] 杜兴强，王丽华. 高层管理当局薪酬与上市公司业绩的相关性实证研究 [J]. 会计研究，2007（1）：58 – 65，93.

[86] 辛清泉，谭伟强. 市场化改革，企业业绩与国有企业经理薪酬 [J]. 经济研究，2009，11（11）：68 – 80.

[87] 张龙，刘洪. 高管团队中垂直对人口特征差异对高管离职的影响 [J]. 管理世界，2009（4）：108 – 118.

[88] 罗进辉. 媒体报道与高管薪酬契约有效性 [J]. 金融研究，2018（3）：190 – 206.

[89] 张栋，杨兴全，郑红媛. 高管货币薪酬、晋升激励与国有上市银行绩效 [J]. 南方金融，2016（5）：30 – 45.

[90] 张栋，杨兴全. 高管薪酬、内部差距与商业银行业绩 [J]. 中央财经大学学报，2015（3）：62 – 71.

[91] O'Connor M L，Rafferty M. Incentive Effects of Executive Compensation and the Valuation of Firm Assets [J]. Journal of Corporate Finance，2010，16（4）：431 – 442.

[92] 周仁俊，杨战兵，李勇. 管理层薪酬结构的激励效果研究 [J]. 中国管理科学，2011，19（1）：185 – 192.

[93] Bennett B，Bettis J C，Gopalan R，et al. Compensation Goals and Firm Performance [J]. Journal of Financial Economics，2017，124（2）：307 – 330.

[94] Cheng Q，Warfield T D. Equity Incentives and Earnings Management [J]. The Accounting Review，2005，80（2）：441 – 476.

[95] Bergstresser D，Philippon T. CEO Incentives and Earnings Management [J]. Journal of Financial Economics，2006，80（3）：511 – 529.

[96] 陈胜蓝，卢锐. 股权分置改革，盈余管理与高管薪酬业绩敏感性

［J］. 金融研究，2012（10）：180 – 190.

［97］Burns N，Kedia S. The Impact of Performance-based Compensation on Misreporting［J］. Journal of Financial Economics，2006，79（1）：35 – 67.

［98］张敏，王成方，刘慧龙. 冗员负担与国有企业的高管激励［J］. 金融研究，2013（5）：140 – 151.

［99］张兴亮，夏成才. 高管薪酬激励的经济外部性实证研究——基于债权人利益保护视角［J］. 华东经济管理，2015（6）：134 – 140.

［100］徐悦，刘运国，蔡贵龙. 高管薪酬粘性与企业创新［J］. 会计研究，2018（7）：43 – 49.

［101］Ederer F，Manso G. Is Pay for Performance Detrimental to Innovation?［J］. Management Science，2013，59（7）：1496 – 1513.

［102］Gaver J J，Gaver K M，Austin J R. Additional Evidence on Bonus Plans and Income Management［J］. Journal of Accounting and Economics，1995，19（1）：3 – 28.

［103］Hoskisson R E，Chirico F，Zyung J，et al. Managerial Risk Taking：A Multitheoretical Review and Future Research Agenda［J］. Journal of Management，2017，43（1）：137 – 169.

［104］Li K，Griffin D，Yue H，et al. How Does Culture Influence Corporate Risk-taking?［J］. Journal of Corporate Finance，2013，23（11）：1 – 22.

［105］赵龙凯，岳衡，矫堃. 出资国文化特征与合资企业风险关系探究［J］. 经济研究，2014，49（1）：70 – 82，154.

［106］余明桂，李文贵，潘红波. 民营化，产权保护与企业风险承担［J］. 经济研究，2013（9）：112 – 124.

［107］Acharya V V，Amihud Y，Litov L. Creditor Rights and Corporate Risk-taking［J］. Journal of Financial Economics，2011，102（1）：150 – 166.

［108］Mamuneas T P，Nadiri M I. Public R&D Policies and Cost Behavior of the US Manufacturing Industries［J］. Journal of Public Economics，1996，63（1）：57 – 81.

［109］Jiménez G，Ongena S，Peydró J-L，et al. Hazardous Times for Monetary Policy：What Do Twenty-Three Million Bank Loans Say about the Effects of Monetary Policy on Credit Risk – Taking?［J］. Econometrica，2014，82（2）：463 – 505.

［110］Dell'Ariccia G, Laeven L, Marquez R. Real Interest Rates, Leverage, and Bank Risk-taking ［J］. Journal of Economic Theory, 2014, 149 (2): 65 – 99.

［111］Raith M. Competition, Risk, and Managerial Incentives ［J］. American Economic Review, 2003, 93 (4): 1425 – 1436.

［112］蒋海, 刘雅晨. 宏观经济波动、内部治理与银行风险承担的顺周期性 ［J］. 金融经济学研究, 2018, 33 (2): 60 – 70.

［113］吕文栋, 刘巍, 何威风. 管理者异质性与企业风险承担 ［J］. 中国软科学, 2015 (12): 120 – 133.

［114］Faccio M, Marchica M – T, Mura R. CEO Gender, Corporate Risk-taking, and the Efficiency of Capital Allocation ［J］. Journal of Corporate Finance, 2016, 39 (11): 193 – 209.

［115］余明桂, 李文贵, 潘红波. 管理者过度自信与企业风险承担 ［J］. 金融研究, 2013 (1): 149 – 163.

［116］李培功, 肖珉. CEO 任期与企业资本投资 ［J］. 金融研究, 2012 (2): 127 – 141.

［117］Simon M, Houghton S M. The Relationship between Overconfidence and the Introduction of Risky Products: Evidence from a Field Study ［J］. Academy of Management Journal, 2003, 46 (2): 139 – 149.

［118］李文贵, 余明桂. 所有权性质、市场化进程与企业风险承担 ［J］. 中国工业经济, 2012 (12): 115 – 127.

［119］苏坤. 管理层股权激励、风险承担与资本配置效率 ［J］. 管理科学, 2015, 28 (3): 14 – 25.

［120］Dong Z, Wang C, Xie F. Do Executive Stock Options Induce Excessive Risk Taking? ［J］. Journal of Banking & Finance, 2010, 34 (10): 2518 – 2529.

［121］Hoskisson R E, Hitt M A, Hill C W L. Managerial Risk Taking in Diversified Firms: An Evolutionary Perspective ［J］. Organization Science, 1991, 2 (3): 296 – 314.

［122］Kim E H, Lu Y. CEO Ownership, External Governance, and Risk-taking ［J］. Journal of Financial Economics, 2011, 102 (2): 272 – 292.

［123］Jensen M C, Meckling W H. Theory of the Firm: Managerial Behavior, Agency Costs and Ownership Structure ［J］. Journal of Financial Economics,

1976, 3 (4): 305 – 360.

[124] Smith C W, Stulz R M. The Determinants of Firms' Hedging Policies [J]. The Journal of Financial and Quantitative Analysis, 1985, 20 (4): 391 – 405.

[125] Hoskisson R E, Castleton M W, Withers M C. Complementarity in Monitoring and Bonding: More Intense Monitoring Leads to Higher Executive Compensation [J]. Academy of Management Perspectives, 2009, 23 (2): 57 – 74.

[126] Hölmstrom B. Moral Hazard and Observability [J]. The Bell Journal of economics, 1979, 10 (1): 74 – 91.

[127] Jensen M C, Murphy K J. Performance Pay and Top-management Incentives [J]. Journal of Political Economy, 1990, 98 (2): 225 – 264.

[128] Carpenter M A, Pollock T G, Leary M M. Testing a Model of Reasoned Risk-Taking: Governance, the Experience of Principals and Agents, and Global Strategy in High-Technology IPO Firms [J]. Strategic Management Journal, 2003, 24 (9): 803 – 820.

[129] Sanders W G, Hambrick D C. Swinging for the Fences: The Effects of CEO Stock Options on Company Risk Taking and Performance [J]. Academy of Management Journal, 2007, 50 (5): 1055 – 1078.

[130] Devers C E, McNamara G, Wiseman R M, et al. Moving Closer to the Action: Examining Compensation Design Effects on Firm Risk [J]. Organization Science, 2008, 19 (4): 548 – 566.

[131] O'Connor J P, Priem R L, Coombs J E, et al. Do CEO Stock Options Prevent or Promote Fraudulent Financial Reporting? [J]. Academy of Management Journal, 2006, 49 (3): 483 – 500.

[132] Rau P R, Jin X U. How Do Ex Ante Severance Pay Contracts Fit into Optimal Executive Incentive Schemes? [J]. Journal of Accounting Research, 2013, 51 (3): 631 – 671.

[133] Cowen A P, King A W, Marcel J J. CEO Severance Agreements: A Theoretical Examination and Research Agenda [J]. Academy of Management Review, 2016, 41 (1): 151 – 169.

[134] Hoskisson R E, Hitt M A, Hill C W L. Managerial Incentives and Investment in R&D in Large Multiproduct Firms [J]. Organization Science, 1993, 4 (2): 325 – 341.

[135] Low A. Managerial Risk-taking Behavior and Equity-based Compensation [J]. Journal of Financial Economics, 2009, 92 (3): 470 – 490.

[136] Eisenhardt K M. Agency Theory: An Assessment and Review [J]. Academy of Management Review, 1989, 14 (1): 57 – 74.

[137] Wiseman R M, Gomez-Mejia L R. A Behavioral Agency Model of Managerial Risk Taking [J]. Academy of Management Review, 1998, 23 (1): 133 – 153.

[138] Devers C E, Wiseman R M, R. Michael Holmes J. The Effects of Endowment and Loss Aversion in Managerial Stock Option Valuation [J]. Academy of Management Journal, 2007, 50 (1): 191 – 208.

[139] Martin G P, Gomez-Mejia L R, Wiseman R M. Executive Stock Options as Mixed Gambles: Revisiting the Behavioral Agency Model [J]. Academy of Management Journal, 2013, 56 (2): 451 – 472.

[140] Larraza-Kintana M, Wiseman R M, Gomez-Mejia L R, et al. Disentangling Compensation and Employment Risks Using the Behavioral Agency Model [J]. Strategic Management Journal, 2007, 28 (10): 1001 – 1019.

[141] Matta E, Beamish P W. The Accentuated CEO Career Horizon Problem: Evidence from International Acquisitions [J]. Strategic Management Journal, 2008, 29 (7): 683 – 700.

[142] Souder D, Shaver J M. Constraints and Incentives for Making Long Horizon Corporate Investments [J]. Strategic Management Journal, 2010, 31 (12): 1316 – 1336.

[143] Lambert R A, Larcker D F, Verrecchia R E. Portfolio Considerations in Valuing Executive Compensation [J]. Journal of Accounting Research, 1991, 29 (1): 129 – 149.

[144] Carpenter J N. Does Option Compensation Increase Managerial Risk Appetite? [J]. The Journal of Finance, 2000, 55 (5): 2311 – 2331.

[145] Ross S A. Compensation, Incentives, and the Duality of Risk Aversion and Riskiness [J]. The Journal of Finance, 2004, 59 (1): 207 – 225.

[146] Lewellen K. Financing Decisions When Managers are Risk Averse [J]. Journal of Financial Economics, 2006, 82 (3): 551 – 589.

[147] 洪正，郭培俊. 努力不足、过度冒险与金融高管薪酬激励 [J].

经济学（季刊），2012，11（4）：1427 – 1454.

[148] Aggarwal R K, Samwick A A. The Other Side of the Trade-off: The Impact of Risk on Executive Compensation [J]. Journal of Political Economy, 1999, 107（1）：65 – 105.

[149] Datta S, Iskandar – Datta M, Raman K. Managerial Stock Ownership and the Maturity Structure of Corporate Debt [J]. The Journal of Finance, 2005, 60（5）：2333 – 2350.

[150] Minnick K, Unal H, Yang L. Pay for Performance? CEO Compensation and Acquirer Returns in BHCs [J]. The Review of Financial Studies, 2010, 24（2）：439 – 472.

[151] Acrey J C, McCumber W R, Nguyen T H T. CEO Incentives and Bank Risk [J]. Journal of Economics and Business, 2010, 63（5）：456 – 471.

[152] Agrawal A, Mandelker G N. Managerial Incentives and Corporate Investment and Financing Decisions [J]. The Journal of Finance, 1987, 42（4）：823 – 837.

[153] Core J E, Guay W R. The Other Side of the Trade-Off: The Impact of Risk on Executive Compensation: A Revised Comment [J]. Social Science Electronic Publishing, 2002, 2（4）：395 – 402.

[154] Rajgopal S, Shevlin T. Empirical Evidence on the Relation Between Stock Option Compensation and Risk Taking [J]. Journal of Accounting and Economics, 2002, 33（2）：145 – 171.

[155] Chava S, Purnanandam A. CEOs versus CFOs: Incentives and Corporate Policies [J]. Journal of Financial Economics, 2010, 97（2）：263 – 278.

[156] Tchistyi A, Yermack D, Yun H. Negative Hedging: Performance-sensitive Debt and Ceos' Equity Incentives [J]. Journal of Financial and Quantitative Analysis, 2011, 46（3）：657 – 686.

[157] Cheng I H, Hong H, Scheinkman J A. Yesterday's Heroes: Compensation and Risk at Financial Firms [J]. Journal of Finance, 2015, 70（2）：839 – 879.

[158] Haq M, Pathan S, Williams B. Managerial Incentives, Market Power, and Bank Risk-Taking [EB/OL]. Available at SSRN, 2011.

[159] 宋清华，曲良波. 高管薪酬、风险承担与银行绩效：中国的经验

证据 [J]. 国际金融研究, 2011 (12): 69-79.

[160] 洪正, 申宇, 吴玮. 高管薪酬激励会导致银行过度冒险吗? ——来自中国房地产信贷市场的证据 [J]. 经济学 (季刊), 2014, 13 (4): 1585-1614.

[161] Battilossi S. Did Governance Fail Universal Banks? Moral Hazard, Risk Taking, and Banking Crises in Interwar Italy 1 [J]. The Economic History Review, 2009, 62: 101-134.

[162] Gray S R, Cannella A A. The Role of Risk in Executive Compensation [J]. Journal of Management, 1997, 23 (4): 517-540.

[163] Bloom M, Milkovich G T. Relationships Among Risk, Incentive Pay, and Organizational Performance [J]. Academy of Management Journal, 1998, 41 (3): 283-297.

[164] Knopf J D, Nam J, Thornton Jr. J H. The Volatility and Price Sensitivities of Managerial Stock Option Portfolios and Corporate Hedging [J]. The Journal of Finance, 2002, 57 (2): 801-813.

[165] Rogers D A. Does Executive Portfolio Structure Affect Risk Management? CEO Risk-taking Incentives and Corporate Derivatives Usage [J]. Journal of Banking & Finance, 2002, 26 (2): 271-295.

[166] Nam J, Ottoo R E, Thornton Jr. J H. The Effect of Managerial Incentives to Bear Risk on Corporate Capital Structure and R&D Investment [J]. Financial Review, 2003, 38 (1): 77-101.

[167] Murphy K J. Compensation Structure and Systemic Risk [EB/OL]. Available at SSRN, 2009.

[168] DeYoung R, Peng E Y, Yan M. Executive Compensation and Business Policy Choices at US Commercial Banks [J]. Journal of Financial and Quantitative Analysis, 2013, 48 (1): 165-196.

[169] Inderst R, Pfeil S. Securitization and Compensation in Financial Institutions [J]. Review of Finance, 2012, 17 (4): 1323-1364.

[170] Bolton P, Mehran H, Shapiro J. Executive Compensation and Risk Taking [J]. Review of Finance, 2015, 19 (6): 2139-2181.

[171] 郝项超. 高管薪酬、政治晋升激励与银行风险 [J]. 财经研究, 2015, 41 (6): 94-106.

[172] Berger P G, Ofek E, Yermack D L. Managerial Entrenchment and Capital Structure Decisions [J]. The Journal of Finance, 1997, 52 (4): 1411 – 1438.

[173] Kim J B, Li L, Ma M L Z, et al. CEO Option Compensation and Systemic Risk in the Banking Industry [J]. Asia-Pacific Journal of Accounting & Economics, 2016, 23 (2): 131 – 160.

[174] Albuquerque R A, Cabral L, Guedes J. Relative Performance, Banker Compensation, and Systemic Risk [EB/OL]. Available at SSRN, 2016.

[175] Albuquerque R A, Cabral L M B, Guedes J C. Incentive Pay and Systemic Risk [J]. Review of Financial Studies, 2019, 32 (11): 4304 – 4342.

[176] Holmstrom B. Moral Hazard in Teams [J]. The Bell Journal of Economics, 1982, 13 (2): 324 – 340.

[177] 张雪兰, 卢齐阳, 鲁臻. 银行高管薪酬与系统性风险——基于中国上市银行 (2007~2013) 的实证研究 [J]. 财贸经济, 2014 (11): 42 – 54.

[178] 吴成颂, 唐越, 倪清. 高管激励、银行业务与商业银行系统性风险——来自中国 14 家上市银行的证据 [J]. 上海金融, 2018 (7): 13 – 18.

[179] 黄秀路, 葛鹏飞. 债权激励降低了银行系统性风险吗？ [J]. 财经研究, 2018, 44 (1): 47 – 60.

[180] Berle A, Means G. Private Property and the Modern Corporation [M]. New York: Mac-millan, 1932.

[181] Ross S A. The Economic Theory of Agency: The Principal's Problem [J]. The American Economic Review, 1973, 63 (2): 134 – 139.

[182] Fama E F. Agency Problems and the Theory of the Firm [J]. Journal of Political Economy, 1980, 88 (2): 288 – 307.

[183] Fama E F, Jensen M C. Separation of Ownership and Control [J]. The Journal of Law and Economics, 1983, 26 (2): 301 – 325.

[184] Spence M, Zeckhauser R. Insurance, Information, and Individual Action [J]. The American Economic Review, 1971, 61 (2): 380 – 387.

[185] Grossman S J, Hart O D. An Analysis of the Principal – Agent Problem [J]. Econometrica, 1983, 51 (1): 7 – 46.

[186] Rogerson W P. Repeated Moral Hazard [J]. Econometrica: Journal of the Econometric Society, 1985, 53 (1): 69 – 76.

［187］ Mirrlees J A. The Optimal Structure of Incentives and Authority Within an Organization ［J］. The Bell Journal of Economics, 1976, 7 (1): 105 – 131.

［188］ Rubinstein A. Offenses That May Have Been Committed by Accident—An Optimal Policy of Retribution ［J］. Applied Game Theory, 1979, 25 (8): 406 – 413.

［189］ Radner R. Monitoring Cooperative Agreements in a Repeated Principal-agent Relationship ［J］. Econometrica: Journal of the Econometric Society, 1981, 49 (5): 1127 – 1148.

［190］ Englmaier F, Wambach A. Optimal Incentive Contracts Under Inequity Aversion. IZA Discussion Papers 1643 ［J］. Institute for the Study of Labor (IZA), 2005.

［191］ Coughlan A T, Schmidt R M. Executive Compensation, Management Turnover, and Firm Performance: An Empirical Investigation ［J］. Journal of Accounting and Economics, 1985, 7 (1): 43 – 66.

［192］ Benston G J. The Self-serving Management Hypothesis: Some Evidence ［J］. Journal of Accounting and Economics, 1985, 7 (1): 67 – 84.

［193］ 杨大光, 朱贵云, 武治国. 我国上市银行高管薪酬和经营绩效相关性研究 ［J］. 金融论坛, 2008 (8): 9 – 13.

［194］ 刘斌, 刘星, 李世新. CEO 薪酬与企业业绩互动效应的实证检验 ［J］. 会计研究, 2003 (3): 35 – 39.

［195］ 戴璐, 宋迪. 高管股权激励合约业绩目标的强制设计对公司管理绩效的影响 ［J］. 中国工业经济, 2018 (4): 117 – 136.

［196］ Aggarwal R K, Samwick A A. Executive Compensation, Strategic Competition, and Relative Performance Evaluation: Theory and Evidence ［J］. The Journal of Finance, 1999, 54 (6): 1999 – 2043.

［197］ Tosi H L, Werner S, Katz J P, et al. How Much Does Performance Matter? A Meta-analysis of CEO Pay Studies ［J］. Journal of Management, 2000, 26 (2): 301 – 339.

［198］ 苟开红. 我国股份制商业银行薪酬构成及长期激励研究 ［J］. 国际金融研究, 2004 (11): 17 – 21.

［199］ 乔海曙, 王军华. 我国股份制商业银行薪酬激励有效性研究 ［J］. 金融论坛, 2006 (5): 38 – 44.

［200］宋增基，夏铭. 行长薪酬、薪酬差距与银行绩效［J］. 财经研究，2011，37（10）：135 – 144.

［201］魏刚. 高级管理层激励与上市公司经营绩效［J］. 经济研究，2000，3（12）：32 – 39.

［202］宋增基，卢溢洪，杨柳. 银行高管薪酬与绩效关系的实证研究［J］. 重庆大学学报（社会科学版），2009，15（4）：59 – 64.

［203］Raithatha M，Komera S. Executive Compensation and Firm Performance：Evidence From Indian Firms［J］. IIMB Management Review，2016，28（3）：160 – 169.

［204］Core J E，Holthausen R W，Larcker D F. Corporate Governance，Chief Executive Officer Compensation，and Firm Performance［J］. Journal of Financial Economics，1999，51（3）：371 – 406.

［205］Crystal G. In Search of Excess：The Overcompensation of American Executives［M］. New York：WW Norton Co，1992.

［206］Finkelstein S. Power in Top Management Teams：Dimensions，Measurement，and Validation［J］. Academy of Management Journal，1992，35（3）：505 – 538.

［207］Bebchuk L A，Fried JM，Walker D I. Managerial Power and Rent Extraction in the Design of Executive Compensation［J］. The University of Chicago Law Review，2002，69（3）：751 – 846.

［208］Bebchuk L A，Fried J M. Executive Compensation as an Agency Problem［J］. Journal of Economic Perspectives，2003，17（3）：71 – 92.

［209］Bebchuk L，Fried J. Pay without Performance［M］. Cambridge，Massachusetts：Harvard University Press，2004.

［210］Bebchuk L A，Fried J M. Pay Without Performance：Overview of the Issues［J］. Journal of Applied Corporate Finance，2005，17（4）：8 – 23.

［211］Jensen M，Murphy K，Wruck E. Remuneration：Where We've Been，How We Got to Here，What Are the Problems，and How to Fix Them［EB/OL］. Available at SSRN，2004.

［212］Core J E，Guay W R，Thomas R S. Is US CEO Compensation Inefficient Pay Without Performance［J］. Mich L Rev，2005，103（6）：1142 – 1185.

［213］Yermack D. Higher Market Valuation of Companies With a Small Board of Directors [J]. Journal of Financial Economics, 1996, 40 (2): 185 – 211.

[214] Eisenberg T, Sundgren S, Wells M T. Larger Board Size and Decreasing Firm Value in Small Firms1 [J]. Journal of Financial Economics, 1998, 48 (1): 35 – 54.

[215] Fama E F, Jensen M C. Agency Problems and Residual Claims [J]. The Journal of Law and Economics, 1983, 26 (2): 327 – 349.

[216] Blanchard O J, Lopez-de-Silanes F, Shleifer A. What Do Firms Do with Cash Windfalls? [J]. Journal of Financial Economics, 1994, 36 (3): 337 – 360.

[217] Boycko M, Shleifer A, Vishny R. Privatizing Russia [M]. Cambridge, Massachusetts: MIT Press, 1997.

[218] Bertrand M, Mullainathan S. Agents with and without Principals [J]. American Economic Review, 2000, 90 (2): 203 – 208.

[219] Conyon M J, Peck S I. Board Control, Remuneration Committees, and Top Management Compensation [J]. Academy of Management Journal, 1998, 41 (2): 146 – 157.

[220] Newman H A, Mozes H A. Does the Composition of the Compensation Committee Influence CEO Compensation Practices? [J]. Financial Management, 1999, 28 (3): 41 – 53.

[221] Hermalin B E, Weisbach M S. Endogenously Chosen Boards of Directors and Their Monitoring of the CEO [J]. The American Economic Review, 1998, 88 (1): 96 – 118.

[222] Shivdasani A, Yermack D. CEO Involvement in the Selection of New Board Members: An Empirical Analysis [J]. The Journal of Finance, 1999, 54 (5): 1829 – 1853.

[223] Ryan H E, Wiggins R A. Who Is in Whose Pocket? Director Compensation, Board Independence, and Barriers to Effective Monitoring [J]. Journal of Financial Economics, 2004, 73 (3): 497 – 524.

[224] Brickley J A, Coles J L, Jarrell G. Leadership Structure: Separating the CEO and Chairman of the Board [J]. Journal of Corporate Finance, 1997, 3 (3): 189 – 220.

[225] Brick I E, Palmon O, Wald J K. CEO Compensation, Director Compensation, and Firm Performance: Evidence of Cronyism? [J]. Journal of Corpo-

rate Finance, 2006, 12 (3): 403 – 423.

［226］Core J E, Holthausen R W, Larcker D F. Corporate Governance, Chief Executive Officer Compensation, and Firm Performance1 ［J］. Journal of Financial Economics, 1999, 51 (3): 371 – 406.

［227］Fiske S T. Controlling Other People: The Impact of Power on Stereotyping ［J］. American Psychologist, 1993, 48 (6): 621 – 628.

［228］Tannenbaum A S. Control in Organizations ［M］. New York: Tata McGraw-Hill, 1968.

［229］Yermack D. Good Timing: CEO Stock Option Awards and Company News Announcements ［J］. The Journal of Finance, 1997, 52 (2): 449 – 476.

［230］Dechow P M, Sloan R G. Executive Incentives and the Horizon Problem: An Empirical Investigation ［J］. Journal of Accounting and Economics, 1991, 14 (1): 51 – 89.

［231］Healy P M. The Effect of Bonus Schemes on Accounting Decisions ［J］. Journal of Accounting and Economics, 1985, 7 (1): 85 – 107.

［232］林芳, 冯丽丽. 管理层权力视角下的盈余管理研究——基于应计及真实盈余管理的检验 ［J］. 山西财经大学学报, 2012, 34 (7): 96 – 104.

［233］Marris R. The Economic Theory of "Managerial" Capitalism ［M］. London: Macmillan, 1968.

［234］Williamson O E. The Economics of Discretionary Behavior: Managerial Objectives in a Theory of the Firm ［M］. New Jersey: Prentice-Hall, 1967.

［235］赵纯祥, 张敦力. 市场竞争视角下的管理者权力和企业投资关系研究 ［J］. 会计研究, 2013 (10): 67 – 74, 97.

［236］吕长江, 金超, 韩慧博. 上市公司资本结构、管理者利益侵占与公司业绩 ［J］. 财经研究, 2007 (5): 50 – 61.

［237］卢锐, 魏明海, 黎文靖. 管理层权力、在职消费与产权效率——来自中国上市公司的证据 ［J］. 南开管理评论, 2008 (5): 85 – 92, 112.

［238］盛明泉, 车鑫. 管理层权力、高管薪酬与公司绩效 ［J］. 中央财经大学学报, 2016 (5): 97 – 104.

［239］吕长江, 赵宇恒. 国有企业管理者激励效应研究——基于管理者权力的解释 ［J］. 管理世界, 2008 (11): 99 – 109, 188.

［240］陈震, 丁忠明. 基于管理层权力理论的垄断企业高管薪酬研究

[J]. 中国工业经济，2011（9）：119 – 129.

[241] 陈德球，步丹璐. 管理层能力、权力特征与薪酬差距 [J]. 山西财经大学学报，2015，37（3）：91 – 101.

[242] Huang L. Prize and Incentives in Double-elimination Tournaments [J]. Economics Letters，2016，147（10）：116 – 120.

[243] Sherwin R. Prizes and Incentives in Elimination Tournaments [EB/OL]. Nber Working Papers，1985.

[244] Main B G, O'Reilly Ⅲ C A, Wade J. Top Executive Pay：Tournament or Teamwork? [J]. Journal of Labor Economics，1993，11（4）：606 – 628.

[245] Eriksson T. Executive Compensation and Tournament Theory：Empirical Tests on Danish Data [J]. Journal of Labor Economics，1999，17（2）：262 – 280.

[246] Heyman F. Pay Inequality and Firm Performance：Evidence from Matched Employer-employee Data [J]. Applied Economics，2005（11）：1313 – 1327.

[247] Lambert R A, Larcker D F, Weigelt K. The Structure of Organizational Incentives [J]. Administrative Science Quarterly，1993，38（3）：438 – 461.

[248] Nier E, Baumann U. Market Discipline, Disclosure and Moral Hazard in Banking [J]. Journal of Financial Intermediation，2006，15（3）：332 – 361.

[249] Winter-Ebmer R, Zweimüller J. Intra-firm Wage Dispersion and Firm Performance [J]. Kyklos，1999（4）.

[250] Hibbs Jr D A, Locking H. Wage Dispersion and Productive Efficiency：Evidence for Sweden [J]. Journal of Labor Economics，2000，18（4）：755 – 782.

[251] Lallemand T, Plasman R, Rycx F. Intra-Firm Wage Dispersion and Firm Performance：Evidence from Linked Employer-Employee Data [J]. Kyklos，2004，57（4）：533 – 558.

[252] Parrino R, Poteshman A M, Weisbach M S. Measuring Investment Distortions When Risk-Averse Managers Decide Whether to Undertake Risky Projects [J]. Financial Management，2005，34（1）：21 – 60.

[253] Rosenbaum P R, Rubin D B. The Central Role of the Propensity Score in Observational Studies for Causal Effects [J]. Biometrika，1983，70（1）：

41 –55.

[254] Van Bekkum S. Inside Debt and Bank Risk [J]. Journal of Financial and Quantitative Analysis, 2016, 51 (2): 359 –385.

[255] Zer I. Information Disclosures, Default Risk, and Bank Value [EB/OL]. Available at SSRN, 2015.

[256] Verrecchia R E. Essays on Disclosure [J]. Journal of Accounting and Economics, 2001, 32 (1 –3): 97 –180.

[257] Brownlees C, Engle R F. SRISK: A Conditional Capital Shortfall Measure of Systemic Risk [J]. The Review of Financial Studies, 2016, 30 (1): 48 –79.

[258] Milgrom P, Roberts J. Communication and Inventory as Substitutes in Organizing Production [J]. The Scandinavian Journal of Economics, 1988, 90 (3): 275 –289.

[259] Engle R. Dynamic Conditional Correlation: A Simple Class of Multivariate Generalized Autoregressive Conditional Heteroskedasticity Models [J]. Journal of Business & Economic Statistics, 2002, 20 (3): 339 –350.

[260] Scaillet O. Nonparametric Estimation of Conditional Expected Shortfall [J]. Insurance and Risk Management Journal, 2005, 74 (1): 639 –660.

[261] Leventhal G S. The Distribution of Rewards and Resources in Groups and Organizations [J]. Advances in Experimental Social Psychology, 1976 (9): 91 –131.

[262] Leventhal G S, Karuza J, Fry WR. Beyond Fairness: A Theory of Allocation Preferences [J] . Justice and Social Interaction, 1980, 3 (1): 167 –218.

[263] Siegel P A, Hambrick D C. Pay Disparities Within Top Management Groups: Evidence of Harmful Effects on Performance of High-Technology Firms [J]. Organization Science, 2005, 16 (3): 259 –274.

[264] Schultz T W. Capital Formation by Education [J]. Journal of Political Economy, 1960, 68 (6): 571 –583.

[265] 周其仁. 市场里的企业: 一个人力资本与非人力资本的特别合约 [J]. 经济研究, 1996, 6 (7): 71 –80.

[266] 张维迎. 所有制、治理结构, 及委托—代理关系——兼评崔之元

和周其仁的一些观点 [J]. 经济研究, 1996, 9 (3): 3 - 15.

［267］Gomez-Mejia L R, Balkin D B. Determinants of Faculty Pay: An Agency Theory Perspective [J]. Academy of Management Journal, 1992, 35 (5): 921 - 955.

［268］Alderfer C P. An Empirical Test of A New Theory of Human Needs [J]. Organizational Behavior and Human Performance, 1969, 4 (2): 142 - 175.

［269］Adams J S. Inequity in Social Exchange [J]. Advances in Experimental Social Psychology, 1965: 267 - 299.

［270］Donaldson L, Davis J H. Stewardship Theory or Agency Theory: CEO Governance and Shareholder Returns [J]. Australian Journal of Management, 1991, 16 (1): 49 - 64.

［271］Hannan T H, Hanweck G A. Bank Insolvency Risk and the Market for Large Certificates of Deposit [J]. Journal of Money, Credit and Banking, 1988, 20 (2): 203 - 211.

［272］Guo L, Jalal A, Khaksari S. Bank Executive Compensation Structure, Risk Taking and the Financial Crisis [J]. Review of Quantitative Finance and Accounting, 2015, 45 (3): 609 - 639.

［273］何靖. 延付高管薪酬对银行风险承担的政策效应——基于银行盈余管理动机视角的 PSM-DID 分析 [J]. 中国工业经济, 2016 (11): 126 - 143.

［274］冯玉梅, 任仪佼. 流动性监管对我国货币政策的银行风险承担渠道影响研究 [J]. 经济与管理评论, 2019, 35 (5): 113 - 126.

［275］郭品, 沈悦. 互联网金融、存款竞争与银行风险承担 [J]. 金融研究, 2019 (8): 58 - 76.

［276］王妍, 王继红. 金融摩擦、货币政策传导与系统性金融风险——影子银行风险承担角度的研究 [J]. 金融经济学研究, 2019, 34 (4): 18 - 31.

［277］Yeyati E L, Micco A. Concentration and Foreign Penetration in Latin American Banking Sectors: Impact on Competition and Risk [J]. Journal of Banking & Finance, 2007, 31 (6): 1633 - 1647.

［278］Lepetit L, Strobel F. Bank Insolvency Risk and Time-varying Z-score Measures [J]. Journal of International Financial Markets Institutions & Money, 2013, 25 (7): 73 - 87.

［279］马勇，李振. 资金流动性与银行风险承担——来自中国银行业的经验证据［J］. 财贸经济，2019，40（7）：67-81.

［280］朱顺泉，赖少钺. 上市商业银行同业业务的风险承担影响实证研究——来自面板工具变量法的证据［J］. 统计与信息论坛，2019，34（6）：36-44.

［281］高智贤，李成，刘生福. 货币政策与审慎监管的配合机制研究［J］. 当代经济科学，2015，37（1）：56-66.

［282］Beltratti A, Stulz R M. The Credit Crisis Around the Globe: Why Did Some Banks Perform Better? ［J］. Journal of Financial Economics, 2012, 105（1）: 1-17.

［283］Acharya V V, Pedersen L H, Philippon T, et al. Measuring Systemic Risk［J］. The Review of Financial Studies, 2017, 30（1）: 2-47.

［284］Glosten L R, Jagannathan R, Runkle D E. On the Relation between the Expected Value and the Volatility of the Nominal Excess Return on Stocks［J］. The Journal of Finance, 1993, 48（5）: 1779-1801.

［285］Engle R. Anticipating Correlations: A New Paradigm for Risk Management［M］. New Jersey: Princeton University Press, 2009.

［286］王少媛，楚旋. 我国地方高等教育体系结构调整的实践动态与发展趋势——基于东部 9 省市的分析［J］. 国家教育行政学院学报，2019（10）：73-80.

［287］梁琪，李政，郝项超. 我国系统重要性金融机构的识别与监管——基于系统性风险指数 SRISK 方法的分析［J］. 金融研究，2013（9）：56-70.

［288］Baker G, Jorgensen B. Volatility, Noise and Incentives［M］. Cambridge, Massachusetts: Harvard University Press, 2003.

［289］Aggarwal R K, Samwick A A. The Other Side of the Tradeoff: The Impact of Risk on Executive Compensation［EB/OL］. Available at SSRN, 2002.

［290］Jin L. CEO Compensation, Diversification, and Incentives［J］. Journal of Financial Economics, 2002, 66（1）: 29-63.

［291］Cynthia E. Devers G M, Robert M. Wiseman, Mathias Arrfelt. Moving Closer to the Action: Examining Compensation Design Effects on Firm Risk［J］. Organization Science, 2008, 19（4）: 548-566.

［292］Becker B O. Wealth and Executive Compensation ［J］. Journal of Finance, 2006, 61 (1): 379 – 397.

［293］Wright P, Kroll M, Krug J A, et al. Influences of Top Management Team Incentives on Firm Risk Taking ［J］. Strategic Management Journal, 2007, 28 (1): 81 – 89.

［294］Ellul A, Yerramilli V. Stronger Risk Controls, Lower Risk: Evidence from U. S. Bank Holding Companies ［J］. Journal of Finance, 2012, 68 (5): 1757 – 1803.

［295］Jensen M C, Meckling W H. Theory of the Firm: Managerial Behavior, Agency Costs and Ownership Structure ［J］. Ssrn Electronic Journal, 1976, 3 (4): 305 – 360.

［296］Hubbard R G, Palia D. Executive Pay and Performance Evidence from the U. S. Banking Industry ［J］. Nber Working Papers, 1995, 39 (1): 105 – 130.

［297］Hirshleifer D A, Suh Y S. Risk, Managerial Effort, and Project Choice ［J］. Journal of Financial Intermediation, 1992, 2 (3): 308 – 345.

［298］Rajgopal S, Shevlin T J. Empirical Evidence on the Relation between Stock Option Compensation and Risk Taking ［J］. Journal of Accounting & Economics, 2002, 33 (2): 145 – 171.

［299］Williams M A, Rao R P. CEO Stock Options and Equity Risk Incentives ［J］. Journal of Business Finance & Accounting, 2006, 33 (1): 26 – 44.

［300］Dong Z, Wang C, Xie F. Do Executive Stock Options Induce Excessive Risk Taking ［J］. Journal of Banking and Finance, 2010, 34 (10): 2518 – 2529.

［301］曹廷求, 于建霞. 银行治理、代理成本与银行机构风险控制——以山东省为例的实证分析 ［J］. 经济理论与政策研究, 2008: 156 – 173.

［302］雷鸣, 夏婷婷, 徐小璇. 银行风险与高管薪酬关系的门限效应研究 ［J］. 经济论坛, 2017 (11): 63 – 71.

［303］朱波, 杨文华, 刘聪瑞. 中国高管债权激励对银行风险的影响机制 ［J］. 财经科学, 2017 (2): 1 – 11.

［304］陈燕玲, 吴敏. 高管薪酬差距、业务结构对上市银行风险承担的影响研究 ［J］. 西华大学学报 (哲学社会科学版), 2018, 37 (1): 49 – 55.

［305］李克文, 郑录军. 高管人员激励机制与商业银行经营绩效 ［J］. 南开学报, 2005 (1): 71 – 76.

[306] 吴晓求，许荣，郑志刚. 激励机制与风险约束的均衡：制度如何设计 [R]. 国际金融危机及其应对系列研究报告，2009.

[307] 张瑞君，李小荣，许年行. 货币薪酬能激励高管承担风险吗 [J]. 经济理论与经济管理，2013 (8)：84 - 100.

[308] 屠立鹤，孙世敏. 高管股票期权激励、市场竞争与风险承担 [J]. 证券市场导报，2017 (4)：44 - 54，65.

[309] 洪峰，戴文涛. 高管股权激励与银行债务契约定价：信号传递抑或风险规避 [J]. 广东财经大学学报，2018，33 (5)：70 - 82.

[310] John K, Saunders A, Senbet L W. A Theory of Bank Regulation and Management Compensation [J]. Review of Financial Studies，2000，13 (1)：95 - 125.

[311] 庄宇，朱静，孙亚南. 公司治理与银行风险承担行为——基于我国上市商业银行的研究 [J]. 经济与管理，2013，27 (10)：34 - 38.

[312] 王倩，黄艳艳，曹廷求. 治理机制、政府监管与商业银行风险承担——基于山东省的实证分析 [J]. 山东社会科学，2007 (10)：96 - 101.

[313] 王晓枫，吴丛根. 公司治理对我国商业银行风险影响的实证研究 [J]. 长沙理工大学学报 (社会科学版)，2011，26 (6)：73 - 79.

[314] Chen C R, Steiner T L, Whyte A M. Does Stock Option-based Executive Compensation Induce Risk-taking? An Analysis of the Banking Industry [J]. Journal of Banking & Finance，2006，30 (3)：915 - 945.

[315] Vallascas F, Crespi F, Hagendorff J. Income Diversification and Bank Performance during the Financial Crisis [EB/OL]. Available at SSRN，2011.

[316] 杨瑞龙，王元，聂辉华. "准官员" 的晋升机制：来自中国央企的证据 [J]. 管理世界，2013 (3)：23 - 33.

[317] 陆岷峰，虞鹏飞. 从风险管理视角论商业银行高管薪酬改革 [J]. 北京交通大学学报 (社会科学版)，2016，15 (2)：52 - 60.

[318] 李廷瑞，李博阳. 员工薪酬激励对商业银行风险承担的影响 [J]. 北京理工大学学报 (社会科学版)，2020，22 (1)：70 - 81，108.

[319] 张云，李春玲，王寅. 股票期权风险承担激励、管理者权力与企业研发创新 [J]. 科技进步与对策，2018，35 (12)：131 - 138.

[320] 喻微锋，周黛. 互联网金融、商业银行规模与风险承担 [J]. 云南财经大学学报，2018，34 (1)：59 - 69.

［321］ Chan-Lau J A. Regulatory Capital Charges for Too-Connected-to-Fail Institutions: A Practical Proposal ［J］. Financial Markets, Institutions & Instruments, 2010, 19 (5): 355 - 379.

［322］ 顾海峰, 张亚楠. 金融创新、信贷环境与银行风险承担——来自 2006 ~ 2016 年中国银行业的证据 ［J］. 国际金融研究, 2018 (9): 66 - 75.

［323］ 顾海峰, 杨立翔. 互联网金融与银行风险承担: 基于中国银行业的证据 ［J］. 世界经济, 2018, 41 (10): 75 - 100.

［324］ 姚树洁, 姜春霞, 冯根福. 中国银行业的改革与效率: 1995 ~ 2008 ［J］. 经济研究, 2011, 46 (8): 4 - 14.

［325］ 汪可. 金融科技、价格竞争与银行风险承担 ［J］. 哈尔滨商业大学学报 (社会科学版), 2018 (1): 40 - 48.

［326］ 郭品, 沈悦. 互联网金融对商业银行风险承担的影响: 理论解读与实证检验 ［J］. 财贸经济, 2015 (10): 102 - 116.

［327］ 汪可, 吴青, 李计. 金融科技与商业银行风险承担——基于中国银行业的实证分析 ［J］. 管理现代化, 2017, 37 (6): 100 - 104.

［328］ 牛晓健, 裘翔. 利率与银行风险承担——基于中国上市银行的实证研究 ［J］. 金融研究, 2013 (4): 15 - 28.

［329］ Morgan D P. Rating Banks: Risk and Uncertainty in an Opaque Industry ［J］. American Economic Review, 2002, 92 (4): 874 - 888.

［330］ May D O. Do Managerial Motives Influence Firm Risk Reduction Strategies? ［J］. The Journal of Finance, 1995, 50 (4): 1291 - 1308.

［331］ Blundell R, Bond S. Initial Conditions and Moment Restrictions in Dynamic Panel Data Models ［J］. Journal of Econometrics, 1998, 87 (1): 115 - 143.

［332］ Kini O, Williams R. Tournament Incentives, Firm Risk, and Corporate Policies ［J］. Journal of Financial Economics, 2012, 103 (2): 350 - 376.

［333］ Gande A, Kalpathy S. CEO Compensation and Risk-taking at Financial Firms: Evidence from US Federal Loan Assistance ［J］. Journal of Corporate Finance, 2017, 47 (11): 131 - 150.

［334］ Lin C, Lin P, Song F M, et al. Managerial Incentives, CEO Characteristics and Corporate Innovation in China's Private Sector ［J］. Journal of Comparative Economics, 2011, 39 (2): 176 - 190.

［335］Epifani P，Gancia G. Trade，Markup Heterogeneity and Misallocations ［J］. Journal of International Economics，2011，83（1）：1 - 13.

［336］Faccio M，Marchica M T，Mura R. CEO Gender，Corporate Risk - Taking，and the Efficiency of Capital Allocation ［J］. Journal of Corporate Finance，2016，39：193 - 209.

［337］康华，程成，朱文璟. 高管内部薪酬差距，经营风险与企业研发投入 ［J］. 预测，2020，39（1）：51 - 58.

［338］马永强，邱煜. CEO 贫困出身、薪酬激励与企业风险承担 ［J］. 经济与管理研究，2019，040（1）：97 - 114.

［339］刘万丽. 高管短期薪酬、风险承担与研发投资 ［J］. 中国软科学，2020（7）：178 - 186.

［340］马草原，朱玉飞. 去杠杆，最优资本结构与实体企业生产率 ［J］. 财贸经济，2020，41（7）：99 - 113.

［341］郭晔，程玉伟，黄振. 货币政策、同业业务与银行流动性创造 ［J］. 金融研究，2018，45（5）：65 - 81.

［342］张昭，马草原，王爱萍. 资本市场开放对企业内部薪酬差距的影响——基于"沪港通"的准自然实验 ［J］. 经济管理，2020，42（6）：172 - 191.

［343］陈丁，李玉彤，张顺. 薪酬差距、管理者相对心理感知与企业绩效 ［J］. 北京工商大学学报（社会科学版），2019，34（4）：87 - 99.

［344］刘美玉，姜磊. 高管内部薪酬差距、股权激励与投资效率 ［J］. 经济问题，2019（6）：90 - 96.

［345］梁上坤，张宇，王彦超. 内部薪酬差距与公司价值——基于生命周期理论的新探索 ［J］. 金融研究，2019，46（4）：188 - 206.

［346］Akerlof G A，Yellen J L. Fairness and Unemployment ［J］. The American Economic Review，1988，78（2）：44 - 49.

［347］Milgrom P，Roberts J. An Economic Approach to Influence Activities in Organizations ［J］. American Journal of Sociology，1988，94：S154 - S179.

［348］Levine D I. Cohesiveness，Productivity，and Wage Dispersion ［J］. Journal of Economic Behavior & Organization，1991，15（2）：237 - 255.

［349］李绍龙，龙立荣，贺伟. 高管团队薪酬差异与企业绩效关系研究：行业特征的跨层调节作用 ［J］. 南开管理评论，2012，15（4）：55 - 65.

［350］孔东民，徐茗丽，孔高文 . 企业内部薪酬差距与创新［J］. 经济研究，2017，52（10）：144 - 157.

［351］刘张发 . 所有制性质、内部薪酬差距与企业创新——基于企业创新的三个维度［J］. 山西财经大学学报，2019，41（11）：69 - 82.

［352］栾甫贵，纪亚方 . 高管外部薪酬差距、公司治理质量与企业创新［J］. 经济经纬，2020（1）：1 - 10.

［353］刘思彤，张启銮，李延喜 . 高管内部薪酬差距能否抑制企业风险承担?［J］. 科研管理，2018，39（S1）：189 - 199，225.

［354］Henderson A D, Frederickson J W. Top Management Team Coordination Needs and the CEO Pay Gap: A Competitive Test of Economic and Behavioral Views［J］. Academy of Management Journal, 2001, 44（1）：96 - 117.

［355］Goel A M, Thakor A V. Overconfidence, CEO Selection, and Corporate Governance［J］. The Journal of Finance, 2008, 63（6）：2737 - 2784.

［356］朱晓琳，方拥军 . CEO 权力、高管团队薪酬差距与企业风险承担［J］. 经济经纬，2018，35（1）：100 - 107.

［357］Galai D, Masulis R W. The Option Pricing Model and the Risk Factor of Stock［J］. Journal of Financial Economics, 1976, 3（1 - 2）：53 - 81.

［358］Bennett R L, Güntay L, Unal H. Inside Debt, Bank Default Risk, and Performance during the Crisis［J］. Journal of Financial Intermediation, 2015, 24（4）：487 - 513.

［359］Boyallian P, Ruiz-Verdú P. Leverage, CEO Risk-taking Incentives, and Bank Failure during the 2007 - 2010 Financial Crisis［J］. Review of Finance, 2017, 22（5）：1763 - 1805.

［360］Cheng I H, Hong H, Scheinkman J A. Yesterday's Heroes: Compensation and Risk at Financial Firms［J］. The Journal of Finance, 2015, 70（2）：839 - 879.

［361］张志宏，朱晓琳 . 产权性质、高管外部薪酬差距与企业风险承担［J］. 中南财经政法大学学报，2018（3）：14 - 22，158.

［362］曾春华，李开庆 . 高管薪酬差距、风险承担水平与企业创新［J］. 投资研究，2019，38（9）：60 - 71.

［363］吕峻 . 股权性质、管理层激励和过度投资［J］. 经济管理，2019，41（9）：160 - 174.

［364］Bebchuk L A, Cremers K M, Peyer U C. The CEO Pay Slice ［J］. Journal of Financial Economics, 2011, 102 (1): 199 – 221.

［365］Macey J R, O'hara M. The Corporate Governance of Banks ［J］. Economic Policy Review, 2003, 9 (1): 41 – 58.

［366］Bertrand M, Mullainathan S. Enjoying the Quiet Life? Corporate Governance and Managerial Preferences ［J］. Journal of Political Economy, 2003, 111 (5): 1043 – 1075.

［367］宋建波, 文雯, 王德宏. 管理层权力、内外部监督与企业风险承担 ［J］. 经济理论与经济管理, 2018 (6): 96 – 112.

［368］Albuquerque R, Cabral L, Guedes J. Incentive Pay and Systemic Risk ［J］. The Review of Financial Studies, 2019, 32 (11): 4304 – 4342.

［369］高国华, 潘英丽. 基于资产负债表关联的银行系统性风险研究 ［J］. 管理工程学报, 2012 (4): 162 – 168.

［370］Ozdenoren E, Yuan K. Contractual Externalities and Systemic Risk ［J］. The Review of Economic Studies, 2017, 84 (4): 1789 – 1817.

［371］陈忠阳, 刘志洋. 国有大型商业银行系统性风险贡献度真的高吗——来自中国上市商业银行股票收益率的证据 ［J］. 财贸经济, 2013, 34 (9): 57 – 66.

［372］徐超. "太大而不能倒" 理论: 起源、发展及争论 ［J］. 国际金融研究, 2013 (8): 89 – 96.

［373］谢懿, 刘胤, 柯建华. 银行规模与银行市场约束——对银行业 "大而不倒" 现象的分析 ［J］. 金融论坛, 2013, 18 (9): 53 – 58.

［374］马草原, 王岳龙. 公众 "规模偏好" 与银行市场约束异化 ［J］. 财贸经济, 2010 (2): 5 – 11, 136.

［375］夏宁, 董艳. 高管薪酬、员工薪酬与公司的成长性——基于中国中小上市公司的经验数据 ［J］. 会计研究, 2014 (9): 89 – 95.

［376］Tobias A, Brunnermeier M K. CoVaR ［J］. The American Economic Review, 2016, 106 (7): 1705 – 1741.

［377］Gray D F, Merton R C, Bodie Z. Contingent Claims Approach to Measuring and Managing Sovereign Credit Risk ［J］. Journal of Investment Management, 2007, 5 (4): 5 – 28.

［378］郭品, 沈悦. 互联网金融、存款竞争与银行风险承担 ［J］. 金融

研究，2019，470（8）：58－76.

[379] 王晓芳，权飞过. 如何防范银行系统性风险：去杠杆，稳杠杆，还是优杠杆？——基于表外业务结构性数据的实证研究［J］. 国际金融研究，2019，389（9）：65－75.

[380] 姚鸿，王超，何建敏. 银行投资组合多元化与系统性风险的关系研究［J］. 中国管理科学，2019，27（2）：9－18.

[381] 汪可. 金融科技、利率市场化与商业银行风险承担［J］. 上海经济，2018（2）：108－116.

[382] 宋凌峰，邬诗婕. 经济增长状态与银行系统性风险——基于马尔科夫区制转移的 CCA 模型［J］. 管理科学，2017，30（6）：19－32.

[383] 唐文进，苏帆. 极端金融事件对系统性风险的影响分析——以中国银行部门为例［J］. 经济研究，2017，52（4）：17－33.

[384] Perera A，Ralston D，Wickramanayake J. Impact of Off-balance Sheet Banking on the Bank Lending Channel of Monetary Transmission：Evidence from South Asia［J］. Journal of International Financial Markets，Institutions and Money，2014，29（4）：195－216.

[385] 张雪兰，何德旭. 货币政策立场与银行风险承担——基于中国银行业的实证研究（2000～2010）［J］. 经济研究，2012，47（5）：31－44.

[386] 宋清华，胡世超，毛庆. 金融机构高管薪酬存在风险敏感性吗？——基于中国上市金融机构的经验证据［J］. 财经理论与实践，2018（4）：8－17.

[387] 黄小宝，邱喃，陈关亭. 员工外部薪酬差距与股价崩盘风险［J］. 金融论坛，2020，25（3）：48－58.

[388] 宋清华，姜玉东. 中国系统重要性金融机构的评估［J］. 统计与决策，2015（7）：145－147.

后　记

　　本书源于笔者从事博士后研究工作期间所主持的国家社会科学基金研究项目"银行业高管人员薪酬激励、风险承担与监管改革研究"（15BJL024）。课题结项后，研究报告中的主要内容经进一步修改完善，形成本书。

　　从课题构思、申请立项，到成果鉴证结项，再到书稿最终完成，整个过程历时近六年。

　　天不言而四时行！回首过去的六年，既经历了"山重水复疑无路"，甚至不知所措、彻夜难眠的困局，也收获了"柳暗花明又一村"，忽而豁然开朗、思如泉涌的喜悦。一路走来，我得到了很多师长、朋友的帮助和支持，在此向他们表示最诚挚的感谢！

　　衷心感谢我的博士后合作导师李成教授，他用具有前瞻性和战略性的思想引导着我从事金融机构公司治理与风险管理方面的相关研究工作。李老师多年来对我言传身教，在书山学海中为我拨云见日，鼓励我志存高远，督促我脚踏实地。他对我信任、豁达和宽容，为我构建了珍贵而自由的成长空间和发展机遇。能得到恩师在人生哲理与学术智慧上的启迪和教诲，必将使我受益终身。

　　感谢西安交通大学经济与金融学院的冯根福老师、沈悦老师、马草原老师、侯晓辉老师、马文涛老师，以及马克思主义学院钟湘鸿老师、社科处谢志峰老师、西安电子科技大学王美花老师给予我的关心和帮助，在课题申报、研究以及结项过程中，诸位老师提供的宝贵建议让我受益匪浅。

　　感谢陕西师范大学刘开瑞教授、中国地质大学（武汉）郭海湘教授、西安财经大学宁泽逵教授，在日常工作和生活中，给予了我诸多的关照和支持。感谢中国人民银行西安分行刘湘勤、罗小伟，中国人民银行广州分行王军，上海浦东发展银行战略发展与执行部高级研究员宋艳伟博士，交通银行总行电子银行部倪志凌博士，在课题调研过程中能够得到你们的诸多照顾和热心帮助，真的很幸运。

感谢我亲爱的父母，你们为我奉献了一生的辛劳。感谢我的爱人孙蓉女士，正是因为你一直以来的默默奉献和支持，我才能遵从内心的热爱在学术之路上不断前行。感谢我的孩子刘博元、刘铠元，他们成长的欢笑激荡着家的港湾。

本书的部分前期成果以论文形式已发表在《经济管理》（2020 年第 12 期）、《中国管理科学》（2015 年第 12 期）等学术期刊上。感谢这些刊物的编辑、相关老师以及匿名评审专家的支持、勉励与建设性意见。还要感谢课题成果鉴证专家在百忙之中抽出宝贵的时间评阅此书稿，并提出了诸多弥足珍贵且极具启发性的建议和意见。

此外，本人所指导的硕士研究生参与了书稿部分文献资料的搜集整理，以及相关数据指标的计算工作，在此一并感谢。

在本书即将付梓之际，还要特别感谢经济科学出版社张燕编辑及相关老师，正是得益于你们的悉心指导和精益求精的编审工作，书稿质量才得以不断提高。此书得以顺利出版，还离不开本人目前所任职的陕西师范大学国际商学院给予的大力支持。学院为我们提供了良好的工作条件、浓厚的学术氛围以及有力的出版经费保障。本人工作期间取得的任何一点成绩都是在学院领导、同事的关心、支持和帮助下得到的，在此深表感谢。

最后，引用古人的一句格言"路漫漫其修远兮，吾将上下而求索"。在做人与治学的漫漫求索路上，我希望以本书为一个新的起点，永远怀着感恩的心不断前行。

愿以此书与所有有志于学术之路的年轻学子共勉！

刘孟飞

2021 年 6 月于西安